A mon tresredoubte seigneur. Monseigneur
le duc de Bourgoingne et de Brebant

Omme ainsi soit que en-
tre les bõs et proffitables
passetẽps le tresgracieux
exercice de lecture et destu
de soit de grãde et sumptu

euse recommandacion duquel sans fla
terie mon tresdoubte seigneur vo⁹ estes
haultement et largemẽt doue/ ie vostre
tresobeissant seruiteur desiu ãt complai
re comme ie doy a toutes voz haultes ꝯ

tresnobles intencions en façon a moy
possible/ose ce present petit œuure a vo-
stre commandement et aduertissement
mis en terme et sur piez vous presenter
et offrir. Suppliant treshumblement
que agreablement soit receu qui en soy
contient et traicte Cent hystoires asses
semblables en matiere sans attaindre
le subtil et tresorne langaige du liure de
Cent nouuelles. Et se peut intituler le
liure de Cent nouuelles nouuelles. Et
pource que les cas descripz & racomptez
oudit liure de Cent nouuelles aduidrēt
la pluspart es marches et mettes des
ytalies ia long temps a/neantmoins
touteffois portās et retendz tousiours
nom de nouuelles/se peut tresbien et
par raison fondee conuenablement en
assez apparente verite ce present liure
intituler de Cent nouuelles nouuelles
Ja soit ce quelles soyent aduenues es
parties de france/dalemaigne/dangle-
terre/de haynault/de flandres/de bre-
bant. &c. Aussi pource que lestoffe taille
et façon dicelles est dassez fresche me-
moire et de myne beaucop nouuelle.

¶ Et notez que par toutes les nouuel
les ou il est dit par Monseigneur il est
entendu par Monseigneur le daulphin
lequel depuis a succede a la couronne/&
est le roy loys vnsieme/car il estoit lors
es pays du duc de bourgoingne.

¶ Sensuit la table de ce present liure intitule des Cent nouuelles nouuelles lequel en soy contient Cent chapitres ou hystoires/ ou pour mieulx dire nouueaulx comptes a plaisance.

¶ La premiere nouuelle traicte dung qui trouua façon de iouir de la femme de son Voisin/ lequel il auoit enuoye dehors pour plus aisemēt en iouir/ & luy retourne de son Voyaige se trouua qui
a.ii.

se baignoit auec sa femme/et non sachant que ce fust elle sa voulut veoir/et permis lui fut de seulement en veoir le derriere/et alors iugea que ce lui sembla sa femme/mais croire ne losa/et sur ce se partit et vint trouuer sa femme a son hostel quon auoit boutee hors par une poterne de derriere/et lui compta l'imagination quil auoit eu sur elle dont il se repentoit.

¶ La seconde nouuelle traicte d'une ieune fille qui auoit le mal de broches/laquelle creua a ung cordelier q̃ la vouloit mediciner ung seul bon oeil quil auoit·et aussi du proces qui sensupuit puis apres.

¶ La troisiesme nouuelle de la tromperie que fist ung cheualier a la femme de son musnier/a laquelle bailloit a entẽdre que son con lui cherroit sil nestoit recoignie/et ainsi par plusieurs fois le lui recoingna. Et le musnier de ce aduerty pescha puis apres dedens le corps de la femme dudit cheualier ung dyamãt quelle auoit perdu en soy baignãt et pescha si bien q̃ si auant quil se trouua comme biẽ sceut depuis ledit cheualier lequel appella le musnier pescheur de dyamans/et le musnier lui respondit en lappellant recoingneur de cons.

¶ La quatriesme nouuelle d'ung archier escossois qui fut amoureux d'une belle et gente damoiselle femme d'ung eschoppier/laquelle par le commandement de son mary assigna iour audit escossois/et de fait garny de sa grande espee y comparut et besoingna tant q̃l voulut present ledit escoppier q̃ de peur cestoit caiche en la ruelle de sõ lit/& tout pouoit veoir et ouyr plainement/et sa complainte que fist apres la femme a son mary

¶ La cinquiesme nouuelle racompte de deux iugemens de monseigneur thalebot·cest assauoir d'ung francois q̃ fut prins par ung anglois soubz son sauf conduit disant que esguillettes estoient habillemens de guerre/& ainsi le fist armer de ses esguillettes sans autre chose encontre le francois/lequel d'une espee le frappoit present thalebot. Et l'autre qui leglise auoit robee/auquel il fist iurer de iamais plus en leglise entrer

¶ La sisiesme nouuelle d'ung putoingne q̃ par force au prieur des augustis de la haye en hollande se voulut confesser/et apres sa confession disant quil estoit en bon estat voulut mourir et cui da auoir la teste trenchee et estre mort & par ses compaignons fut emporte lesquelz disoient quil le portoient en terre

¶ La septiesme nouuelle d'ung orfeure de paris qui fist couchier ung charreton lequel lui auoit amene du charbõ

auec lui et fa femme/et comment ledit
charreton par derriere se iouoit auecqs
elle dont lorfeure sapperceut et trouua
ce qui estoit/et des paroles quil dist au
charreton

¶ La huitiesme nouuelle parle dung
compaignon picart demourant a Bru-
celles lequel engroissa la fille de son mai
stre/et a ceste cause print congie de haul
te heure et vint en picardie soy marier a
tost apres son partement la mere de la
fille sapperceut de lencoleure de sa dicte
fille laquelle a quelque meschief que ce
fut confessa a sa mere le cas tel ql estoit
et sa mere la renuoya deuers ledit com
paignon pour lui deffaire ce quil lui a-
uoit fait. Et du reffuz que la nouuelle
mariee fist audit compaignon, et du co
pte quelle luy compta a loccasion du ql
delle se departit incontinent et retour-
na a sa premiere amoureuse laquelle il
espousa

¶ La nefuiesme nouuelle racompte et
parle dung cheualier de Bourgoine lequel
estoit tant amoureux dune des cham-
berieres de sa femme que cestoit mer-
ueille/et cuidant couchier auec ladicte
chamberiere coucha auec sa femme la
quelle sestoit couchee ou lit de sa dicte
chamberiere. Et aussi comment il fist
vng autre cheualier son voisin par son
ordonnance couchier auec sa dicte fem-
me cuidant veritablement que ce fust

la chamberiere de laquelle chose il fut
depuis bien mal content ia soit ce que
la dame nen sceust oncques riens et ne
cuidoit auoir eu que son mary comme
ie croy

¶ La .x. nouuelle dung cheualier dan
gleterre lequel depuis quil fut marie vou
lut que son mignon comme par auant
son mariaige faisoit de belles filles lui
fist finance laquelle chose il ne voulut
faire ,car il se pensoit quil lui suffisoit
bien dauoir vne femme/mais ledit che-
ualier a son premier train se ramena p
le faire tousiours seruir de pastez dan-
guilles au disner et au soupper.

¶ La .xi. nouuelle dung paillart ia-
loux qui apres plusieurs offrades fai-
ctes a plusieurs saintz pour le remede
de sa maladie de ialousie lequel offrit
vne chandelle au deable quon paint co
munement dessoubz saint michiel /et
du songe quil songea/et de ce quil lui ad
uint au reueillier

¶ La dousiesme nouuelle parle dung
hollandois qui nuyt et iour a toute heu
re ne cessoit dassaillir sa femme au ieu
damours/et comment dauenture il la
tua par terre en passant par vng bois
soubz vng grant arbre sur lequel estoit
vng laboureur q auoit perdu son veau
Et en faisant inuetoire des beaux me
bres de sa femme dist quil vcoit tant de
a.iii

belles choses et quasi tout le monde a qui le laboureur demanda sil veoit point son veau quil cherchoit du quel il disoit quil lui sembloit en veoir la queue.

¶ La tresiesme nouuelle comment le clerc dung procureur dangleterre deceut son maistre pour lui faire accroire quil nauoit nulz coillons et a ceste cause il eut le gouuernement de sa maistresse aux champs et a la ville et se donnerēt bon temps

¶ La quatorsiesme nouuelle de lermite qui deceut la fille dune poure femme et lui faisoit accroire que sa fille auroit vng filz de lui qui seroit pape et adonc quant vint a lenfanter ce fut vne fille et ainsi fut lembusche du faulx hermite descouuerte qui a ceste cause sen fouit du pais

¶ La quinsiesme nouuelle dune nonnain que vng moyne cuidoit tromper lequel en sa compaignie amena son cōpaignon qui deuoit bailler a taster a elle son instrumēt comme le marchie le portoit/et comme le moyne mist son compaignon en son lieu/ et de la response q̄ elle fist

¶ La.xvi. nouuelle dūg cheualier de picardie lequel en prusse sen ala et tandiz ma dame sa femme dung autre saccointa/et a leure que son mary retourna elle estoit couchee auec son amy leql par vne gracieuse subtilite elle le bouta hors de sa chambre sans ce que son mary le cheualier sen donnast garde.

¶ La.xvii.nouuelle par mōseigneur dung president de parlement qui deuīt amoureux de sa chamberiere laquelle a force en bulletant la farine cuida violer mais par beau parler de lui se desarma et lui fist affubler le bulleteau de quoy elle tamisoit puis ala q̄rir sa maistresse q̄ en cest estat son mary et seigneur trouua comme cy apres vous orrez

¶ La.xviii. nouuelle racomptee par monseigneur de la roche dung gentil homme de bourgoingne lequel trouua facon moyennāt dix escuz quil fist bailler a sa chamberiere de couchier auecq̄ elle/mais auant quil voulsist partir de sa chambre il eut ses dix escus/et se fist porter sur ses espaules de ladicte chamberiere par la chambre de loste/et en passant par ladicte chambre il fist vng sōnet tout de fait aduise qui tout leur fait encusa comme vous pourrez ouyr en la nouuelle cy dessoubz.

¶ La.xix. nouuelle par phelippe vignieu dung marchant dangleterre du quel la femme en son absence fist vng enfant et disoit quil estoit sien et comment il sen despescha gracieusement cōme elle lui auoit baille a croire q̄l estoit venu de neige aussi pareillement au soleil comme sa neige sestoit fondu.

¶ La vingtiesme nouuelle par philippe de saon dung lourdault champenois lequel quant il se maria nauoit encores iamais monte sur beste crestienne dont sa femme se tenoit bien de rire/et de sey pedient que la mere delle troutta/et du soudain pleur dudit lourdault a vne feste et assemblee qui se fist depuis apres quon lui eut monstre lamoureux mestier comme vous pourrez ouyr plus a plain cy apres

¶ La vingt et vniesme nouuelle racoptee par philippe de saon dune abesse q fut malade par faulte de faire cela que vous sauez ce quelle ne vouloit faire doubtant de ses nonnains estre reprouchee/et toutes lui accorderent de faire comme elle/et ainsi sen firet toutes donner largement.

¶ La vingt et deusiesme nouuelle racompte dung getil homme qui engroissa vne ieune fille et puis en vne armee sen ala & auant son retour elle dung autre saccointa auquel son enfant elle donna/et le gentil homme de la guerre retourne son enfant demanda/et elle lui pria que a son nouuel amy le laissast. promettat que le premier quelle feroit sas faulte lui donneroit comme cy dessoubz vous sera recorde

¶ La vingt et troisiesme nouuelle dung clerc de qui sa maistresse fut amoureuse laquelle a bon escient si accorda pour tant quelle auoit passe la rope que ledit clerc lui auoit faicte/ce voyant son petit filz dist a son pere quant il fut venu quil ne passast poit la rape car sil la passoit le clerc lui feroit come il auoit fait a sa mere.

¶ La vingt et quatriesme nouuelle dicte et racomptee par monseigneur de fiennes dung conte qui vne tresbelle ieune & gente fille lune de ses subiectes cuida deceuoir par force/et comment elle sen eschappa par le moyen de ses houscaux/mais depuis sen puisa tresfort et laida a marier.comme il vous sera declaire cy apres

¶ La vingt & cinquiesme nouuelle racoptee et dicte par monseigneur de saipon de celle qui de force se plaignit dug compaignon lequel elle auoit mesmes adrecie a trouuer ce quil queroit et du iugement qui en fut fait

¶ La vingt et sixiesme nouuelle racoptee et mise en terme par monseigneur de foquessoles des amours dung gentil homme et dune damoiselle laquelle esprouua la loyaute du gentil homme par vne merueilleuse et gente facon et coucha trops nuptz auec lui sans aucunement sauoir q ce fust elle mais pour

a.iiii

homme la tenoit ainsi comme plus a plain pourrez ouyr cy apres.

¶ La vingt et septiesme nouuelle racomptee par monseigneur de beauuoir des amours dung grant seigneur de ce royaume et dune gente damoiselle mariee/laquelle affin de baillier lieu a son seruiteur fist son mary bouter en vng bahu par le moyen de ses chamberieres et leans le fist tenir toute la nupt tandis quauec son seruiteur passoit le temps et des gaigeures qui furēt faictes entre elle et sondit mary comme il vous sera recorde cy apres

¶ La vingt et huitiesme nouuelle dicte et racomptee par messire michault de changy de la iournee assignee a vng grant prince de ce royaume par vne damoiselle seruante de chambre de la royne/et du petit exploit darmes que fist le dit prince/et des faintises que ladicte damoiselle disoit a la royne de sa leuriere laquelle estoit tout a propos enfermee de hors de la chambre de ladicte royne cōe vous orrez cy apres

¶ La vint et neufuiesme nouuelle racomptee par monseigneur dung gentil homme qui des la premiere nupt quil se maria et apres quil eut heurte vng coup a sa femme elle lui rendit vng enfant/et de la maniere quil en tint et des paroles quil en dist a ses compaignons qui lui apportoient le chaudeau comme vous orrez cy apres

¶ La trentiesme nouuelle racomptee par mōseigneur de beauuoir francois de troys marchans de sauoye alans en pelerinaige a sait anthoine en vienois qui furent trompez et deceuz par troys cordeliers lesquelz couchcrēt auec leurs femmes cōbien quelles cuidoient estre auec leurs mariz/et comment par se raport quelles firent leurs marys le sceurēt/et de la maniere quilz en tindrent. comme vous orrez cy apres

¶ La trente et vniesme nouuelle mise en auant par monseigneur. de lescuier qui trouua la musette de son compaignon et monta dessus laquelle le mena a lups de la dame de son maistre et fist tant lescuier quil coucha leans ou son compaignon le vint trouuer et pareillement des paroles qui furent entre eulx comme plus a plain vous sera declaire cy dessoubz.

¶ La trente et deusiesme nouuelle racomptee par monseigneur de villiers des cordeliers dostelleric en castelōgne q̄ prindrēt le disme des femes de la ville ꝯ cōmēt il fut sceu et quelle puniciō par le seigneur et ses subietz en fut faicte cōme vous orrez cy apres

¶ La trente et troisiesme nouuelle ra

comptee par monseigneur dung gentil
seigneur q̃ fut amoureux dune damoi-
selle dont se donna garde ung autre grãt
seigneur qui lui dist/ q lautre tousiours
plus sui celoit et en estoit tout affole et
de lentretenement depuis seulz deux
enuers elle comme vous pourrez ouyr
cy apres

¶ La trente et quatriesme nouuelle ra
comptee par monseigneur de la roche du
ne femme mariee qui assigna iournee
a deux compaignons lesquelz vindrent
et besoingnerent et le mary tantost apz
suruint/et des paroles qui apres en fu-
rent/et de la maniere quilz tindrent cõ-
me vous orrez cy apres.

¶ La trente et cinquiesme nouuelle
par monseigneur de Villiers dung cheua
lier duquel son amoureuse se maria tã
dis quil fut en voyaige et a son retour
dauenture la trouua en mesnaige laql-
le pour couchier auec son amãt mist en
son lieu couchier auec son mary une ieu
ne damoiselle sa chamberiere/et des pa
roles dentre le mary et le cheualier voy
aigeur comme plus a plain vous sera re
corde cy apres

¶ La.xxxvi.nouuelle racomptee par
monseigneur de la roche dung escuier q̃
bit sa maistresse dont il estoit moult fe
ru entre deux autres gentilz hommes
et ne se donnoit garde q̃lle tenoit chascũ

deulz en ses laz/et ung autre cheualier
qui sauoit son cas se lui baissa a enten-
dre comme vous orrez cy apres

¶ La trente et septiesme nouuelle par
monseigneur de la roche dung ialoux q̃
enregistroit toutes les facons quil pou
oit ouyr ne sauoir dont les femmes ont
deceu leurs mariz le temps passe/mais
a la fin il fut trompe par lorde eaue que
lamant de sadicte femme getta par une
fenestre sur elle en venant de la messe cõ
me vous orrez cy apres

¶ La trente et huitiesme nouuelle ra
comptee par monseigneur le seneschal
de guienne dung bourgois de tours qui
acheta une lamproye qua sa femme en
uoya pour appointer affin de festoier sõ
cure/et la dicte fẽme lenuoya a ung cor-
delier son amy/et comment elle fist cou
chier sa voisine auec son mary qui fut
battue dieu scait commẽt/et de ce quelle
fist accroire a sondit mary comme vous
orrez cy dessoubz

¶ La.xxxix.nouuelle racomptee par
monseigneur de saint pol du cheualier
qui en attẽdãt sa dame besoigna troys
fois auec la chãberiere quelle auoit en-
uoyee pour entretenir ledit cheualier af
fin que trop ne sui ennuyast/ et depuis
besoingna troys fois auec la dame et
comment le mary sceut tout par la chã
beriere comme vous orrez

a.v.

¶ La .xl. nouuelle p̄ messire michault de changy d'ung iacopin qui abandōna sa dame par amour d'une bouchiere pour une autre plus belle et plus ieune, et cōment ladicte bouchiere cuida entrer en sa maison par la cheminee

¶ La quarante et vniesme nouuelle p̄ monseigneur de la roche d'ung cheualier qui faisoit vestir a sa fēme vng haubregon quant il lui vouloit faire ce que sauez ou compter les dens, et du clerc q̄ lui apprint autre maniere de faire dont elle fut a pou pres p̄ sa bouche mesmes encusee a son mary se neust este la glose quelle controuua subitement.

¶ La .xlii. nouuelle p̄ meriadech d'ung clerc de villaige estant a romme cuidāt que sa femme fust morte deuint prestre et impetra la cure de sa ville, et quant il vint a sa cure la premiere personne quil rencontra ce fut sa femme

¶ La .xliii. nouuelle par mōseigneur de fiennes d'ung laboureur qui trouua vng homme sur sa femme et laissa a le tuer pour gaingner vne somme de ble, et fut la femme cause du traictie affin que lautre parfist ce quil auoit cōmēce.

¶ La .xliiii. nouuelle par mōseigneur de la roche d'ung cure de villaige q̄ trouua facon de marier vne fille dōt il estoit amoureux laquelle lui auoit promis quant elle seroit mariee de faire ce quil vouldroit, laquelle chose se iour de ses nopces il lui ramenteust ce que se mary delle ouyt tout a plai a quoy il mist prouision cōe vous orrez

¶ La .xlv. nouuelle pat monseigneur de la roche d'ung ieune escossois qui se maintint en habillement de femme lespace de quatorze ans, et par ce moyen couchoit auec filles ā femmes mariees dont il fut puny en la fin comme vous orrez cy apres

¶ La quarante et siziesme nouuelle racomptee par mōseigneur de thienges d'ung iacopin ā de la nonnain qui sestoient boutez en vng preau pour faire armes a plaisāce dessoubz vng poirier ou sestoit caiche vng q̄ sauoit leur fait tout a propos qui leur rompit leur fait pour ceste heure comme plus a plain vous orrez cy apres

¶ La quarante et septiesme nouuelle par monseigneur de la roche d'ung president saichant la deshonneste vie de sa femme la fist noyer par sa mulle laqlle il fist tenir de boire par lespace de huit iours et pendant ce tēps lui faisoit bailler du sel a mengier comme il vous sera recorde plus a plain

¶ La quarante et huitiesme nouuelle racomptee par monseigneur de la roche

de celle qui ne vouloit souffrir qu'on la
baisast/mais bien vouloit qu'on lui re-
bourrast son bas et habandonnoit tous
ses membres fors la bouche/et de la rai-
son quelle y mettoit

¶ La quarante et nefuiesme nouuel-
le racomptee par pierre dauid de celui q̃
dit sa femme auec vng homme auquel
elle donnoit tout son corps entierement
excepte son derriere quelle laissoit a son
mary lequel la fist habiller vng iour pre
sens ses amys dune robe de bureau et
fist mettre sur son derriere vne belle pie
ce descarlate et ainsi la laissa deuant to9
ses amys.

¶ La cinquantiesme nouuelle racom
ptee et dicte par anthoine de la sale dung
pere qui voulut tuer son filz pource quil
auoit voulu monter sur sa mere grãt/et
de la response dudit filz.

¶ La cinquante et vniesme nouuelle
racomptee par lacteur de la femme qui
departoit ses enfans au lit de la mort
en labsence de son mary qui siens les te
noit/et comment vng des plus petiz en
aduertit son pere

¶ La cinquante et deusiesme nouuel-
le racomptee par monseigneur de la to-
che de troys enseignemens que vng pe-
re bailla a son filz lui estant au lit de la
mort lesquelz ledit filz mist a effect au
contraire de ce quil sui auoit enseigne/
et comment il se destia dune fille quil
auoit espousee pource q̃l la vit couchier
auec le prestre de la maison sa premiere
nupt de leurs nopces.

¶ La .liii. nouuelle racomptee par mõ
seigneur samãt de brucelles de deux hõ
mes et de deux femes q̃ attẽdoient pour
espouser a la premiere messe bien mati
et pource que le cure ne veoit pas trop
cler il print lune pour lautre et changea
a chascun homme la feme quil deuoit
auoir comme vous orrez

¶ La .liiii. nouuelle racõptee par ma-
hiot dune damoiselle de maubeuge qui
se abandonna a vng charreton et refu-
sa plusieurs gens de bien/et de la respõ
se quelle fist a vng cheualier pource quil
lui reprouchoit plusieurs choses com-
me vous orrez

¶ La .lv. nouuelle par mõseigneur de
villiers dune fille qui auoit lepidimie
q̃ fist mourir troys hões pour auoir sa
compaignie delle/et cõment le quatries
me fut saulue et elle aussi

¶ La .lvi. nouuelle par monseigneur
de villiers dung gentil hõe qui attrappa
en vng piege quil fist le cure sa fem-
me et sa chamberiere et vng loup auec
eulz et brula tout la dedens pource q̃ le
dit cure maintenoit sa femme

¶ La .lxvii. nouuelle par monseigneur
de Villiers dune damoiselle qui espousa
vng bergier et de la maniere du traictie
du mariaige et des paroles quen disoit
vng gentil homme frere de ladicte da=
moiselle

¶ La .lxviii. nouuelle par monseigneur
le duc de deux cõpaignons qui cuidoient
trouuer leurs dames plus courtoises
vers eulx et iouerent tant du bas mes=
tier que plus ne pouoient / et puis dirẽt
pource quelles ne tenoient cõpte deulx
quelles auoient comme eulx ioue du cy
mier comme vous orrez cy apres

¶ La .lix. nouuelle par poncelet dung
seigneur qui contrefist le malade pour
couchier auec sa chamberiere auec laql
le sa femme le trouua

¶ La .lx. nouuelle par põcelet de troys
damoiselles de malignes q̃ accointees
sestoient de troys cordeliers qui leur fi=
rent faire couronnes et vestir labbit de
religion affin quelles ne fussent apper=
ceues / et comment il fut sceu.

¶ La .lxi. nouuelle par poncelet dung
marchant qui enferma en sa huche la=
moureux de sa femme / t elle y mist vne
asne secretement dont le mary eut de=
puis bien a souffrir et se trouua cõfuz.

¶ La .lxii. nouuelle par monseigneur
de commesuram de deux compaignõs
dont lung deulx laissa vng dyamãt ou
lit de son hostesse et lautre se trouua dõt
il sourdit entre eulx vng grant debat q̃
le mary de ladicte hostesse appaisa par
tresbonne facon.

¶ La .lxiii. nouuelle dung nõme mõt
bleru lequel a vne foire denuers desro=
ba a ses compaignons leurs chemises
et couurechiefz quilz auoient baillees
a blanchir a sa chãberiere de leur hostes
se / et cõme depuis il pardonnerent tout
au larron / et puis ledit montbleru leur
compta le cas tout au long

¶ La .lxviii. nouuelle par messire mi=
chault de changy dung cure qui se vou
loit raller dung chatreur nõme treche=
couille mais il eut ses genitoires coup=
pez par le consentement de loste

¶ La .lxv. nouuelle par monseigneur
le preuost de Vuatenes de la femme qui
ouyt compter a son mary que vng ho=
stellier du mõt saint michiel faisoit rai
ge de ronciner si y ala cuidant lesprou=
uer mais son mary sen garda trop bien
dont elle fut trop mal contente comme
vous orrez cy apres

¶ La soixante et seziesme nouuelle p̃
philippe de laon dung tauernier de sait
omer qui fist vne questiõ a son petit filz
dont il se repentit apres quil eut ouy sa
respõse de laquelle sa femme en fut tres

honteuse comme vous orrez plus a plain
cy apres

¶ La .lxvii. nouuelle racomptee par
philippe de laon dung chapperon fourre
de paris qui vne courdouenniere cuida
tromper mais il se trompa luy mesmes
bien lourdement/car il la maria a vng
barbier/et cuidant delle estre despesche
se voulut marier ailleurs mais elle sen
garda bien come vous pourrez veoir cy
dessoubz plus a plain

¶ La .lxviii. nouuelle dung homme
marie qui sa femme trouua auec vng
autre & puis trouua maniere dauoir del
le son argent ses bagues ses ioyaulx et
tout iusqz a la chemise et puis senuoya
paistre en ce point comme cy apres vo9
sera recorde

¶ La .lxix. nouuelle racomptee par mō
seigneur dung gentil cheualier de la cō
te de flandres marie a vne tresbelle et
gente dame lequel fut prisonnier en tur
quie par longue espace durant laquelle
sa bonne et loyale femme par l'amonne
stement de ses amys se remaria a vng
autre cheualier/et tantost apres quelle
fut remariee elle ouyt nouuelles que sō
premier mary reuenoit de turquie dont
par desplaisance se laissa mourir pour
ce quelle auoit fait nouuelle aliance

¶ La septantiesme nouuelle racom-
ptee p mōseigneur dung gētil cheualier
dalemaigne grāt voyagier en son tēps
leql apres vng certain voyage par lui
fait fist veu de iamais faire le signe de
la croix par sa tresferme foy et credence
quil auoit ou saint sacrement de bapte
me en laquelle credēce il cōbastit le dya
ble comme vous orrez

¶ La .lxxi. nouuelle racōptee par mō
seigneur dung cheualier de picardie qui
en la ville de saint omer se logea en vne
hostellerie ou il fut amoureux de lostes
se de leās auec laquelle il fut tresamou
reusemēt/mais en faisant ce que sauez
le mary de sadicte hostesse les trouua le
ql tint maniere telle que cy apres pour
rez ouyr.

¶ La .lxxii. nouuelle par mōseigneur
de comesuran dung gentil homme de
picardie qui fut amoureux de la fem-
me dung cheualier son voisin lequel gē
til homme trouua facon par bons moy
ens dauoir la grace de sa dame auec la
quelle il fut assiege dont a grant peine
trouua maniere den yssir comme vous
orrez cy apres.

¶ La .lxxiii. nouuelle par maistre ie-
han lambin dung cure q̄ fut amoureux
dune sienne paroichienne auec laquelle
ledit cure fut trouue par ledit mary de
la gouge par laduertissement de ses voi
sins et de la maniere comment ledit cu
re eschappa cōe vous orrez cy apres

¶ La .lxxiiii. nouuelle p̄ philippe de saoŋ dūg prestre boulenois q̄ eleua par deux fois le corps de nostre seigneur eŋ chantant vne messe pource quil cuidoit que monseigneur le seneschal de boulōgne fust venu tart a la messe / et aussi comment il refusa de prendre sa paix deuant monseigneur le seneschal comme vous pourrez ouyr cy apres.

¶ La septante et cinquiesme nouuelle racomptee par monseigneur de talemas dung gentil galant demy fol et nō gueres saige qui eŋ grant auenture se mist de mourir et estre pendu au gibet pour nuyre et faire desplaisir au bailly a la iustice et autres plusieurs de la ville de troyes eŋ chāpaigne desquelz il estoit hay mortellement comme plus aplaiŋ pourrez ouyr cy apres

¶ La .lxxvi. nouuelle cōptee par philippe de saoŋ dung prestre chapellaiŋ a vng cheualier de bourgoingne lequel fut amoureux de la gouge dudit cheualier et de sauenture qui lui aduint a cause de ses dictes amours comme cy dessoubz vous orrez

¶ La .lxxvii. nouuelle racomptee par alardiŋ dung gentil homme des marches de flandres lequel faisoit sa residēce eŋ france / mais durant le temps que eŋ france residoit sa mere fut malade es dictes marches de flandres lequel la venoit tressouuent visiter cuidant quelle mourust et des paroles quil disoit et de sa maniere quil tenoit comme vous orrez cy dessoubz

¶ La septante et huitiesme nouuelle par iehaŋ martiŋ dung gentil homme marie lequel sauoufenta de faire plusieurs et loingtains voyaiges durant lesquelz sa bonne et loyale preude femme de trops gentilz compaignons saccointa que cy apres pourrez ouyr et cōment elle confessa son cas a son mary quāt desditz voiaiges fut retourne cuidant se confesser a son cure et de la maniere comment elle se saulua comme cy apres orrez.

¶ La .lxxix. nouuelle par messire michault de changy dung bon homme de bourbonnois lequel ala au cōseil a vng saige homme dudit lieu pour son asne quil auoit perdu / et comment il croioit que miraculeusement il retrouua sondit asne comme cy apres pourrez ouyr.

¶ La huitantiesme nouuelle par messire michault de changy dune ieune fille dalemaigne q̄ de saage de .xv. a .xvi. ans ou enuiroŋ se maria a vng gentil galant / laquelle se complaignit de ce q̄ son mary auoit trop petit instrument a son gre / pource quelle veoit vng petit asne qui nauoit que demy aŋ et auoit plus grāt ostil que son mary qui auoit xxliiii. ou .xxvi. ans.

¶ La huitante et vniesme nouuelle racomptee par mõseigneur de Saultrain dung gẽtil cheualier qui fut amoureux dune tresbelle ieune dame mariee/lequel cuida bien paruenir a la grace dicelle et aussi dune autre siẽne voisine/mais il faillit a toutes deux cõe cy apres vous sera recorde.

¶ La huitante et deusiesme nouuelle par monseigneur de lannoy dung bergier qui fist marchie auec vne bergiere quil monteroit sur elle affin quil veist plus loing par tel si quil ne sembrocheroit non plus auant que le signe quelle mesmes fist de sa main sur linstrumẽt dudit bergier cõme cy apres plus a plain pourrez ouyr

¶ La huitante et troisiesme nouuelle par monseigneur de Saultrain dug carme qui en vng vilaige prescha et cõmẽt apres son preschement il fut prie de disner auec vne damoiselle et comment en disnant il mist grant peine de fournir et emplir son pourpoint comme vous orrez cy apres

¶ La huitante et quatriesme nouuelle par monseigneur le marquis de rothelin dung sien mareschal qui se maria a la plus doulce et amoureuse femme qui fust en tout le pays dalemaigne/sil est vray ce que ie dy sans en faire grant serment affin que par mon escript mẽteur ne soye repute vous le pourrez veoir cy dessoubz plus a plain

La huitãte et cinquiesme nouuelle dug orfeure marie a vne tresbelle doulce et gracieuse femme et auec ce tresamoureuse par especial de son curé leur prouchain voisin auec lequel son mary la trouua couchee par laduertissement dung sien seruiteur et ce par ialousie comme vous pourrez ouyr

¶ La huitante et sisiesme nonuelle racompte et parle dung ieune homme de rouen qui print en mariaige vne belle gente et ieune fille de laage de quinze ans ou enuiron lesquelz la mere de ladicte fille cuida bien faire desmarier par monseigneur lofficial de rouen et de la sentence que ledit official en dõna aps ses parties par lui ouyes comme vous pourrez veoir cy dessoubz plus a plain en ladicte nouuelle

¶ La huitante et septiesme nouuelle racompte et parle dung gẽtil cheualier lequel senamoura dune tresbelle ieune et gente fille et aussi commẽt il lui prit vne moult grande maladie en vng oeil pour laquelle cause lui couuint auoir vng medecin lequel pareillemẽt deuit amoureux de ladicte fille comme vous ourrez et des paroles qui en furent entre le cheualier et le medicin pour lemplastre quil lui mist sur son bon oeil

¶ La .lxxxviii. nouuelle dung sim~
ple homme paisant marie a vne plai-
sante et gente femme laquelle laissoit
bien le boire et le mengier pour aymer
par amours / et de fait pour plus asseu
reement estre auec son amoureux enfer
ma son mary ou coulombier par la ma
niere que vous orrez

¶ La .lxxxix. nouuelle dung cure qui
oublia par negligéce ou faulte de sens
a annuncer le karesme a ses paroichiés
iusques a la vigille de pasques fleuries
comme cy apres pourrez ouyr / et de la
maniere comméet il sexcusa deuers ses
paroichiens

¶ La nonantiesme nouuelle dung bõ
marchãt du pays de brebant qui auoit
sa femme tresfort malade doubtant qͥl
ne mourust apres plusieurs remon-
strances et exortaciõs quil lui fist pour
le salut de son ame lui crya mercy la qͣ
le lui pardonna tout ce quil pouoit lui
auoir meffait / excepte tantseulement
ce quil auoit si peu besoingnie en son
ouuroir cõme en ladicte nouuelle pour
rez ouyr plusaplain

¶ La nonãte et vniesme nouuelle par
le dung homme qui fut marie a vne fé
me laquelle estoit tant luxurieuse a tãt
chaulde sur le votaige que ie cuide quel
le fut nee es estuues ou a demy lieue
pres du soleil de midy / car il nestoit nul

tant bon ouurier fust il qui la peust re-
froidir / et comme il la cuida chastier et
de la response quelle lui baissa

¶ La nonante et deusiesme nouuelle
dune bourgoise mariee qui estoit amou
reuse dung chanoine laquelle pour plus
couuertement aler vers ledit chanoine
saccointa dune sienne voisine / et de la
noise et debat q entre elles sourdit pour
lamour du mestier dont elles estoient.
comme vous orrez cy apres.

¶ La nonante et troisiesme nouuelle
dune gente femme mariee qui faignit
a son mary daler en pelerinaige pour
soy trouuer auec le clerc de la ville son
amoureux auec lequel sõ mary la trou
ua et de la maniere quil tint quant en-
semble les vit faire le mestier que vous
sauez.

¶ La nonãte et quatriesme nouuel-
le dung cure qui portoit courte robe cõ-
me font ces galans a marier pour la qͣ
le cause il fut cite deuant son iuge ordi-
naire et de la sentence qui en fut donnee
aussi la deffense qui lui fut faicte a des
autres tromperies quil fist apres cõ-
me vous orrez plusaplain.

¶ La nonante et cinquiesme nouuel-
le dung moyne qui faignit estre tresfort
malade et en dangier de mort pour par
uenir a lamour dune siéne voisine par
la maniere qui cy apres sensuit.

¶ La nonante et.vi. nouuelle dung ſiṕle et riche cure de villaige qui par ſa ſiṕleſſe auoit enterre ſon chien ou cymitiere pour laquelle cauſe il fut cite par deuant ſon eueſque/ et comme il bailla la ſomme de Cinquāte eſcuz dor audit eueſque/et de ce que leueſque lui en diſt comme pourres oupr cy deſſoubz.

¶ La nonante et.vii. nouuelle dune aſſemblee de bons compaignons faiſans bonne chiere a la tauerne et beuuans dautant et dautel dont lung diceulx ſe combatit a ſa femme quant a ſon hoſtel fut retourne comme vous orrez cy deſſoubz.

¶ La nonante et huitieſme nouuelle dung cheualier de ce royaume lequel auoit de ſa femme vne belle fille et treſgēte damoiſelle aagee de.xv.a.xvi.ās ou enuiron/ mais pource que ſon pere la voulut marier a vng riche cheualier ancien lequel eſtoit ſon voiſin elle ſen a la auecques vng autre ieune cheualier ſon ſeruiteur en amours en tout bien et en tout honneur/et comment par merueilleuſe fortune ilz finerēt leurs iours tous deux piteuſement ſans iamais en nulle maniere auoir habitacion lung auecques lautre comme vous orrez cy apres.

¶ La nonante et nefuieſme nouuelle racompte dung eueſque deſpaigne qui par deffaulte de poiſſon mengea deux perdris en vng vendredi/et comment il diſt a ſes gens quil les auoit couerties par paroles de chair en poiſſon comme cy deſſoubz plus a plain vous ſera recorde et compte

¶ La Centieſme et derreniere de ces preſentes nouuelles dūg riche marchāt de la cite de gennes qui ſe maria a vne belle et gente fille laquelle par la longue abſence de ſon mary & par ſon meſmes aduertiſſement māda querir vng ſaige clerc ieune et roide pour la ſecourir de ce dont elle auoit meſtier/ et de la iuſne quil luy fiſt faire comme vous orrez cy apres plus a plain

La premiere nouuelle.

¶ La premiere nouuelle

En la ville de Valencienes eut nagueres ung notable bourgois en son temps receueur de henault, lequel entre les autres fut renomme de large et discrete prudence. Et entre ses louables vertuz celle de liberalite ne fut pas la maindre: car par icelle vit en la grace des princes seigneurs et autres gens de tous estaz. En ceste eureuse felicite fortune se maintint et soustint iusques en la fin de ses iours. Deuant et apres ce que mort leust destachie de la chayne qui a mariaige laccoupsoit, le bo bourgois cause de ceste hystoire nestoit pas si mal logie en la dicte ville q̃ ung bien grant maistre ne sen tint pour content et honnoure dauoir ung tel logis. Et entre ses desirez et souez edifices sa maison descouuroit sur plusieurs rues, et la auoit vne petite poterne bis a bis pres de sa, en laquelle demouroit ung bon compaignon qui tresbelle femme et gente auoit et encores en milleur point. Et come il est de coustume ses yeulx de sse archiers du cueur descoicherent tant de fleches en la personne dudit bourgois q̃ sans prochain remede son cas nestoit pas maindre que mortel. Pour laquelle chose seurement obuier trouua par plusieurs et subtiles facons que le compaignon mary de ladicte gonge fut son amy trespriue et familier, et tant que peu de disners, de souppers, de bancqtz de bains destuues, et autres passeteps en son hostel et ailleurs ne se feissẽt iamais sans sa compaignie. Et a ceste occasion se tenoit ledit compaigno bien fier et encores autant cureux. Quant nostre bourgois plus subtil que ung regnart eust gaignie la grace du compaigno bien peu se soussia de paruenir a lamour de sa fẽme, et en peu de iours tant et si tresbien laboura que la vaillant femme fut contente douyr et entẽdre son cas pour y baillier remede conuenable, ne restoit plus que teps et lieu et fut a ce menee quelle luy promist, tã tost que sõ mary iroit quelque part dehors pour seiourner vne nuyt elle incontinent len auertiroit. A chief de pechie ce desire iour fut assigne et dit le compaignon a sa femme quil sen aloit a ung chasteau loingtain de Valenciennes enuiron trops lieues et la charga bien de soy tenir a lostel et garder la mai

b.i

La premiere nouuelle

son pource que ses affaires ne pouoiēt souffrir q̄ cesse nupt il retournast. Celle en fut bien ioyeuse sans en faire semblant ne maniere en paroles ne autrement. Il ne se fault ia demander car il nauoit pas encores cheminé vne lieue dassez quant le bourgois sceust ceste aduenture de picca desiree. Il fist tantost tirer les bais/chauffer les estuues/faire pastez/tartes/ppocras/et le surplus des biens de dieu si largement que lapparcil sēbloit vng droit desroy. Quāt vint sur le soir la poterne fut desserree/a celle qui pour sa nupt y deuoit le guet saillit dedens/et dieu scait quelle fut doulcemēt receue/ie men passe en brief et espoire plus /quilz firēt plusieurs de uises daulcunes choses quilz nauoient pas en ceste curieuse iournee a leur p̄miere boulente. Apres ce que en la chābre furent descenduz tātost se bouterēt au bain/deuant lequel beau souper fut en haste couuert et serui. Et dieu scait quon y beut dautant largement et souuent. Des vins et viandes parler nē̄ se roit q̄ reditte/et pour faire le conte brief faulte ny auoit que du trop. En ce tres gracieux estat se passa la plus part de ceste doulce et courte nupt/baisiers donez/baisiers renduz/tant et si longuement que chascun ne desiroit que le lit. Tādiz que ceste grant chiere se faisoit vecy bō mary ia retourne de son voyaige non querant ceste sa bonne aduēture qui heurte bien fort a luys de sa chābre/et pour la compaignie qui y estoit lentree de prinsault luy fut refusee iusques a ce quil nōmast son parain Adōc il se nomma hault et cler et tresbien lē tendirent et recōngneurent sa bonne fēme et le bourgois. La gouge fut tant fort effrayee a la voix de son mary que a peu que son loyal cueur ne failloit/et ne sauoit ia plus sa contenance se le bō bourgois et ses gens ne seussent recō fortee. Mais le bon bourgois tant asseure/et de son fait tresaduise la fist biē en haste coucher/et au plus pres delle se bouta a luy charga quelle se ioigniist pres de luy et caichaft le visaige quon nen peust rien apperceuoir/et cela fait au plus brief que on peult sās soy trop haster il commanda ouurir la porte/ et le bon compaignon sault dedēs la chābre pensant en soy que aucun mistere y auoit quāt deuāt luys sauoiēt retenu si longuement. Et quant il vit sa table tant chargee de vins et de grans vian des/ensemble le beau bain tresbien pa re/et le bourgois ou tresbeau lit encourtine auec sa secōde personne/dieu scait sil parla hault et blasonna les armes de son bō voisin. Lors lappella ribault foudier/apres putier/apres purongne/ et tant bien le baptiza que tous ceulx de la chambre a luy auecques sen rioiēt bien fort. Mais sa femme a ceste heure nauoit pas ce loisir tant estoient ses leures empeschees de soy ioindre pres de son amy nouuel. Ha ha dist il maistre housier vous mauez bien celee ceste bō ne chiere. Mais par ma foy si ie nap

La premiere nouuelle.

este a la grant feste si fault il bien que len me monstre lespousee. Et a ce coup tenant sa chandelle en sa main se tira pres du lit/et ia se vouloit auancier de haulcier sa couuerture/soubz laquelle faisoit grant penitance et silence sa tresparfaicte et bonne femme/quant le bourgois et ses gens sen garderent/dont le compaignon ne sen contentoit pas trop et a force maulgre chascun tousiours auoit sa main au lit mais il ne fut pas maistre pourtors ne creu de faire son vouloir/et pour cause. Sur quoy ung appointement tresgracieux et bien nouueau fut fait de quoy assez se contenta qui fut tel. Le bon bourgois fut content que on luy monstrast a descouuert le derriere de sa femme les rains et les cuisses qui blanches et grosses estoient et le surplus bel et honneste sans riens descouurir ne veoir le visaige. Le bon compaignon tousiours sa chandelle en sa main fut assez longuement sans dire mot. Et quant il parla ce fut en louant beaucoup la tresgrande beaulte de ceste femme/et afferma par ung bien grant serment que iamais nauoit veu chose si bien ressembler au cul de sa femme/et sil ne feust bien seur quelle fust en son hostel a ceste heure il diroit que ce seroit elle. mais elle fut tantost recouuerte/et adonc se tira arriere assez pensif. Et dieu scait se on luy disoit bien/puis lung puis lautre que cestoit de lui mal congneu/et a sa femme pou donneur porte/et que cestoit bien aultre chose/que cy apres as-

sez il pourroit veoir. Pour reffaire les peulx abusez de ce poure martir le bourgois commanda quon le feist seoir a la table/ou il reprint nouuelle ymagination par boire et mengier largement du soupper de ceulx qui entretant au lit se deuisoient a son grant preiudice. Puis leure vint de partir et donna la bonne nupt au bourgois et a sa compaignie/et pria moult quon le boutast hors de leans par la poterne/pour plus tost trouuer sa maison. Mais le bourgois luy respondit quil ne scauroit a ceste heure trouuer la clef/pensoit aussi que la serreure feust tant enrouillie quon ne la pourroit ouurir/pource que nulle fois ou peu souuent souuroit. Il fut au fort contraint de saillir par la porte de deuant et aler le grant tour a sa maison. Tandiz que les gens au bourgois le conduisoient vers la porte tenant le hoc en leaue par deuises/et la bonne femme fut incontinent mise sur piez et en peu de heure habillee et lacee sa cotte simple son corset en son bras et venue a la poterne/puis ne fist que ung sault en sa maison ou elle attendoit son mary qui le long tour venoit tresaduisee de son fait et des manieres quelle auoit a tenir. Vecy nostre homme voyant encores la lumiere en sa maison heurte assez rudement. et sa bonne femme qui mesnagoit par leans/en sa main tenant ung ramon demande ce quelle bien scait. qui esse la. et il respond/cest vre mary. Mon mary dit elle/mon mary nest ce pas/il

b.ii.

La premiere nouvelle

nest pas en la ville/ et il heurte de rechief et dit/ouurez ouurez ic suis vostre mary. Je cognois bien mon mary dit elle ce nest pas sa coustume de soy enclore si tart quāt il seroit en la ville/alez ailleurs vous nestes pas bien ariue/ce nest point ceās quon doit heurter a ceste heure. Et il heurte pour la tierce fois et sap pella par son nom/vne fois/deux fois. Adonc fist elle aucunement semblant de le congnoistre/en demādant dont il venoit a ceste heure/et pour response ne bailloit autre chose que ouurez ouurez. Ouurez dit elle encores ny estes vous pas meschant houllier. Par la foice sai cte marie iaymeroye mieulx vous veoir noyer que ceans vous bouter. Alez coucher en mal repoz dont vous venez/ et soyez bon mary de soy courroucer/et fiert tant quil peult de son pie contre la porte et semble quil dopue tout abattre/et menassa sa bonne femme de la tant batre que cest raige/dont elle nagueres grāt paont. Mais au fort pour apaiser la noise/et a son aise mieulx dire sa pensee elle ouurit huys/et a lentree qͤl fist dieu scait quil fut seruy dune chiere bien rechignee/et dung agu et enflambe visaige. Et quāt la langue delle eut pouoir sur le cueur chargie tresfort dyre et de courroux/par semblant les parolles qͤlle descocha ne furēt pas mains trenchantes que rasoirs de guigant bien affillez/et ētre aultres choses fort luy reprouchoit qͤl auoit par malice cōclut ceste saincte alee pour lesprouuer/et que cestoit fait

dung lasche et recreu couraige/ indigne destre alye a si preude femme cōme elle Le bō cōpaignon ia soit ce que fust fort courroucie et mal meu par auant/toutesfois pource quil veoit son tort a loeil et le rebours de sa pensee/ restraint son ire/et le courroux quen son cueur auoit conceu quant a sa porte tant heurtoit/ fut tout a coup en courtois parler conuerty. Car il dist pour soy excuser et pour sa femme contenter/quil estoit retourne de son chemin pource quil auoit oublye la lectre pricipale qui touchoit plus le fait de son voyaige Sans faire semblant de le croire elle recommēce sa legende doree luy mettant sus quil venoit de la tauerne/ et de lieux deshonnestes et dissolux/et quil se gouuernoit mal en hōme de bien/mauldisant leure que onques elle eut son accointāce a sa tresmauldicte aliance. Le poure desole congnoissant son cas/voyant sa bonne fēme trop plus qͤl ne voulsist troublee/ helas et a sa cause ne scauoit q̄ dire. Si se prent a penser/et a chief de pensee ou meditation se tire pres delle/plopāt ses genoulz tout en bas sur la terre/ et dit les beaulx motz qͤlz se suiuēt. Ma chiere compaigne et tresloyale espouse/ ie vous prie ostez vre cueur de tous ces courroux que auez vers may conceuz/ et me pardōnez au surplus ce que vous puis auoir meffait. Je congnois mon cas et biens nagueres dune place ou se faisoit bien bonne chiere. Si vous ose bien dire que cognoistre vous y cuiday

dont iestoie tresdesplaisant. Et pource
q̃ a tort τ sans cause ie le confesse, vous
ay suspeçonnee destre aultre que bonne
dont me repens amerement. Je vous
supplie et de rechief q̃ tous aultres pas-
sez courroux et cestuy cy oubliez, vostre
grace me soit donner et me pardonnez
ma folie. Le mautalant de nostre bon-
ne gouge, voiãte son mary en bon ploy
et a son droit ne se monstra meshuy si
aspre ne si venimeuse. Comme dit elle
villain putier se vous venez de voz tres
deshonnestes lieux et infames, est il dit
pourtant que vous devez oser penser,
ne en quelq̃ facon croire que vostre bon
ne preude femme les daignast regarder
Nennil par dieu. Helas ce scay ie bien
ma mye, n'en parlons plus pour dieu
dist le bon homme. Et de plus belle vers
elle sencline faisant sa requeste ia pieca
que trop dicte. Elle ia soit ce que escorcs
martye et pres que enraigee de ceste su-
spection, voyant la parfonde contritiõ
du bon homme cessa son parler, et petit
a petit son trouble cueur se remist a na
ture τ luy pardonna, cõbien que a grãt
regret, apres cent mille sermons et au
tant de promesses q̃ celuy q̃ tant lauoit
grevee. Et par ce point a mains de crai-
te et de regret, elle passa maintesfois de
puis la poterne sans q̃ l'abusche fust ia
mais descouverte, a celui a q̃ plus tou-
choit. Et ce souffise quant a la premie-
re histoire.

¶ Seconde nouuelle. Monseigneur

On la maistresse ville du royaul
me dãgleterre nommee londres
assez hantee et congneue de plusieurs
gens, n'a pas long têps demouroit ung
riche et puissant homme qui marchant
et bourgois estoit, qui entre ses riches
baguez τ innumerables tresors se ioys-
soit et se tenoit plus entichy dune belle
fille que dieu lui auoit enuoyee, que du
bien grant surplus de sa cheuance, car
de bonte, beaulte, et gentete passoit tou
tes les filles delle plus aagees. Et ou
temps que ce treseureux bruit et vertu-
euse renõmee delle sourdoit en sõ quin
siesme an ou enuiron, dieu scait se plu-
sieurs gens de bien destroient et pour-
chassoient sa grace par plusieurs et tou
tes facons en amours acoustumees, q̃
nestoit pas ung plaisir petit au pere et
a la mere. Et a ceste occasion de plus en
plus croissoit en eulz lardante et pater
b.iii

nesse amour que a leur tresapmee fille portoient. Aduint touteffois ou q̃ dieu le permist, ou que fortune le boulut et commanda, enuieuse et mal côtente de la prosperite de celle belle fille, de ses parens, ou de tous deux enseble, ou espoir de vne secrete cause et raison naturelle dont ie laisse linquisition aux philosophes et medicins quelle cheut en vne dangereuse et desplaisante maladie qui communement on appelle broches. La doulce maison fut treslargement troublee quant en la garenne que plus chiere tenoient lesditz parens, auoit ose lascher ses leuriers et limiers ce desplaisant mal, et qui plus est touchier sa propre en dangereux et dommageable lieu. La poure fille de ce grant mal toute affolee ne scait sa contenance que de plourer et souspirer. Sa tresdolête mere est si tresfort troublee que delle il nest rien plus desplaisant. Et son tresennuye pere detort ses mains, et detire ses cheueux pour la raige de ce nouueau courroux. Que vous diray ie, toute la grant triumphe quen cest hostel souloit tant comblemêt abonder, est par ce cas flappye et ternye et en amere et subite tristesse a la male heure conuertie. Di viennent les parês amys et voisins de ce doulent hostel, visiter et conforter la compaignie, mais pou ou rien prouffitoit, car de plus en plus est aggressee et oppressee la bonne fille de ce mal. Adoncqs vient vne matrone qui moult et trop enquiert de ceste maladie, et fait virer et reuirer puis ea puis la, la tresdolente et poure paciente a grât regret dieu le scait, et puis luy baille medecines de cent mille facons derbes, mais riens, plus bien auât et plus empire. Si est force que les medicins de la ville et du pais enuirô soient mandez, et que la poure fille descouure et monstre son trespiteux cas. Di sont venuz maistre pierre, maistre iehan, maistre cy, maistre la, tât de phiziciens que vous vouldrez qui veulent veoir la paciente ensemble, et les parties du corps a descouuert, ou ce mauldit mal de broches sestoit helas longuemêt embusche. Ceste poure fille fut plus surprise et esbaye que se a la mort fust adiugee, et ne se vouloit accorder quô la mist en facon que son mal fust appceu, mesmes aymoit plus chier mourir q̃ vng tel secret fust a vug homme descouuert. Ceste obstinee voulête ne dura pas grâment, quant pere et mere vindrent qui plusieurs remonstrances lui firent, côme de dire quelle pourroit estre cause de sa mort qui nest pas vng petit pechie, et plusieurs autres y eut trop longs a raconter. Finablement trop plus pour pere et mere que pour crainte de mort haicre, la poure fille se laissa ferrer, et fut mise sur vne couche les dens dessoubz et son corps tant et si tresauât descouuert que les medicins virent apertement le grant meschief qui fort la tourmentoit. Ilz ordonnerent son regime faire aux appotiquaires, clisteres pouldres oygnemens, et le surplus que bon sembla elle print et fist tout ce que on Voulut pour recouurer sante. Mais tout rien ny Vault/car il nest tour ne engin que les dictz medicins saichēt pour allegier quelque peu de ce destresseux mal/ne en leurs liures nont Veu ne acoustume q̄ rie͂ si tresfort la poure fille empire mes que sennuy quelle sen donne/car autāt semble estre morte que Viue. En ceste aspre langueur (et douleur forte se passerēt beaucoup de iours. Et comme le pere la mere parens et Voisins senqueroient par tout pour salegance de la fille/si rēcontrerent Vng tresancien cordelier qui boigne estoit/et en son temps auoit Veu moult de choses/et de sa principale sciēce se messoit fort de medicine dont sa p̄sence fut plus aggreable aux parens de la paciente/laquelle helas a tel regret q̄ dessus regarda tout a son beau loisir/et se fist fort de la guarir. pensez quil fut tresVoulentiers ouy/et tant que la dolente assēblee q̄ de lyesse pieca banie estoit/fut a ce point quelque peu consolee/esperāt le fait sortir tel que sa parole le touchoit. Adonc maistre cordelier se partit de leās et print iour a demain de retourner/ fourni et pourueu de medicine si tresVertueuse quelle en peu deure efface ra la grant douleur qui tant martire et debrise la poure paciente. La nupt fut beaucoup longue/attendant le iour de sire/neantmains passerent. tāt deures a quelque peine que ce fut que nostre bō cordelier fut acq̄tte de sa promesse pour soy rendre deuers la paciente a leure assignee. Sil fut ioyeusement receu pēsez que oup. Et quant Vint leure quil Voulut besongnier/et la paciēte mediciner on la print comme sautre fois/et sur la couche tout au plus bel quon peust fust a bougons couchee/et son derriere descouuert assez auant/lequel fut incontinent des mattrones dung tresbeau blāc drap linge garny tapisse et arme/et a lē droit du secret mal fut fait Vng beau pertuis par lequel maistre cordelier pouoit appertement le choisir. Et il regarde ce mal puis dūg couste puis dautre/maintenāt le touche du doy tout doulcemēt. Vne aultre fois prent la pouldre dōt mediciner la Vouloit. Dres regarde le tuyau dont il Veult souffler icelle pouldre par sus et dedens le mal. Dres retourne arriere et iecte loeil de rechief sur ce dit mal/et ne se scait saouler dassez le regarder. A chlef de piece il prent sa pouldre a la main gauche/mise en Vng beau petit Vaisseau plat/et de lautre son tuyau quil Vouloit emplir de ladicte pouldre/et cōe il regardoit tresententiuemēt et de trespres par ce pertuis/ (a lenuirō le destresseux mal de la poure fille/et elle ne se peut contenir Voyāt. lestrange façō de regarder a tout Vng oeil de nr̄e cordelier/q̄ force de rire ne la surprist/q̄l se cuida bien longuemēt retenir/ mais si mal helas lup aduit q̄ ce riz a force retenu/fut cōuerty en Vng sonnet dont le Vent retourna si tresapoint la pouldre que la pluspart il fist Voler contre le Visaige et seul bon oeil de ce bon cordelier

b.iiii

La .ii. nouuelle par Mouseigneur

lequel sentant ceste douleur habandonna tantost et baisseau et tupau/& a peu quil ne cheut a la reuerse tant fort fut effraye/& quāt il eut sō sang il met tost en haste sa main a sō oeil soy plaignāt durement/disant quil estoit hōe deffait & en dangier de perdre vng seul bon oeil quil auoit. Il ne mentit pas/car en peu de iours la pouldre qui corrosiue estoit luy gasta & menga trestout loeil/ et par ce point lautre qui ia estoit perdu aueugle fut/et ainsi demoura ledit cordelier Si se fist guider et mener vng certain iour apres ce iusques a lostel ou il cōquist ce beau butin/et pla au maistre de leās auql il remonstra son piteux cas/priāt et requerāt ainsi que droit le porte/quil lui baille et assigne ainsi qua son estat appartiēt sa vie hōnorablemēt Le bourgois respondit que de ceste son aduenture beaucoup luy desplaisoit/cōbien que riens il nen soit cause/ne en quelque facon q ce soit chargie ne sen tient. Trop bien est il content luy faire quelque gracieuse ayde dargent pource quil auoit empris de garir sa fille/ ce quil nauoit pas fait/& que a luy ne veult estre tenu en riens/lui veult baillier autant en sōme que sil luy eust sa fille en sante rendue/non pas cōe dit est quil soit tenu de ce faire. Maistre cordelier non content de ceste offre demāde quil luy assignast sa vie. remonstrant cōment sa fille lauoit aueugle en sa presence/et a ceste occasion priue estoit de la digne et tressaicte cōsecracion du pcieux corps de ihūs du saint seruice de leglise/et de la glorieuse inquisicion des docteurs quilz ont escript sur la saincte theologie/et par ce point de predicacion plus ne pouoit seruir le peuple qui estoit sa totale destruction/car il est mendiant & non fonde si non sur aumosnes que plus conquerre ne pouoit. Quelque chose quil allegue ne remonstre il ne peut finer dautre response que ceste precedēte. Si se tira par deuers la iustice du parlemeut dudit son dies/deuāt lequel fist baillier iour a nre homme dessus dit. Et quant vint heure de plaidier sa cause par vng bon aduocat bien informe de ce quil deuoit dire. dieu scait que plusieurs se rendirent au cōsistoire pour ouyr ce nouueau proces qui beaucoup pleust aux seigneurs dudit parlemēt/tant pour la nouuelte du cas que pour les allegacions & argumens des parties deuant eulx debatans q non acoustumees mais plaisantes estoyent. Le proces tāt plaisant et nouuel /affin ql fust de plusieurs gens cōgneu fut tenu & maintenu assez & lōguemēt/non pas qua son tour de roulle ne fust bien renuoye & mis en ieu/mais le iuge se fit differer iusques a la facō de cestes. Et par ce point celle qui au parauant par sa beaulte/bonte/et gentete congneue estoit de plusieurs gens/deuit notoire a tout le mōde par ce mauldit mal de broches/dōt en la fin fut garie ainsi que depuis me fut compte.

¶ La .iii. nou. p. Mōseignr de la roche

La iii. nouuelle par Monseigneur de la roche

En la duchie de bourgoigne eust nagueres vng gentil cheualier dõt listoire passe le nom q̃ marie estoit a vne belle et gẽte dame/et assez pres du chasteau ou ledit cheualier faisoit residence demouroit vng musnier pareillement a vne belle gente et ieune femme marie. Aduint vne fois entre les autres que cõme le cheualier pour passer tẽps et prẽdre son esbatemẽt se pourmenast entour son hostel/et du long de la riuiere sur laquelle estoit assise la maison et moulin dudit musnier qui a ce coup ne stoit pas a son ostel mais a dijon ou a beaune/ledit cheualier apperceut la fẽme dudit musnier portãt deux cruches et retournant de la riuiere qrir de leaue. Si se auanca vers elle et doulcemẽt la salua/et elle cõme saige et bien aprinse lui fist honneur et reuerence qui lui appartenoit. Nostre bon cheualier voyant ceste musniere tresbelle et en bon point/ mais de ses assez escharssemẽt hourdee Se pensa de bonnes et lui dist. Certes mamie iappercoy bien que vous estes malade et en grant peril. A ces paroles la musniere sapprocha de lui et luy dist Helas monseigneur et que me fault il Drapement mamie iappercoy bien se vous cheminez gueres auãt que vostre deuant est en tresgrãt dangier de cheoir et vous ose bien dire que vous ne le porterez gueres longuement quil ne vous chee tant my congnois ie. La sĩple musniere ouyãt les paroles de mõseigneur deuint tresesbaye et courroucee/esbaye comment monseigneur pouoit scauoir ne veoit ce meschief aduenir/et courroucee doubt la perte du meilleur membre de sõ corps/et dõt elle se seruoit mieulx et son mary aussi. Si respondi. Helas mõseigneur et a quoy cõgnoissez vous que mon deuant est en dãgier de cheoir il me semble quil tient tant bien. Dea mamie souffise vous a tãt et soyez seure q̃ ie vous dy la verite/et ne seriez pas la premiere a qui le cas est aduenu. Helas dit elle monseigneur/or suis ie femme deffaicte deshonnoree et perdue/et q̃ dira mon mary/nostre dame quant il scaura ce meschief/il ne tiendra plus cõte de moy. Ne vous descõfortez que bien a point mamie dit mõseigneur/ ẽcores nest pas le cas aduenu/aussi ya il bon remede. ¶ Quant la ieune musniere ouyt que on trouueroit bien remede en son fait le sang luy cõmenca a reuenir

La quarte nouvelle par Monseigneur

et ainsi quelle sceut pria monseigneur pour dieu q̃ de sa grace luy voulsist enseignier quelle doit faire pour garder ce poure deuant de cheoir. Monseigneur qui trescourtois et gracieux estoit/mesmement tousiours vers les dames/lui dit. Mamie pource que vous estes belle et bonne ꝛ que iayme bien vr̃e mary il me pient pitie ꝛ cōpassion de vr̃e fait si vous enseigneray cōment vous garderez vostre deuant de cheoir. Helas mō seigneur ie vous en mercy et certes voꝰ ferez vne oeuure bien meritoire/car autãt me vauldroit non estre que de viure sans mon deuāt. Et que doy ie dōc faire monseigneur. Mamie dit il affin de garder vr̃e deuāt de cheoir/le remede si est que au plus tost que pourrez le fort ꝛ souuent faire recoingnier. Recoingniez monseigneur/et qui le scauroit faire/a qui me fauldroit il parler pour bien faire ceste besoigne. Ie vous diray mamie dit mōseigneur/pource que ie vous ay aduertye de vr̃e meschief q̃ tresprouchal et grief estoit/ensemble aussi ꝛ du remede necessaire pour obuier aux incōueniens qui sourdre en pourroiēt/ie suis cōtent affin de plus en mieulx nourrir amour entre nous deux vous recoingnier vr̃e deuāt/ꝛ le vous rendray en tel estat que par tout le pourrez tout seurement porter/sans auoir crainte ne doubte q̃ iamais il puisse cheoir/et de ce me fais ie bien fort. Se nostre musniere fut biē ioyeuse il ne le fault pas demāder/qui mettoit si tresgrāt peine du peu de sens

quelle auoit de souffisaumēt remercier monseigneur. Si marcherēt tant monseigneur et elle quilz vindrent au moulin/ou ilz ne furēt gueres sans mettre la main a leuure/car mōseigneur par sa courtoisie dung houstil quil auoit recoingna en peu deure troys ou quatre fois le dc̃uāt de nostre musniere/q̃ tresioyeuse et lyce en fut. Et apres que leuure fut ploppee et de deuises vng millier et iour assigne dencores ouurer a ce deuant. Monseigneur part ꝛ tout le beau pas sen retourna vers son hostel/et au iour nōme se redit mōseigneur vers sa musniere en la facon que dessus/et au mieulx quil peut il semploya a recoingnier ce deuant/et tant ꝛ si bien y ouura par cōtinuaciō de tēps que ce deuant fut tout asseure et tenoit ferme ꝛ biē. Pendāt le tēps q̃ monseigneur recoingnoit le deuant de ceste musniere/le musnier retourna de sa marchandise/et fit grāt chiere/ꝛ aussi fist sa fēme. Et cōe ilz eurent deuise de leurs besoingnes/la tressaige musniere va dire a sō mary. Par ma foy sire nous sōmes bien obligez a mōseigneur de ceste ville. Voire mamie dit le musnier/en qlle facon. Cest bien raison que le vous die/affin que sē merciez/car vous y estes tenu. Il est vray q̃ tandiz quaues este dehors/mōseigneur passoit par cy droit a la court ainsi q̃ a tout deux cruches ie asope a la riuiere/il me salua si fis ie lui. ꝛ cōe ie marchoie il appceut q̃ mō deuant ne tenoit cōme rien/et quil estoit en trop grant auentu

La .iii. nouuelle Monseigneur de la roche

re de cheoir/et le me dist de sa grace dõt ie fuz si tresesbaye Voire par dieu autant courroucee q̃ se tout le monde fust mort. Le bon seigneur qui me vcoit en ce point lamenter en eut pitie et de fait menseigna vng beau remede pour me garder de ce mauldit dangier. Et encores me fist il bien plus/quil neust point fait a vne aultre. Car le remede dont il me aduertit q̃ estoit faire recoingnier et recheuiller mon deuãt affin de le garder de cheoir suimesmes le mist a execucion q̃ lui fut tresgrant peine/et en sua plusieurs fois/pource que mon cas requeroit destre souuẽt visite. Que vous diray ie plus il sen est tant bien acquitte que iamais ne luy sauriez desseruir. Par ma foy il ma tel iour de ceste sepmaine recongnie les troys/les quatre fois/vng autre deux/vng autre troys/il ne ma ia laissee tãt que iaye este toute guarie/et si ma mise en tel estat q̃ mõ deuant tient a ceste heure tout aussi bien et aussi fermement que celui de femme de nostre ville. Le musnier oyant ceste aduenture ne fit pas semblant par dehors tel que son cueur au par dedens portoit/mais cõme sil fust bien ioyeux dit a sa femme. Or ca mamye ie suis bien ioyeux que monseigneur nous a fait ce plaisir ꜣ se dieu plaist quant il sera possible ie feray autant pour lui/ mais pource q̃ vrẽ cas nestoit pas hõneste gardez vous bien den riẽs dire a personne/ꜣ aussi puis que vous estes guarie il nest ia mestier q̃ vous trauailliez

plus monseigneur. Vous naues garde dist la musniere q̃ ien die iamais vng mot/car aussi le me deffendit bien mõ seigneur. Nrẽ musnier qui estoit gentil compaignon a qui les crignõs de sa teste ramenteuoyent souuent et trop la courtoisie que monseigneur luy auoit faicte. Et si saigement se cõduisit quõ ques mõdit seigneur ne se perceut quil se doubtast de la trõperie quil lui auoit faicte/et cuidoit en soymesmes quil nẽ sceust rien. Mais helas si faisoit ꜣ nauoit ailleurs son cueur/son estudie/ ne tous ses pensees que a soy vengier de lui sil scauoit en facon telle ou semblable quil lui deceut sa femme. Et tãt fit par son engin q̃ point oiseux nestoit/ql aduisa vne maniere par laqlle bien lui sembloit que sil en pouoit venir a chief q̃ mõseigneur auroit beurre pour oeufz A chief de pechie pour aucũs affaires q̃ suruindrẽt a mõseigneur/il mõta a cheual ꜣ prit de ma dãe cõgie bien pour vng mois. dõt le musnier ne fut pas vng peu ioyeux. Vng iour entre les aultres ma dãe eut voulente de soy baingnier ꜣ fit tirer le bain ꜣ chauffer les estuues en sõ hostel a part/ce q̃ nrẽ musnier sceut tresbiẽ pource q̃ assez familier estoit de leãs si saduisa de prẽdre vng beau brochet ql auoit en sa fosse ꜣ dit ou chasteau pour le prẽter a ma dãe. Aucunes des femes de ma dãe vouloiẽt prẽdre le brochet et de par le musnier en faire presẽt/ mais il dit que luymesmes il le presenteroit ou vrayement il le rẽporteroit. Au fort

La quarte nouuelle.

pource quil estoit comme de leãs et iopeux hõme/ma dame le fist venir qui dedens son bain estoit. Le gracieux musnier fist son present dont ma dame le mercia & fist porter en la cuisine le beau brochet et mettre a point pour le soupper. Et entretãt que ma dame au musnier deuisoit il apperceut sur le bort de la cuppe vng tresbeau dyamant quelle auoit oste de son doy/doubtant de leaue le gaster. Si le croqua si soupplement quil ne fut de ame perceu/& quant il vit son point il donna la bonne nuyt a ma dame et a sa compaignie & sen retourne en son moulin pensant au surplus de son affaire. Ma dame qui faisoit grãt chiere auec ses femmes/voyãt quil estoit ia bien tart et heure de soupper habãdõna le bain et en son lit se bouta/et cõme elle regardoit ses bras & ses mains elle ne vit point son dyamant. Si appella ses femmes et leur demãde apres ce dyamant/et a laquelle elle lauoit baillie. Chascune dit ce ne fut pas a moy/ na moy/ne a moy aussi. On cherche hault et bas dedens la cuppe/sur la cuppe/ mais riẽs ny vault/ on ne scait trouuer. La queste de ce dyamãt dura beaucoup sans quon en sceust quelque nouuelle/dont ma dame sen donnoit bien mauuais temps/pource quil estoit meschãment perdu/et en sa chãbre/et aussi monseigneur son mary lup donna au iour de ses espousailles/si len tenoit beaucoup plus chier. On ne scait qui mescroire ne a qui le demander dont grant

deul sourt par leãs. Lune des femmes sauisa & dit/ame nest ceãs entre q nous q y sommes/et le musnier/se me sembleroit bon quil fust mandé. On le mãda et il vint. Ma dame si trescourroucee et desplaisante estoit q plus ne pouoit/&demãda au musnier sil auoit point veu sõ dyamãt/et lup asseure autant en bourdes q vng autre a dire verite se excusa treshaultement. Et mesmes osa bien demãder a ma dãe selle le tenoit pour larron Certes musnier dit elle nenil. Aussi ce ne seroit pas larrecin si vous sauiez p esbatement emporté. Ma dãe dist le musnier ie vous prometz q de vre dyamãt ne scap ie nouuelle. Adonc fut la compaignie bien simple et ma dame especialemẽt q en est si tresdesplaisante qlle ne scait sa cõtenãce que de ietter larmes a grãt abõdance tãt a regret de ceste verge. La triste compaignie se met a cõseil pour scauoir quil est de faire. Lune dit il fault qt soit en la chãbre. Lautre respond qlle a cherchie partout. Le musnier demande a ma dãe selle sauoit a lentree du bain. et elle dit q ouy. Ainsi est certainemẽt ma dãe veu la grãt diligence quõ a fait de le qrir sans en sauoir nouuelle la chose est bien estrange. Toutefois il me semble biẽ q sil y auoit hõe en ceste ville qui sceust dõner cõseil pour le recouurer q ie seroye cellup. & pource q ie ne vouldroye pas q ma sciẽce fust diuulguee il seroit bon q ie plasse a vo9 a part. A cela ne tiẽdra pas dit ma dãe. si fist partir la compaignie/et au partir

La iii.nouuelle Monseigneur de la roche

que firent les femmes/disoient dame iehanne/psabeau/et katherine. Helas musnier que vous seriez bon homme se vous faisiez reuenir ce dyamant Je ne men fais pas,fort dist le musnier/mais iose bien dire q̃ sil est possible de iamais se trouuer que ien apprendray la maniere. Quãt il se vit apart auecques ma dame il lui dist quil se doubtoit beaucoup et pensoit puis que sarriuer du bain elle auoit son dyamãt quil ne fust sailly de son doy et cheu en leaue et dedans son corps cest boute. Attẽdu quil ny auoit ame q̃ le voulsist retenir. Et la diligẽce faicte pour le trouuer/se fist ma dame monter sur son lit/ ce quelle eust voulẽtiers refuse ce neust este pour mpeulx faire. Et apres quil leust assez descouuerte fist comme maniere de regarder /ça et la/ et dist. Seuremẽt ma dame le dyamãt est estre en vostre corps Et dictes vous musnier que vous lauez perceu. Oy vrayement. Helas dist elle et commẽt len pourra len tirer/tresbien ma dame/ie ne doubte pas que ie nen vienne bien a chief sil vous plaist. Se maist dieux il nest chose que ie ne face pour le rauoir dit ma dãe/or vous auancez beau musnier. Ma dame encores sur le lit couchee fut mise par le musnier tout en telle facon que monseigneur mettoit sa femme quant il lui recongnoit son deuant/et dung tel houtil la tente pour querir et peschier le dyamant. Apres les reposees de la premiere et seconde queste que le musnier fist du

dyamant/ma dame demãda sil lauoit point sentu/et il dist que ouy dont elle fut biẽ ioyeuse/et lui pria quil peschast encores tant quil leust trouue Pour abregier tant fist le bon musnier quil rẽdit a ma dame son tresbeau dyamant. Dont la tresgrant ioye vint par seans et neust iamais musnier tãt donneur ne dauancement que ma dame et ses femmes luy donnerẽt. Le bon musnier en la tresbonne grace de ma dame part de seans et vint a sa maison sans soy vãter a sa femme de sa nouuelle aduenture/dõt il estoit plus ioyeux que sil eust tout le monde gaignie. La dieu mercy petit de temps apres mõseigneur reuit en sa maison ou il fut doulcemẽt receu et de ma dame humblement bien venu laq̃lle apres plusieurs deuises q̃ au lit se font luy conta sa tresmerueilleuse auenture de son dyamant et comment il fut par le musnier de sõ corps repeschie Pour abregier tout du long luy cõpta le proces en la facon a maniere q̃ tint le dit musnier en la queste dudit dyamãt dõt il neut gueres grant ioye/mais pẽsa que le musnier lui auoit baille belle. A la p̃miere fois q̃l rẽcõtra le musnier il le salua haultemẽt et lui dist. Dieu gart dieu gart ce bõ pescheur de dyamãs. A quoy le musnier respõdit/ dieu gart ce recõgneur de cõs. p̃ nr̃e dãe tu dis trop dist le seigneur/tays toy de moy et si se taige de toy. Le musnier fut cõtent a iamgis plus nẽ parla/nõ fist le seigneur que ie sache.

La quarte nouuelle.

¶ La quarte nouuelle. Monseigneur trop nagueres estant en sa ville de tours vng gentil compaignon escossois archier de son corps et de sa grant garde/ senamoura tresfort dune belle et gente damoiselle mariee et merciere. Et quant il sceust trouuer temps et lieu se mains mal quil sceut compta son gracieux et piteux cas dont il nestoit pas trop content ne ioyeux/ neantmains car il auoit la chose fort a cuent ne laissa pas a faire sa poursuite/ mais de plus en plus tresaigrement pourchassa tant que sa damoiselle se voulut enchassier et donner total congie/ et lui dit quelle aduertiroit son mary du pourchaz deshonneste et dannable quil sefforcoit de acheuer/ ce quelle fist tout au long. Le mary bon et saige preux et vaillant come apres vous sera compte se courrouca amerement encontre lescossois qui deshonnourer le vouloit et sa tresbonne femme aussi. Et pour bien se vengier de lui a son aise et sans reprise comanda a sa femme que sil retournoit plus a sa queste quelle lui baillast et assignast iour. Et sil estoit si fol que dy coparoir le blasme quil pourchassoit luy seroit chier vendu. La bonne femme pour obeir au bon plaisir de son mary dit que si feroit elle. Il ne demoura gueres que le poure amoureux escossois fist tant de tours quil vit en place nostre merciere qui fut par lui humblemēt saluee/ et de rechief damours si doulcement prise que ses requestes du par auant deuoiēt bien estre enterinees par la cōclusion de ceste piteuse et derniere priere/ et qlle les voulsist ouyr/ et ia mais ne seroit femme plus loyalemēt obeye ne seruie quelle seroit se de grace vouloit accepter sa treshūble et raisonnable requeste. La belle merciere soy recordant de la lecon que son mary luy bailla/ voyāt aussi heure propice entre autres deuises et plusieurs excusatiōs seruans a son propos bailla iournee a lescossois a lēdemain au soir de coparoir psōnelemēt en sa chābre pour en ce lieu lui dire plus celeemēt le surplus de son itēciō et le grāt biē qlluy vouloit. Desq̄z qlle fut haultemēt merciee/ doulcemēt escoutee/ et de bō cueur obeye de celui q ap̄s ces bōnes nouuelles laissa sa dāe le plus ioyeux q iamais il nauoit este. Quāt le mary vint a lostel il sceut cōmēt lescossois fut leans des paroles et des grās offres qlfist. et comment il se rendra demain au soir deuers elle en

La quarte nouuelle

sa chambre. Or se laissez venir dist le mary il ne fist iamais si folle entreprise que bien ie luy cuide monstrer auant quil parte/ Voire et faire son grant tort confesser/ pour estre exemple aux autres folz outrecuidez et etaigiez cõme lui. Le soir du lendemain approucha tresdesiré du poure amoureux escossois/ pour veoir a iouyr de sa dame tresdesiree du bon mercier/ pour acomplir la trescriminelle vengance quil veult executer en la personne de celuy escossois qui veult estre son lieutenant tresdoubte/ aussi de la bonne femme qui pour obeir a son mary attend de veoir vng grant hutin. Au fort chascun saprestele mercier se fait armer dung grant court et vieil harnois/ prent sa salade/ ses gantelletz/ et en sa main vne grant haiche. Or est il bien en point dieu le scait & semble bien que aultresfois il ait veu hutin. Comme vng vray champion venu sur les rens de bonne heure et attendant son ennemy en lieu de pauillon se va mettre derriere vng tapis en la ruelle de son lit/ et si tresbiẽ se caicha quil ne pourroit estre pceu. lamoureux malade sentant leure tresdesiree se met en chemin deuers lostel a sa merciere. mais il noublia pas sa grande bonne et forte espee a deux mains. Et comme il fut venu leans sa dame monte en sa chambre sans faire effroy/ et il la suit tout doulcement. et quant il sest trouue leans il demanda a sa dame sen sa chãbre y auoit ame ãsse. A quoy elle respon

dit assez legierement et estrangemẽt et comme non trop asseuree que non. Dictes verite dist lescossois vre mary ny est il pas. Nenil dist elle. Or le laissez venir/ par saint engnan sil vient ie luy fendray la teste iusques aux dens / Voire par dieu silz estoient troys ie ne les crains/ ien seray bien maistre. Et apres ces criminelles parolles vous tire hors sa grãde & bõne espee & si la fait brãdir troys ou quatre fois/ et au pres de luy sur le lit la couche/ & ce fait icõtinẽt baise & accolle & le surplus quapres sensuit tout a son bel aise et loisir uchena / sãs ce que le poure coup de la ruelle sosast õcqs mõstrer. mais si grãt paour auoit qua pou ql ne mouroit. Nre escossois apres ceste haulte aduenture prẽt de sa dame congie iusqs a vne aultre fois et la mercye cõe il doit et scait de sa grant courtoisie/ & se met a chemin. Quãt le vaillãt hõe damest sceut lescossois issu hors de luy ainsi effraye ql estoit sãs a peine sauoir parler sault dehors de sõ pauillon et commence a tenser sa femme de ce quelle auoit souffert le plaisir de larchier. Et elle respondit que cestoit sa faulte et sa coulpe/ et que enchargie luy auoit de luy baillier tout   Je ne vous cõmauday pas dit il q luy laississiez faire sa voulẽte ne son plaisir. Cõmẽt dit elle le pouais ie reffuser voyãt sa grande espee dont il meust tuee en cas de reffuz. Et a ce coup vecy bõ escossois qui retourne & monte arriere les degrez de sa chambre et sault dedens et

La quarte nouuelle.

dit tout hault queſſecy/et le bon hom̄me de ſoy ſauluer/et deſſoubz le lit ſe boute pour eſtre plus ſeurement beaucoup plus eſbahy que par auant. La dame fut reprinſe et de rechief enferree a ſon beau loiſir (t en la façon que deſſus touſiours leſpee au plus pres de lui. Apres ceſte rencharge et pluſieurs longues deuiſes dentre leſcoſſois et la dame ſeure vint de partir/ſi lui donna la bōne nupt et picque (t ſen va. Le poure martir eſtant deſſoubz le lit a peu ſil ſe oſoit tirer de la doubtāt le retour de ſō aduerſaire ou pour mieulx dire ſon cō paignon. A chief de pechie il print couraige. et a layde de ſa fēme la dieu mercy il fut remis ſur pies. Sil auoit bien tēſe ſa femme au par auant encores recommença il plus dure legende. Car elle auoit conſenti apres ſa deffenſe le deſſhonneur de luy et delle. Helas dit elle et ou eſt la fēme ſi aſſeuree qui oſaſt deſdire vng homme ainſi eſchauffe et entaige comme ceſtuy eſtoit quātvous qui eſtes arme embaſtonne (t ſi vaillāt a qui il a trop plus meſſait que a moy ne lauois pas oſe aſſaillir ne moy defendre. Ce neſt pas reſpōſe dit il dame ſe vous neuſſiez voulu iamais ne fuſt venu a ſes attainctes. Vous eſtes mauuaiſe et deſleale. Mais vous dit elle laſche meſchant et reprouchie homme pour qui ie ſuis deſhōnouree. car pour vous obeyr ie aſſignay le mauldit iour a leſcoſſois. Et encores naues eu en vo⁹ tant de couraige dētrepēdre la deffēſe de celle en qui giſt tout voſtre bien (t voſtre hōneur. Et ne penſez pas que ieuſſe trop mieulx aymela mort q̄ dauoir de moymeſmes conſenty ne accorde ce meſchief. Et dieu ſcait le doeul que ien porte (t porteray tāt q̄ ie viuray. quāt ce luy de q̄ ie dois auoir (t tout ſecours attēdre en ſa preſēce ma bien ſouffert deſhonnourer. Il fait aſſez a croire et penſer quelle ne ſouffrit pas la voulēte de leſcoſſois pour plaiſir quelle y print. mais elle fut a ce contraincte et forcee par non reſiſter/laiſſant la reſiſtēce en la proueſſe de ſon mary q̄ ſen eſtoit tres bien chargie. Donc chaſcun deulx laiſſa ſon dire et ſa querelle apꝭ pluſieurs argumēs et repliques dung coſte (t dautre. mais en ſon cas euident fut le mary deceu et demoura trōpe de leſcoſſois en la façon quauez oupe.

La .v. nouuelle par Phelippe de laon

Nouuelle .v. p. Phelipe de laon.

Monseigneur thalebot que dieu pardoint capitaine anglois si eureux comme chascun scait/fist en sa vie deux iugemens dignes destre recitez et en audience et memoire perpetuelle amenez. Et affin q̃ de chascun diceulx iugemens soit faicte mencion ie vueil racõter en briefz motz ma pmiere nouuelle/et ou renc des aultres la cinquiesme ien fourniray et diray ainsi Pendant le temps que la mauldite et pestilencieuse guerre de france et dangleterre regnoit et que encores na pas pris fin comme souuent aduient/vng francois homme darmes fut a vng autre anglois prisonnier/et puis quil fut mis a finãce soubz le saufconduit de mõseigneur thalebot/ deuers son capitaine retournoit pour faire finance de sa rencon/ et a son maistre lenuoyer ou apporter/ et comme il estoit en chemin fut par vng anglois sur les champs encõtre/ lequel le voyant francois tantost lui demanda dont il venoit et ou il aloit/ laultre respondit la verite. Et ou est vostre saufconduit dit langlois. Il nest pas loing dit le frãcois. Lors tire vne petite boite pendant a sa ceinture ou son saufconduit estoit/et a langlois le tendit qui de bout a autre le leut/et cõme il est de coustume mettre en toutes lettres de saufconduit/ reserue tous vrais habillemẽs de guerre/ langlois note sur ce mot/ et voit escores les esguillettes a armer pẽ

dantes au paipoint du francois. Si va iugier en soymesmes q̃l auoit enfraint son saufcõduit/ et que esguillettes sont vrais habillemens de guerre. Si lui dit ie vous fays prisonnier/ car vous aues rompu vostre saufconduit. Par ma foy non ay dit le frãcois sauue vostre grace vous voyes en quel estat ie suis. Nenil nennil dit langlois/ par sait iouen vostre saufconduit est rõpu/ rendes vo9 ou ie vous tueray. Le poure francois q̃ nauoit que son paige/ et qui estoit tout nu et de ses armeures desgarny/ voyãt laultre/ et de trops ou quatre archiers a compaignie/ pour le mieulx faire a luy se rendit. Langlois le mena en vne place assez pres de la et en prison le boute/ Le francois se voyant ainsi mal mene a grant haste a son capitaine le manda lequel ouyant le cas de son homme fut trestoust a merueilles esbay/si fit tãtost escripre lettres a monseigneur thalebot et par vng herault les enuoya bien et suffisamment informe de la matiere que lõme darmes prisonnier auoit au long au capitaine rescript. Cest assauoir cõment vng tel de ses gens auoit prins vng tel des siens soubz son saufcõduit. Ledit herault bien informe et apris de ce quil deuoit dire et faire de sõ maistre partit/ et a monseigneur thalebot ses lettres presenta/ il les leut/ et par vng sien secretaire en audience deuant plusieurs cheualiers et escuiers et aultres de sa route de rechief les fit relire. Si deues sauoir que tantost il monta sur sõ

c.i

La v. nouuelle par Phelippe de laon

cheualet, car il auoit la teste chaulde et fumeuse, et nestoit pas content quant on faisoit autrement qua point, et par especial en matiere de guerre, et denfrai dre son saufconduit il enraigeoit tout vif. Pour abbregier le conte il fist venir deuant lui et langlois et le françois, et dist au françois quil contast son cas. Il dist comment il auoit este prisonnier dung tel de ses gens et sestoit mis a finance. Et soubz vostre saufconduit mōseigneur ie men aloye deuers ceulx de nostre party pour querir ma rencon ie rencontray ce gentil homme icy sequel est aussi de voz gens qui me demanda ou ialoye, et se iauoye saufconduit, ie luy dis que ouy lequel ie luy monstray, et quāt il leust leu il me dist que ie sauoye rompu, et ie lui respōdy que non auoye et quil ne se sauroit mōstrer, brief ie ne peuz estre ouy, et me fut force se ie ne me voulope faire tuer sur la place de me rē dre, et ne scay cause nulle p quoy il me doye auoir retenu, si vous en demande iustice. Monseigneur thalebot oyant le françois, nestoit pas bien a son aise, Neantmains quāt il ce eut dit, il dit a langlois que respons tu a cecy Monseigneur dit il il est bien vray comme il a dit que ie lencontray et voulu veoir son saufconduit, lequel de bout en bout et tout du long ie leuz, et apperceu tātost quil lauoit rompu et enfraint, et autrement iamais ie ne leusse arreste. Comment la il rompu dist mōseigneur tha lebot, dy tost. Monseigneur pource que

en son saufconduit sont reseruez tous habillemens de guerre, et il auoit et ha encores vraiz habillemēs de guerre cest assauoir a son parpoit ses esguillettes a armer q sont vngz vraiz habillemēs de guerre, car sās elles on ne se peut ar mer. Voire dit thalebot et esguillettes sont ce doncques vraiz habillemens de guerre. Et ne scais tu autre chose par quoy il puisse auoir enfraint son sauf conduit. Vrayement monseigneur nen nil respondit langlois Voire villain de par vostre deable, dit monseigneur tha lebot auez vous retenu vng gentil hōe sur mon saufconduit pour ses esguillettes. Par saint george ie vous feray mō strer se ce sont habillemens de guerre. Alors tout eschauffe et de courroux bien fort esmeu vint au françois, et de son parpoint deux esguillettes en tira, et a langlois les bailla, et au françois vne bonne espee darmes fut en la main li uree, et puis lu sienne belle et bōne hors du fourreau va tirer et la tint en sa mai et a langlois va dire, deffendez vous de cest habillement de guerre que vous di ctes se vous scauez Et puis dit au fran cois, frappez sur ce villain qui vous a retenu sans cause et sans raison, on ver ra comment il se deffendra de vostre ha billemēt de guerre, se vous lespargniez ie frapperay sur vous par saint george Alors le françois voulsist ou non fut contraint de frapper sur langlois de le spee toute nue quil tenoit, et le poure an glops se couuroit le mieulx quil pouoit

La .vi. nouuelle par Phelippe de laon

et couroit par la chambre, et thalebot a pies qui tousiours faisoit ferir par le francois sur lautre, et lui disoit deffendez vous villain de vostre habillement de guerre. A la verite langlois fut tant batu quil fut pres iusques a sa mort, et cria mercy a thalebot et au francoys, lequel par ce moyen fut deliure de sa rencon, et par monseigneur thalebot acquitte. Et auecques ce son cheual et son harnois et tout son bagaige quau iour de sa prinse auoit, lui fist rendre et baillier. Dela le premier iugement que fist monseigneur thalebot. Reste a compter lautre qui fut tel. Il sceust que lung de ses gens auoit desrobe en vne eglise le tabernacle ou len met corpus domini, et a bons deniers contans vendu. Je ne scay pas la iuste somme, mais il estoit grant et beau et dargent dore tresgentement esmaillie. Monseigneur thalebot quoy quil fust trescruel, et en la guerre trescriminel si auoit il en grant reuerence tousiours leglise, et ne vouloit que nul en moustier ne eglise le feu boutast ne desrobast quelque chose, et ou il scauoit quon le fist il en faisoit merueilleuse discipline de ceulx qui en ce faisant trespassoient son commandement. Or fist il deuant lui amener et venir cellui qui ce tabernacle auoit en leglise robe. Et quant il le vit dieu scait quelle chiere il lui fist. Il le vouloit a toute force tuer se neussent este ceulx qui entour lui estoient qui tant lui prierent que sa vie lui fust sauluee, mais neatmains si le voulut il punir, et lui dist. Traistre tibault et comment auez vous ose rober leglise oultre mon commandement et ma deffence. Ha monseigneur pour dieu dist le poure larron ie vous crie mercy ia mais ne maduiendra. Venez auant villain dit il. Et lautre aussi voulentiers quon va au guet, deuers monseigneur thalebot daler sauance. Et ledit monseigneur thalebot de chargier sur ce pelerin de son poing q estoit gros et fourt et pareillement frape sur sa teste en lui disant. Ha larron auez vous robe leglise, et lautre de crier monseigneur ie vous crie mercy, iamais ie ne le feray. Le ferez vous Nennil monseigneur. Direz doncques que iamais tu nentreras en eglise nulle quelle soit, iure villain Et bien monseigneur dit lautre. Lors lui fit iurer que iamais en eglise pie ne mettroit, dont tous ceulx qui la estoyent et qui loyrent eurêt grant riz, quoy quilz eussent pitie du larron pource que monseigneur thalebot lui deffendoit leglise a tousiours, et lui faisoit iurer de non iamais y entrer, et croyez quil cuidoit bien faire et a bonne intencion lui faisoit. Ainsi auez vous ouy de monseigneur thalebot les deux iugemens qui furêt telz comme comptez les vous ay

¶ La .vi. nouuelle contee par Monseigneur de lamoy.

c.ii

La .vi. nouuelle par Monseigneur de lamoy

En vne ville de hollande come le pricur des augustins nagueres se pourmenast en disant ses heures sur le seral asses pres de la chappelle de saint anthoyne situee ou bois de ladicte ville il fut rencontre dung grant lourt hollandois si trespure qua mereueilles/lequel demouroit en vng villaige nomme stenelighes a deup lieux pres dillec/le prieur de loing le voyant venir congneut tantost son cas par les lourdes desmarches et mal seures quil faisoit tirāt son chemin. Et quant ilz vindrent pour ioindre lung a lautre lyuroingne salua premier le prieur/qui lui rendit son salut tantost/et puis passe oultre continuāt son seruice sans en autre propos larrester ne interroguer. Mais lyuroigne tāt oustre q̄ plus ne pouoit se retourne et pourfuit le prieur a lui requist confession. Confession dit le prieur/va ten va

ten tu es bien cōfesse. Helas sire respōd lyuroingne pour dieu cōfesses moy/iay asses tresfresche memoire de tous mes pechies/et si ap perfaicte contricion. Le prieur desplaisant destre empesche a ce coup par cest yuroingne/respond va tō chemin/il ne te fault confesser car tu es en tresbon estat. Ha dea dit lyuroingne par la mort bieu vous me confesseres maistre prieur/car ie ay a ceste heure deuocion/et le saisit par la manche et le voulut arrester. Le prieur ny vouloit entendre/mais auoit tant grant fain q̄ merueilles destre eschappe de lautre/mais riens ny vault/car il est ferme en sa deuocion destre confesse/ce que le prieur tousiours reffuse/et si sen cuide desarmer mais il ne peut. La deuocion de lyuroingne de plus en plus sefforce/et quant il voit le prieur reffusāt de ouyr ses pechies il met sa main a sa grande coustille et de sa gayne le tire et dit au prieur quil le tuera se bien il nescoute sa confession. Le prieur doubtant le cousteau et la main perilleuse qui le tenoit si demande a lautre/que veulx tu dire. Ie me veuil confesser dit il. Or auant dit le prieur ic le veuil auance top. Nrē yuroingne plus saoul q̄ vne griue par tāt dune vigne/cōmeca sil vous plaist sa deuote confession laisse ie passe/car le prieur point ne sa reuela/mais vous poues penser quelle fut bien nouuelle et estrange. Quāt le prieur vit son point il couppa le chemin aup logues et lour des parolles de nrē yuroingne et labso

La .vi. nouvelle par Monseigneur de lamoy

fucion lui donne/et en congie lui donnant lui dist. Haten tu es bien confesse Dictes vous sire respond il. Oy vrayement dit le prieur ta confession est tres bonne/haten tu ne peuz mal auoir. Et puis que ie suis bien confesse et que iay labsolucion receue se a ceste heure ie mouroye nyroye ie pas en paradis ce dit spuroingne. Tout droit sans faillir respond le prieur/nen faiz nulle doubte. Puis quainsi est ce dit spuroingne que maintenāt ie suis en bon estat et en chemin de paradis/et quil y fait tant bel et tant bon ie vueil mourir tout maintenant/affin que incontinent ie y aille. Si prent et baille son cousteau a ce prieur en lui priant et requerat quil lui trāchast la teste affin quil allast en paradis. Ha dea dit le prieur tout esbay/il nest ia mestier dainsi faire/tu iras bien en paradis par aultre voye. Nennil respond spuroingne/ie y vueil aler tout maintenāt et icy mourir par vo9 mais Auancez vous et me tuez. Non feray pas dit le prieur vng prestre ne doit personne tuer. Si ferez sire p̄ la mort bieu et se bien toust ne me despeschiez et me mettez en paradis moymesmes a mes deux mains vous occiray/et ces motz brandit son grāt cousteau et en fait mōstre aux yeulx du poure prieur tout espouente et assimply Au fort apres quil eut vng peu pence/affin destre de son puroingne despeschie/lequel de plus en plus saggresse et p̄force quil lui oste la vie/il saisit et prent le cousteau et si va

dire. Dy ca puis que tu veulx finer par mes mais affin daler en paradis metz toy a genoulx cy deuant moy. Spuroingne ne sen fist gueres preschier/mais tout a coup du hault de lui tōber se laissa et a chief de peschie a quelque meschief que ce fut sur le genoulx se releua et a mains ioinctes le coup de lespee cuidāt mourir attendoit. Le prieur du dos du cousteau fiert sur le col de spuroingne vng grant et pesant coup et par terre le abat bien rudement. Mais vous nauez garde quil se releue/mesmes cuide vrayement estre mort et estre ia en paradis. En ce point se laissa le prieur qui pour sa seurete noublia pas le cousteau Et comme il fut vng peu auant il rencontra vng chariot chargie de gens au mains de la pluspart Si bien aduint q̄ ceulx qui auoient este presens ou nostre puroingne sestoit chargie y estoient/ausquelz il raconta bien au long le mistere dessus dit/en leur priant quilz se leuassent/et quen son hostel le voulsissent rēdre et conduire/et puis leur baissa son cousteau. Ilz promirent de semmener et chargier auecques eulx/et le prieur sen va. Ilz neurent gueres chemine quilz perceurent ce bon puroingne couchie ainsi comme sil fust mort les dens contre terre. Et quant ilz furent pres de lui tous a vne voix par son nom lappellerēt/mais il ont beau huchier/il nauoit garde de respondre. Ilz recommencerēt a crier/mais cest pour neant. Adoncq̄s descendirent aucuns de leur chariot/si

c.iii

La vii. nouuelle par Monseigneur

se prindrent par sa teste par les piez et p̄ ses iambes/et tout en sair le seuerent et tant hucherent quil ouurit ses yeulx ⁊ incontinent parla et dist. Laissez moy laissez moy ie suis mort. Non estes non dirent ses compaignons/ il vous fault venir auec nous Non feray dit lyuroingne ou iray ie/ ie suis mort/et desia en paradis. Vous vous en viendrez dirent les autres/il nous fault aler boire Voi re dit il. Voire dit lautre. Iamais ie ne boiray dit il/car ie suis mort. Quelque chose que ses compaignons lui dissent ne fissēt il ne vouloit mettre hors de sa teste quil ne fust mort. Les deuises durerent beaucoup/et ne sauoient trouuer ses compaignons facon ne maniere dē mener ce fol puroingne/car qlque chose qlz dissent tousiours respondoit ie suis mort. En la fin vng entre les autres se aduisa et dit Puis que vous estes mort vous ne voulez pas demourer icy/⁊ cō me vne beste aux champs estre ensoup. Venez venez auec nous si voꝰ porterōs enterrer sur nostre chariot ou cymitiere de nostre ville ainsi quil appartient a vng crestien/autrement nptes pas en paradis. Quant liuroingne entendit quil se failloit enterrer ains quil mon taft en paradis il fut content dobeir/si fut tantost trousse et mis dedens le cha riot ou gueres ne fut sans dormir. Le chariot estoit bien hastele si furent tan tost a steuelinghes/ en ce bō puroingne fut descendu tout deuāt sa maison. Sa femme et ses enfans furent appellez ⁊ seur fut ce bon corps saint rendu qui si fort dormoit que pour se porter du chari ot en sa maison et en son lit se iecter ia mais ne sesueilla/et la fut il enseuely entre deux sinceux sans sesueiller bien deux iours apres

¶ La. viii. nouuelle. par Monseignr̄.

Ung orfeure de paris nagueres pour despeschier plusieurs besongnes de sa marchandise a lencontre dune foire du lendit ⁊ denuers fit large et grant prouision de charbon de saulx Aduint vng iour entre les autres que le charretō qui ceste denree liuroit pour la grant haste de lorfeure fist si grāt diligēce quil amena deux voitures/plus qĺ nauoit faites iours par auāt/mais il ne fut pas si tost en paris a sa derreni ere charretee que la porte a ses talons ne fust fermee/touteffois il fut tresbiē

La .vii. nouuelle par Monseigneur

uenu et bien de sorfeure receu. Et apres que son charbon fut descendu et ses cheuaulx mis en lestable il voulut souper tout a loisir, et firent tresgrant chiere, q̃ pas ne se passa sans boire dautant et dautel. Quant la brigade fut bien repeue la cloche va sonner douze heures dōt ilz se donnerent grant merueille tant plaisament sestoit le temps passe a ce souper, chascun redit graces a dieu faisās trespetiz peulx et ne demandoient que le lit, mais pource quil estoit tant tart sorfeure retint au couchier son charretō doubtant la rencōtre du guet qui leust boute en chastelet se a ceste heure leust trouue. Pour celle heure nostre orfeure auoit tant de gens qui pour lui ouuroient q̃ force lui fut le charreton auec lui et sa femme en son lit habergier, et comme saige et non suspeconneux il fit sa femme entre lui et le charreton couchier. Or vous fault il dire que ce ne fut pas sans grant mistere, car le bon charretō refusoit de tous poins ce logis, et a toute force vouloit dessus le banc ou dedēs la grange couchier, force lui fut dobeyr a lorfeure. Et apres quil fut despoille, dedans le lit se boute, ou quel estoiēt ia lorfeure et sa femme en la façō q̃ iay dicte. La femme sentēt le charreton a cause du froit et de la petitesse du lit delle approuchier, tost se vira deuers son mary, et en lieu dorillier se mist sur la poitrine de sondit mary, et ou geron du charreton son derriere reposoit. Sans dormir ne se tindrent gueres lorfeure et sa femme

sans en faire le semblant, mais nostre charreton ia soit q̃l fust lasse et trauaillie, nen auoit garde. Car cōe le poulain seschauffe sentent la iument et se dresse et se demaine, aussi faisoit le sien poulain leuant la teste contremont si tresprouchain de ladicte femme. Et ne fut pas en la puissāce dudit charreton qua elle ne se ioignit et de pres, et en cest estat fut lōgue espace sans q̃ la fēme sesueillast, voire ou aumains quelle en fist semblant. Aussi neust pas fait le mary se ne neust este la teste de sa femme qui sur sa poitrine estoit reposant, q̃ par lassault et hurt de ce poulain lui donnoit si grāt brāle que assez tost il se resueilla. Il cuidoit bien que sa fēme sōgast, mais pour ce que trop longuement duroit, et quil ouoit le charretō soy remuer et tresfort souffler tout doulcement leua sa main en hault, et si tresbien a point en bas la rabatit, quen dōmaige et en sa garenne le poulain au charreton trouua, dont il ne fut pas bien cōtēt, et ce pour lamour de sa femme, si len fist en haste saillir et dit au charreton que faictes vous meschant quoquart vous estes par ma foy bien enraigie, qui a ma fēme vous prenez. Nen faictes plus. Je vous iure par la mort bieu, q̃ selle se fusta ce coup esueillee quāt vostre poulain ainsi la harioit, ie ne scay moy pencer q̃ vous eussiez fait, car ie suis tout certain tant la congnois, quelle vous eust tout le visaige esgratine, et a ses mais les peulx de vostre teste esrachez. Vous ne sauez pas

c.iiii

La.viii.nouuelle par

comme elle est merueilleuse depuis q̃l/
le entre en sa malice/et si nest chose ou
monde qui plus tost lui boutast. Ostez
vous ie vous en supplie pour vostre bien
Le charreton a peu de motz sexcusa quil
ny pensoit pas/et come le iour fut pro/
chain tantost il se leua/ et apres le bon
iour donne a son hostesse part et sen va
et a charrier se met. Vous deuez penser
que la bonne femme selle eust pense le
fait du charreton quelle leust beaucoup
plus greue que son mary ne disoit. Co͂
bien que depuis il me fut dit que assez
de fois le charreton la rencontra en la
propre facon et maniere quil fut trouue
de forfeure si non quelle ne dormoit pas
Non point que ie le vueille croire/ne en
tiens ce raport faire bon.

¶ La.viii.nouuelle.p.Monseigneur
de la roche.

En la ville de bruxelles ou main/
tes aduentures sõt en nostre te͂ps
aduenues demouroit na pas long te͂ps
ung ieune compaignon picart/qui ser
uit tresbien et loyaument son maistre
assez longue espace. Et entre autres ser
uices a quoy il obliga sondit maistre
vers lui/il fist tãt par son tresgracieux
parler/maintien/et courtoisie/que si a
uant fut en la grace de sa fille quil cou/
cha auec elle/et par ses euures meritoi
res elle deuint grosse et encainte. Nostre
co͂paignon voyant sa dame en cest estat
ne fut pas si fol que dactendre leure q̃
son maistre le pourroit sauoir et apper
ceuoir. Si print de bõne heure ung gra
cieux congie pour peu de iours/combie͂
q̃l neust nulle enuye dy iamais retour/
ner/faignant daler en picardie visiter
son pere et sa mere et aucuns de ses pa/
rẽs. Et quãt il eut a son maistre et a sa
maistresse dit a dieu/le trespiteux fut a
la fille sa dame/a laquelle il promist tã
tost retourner/ce quil ne fist poit et pour
cause. Lui estant en picardie en lostel de
son pere/sa poure fille de son maistre de
uenoit si tresgrosse que son piteux cas
ne se pouuoit plus celer/dont entre les
autres sa bonne mere qui au mestier se
congnoissoit sen donna garde la premi
ere. Si la tira a part et lui demanda co
me assez on peut pencer dõt elle venoit
en cest estat et qui lui auoit mise. Selle
se fist beaucoup presser et admonnester
auant quelle en voulsist rien dire ne re
congnoistre il ne se fault ia demander/

Monseigneur de la roche

mais en la fin elle fut a ce menee quelle fut contrainte de congnoistre et confesser son piteux fait, et dit que le picart varlet de son pere lequel nagueres sen estoit ale, lauoit seduitte, et en ce trespiteux point laissee. Sa mere toute enragee forcenee et tant marrie quon ne pourroit plus, la voyant ainsi deshonnoree se prent a la tenser, et tant diniures lui va dire que la pacience qlle eut de tous coustez sans mot sonner ne riens respondre, estoit assez suffisāte destaindre le crime quelle auoit cōmis par soy laissier engroissier du picart. Mais helas ceste pacience ne esmeut en riens sa mere a pitie, mais lui dit. Vaten vaten arriere de moy et fay tant que tu treuues le picart qui ta faicte gross, et lui dy quil te deface ce quil ta fait, et ne retourne iamais vers moy iusques a ce quil aura tout deffait ce que par son oultraige il ta fait. La poure fille en lestat que vous oyez marrie et desolee par sa fumeuse et cruelle mere, se met en la queste de ce picart qui lengroissa. Et croyez certainement que auāt quelle en peust auoir aucunes nouuelles ce ne fut pas sans endurer grant peine et du mal aise largement. En la parfin cōme dieu se voulut, apres maintes gistes quelle fist en picardie, elle arriua par vng iour de dimanche en vng gros villaige ou pais dartois. Et si tresbien lui vint a ce propre iour, que son amy le picart lequel lauoit engroissee faisoit ses nopces, de laquelle chose elle fut merueilleusement ioyeuse. Et ne fut pas si peu asseuree pour a sa mere obeir qlle ne se boutast par la presse des gens, ainsi grosse comme elle estoit, et fist tant quelle trouua son amy et le salua, lequel tantost la cōgneut, et en rougissant son salut lui rendit, et lui dit vous soiez la tresbien venue, qui vous amaine a ceste heure ma mie. Ma mere dit elle menuoye vers vous, et dieu scait que vous mauez biē fait tenser. Elle ma chargie et commāde que ie vous dye q̄ vous me deffaciez ce que vous maues fait, et se ainsi ne le faictes que iamais ie ne retourne vers elle. Lautre entend tantost la folie, et au plus tost quil peut il se deffist delle et lui dit par telle maniere. Mamie ie feray voulentiers ce que me requerez, et que vostre mere veult que ie face, car cest bien raison. Mais a ceste heure vo⁹ voyez que ie ny puis bonnement entendre, si vous prie tāt comme ie puis que ayez pacience pour meshuy, et demain ie besongneray a vous. Elle fut contēte, et a lors il la fist guider et mettre en vne belle chambre et commanda quelle fust tresbien pancee, car aussi bien elle en auoit bon mestier a cause des grans labeurs et trauaulx quelle auoit eu en son voyaige faisant ceste queste. Or vous deuez sauoir que lespousee ne tenoit pas ses yeulx en son sain, mais se donna tresbien garde, et apperceut son mary parler a nostre fille grosse, dōt la pusse lui entre en loreille, et nestoit en rien cōtente, mais tresdoublee et marie

La .ix. nouuelle par Monseigneur

en estoit. Si garda son courroux sans mot dire iusques a ce que son mary se Vint couchier. Et quant il la cuida acoler et baiser/et au surplus faire son deuoir a gaignier se chaudeau/elle se Vire puis dug couste puis daultre/tellemēt ql ne peut paruenir a ses attaintes dōt il est tresebay et courrouce a lui Va dire Mamie pourquoy faictes Vous cecy. Jay bien cause dit elle. et aussi quelque maniere q̄ Vous facez il ne Vous chault gueres de moy/Vous en aues bien daultres dōt il Vous est plus que de moy. Et non ay par ma foy mamie dit il /ne en ce mōde ie nayme autre femme q̄ Vous Helas dit elle et ne Vous ay ie pas bien Veu apres disner tenir Voz longues paroles a Vne femme en la sale/on Voyoit trop bien que cestoit Vous/et ne Vous en sauriez excuser Cela dit il/nostre dame Vous nauez cause en rien de Vous en ia souser. Et adonc lui Va tout au long cōpter comment cestoit la fille a son maistre de Bruceles et coucha auec elle et sē groissa/et que a ceste cause il sē Vint par deca/cōment aussi apres son partemēt elle deuint si tresgrosse quon sen apperceut/et comment elle confessa a sa mere quil lauoit engroissee/et lenuopoit Vers lui affin quil lui deffist ce quil lui auoit fait/autrement iamais Vers elle ne sen retournast. Quant nostre homme eut tout au long compte sa ratelee/sa fēme ne resprint q̄ lung de ses poitz et dit. Cōmēt dit elle/dictes Vous quelle dist a sa mere que Vous auiez couchie auecques elle. Oy par ma foy dit il elle sui congneut tout. Par mon sermēt dit elle/elle monstra bien quelle estoit beste. Le charreton de nostre maison a couchie auecques moy plus de quarāte nupz/mais Vous naues garde que ien disse ōcques Vng seul mot a ma mere/ie men suis bien gardee. Voire dit il de par le dyable/le gibet y ait part. Or alez a Vostre charreton se Vous Voulez/car ie nap cure de Vous. Si se leua tout a coup et sen Vint rendre a celle quil en groissa/et abandonna lautre. Et quant lendemain on sceust ceste nouuelle dieu scait le grant riz daucuns/et le grant desplaisir de plusieurs/espicialement du pere et de la mere de ceste espousee.

La .ix. nouuelle p̄ Monseigneur

La .ix. nouuelle   par Monseigneur

Pour cõtinuer le propoz des nouuelles hystoires cõme les aduentures aduiennent en diuers lieux et diuersemẽt/on ne doit pas taire commẽt vng gẽtil cheualier de bourgoingne faisant residẽce en vng sien chasteau beau et fort fourny de gens et dartillerie cõe a son estat appartenoit/ deuint amoureux dune belle damoiselle de sõ hostel voire et la premiere apres ma dame sa femme/ et par amours si fort la contraignoit que iamais ne sauoit sa maniere sans elle/et tousiours sentretenoit a la requeroit/et brief nul bien sans elle il ne pouoit auoir tant estoit au vif feru de lamour delle. La damoiselle bonne et saige voulant garder son honneur q aussi chier elle tenoit que sa propre ame voulant aussi garder la loyaute que a sa maistresse elle deuoit ne prestoit pas loreille a son seigneur touteffois quil leust bien voulu. Et se aucune force lui estoit de lescouter dieu scait la tresdure responce dont il estoit serui/ lui remonstrant sa tresfole entreprinse et la grãt lachete de son cueur. Et au surplus bien lui disoit que se ceste queste il continue plus qua sa maistresse il seroit descouuert Quelque maniere ou menace quel se face il ne veult laisser son entreprinse mais de plus en plus la pourchasse/ et tant en fait que force est a la bonne fille den aduertir bien au long sa maistresse/ ce quelle fist. La dame aduertie des nouuelles amours de mõseigneur sãs en monstrer semblant en est tresmal cõtente/mais non pourtant elle saduisa dung tour aincois que rien lui en dire/ qui fut tel. Elle encharga a sa damoiselle q̃ la premiere fois q̃ monseigneur viendroit pour la prier damours/que trestous reffuz mis arriere elle lui baillast iour a lendemain de soy trouuer dedẽs sa chãbre ⁊ en son lit Et sil accepte la iournee dist ma dame ie viendray tenir vostre place/ et du surplus laissez moy faire. Pour obeir comme elle doit a sa maistresse elle est cõtente et promet dainsi le faire. Si ne tarda gueres aps que monseigneur ne retournast a souuraige/et sil auoit au parauãt biẽ fort mentỹ encores a ceste heure il sẽforce beaucoup plus de laffermer/ disant que se a ceste heure elle nentend a sa priere trop mieulx luy vauldroit sa mort et que sans prouchain remede viure en ce monde plus ne pouoit. Quen vauldroit le long cõpte/sa damoiselle de sa maistresse bien conseillee si bien apoit que mieulx on ne pourroit baisse a demain au bon seigneur seure de besongnier/ dont il est tant content que son cueur tressault tout de ioye/et dit bien en soymesmes quil ne fauldroit pas a sa iournee. Le iour des armes assigne sourvint au soir vng gẽtil cheualier voisin de monseigneur ⁊ son tresgrãt amy q̃ le vint veoir/ auq̃l il fist tresgrande ⁊ bõne chiere. cõme bien le sauoit faire/si fist ma dame aussi /et le surplus de la maison sefforcoit fort de lui cõplaire sachãt estre le bõ plaisir de mõseigneur ⁊

La .x. nouuelle par Monseigneur

de ma dame. Apres les tresgrādes chie-
res et du soupper et du banquet/et qʾ fut
heure de retraire/ la bonne nupt dōnee
a ma dame et a ses fēmes/les deux che-
ualiers se mettent en deuises de plu-
sieurs et diuerses matieres. Et entre au
tres propos le cheualier estrange deman
de a mōseigneur sen son villaige auoit
rien de beau pour aler courir lesguillet
te/car la deuocion lui en est prinse apres
ces bonnes chieres/et le beau temps qʾl
fait a ceste heure. Monseigneur qui tiē
ne lui souldroit celer pour la grant a-
mour quil lui porte lui va dire commēt
il a iour assigne de coucher anupt auec
sa chamberiere. Et pour lui faire plai-
sir quant il aura este auec elle vne espa
ce de temps il se leuera tout doulcemēt
et se viendra querir pour le surplus aler
parfaire. Le compaignon estrange mer
cia son cōpaignon/et dieu scait quil lui
tarde bien q̄ leure soit venue. Loste priēt
congie de lui et se retrait dedens sa gar
de robe cōme il auoit de coustume pour
soy deshabillier. Or deuez vous scauoir
que tandis que les cheualiers se deuisoi
ent madame sen ala mettre dedēs le lit
ou monseigneur deuoit trouuer sa chā
beriere/et droit la attend ce que dieu lui
vouldra enuoyer. Monseigneur mist
assez longue espace a soy deshabillier
tout a propoz pensant que desia ma da
me fust endormie/comme souuent fai-
soit pource que deuant se couchoit. Mō
seigneur donne congie a son varlet de
chambre/et a tout sa longue robe sen va

ou lit ou ma dame lattendoit/ cuidant
y trouuer autruy/ et tout coyement de
sa robe se desarme et puis dedens le lit
se bouta. Et pource q̄ la chandelle estoit
estaincte/et que ma dame mot ne sōnoit
il cuide auoir sa chamberiere. Il ny eut
gueres este sās faire son deuoir/et si tres
bien sen acquitta que les troys les qua
tre fois gueres ne lui cousterent/q̄ ma
dame print bien en gre/sa q̄lle tout apres
pesant que ce fust tout sendormit. Mō
seigneur trop plus legier que par auāt
voyant que ma dame dormoit et se re-
cordant de sa promesse tout doulcemēt
se lieue/et puis vient a son compaignō
qui nattendoit que leure daler aux ar-
mes/et lui dist quil alast tenir son lieu
mais quil ne sonnast mot/et que retour
nast quant il auroit bien besongnie et
tout son saoul. Lautre plus esueillie q̄
vng rat et viste comme vng leurier part
et sen va et au pres de ma dame se loge
sans quelle en saiche rien. Et quant il
fut tout rasseure se monseigneur auoit
bien besongnie voire et en haste encores
fist il mieulx/dont ma dame nest pas
vng peu esmerueillee. laquelle apres ce
beau passe temps/qui aucunement tra
uail lui estoit arriere sendormit/ et bon
cheualier de labandonner et a monsei-
gneur sen retourne. Seql cōme y auāt se
vint relogier empres ma dāe /et de plus
belle aux armes se rallie tāt lui plaist
ce nouuel exercice. Tāt deurés se ras-
serēt tāt en dormāt cōe autre chose fai-
sant q̄ le iour sapparut. Et comme il se

La x. nouuelle par Monseigneur de la roche

retournoit cuidāt tirer soeil sur la chā
beriere et il voit et cognoist que cest ma
dame/laquelle a ceste heure lui va dire
nestez vous pas bien putier recraint la
che et meschant qui cuidant auoir ma
chamberiere tant de fois et oultre mesu
re mauez accolee pour acōplir vrē des
ordonnee voulente/vous estes la dieu
mercy bien deceu/car autre q̄ moy pour
ceste heure naura ce qui doit estre mien
Se le bō cheualier fut esbay et courrou
ce ce nest pas merueilles/(t quant il pla
il dist. ma mye ie ne vous puis celer ma
folye dont beaucoup il me poise que ia
mais sētreprins/si vous prie que vous
en soyez contente et ny pensez plus, car
iour de ma vie plus ne maduiēdra/cela
vous promets par ma foy Et affin que
nayez occasion dy pencer ie dōneray cō
gie a la chāberiere qui me bailla le vou
loir de faire ceste faulte. Ma dāc plus
contente dauoir eu lauenture de ceste
nupt que sa chamberiere/(t oyant la bō
ne repentance de monseigneur assez le
gierement se contenta/ mais ce ne fut
pas sans grās langaiges (t remonstrā
ces. Au fort trestout va bien/ et monsei
gneur q̄ a des nouuelles en sa quenoil
le apres quil est seue sen vient deuers sō
compaignon/auquel il compte tout du
long son aduenture lui priant de deux
choses/sa premiere ce fut quil celast tres
bien ce mistere et sa tresplaisant aduen
ture/lautre si est q̄ iamais il ne retour
ne en lieu ou sa femme sera Lautre tres
desplaisant de ceste male aduenture cō

forte le cheualier au mieulx quil peut/
et promist dacomplir sa tresraisōnable
requeste et puis mōte a cheual et sen va
La chamberiere qui coulpe nauoit au
meffait dessus dit en porta la puniciō
par en auoir congie. Si vesquirent de
puis long tēps monseigneur (t ma da
me ensemble sans quelle sceust iamais
auoir eu affaire au cheualier estrange

⁋La.xi.nouuelle.p̄ Mōseignr de la roche

Plusieurs haultes diuerses/du
res (t merueilleuses aduētures
ont este souuēt menees (t a fin cōduittes
ou royaume dangleterre/dont la recita
cion a present ne seruiroit pas a la cōti
nuatiō de ceste p̄sēte hystoire/neātmais
ceste p̄sente hystoire pour ce propos cō
nuer/(t le nōbre de ces histoires acroistre
fera mencion cōmēt vng bien grant sei

La .x. nouuelle par Monseigneur

gneur du royaume dāgleterre entre ses mieulx fortunez riche puissant et conquetant. Lequel entre les autres de ses seruiteurs auoit parfaicte confiance /confidence/ et amour a vng ieune gracieux gentil hōme de son hostel pour plusieurs raisons/tant par sa loyaute/diligence/subtilite/et prudēce/et pour le bien que en lui auoit trouue ne sui celoit pas rien de ses amours. mesmes par succession de temps tant fist ledit gracieux gentil homme par son habilite enuers ledit seigneur son maistre quil fut tellemēt en sa grace que tous les parfaiz secretz et aduentures de ses amours / mesme/mēt les affaires ēbassades et diligēces menoit et cōduisoit. Et ce pour le tēps que sondit maistre estoit ēcores a marier. Aduit certaine espace apres que par le cōseil de plusieurs de ses parēs/amis et bien vueillans monseigneur se maria a vne tresbelle/noble /bonne/ et riche dame/dont plusieurs furēt tresioyeux et entre les autres nostre gentil homme qui mignon se peut bien nommer ne fut pas mains ioyeux/disant en soy que ce stoit le bien et honneur de son maistre/ et quil se retireroit a ceste occasiō de plusieurs menues folies damour quil faisoit. Ausquelles ledit mignō trop se dōnoit despoir. Si dist vng iour a monseigneur quil estoit tresioyeux de luy pour ce quil auoit si tresbelle et bonne dame espousee/car a ceste cause plus ne seroit empeschie de faire queste ça ne la pour lui cōme il auoit de coustume. A quoy mō

seigneur respondit que ce non obstāt nē tendoit pas du tout amours abandonner, et ia soit ce quil fust marie si nestoit il pas pourtant du gracieux seruice damours oste mais de bien en mieulx si vouloit employer. Son mignon non content de ce vouloir lui respondit q̄ sa queste en amours deuroit estre bien finee quāt amours sont party de la nōpareille/de la plus belle/de sa plus saige/de la plus loyale et bonne par dessus toutes autres. faictes dit il monseigneur ce q̄ vous plaira/ car de ma part a aultre femme iamais parole ne porteray au priudice de ma maistresse. Je ne scay q̄l priudice dit le maistre mais il vous fault trop bien remettre en train dasser a telle et a telle/et ne pensez pas que encores delles ne m'en soit autāt que quāt vous en parlay pmier. Ha dea monseigneur dit le mignō/il fault dire q̄ vous prenez plaisir dabuser femmes la quelle chose nest pas bien fait/car vous scauez biē que toutes celles que mauez icy nōmees ne sōt pas a comparer en beaute ne autremēt a ma dame/ a qui vous feriez mortel desplaisir selle scauoit vostre deshonneste vouloir/et qui plus est vous ne pouez ignorez quen ce faisant vous ne dānez v're ame. Lesse ton prescher dit monseigneur et va faire ce q̄ ie cōmāde. Pardōnez moy monseigneur dit le mignon/iaymeroye mieulx mourir q̄ par moy sourdist noise ētre ma dame et vous. Si vous prie que soiez contēt de moy/ car certes ie nē feray plus.

La x. nouuelle par Monseigneur de la roche

Monseigneur qui boit son mignon en son oppinion aheurté pour ce coup plus ne se pressa/mais certaine piece comme de trops ou quatre iours sans faire en rien semblant des parolles precedentes entre autres deuises a son mignon demanda quelle biande il mengoit plus boulentiers/et il lui respondit que nulle biande tant ne lui plaisoit que pastez danguille. Saint iehan cest bonne biande dist le maistre bous naues pas mal choisi. Cela se passe et monseigneur se trait arriere & mande bers lui benir ses maistres dostel/ausquelz il encharga si chier quilz le bouloyent obeir que son mignon ne fust serui daultre chose que de pastez danguilles pour riens quil die. Et ilz respondirēt promettans dacomplir son commandement/ ce quilz firēt tresbien/car comme ledit mignon fut assis a table pour mengier en sa chambre le propre iour du commandement/ ses gens luy apporterent largement de beaulx et gros pastez danguilles quon leur deliura en la cuisine, dōt il fut bien ioyeux. Si en menga tout son saoul. A lendemain pareillement, cinq ou six iours ensuiuans tousiours ramenoiēt ses pastez en ieu, dōt il estoit desia tout ennuye. Si demanda ledit mignon a ses gens se on ne seruoit leās que de pastez. Ma foy monseigneur dirent ilz/on ne bous baille aultre chose/trop bien boyons nous serui en sale et ailleurs daultre biande/mais pour bous il nest memoire que de pastez. Le mignon saige et prudēt qui iamais sans grāt cause pour sa bouche ne faisoit plainte, passa encores plusieurs iours bsant de ces enuieux pastez dont il nestoit pas bien content. Si saduisa bng iour entre les aultres daler disner auecques les maistres dostel qui le firent seruir comme par auāt de pastez dāguilles. Et quāt il bit ce il ne se peut plus tenir de demāder la cause pourquoy on se seruoit plus de pastez dāguilles que les autres/& sil estoit paste. Par la mort bieu dit il ien suis si bourde que plus nen puis/il me sēble que ie ne boy que pastez. Et pour bous dire il ny a point de raison bous la mauez faicte trop lōgue. il ya ia plus dung mois que bous me faictes ce tour. ... suis tant maigre que ie nap force ne puissance. Si ne scauroie estre contēté destre ainsi gouuerne. Les maistres dostel lui dirent que braymēt ilz ne faisoient chose que monseigneur neust cōmande, et que ce nestoit pas par eulx. Nostre mignon plain de pastez ne porta gueres sa pensee sans se descouurir a monseigneur/et lui demanda a quel propos il sauoit fait seruir si longuement de pastez danguille/ et deffendu comme disoient les maistres dostel que on ne lui baillast aultre chose. Et monseigneur pour response lui dist Ne mas tu pas dit que la biande que en ce monde tu plus aymes ce sont pastez dāguilles. Par saint iehan ouy monseigneur dist le mignon. Et pourquoy doncques te plains tu maitenāt dist mōseigneur

La .ix. nouuelle par Monseigneur

se ie te fais bailler ce que tu aymes. Ce que iayme dit le mignon il ny a maniere. Iayme voirement tresbien pastez dan guilles pour vne fois/ou pour deux/ou pour trops/ou de fois a autre/et nest vi ande que deuant ie prinse. Mais de di re que tousiours les voulsisse auoir sans mengier aultre chose par nostre dame non ferope/il nest homme qui nen fust rompu et reboute/mon estomac en est si trauaille que tatost q̃ les sent il a assez disne Pour dieu monseigneur commã dez quon me baille autre viande pour recouurer mon appetit/autrement ie suis homme perdu. Ha dea dit monsei gneur et te semble il que ie ne soye/qui veulx que ie me passe de la chair de ma femme/tu peux penser par ma f... ien suis aussi saoul que tu es de pastez/ et que aussi voulentiers me renouuelle roye/ia soit ce que point tant ne say masse que tu ferays dautre viande q̃ pourtant naymes que pastez. Et pour tout abbregier tu ne mengeras iamais dautre viande iusques a ce que me ser ues ainsi que souloys/r me feras auoir des vnes et des autres pour moy renou ueler comme tu veulx changier devian des Le mignon quant il entent le miste re et la subtille cõparaison que son mai stre lui baille/fut tout confuz et se ren dit/promettant a son maistre de fai re tout ce quil vouldra pour estre quitte de ses pastez/voire embasades et diligẽ ces comme par auant. Et par ce point monseigneur/voire et pour ma dame espargnier ainsi que pouons penser au pourchatz du mignon passa le temps auecques les belles et bonnes filles/et nostre mignon fut deliure de ses pastez et a son premier mestier reattelle et re stabli.

¶ La .xi. nouuelle p. Monseigneur.

Ung lasche paillart recraint ia loux/ie ne dy pas coux/viuant a laise ainsi que dieu scait que les enta chiez de ce mal peuent sentir et les aul tres peuent perceuoir et ouyr dire/ne sa uoit a q̃ recourre et soy redre pour trou uer garison de sa douleur miserable et bien peu plaisi maladie. Il faisoit huy vng pelerinaige/demain vng autre/et aussi le plus souuent par ses gens ses deuocions et offrendes faisoit faire tãt estoit assote de sa maisõ/voire au mais du regart de sa femme laquelle misera

La .xii. nouuelle par Monseigneur de la roche

blement son temps passoit auec son tres mauldit mary le plus souspeconneux hongnart que iamais femme acoitast. Vng iour comme il pensoit quel auoit fait et fait faire plusieurs offrendes a diuers sainctz de paradis/et entre autres a monseigneur sait michel. Il sauisa quil en feroit vne a limage qui est soubz les piez dudit saint michel. et de fait comanda a lung de ses gens quil lup alumast et fist offre dune grosse chandelle de cire: en le priant pour son intencion. Tatost son comandement fut acoply et lup fuc fait son rapport. Or ca dit il en soymesmes ie verray se dieu ou diable me pourroit garir. En son acoustume desplaisir sen va coucher au pres de sa bonne et prude feme/et iacoit ce quil eust en sa teste des fantasies et pensees largement si le contraingnit nature quelle eust ses droiz de repos. et de fait bien fermement sendormit/ et ainsi quil estoit au plus parfont de son somme cellup a qui ce iour la chandelle auoit este offerte/par vision a lup sa parut/qui le remercia de loffrande que nagueres lui auoit enuopee/ affermant que pieca telle offrende ne lup fut donee Dit au surplus quil nauoit pas perdu sa peine/ et quil obtendroit ce dont il auoit requis/ et come lautre tousiours perseueroit a son somme lup sembla que a vng dop de sa main vng aneau lup fut boute en lup disant que tant que cest aneau en son dop seroit iamais ialoup p ne seroit/ne cause aussi venir lui en pourroit qui de ce le tetast. Apres leuanupssement de ceste vision/nostre ialoup se resueilla et cuida a lung de ses dops ledit anneau trouuer ainsi que sêble lup auoit/ mais au derriere de sa feme bien auant boute sug de ses dis dops ce trouua de quoy lup et elle furent tresesbaßis/ mais du surplus de la vie au ialoup/ de ses affaires et maintiens ceste hystoire se taist

La .xiii. nouuelle par monseigneur de la roche.

Es mectes du pais de hollade vng fol nagueres sauisa de faire du pis quil pourroit/ cestassauoir soy marier/ et tantost ql fut affuble du doulx manteau de mariaige/ ia soit ce que a lors il fust puer il fut si tresfort eschauffe quon ne le scauoit tenir de nupt/ et cor veu que les nupts qui pour ceste saison duroient neuf ou dix heures nestoiet point asses souffisantes ne dasses logue duree pour estaindre le tresardât desir quil auoit de faire lignee/ et de fait quelque part quil

b.i.

La .xii. nouuel pra Monseigneur de la roche

tencontrast sa fēme il la abatoit, fust en la chambre, fust en lestable, ou ē quelque lieu q̃ ce fust touſiours auoit vng aſſault Et ne dura ceſte maniere vng mois ou deulx ſeulemēt, mais ſi treſlonguemēt q̃ pas ne le vouldroie eſcripre pour lincōuenient qui ſourdre en pourroit ſe la folie de ce grāt ouurier venoit a la cōgnoiſſance de pluſieurs femmes. Que vous en diray ie plus. Il en fiſt tāt que la memoire iamais eſtaincte nē ſera ou dit pays. Et a la verite la fēme q̃ nagueres au bailly damiens ſe complaignit nauoit pas ſi bien matiere de ſoy cōplaindre q̃ ceſte cy, mais quoy quil fut nō obſtant q̃ de ceſte plaiſante peine ſe fut treſbien aucuneſoiz paſſee, pour obeir cōme elle deuoit a ſon mary iamais ne fut reiourſee a leſperon. Aduint vng iour apres diſner que treſbeau temps faiſoit et que le ſoleil ſes raies enuoioit et departoit deſſus la terre paincte et brodee de belles fleurs. Si leur priſt voulente daler iouer au bois eulx deulx tant ſeullement et ſi ſe midrent au chemin. Or ne vous fault il pas celer ce qui ſert a liſtoire. A leure droitement q̃ noz bonnes gēs auoiēt ceſte deuociō daler iouer au bois aduint que vng laboureur auoit perdu ſon veau quil auoit mis paiſtre dedans vng prey en vng paſtiz ou dit bois, leq̃l le dit cherchier mais il ne ſe trouua pas dont il ne fut point trop ioyeulx. Si ſe miſt en ſa queſte tant par le boiz comme es prez, terres et places voiſines de lenuiron pour trouuer ſondit veau, mais il nen ſcet auoir nouuelle. Il ſaduiſa que par auenture il ſe ſeroit boute en quelque buiſſon pour paiſtre, ou dedans aulcune foſſe herbue dōt il pourroit bien ſaiſir quant il auroit le ventre plain. Et a ceſte fin quil puiſſe mieulx veoir et a ſon aiſe ſans aler courir ca ne la, ſe ſon veau eſtoit ainſi comme il penſoit, il choiſiſt le plus hault arbre et mieulx bouchie de bois q̃l peut trouuer et mōte ſus, et quāt il ſe treuue au plus hault de ceſt arbre q̃ toute la terre dēuiron couuroit il lui fut bien aduis que ſon veau eſtoit a moitye trouue. Tandis q̃ ce bon laboureur gettoit ſes peulx de tous couſtes apres ſon veau voicy noſtre homme et ſa femme q̃ ſe boutent ou bois chantans iouans diuiſans et faiſans feſte comme font les cueurs gaiz quant ilz ſe treuuēt es plaiſās lieux. Et neſt pas merueilles ſe vouloit lup creuſt et ſe deſir ſennorta daccoler ſa femme en ce lieu ſi plaiſant et propice. Pour executer ce vouloit a ſa plaiſance et a ſon beau loiſir. Tant regarda vng coup a dextre lautre a ſeneſtre quil parceut le treſbel arbre deſſus leq̃l eſtoit le laboureur dont il ne ſcauoit riens, et ſoubz ceſt arbre ſe diſpoſa et conclud ſes gracieuſes plaiſāces acomplir. Et quāt il fut au lieu il ne demoura gueres aps̃ la ſemonce de ſondit deſir mais tantoſt miſt la main a la beſoigne et vous commenca a aſſaillir ſa femme et la gette p̃ terre. Car a lheure il eſtoit biē en ſes gogues, et ſa femme auſſi dautre part. Si la voulut veoir par deuāt et par derriere

La .xiii. nou. par Monseigneur lamant de brucel.

et de fait prent sa robe et la lui osta et en cotte simple la met. Apres il la haulsa bien hault maulgre delle ainsi comme efforcee/et ne fut pas content de ce, mais encores pour le bien veoir a son aise et sa beaulte regarder la tourne et revire/et a la fin sur son gros derriere sa rude main par trois ou quatre fois il fait descendre. Puis dautre part la retourne/et comme il eust son derriere regarde/aussi fait il son devant ce que la bonne simple femme ne veult pour rien consentir/mesmes avec la grant resistence quelle fait/dieu scet que sa langue nestoit pas oiseuse.

Il lappelle maulgracieux/maintenant fol et enragie/lautre fois deshonneste/et tant luy dit que cest merveille/mais rien ny vault. il est trop plus fort quelle et si a conclud de faire inventoire de ce quelle porte/si est force quelle obeisse mieulx amant comme saige le bon plaisir de son mary/que par reffus son desplaisir/toute defense du coste delle mise arriere. ce vaillant homme va passer temps a son devant regarder/et se sans honneur on le peust dire il ne fut pas contet se ses mains ne descouvrerent a ses peulx les secretz dont il se devoit bien passer denquerre/et comme il estoit en ceste parfonde estude il disoit maintenant ie voy cecy ie voy cela encores cecy encores cela et qui souloit il veoit tout le monde et beaucoup plus. Et apres une grande et longue pose estant en ceste gracieuse contemplacion dit de rechief. saincte marie que ie voy de choses. Helas dit lors le laboureur sur lar-bre/bonnes gens ny veez vous point mon veau. sire il me semble que ie voy la cueue. Lautre ja soit quil fut bien esbahy subitement fist la response et dist: ceste cueue nest pas de ce veau/et a tant part et sen va et sa femme apres. Et qui me demanderoit qui le laboureur mouvoit de faire ceste question le secretaire de ceste hystoire respond que la barbe du devant de ceste femme estoit asses et beaucop longue comme il est de coustume a celles de hollande/si cuidoit bien que ce fut la cueue de son veau attendu aussi que le mary delle disoit quil veoit tant de choses/voire a pou pres tout le monde/si pensoit en soy mesmes que son veau ne povoit gueres loing estre essongne/et que avec dautres choses seans pourroit estre embuschie

La .piii. nouuelle par monseigneur lamant de brucelles.

La .xiii. nou. par Monseigneur lamāt de brucel.

Hondres en angleterre auoit naguères vng procureur de parlemēt q̄ entre les autres de ses seruiteurs auoit vng clerc habille et diligent et bien escripuant qui tresbeau filz estoit (et que on ne doit pas oublier pour vng homme de son aage il nestoit point de plus soubtil. Le gentil clerc et vigoureux fut tantost picque de sa maistresse qui tresbelle gente et gracieuse estoit (et si tresbien lui vint que aincois quil luy osast oncques dire son cas le dieu damours sauoit a ce mence quil estoit le seul homme ou mōde qui plus luy plaisoit. Aduint quil se trouua en place ramōnee et de fait toute crainte mise arriere a sadicte maistresse son tresgracieux et doulx mal racōta laquelle pour la grant courtoisie q̄ dieu en elle nauoit pas oubliee desia ainsi attaicte comme dessus est dit ne se fist que tres languir. car apres plusieurs excusacions et remonstrāces quen brief elle luy toucha que elle eust a autre plus aigrement et plus longuemēt demencez. elle fut contente quil sceust quil lui plaisoit bien. Lautre qui entē doit son latin plus ioyeux que iamais il nauoit este saduisa de batre le fer tādis quil estoit chault et si tresfort sa besoigne poursuyuit q̄ peu de tēps iouyst de ses amours. lamour de la maistresse au clerc et du clerc a elle estoit et fut long temps si tresardāt que iamais gens ne furent plus epris. car en effect le plus souuent en perdoient le boire et le mengier. Et nestoit pas en la puissance de male bouche, de danger ne dautres telles mauldictes gens de leur bailler ne donner destourbier. A ce tresioyeux estat et plaisant passe temps se passerent plusieurs iours q̄ gueres aux amans ne durerent qui tant dōnez lūg a lautre sestoient qua peu ilz eussent q̄ te a dieu leur part de paradis pour viure au monde leur terme en ceste facon. Et comme vng iour aduint que ensemble estoient et des treshaulx biēs quamours leur souffrit prendre se deuisoient entre eulx en eulx pourmenant par vne salle comment ceste leur ioye non parcille cōtinuer seurement pourroient sans que lembuche de leur dangereuse entreprise fust descouuerte au mary delle q̄ du rēc des ialoux se tiroit trespres et du hault bout. Pensez que plus dung aduis leur vint lau deuāt que ie passe sans plus au long le descripre. La finale conclusion et derreniere resolution que le bō clerc prīt fut de tresbien cōduire et a seure fin mener son entreprinse a quoy point ne faillit. Vecy comment. Vous deues scauoir que laccointance et aliance que le clerc eust a sa maistresse laquelle diligēment seruoit et luy complaisoit, qui aussi nestoit pas moins diligent de seruir et cōplaire a son maistre et tout pour tousiours mieulx son fait couurir et aduengler les ialoux peulx qui pas tant ne se doubtoiēt que on lui ē forgoit biē la matiere. Vng certain iour apres nostre bon clerc voiant son maistre asses contēt de

La .xvi. nou. par Monseigneur lamāt de brucel.

luy entreprint de parler et tout seul tref humblement doulcement et en grande reuerence a luy et luy dist quil auoit en son cueur vng secret que voulentiers lui declaraft sil osast. et ne vous fault celler que tout ainsi comme plusieurs femmes ont larmes a commandement quelles espandent/ au moins aussi souuēt quelles vueillent. Si eust a ce cop nostre bon clerc qua grosses larmes en parlant des yeulx luy descendoient en tresgrāt abondance/ et nest homme quil ne cuidast qlles ne feussent de contricion/ de pitie/ ou de tresbonne intencion. Le pouure maistre abusé oiant son clerc ne fut pas vng peu esbahy ne esmerueille/ mais cuidoit bien quil y eust autre chose que ce que apres il sceust. Si dit et que vous fault il mon filz et que aues vous a ploier maintenant. Helas sire et iay bien cause plus que nul autre de me douloir/ mais helas mon cas est tant estrange/ et non pas moins piteux/ ne moins sur tous reqs destre celé/ que nonobstant q iaye eu vouloir de le vous dire/ si men reboute crainte quant iay au long a mon malheur pēse. Ne plores plus mon filz respond le maistre/ et si me dictes quil vous fault et ie vous assure sen moy est possible de vous aydier. ie my employeray voulentiers comme ie doy. Mon maistre dit le rignart clerc ie vous mercy: mais quant iay bien tout regarde ie ne pēse pas que ma langue eust la puissance de descouurir la tresgrāt infortune que iay si longuement portee. Ostes moy ces propos et toutes ces doleances respond le maistre. ie suis celluy a qui riens ne deues celer. Je vueil sçauoir que vous aues auāt ce vous et le me dictes. Le clerc sachāt le tour de son baston sen fist beaucoup prier et a tresgrant crainte par semblant et a tresgrant abondance de larmes et a voulente se laisse ferrer et dit quil lui dira mais quil luy vueille promettre que par luy iamais persōne nen sçaura nouuelle. car il aimeroit autāt ou plus chier mourir que son malheureux cas fut congneu. Ceste promesse par le maistre accordee/ le clerc mort et descoulore comme vng homme iugie a pendre si va dire son cas. Mon tresbō maistre il est vray que ia soit ce que plusieurs gēs et vous aussi pourroiēt penser que ie fusse homme naturel comme vng autre ayant puissance dauoir compaignie auec femme et de faire lignie vous oseray bien dire et mōstrer que point ie ne suis tel/ dont helas trop ie me deul/ et a ses paroles trop asseurement tira son membre a perche et luy fist monstre de sa peau ou les coussons se logent lesquelz il auoit par industrie fait monter en hault vers son petit ventre et si bien les auoit cachies quil sembloit quil nen eust nulz. Di luy va dire Mon maistre vous voies bien mon infortune dont ie vous prie de rechief que elle soit cellee. Et oultre plus treshumblement vous requier pour tous les seruices que iamais vous feis qui ne sont

La .xiii. nou. par Monseigneur lamāt de brucel.

pas telz que ien eusse eu la voulente se dieu meust donne le pouoir que me faiciez auoir mon pain en quelque monastere deuot ou ie puisse le surplus de mō temps ou seruice de dieu passer. Car au monde ne puis de riens seruir. Le abuse et deceu maistre remōstra a son clerc la pitie de religiō/ le peu de merite qui luy en viendroit quant il se veult rendre cōme par desplaisir de son infortune & foy sō dautres raisons luy amena trop lōgues a compter. tendans a fin de loster de son propos. scauoir vous fault aussi q̄ pour riens ne leust voulu abandonner/ tant pour son bien escripre et diligēce q̄ pour la fiance que dorsenauant a luy adioustera. Que vous diray ie plus. tant luy remonstra que ce clerc au fort pour vne espace en son estat & en sō seruice demourer luy promect. Et comme bien ouuert luy auoit son secret le clerc/ aussi le maistre le sien luy voulut desceler/ et dit mō filz de vostre infortune ne suis ie point ioyeux/ mais au fort dieu qui fait tout pour le mieulx et scet ce qui nous duyt et vault mieulx/ vous me pourrez dorsenauant tresbien seruir & a mon pouoir vous le meriteray. iay ieune femme asses legiere et volaige et suis ainsi cōme vous veez desia ancien et sur aage/ qui aucunement peut estre occasion a plusieurs de la regrte de deshonneur et a elle aussi selle estoit autre que bōne me bailler matiere de ialousie et plusieurs aultres choses. Je la vous baille et dōne en garde et si vous en prie que a ce tenes la main que ie nape cause den estre trouuer nulle matiere de ialousie. Par grande deliberacion fit le clerc sa respōse: & quāt il parla dieu scet si loua bien sa tresbelle et bonne maistresse disant que sur tous autres il lauoit belle et bonne/ et q̄l sen deuoit tenir seur. Neantmoins quen ce seruice et dautres il est celuy qui si veult de tout son cueur emploier/ & ne sa laissera pour riens quil luy puisse aduenir q̄l ne le aduertisse de tout ce que loial seruiteur doit faire a son maistre. Le maistre lye et ioyeux de la nouuelle garde de sa femme/ laisse lostel et en la ville a ses affaires va entendre/ et bon clerc incontinent sault a sa garde et le plus longuement que luy et sa dame bien oserēt nespargnerent pas les membres qui en terre pourriront/ et ne firent iamais plus grant feste depuis que lauenture fut aduenue de la façon subtille et que sō mary abuseroient. Asses et lōgue espace durant le ioly passetemps de ceulx qui tāt bien sentrapmoient. Et se aucunesfois le bon mary alloit dehors il nauoit gat de demmener son clerc plus tost: ust empunte vng seruiteur a ses voisis q̄ sautre neust garde lostel. & se la dame auoit congie daler en aucun pelerinage plustost alast sans chamberiere que sans le tresgracieux clerc/ & faictes vostre cōpte iamais clerc venter ne se peut dauoir eu

La .xiiii. nouuelle. par Monseigneur de crequy.

meilleur aduenture/qui point neuint a congnoissance/Voire au mains que ie sache a celuy qui bien sen fust desespere sil en eust sceu le demaine.

¶ La .xiiii. nouuelle par mouseigneur de crequy.

La grãde et large marche de Bourgoigne nest pas si despourueue de plusieurs aduentures dignes de memoire et descripre qua fournir les hystoires qui a present courẽt nen puisse ꝺ doncque faire sa part en renc des aultres ie ne ose auant mettre ne en bruit ce que nagueres y aduint asses pres dung gros et bon villaige seant sur la riuiere dousche La auoit et encores a vne mõtaigne ou vng hermite tel que dieu scait faisoit sa residence/ lequel soubz vmbre du doulx manteau dypochrisie faisoit des choses merueilleuses qui pas ne vindrent a cõgnoissance nen sauoir publique du peuple/iusques ad ce que dieu plus ne voulut son tresdannable abus permettre ne souffrir. Le saict hermite qui de son cop a la mort se tiroit nestoit pas mains luxurieux ne malicieux q̃ seroit vng vieil cinge/ mais la maniere du conduire estoit si subtille quil fault dire quelle passoit les autres cautelles communes. De cy quil fist. Il regarda entre ses aultres femmes et desses filles la plus digne de estre aymee et desiree/ si se pensa que se estoit la fille a vne simple femme vesue tres deuote et bien aulmoniere et va conclure en soymesmes q̃ se son sens ne luy fault quil en chevira bien. Vng soir enuiron la mynupt quil faisoit fort et rude temps il descendit de sa mõtaigne et vint a ce village et tant passa de voyes a sentiers que a lenuiron de la mere a la fille sans estre oiseux se trouua. Lostel nestoit pas si grant ne si pou de luy hante tout en deuocion quil ne sceust biẽ les ãgins Si va faire vng ptuis en vne paroy nõ gueres espesse/a lendroit de laquelle estoit le lit de ce ceste simple femme vesue et prent vng long baston perce et creux/ dont il estoit hourde/et sans la vesue euueillier au pres de son oreille se mist / et dit en asses basse voix par trois foys/ escoute moy fẽme de dieu ie suis vng ange du createur qui deuers toy menuoye

d.iiii

La .xiiii. nouuelle par Monseigneur de crequy.

toy annoncier et commander q̄ pour les haulx bies quil a boulu en toy enter quil veult par ung hoir de ta chair / cestassauoir ta fille / leglise son espouse reunir, resfourner et en son estat deu remettre, et voicy la facon. Tu ten yras en la montaigne deuers le saint hermite et ta fille luy meneras, et bien au long luy compteras ce qua present dieu par moy te mande il congnoistra ta fille, et de eulx bien dira ung filz esseu de dieu et destine au sainct siege de romme, qui tant de biens fera que a sainct pierre et sainct pol lon se pourra bien comparer. a tant men vois obey a dieu. La simple femme veue tres esbahye / surprinse aussi q̄ a demy taupe cuyda viayement et de fait que dieu luy enuoiast ce messaiger. Si dist bien en soy mesmes quelle ne desobeira pas / et puis la bonne femme se rendoit une grande piece apres non pas trop fermement attendant et beaucoup desirant le iour, et entretant le bon hermite print le chemin deuers son hermitaige en la montaigne Le tres desire iour tantost se monstra et fut par les raiz du soleil maugre les verrieres des fenestres a coup descendu emmy la chambre de ladicte veue, et la mere q̄ la fille se leuerent a tresgrant haste. Quant elles furent prestes et sur piedz mises q̄ leur peu de mesnage mis a point la bonne mere si demāde a sa fille selle auoit riens ouy en ceste nupt. Et la fille luy respond, certes mere nēnil. Ce nest pas a toy dit elle aussi que de prinssault

ce doulx messaige sadresse / combien quil te touche beaucoup : Lors luy va dire et racompter tout au long sagesicque nouuelle que en ceste nupt dieu luy manda, demande aussi quelle en veult dire. la bōne fille comme sa mere simple et deuote respond, dieu soit loue. Tout ce q̄ vous plaist ma mere soit fait. Cest tresbien dit respond la mere. Or nous en alons a la montaigne a la semonce du bon angle deuers le saint preudhomme. Le bon hermite faisant le guet quant la deceue femme sa simple fille ameneroit, la voit venir. Si laisse son huys entreouuert q̄ en priere se va mettre emmy sa chambre affin quen deuotion fust trouue, q̄ comme il desiroit il aduint. car la bonne femme et sa fille aussi voians luys entreouuert sans demander quoy ne comment dedens entrerent, et comme elles parceurent lermite en contemplacion comme sil feust dieu lonnourerent. Lermite a voix humble en eachant les yeulx vers la terre enclines dit, dieu salue la compaignie, Et la poure vieillote desirant quil sceust la chose qui lamenoit le tira a part q̄ lui va dire de chief en bout tout le fait quil sauoit trop mieulx quelle / q̄ comme en grande reuerence faisoit son rapport le bon hermite gettoit les yeulx en hault, ioygnoit les mains au ciel, et la bonne vieille plouroit tant auoit et de ioye et de pitie. Et la poure fille aussi plouroit quant elle veoit ce bon q̄ sainct hermite en si grande deuocion prier et ne scauoit

La .xiiii. nouuelle. par Monseigneur de crequy.

pour quoy. Quāt ce rapport fut tout au long acheue dont la vieillote attendoit la response/cellup qui la doit faire ne se haste pas/au fort certaine piece apres quant il parla ce fut en disant dieu soit loue/mais mamye dit il vous semble il a la verite et a vostre entendement que ce que droit cy vous me dictes ne soit point fantasie ou illusion/que vous en iuge le cueur. sachez que la chose est grande: certainement beau pere ientendy la voix q̄ ceste ioyeuse nouuelle me aporta aussi plainement que ie fais vous/et creez q̄ ie ne dormoie pas. Or bien dit il nō pas que ie vueille contredire au vouloir de mō createur/se me semble il bon que vo⁹ et moy dormirons encores sur ce fait et si vous appert de rechief vous reuiēdrez icy vers moy et dieu nous donnera bon conseil et aduis. On ne doit pas trop legierement croire ma bonne mere/le dyable est aucunesfois ē lieu y dautruy biē. treuue tant de cautelles q̄ se trans forme en angle de lumiere. creez creez ma mere que ce nest pas peu de chose de ce fait cy. et se ie y metz vng peu de reffus/ce nest pas merueilles/nay ie pas a dieu voue chastete et vous mapportes la rompeure de par luy/retournes en vostre maisō q̄ pries dieu/et au surplus demain nous verrons que ce sera et a dieu soyes. Aps vng grant tas de agpos se part la cōpaignie de lhermite et vindrent en lostel tout deuisant. Pour abregier nostre hermite a lheure accoustumee et deue four-

ny du baston creux en lieu de potense te uient a loreille de la simple femme disant les propres motz ou en substāce de la nupt precedente/q̄ ce fait incontinent sans autre chose faire retourne a sō hermitaige. La bonne femme empinse de ioye cuidāt dieu tenir par les piez se lieue de haulte heure et a sa fille racōte toutes ces nouuelles sans doubte/q̄ confermant la vision de lautre nupt passee /il nest que dabbregier. Or alons deuers le saint homme. Elles sen vont/et il les re garde approucher. Si va prendre son breuiaire faisant de lppocrite. et penses que il le faisoit en grāt deuocion dieu le scet Et puis apres son seruice print a recommencer et en cest estat deuant luys de sa maisonnete se fait des bonnes femmes saluer. Et penses que se la vielle luy fist hyer vng grant prologue de sa vision: cellup de maintenant nest de riens maindre. Dont le preudhomme se signe du signe de la croix/faisant grans admiracions a merueilles/disant. Mon dieu mō createur quest ce cy/say de moy tout ce quil te plaist. combiē que ce nestoit ta large grace ie ne suis pas digne descouter vng si grant oeuure. Or regardes beau pere dist lors la bonne femme abusee et follement deceue/vous soyes biē que sest a certes quant de rechief sest apparu langlē vers moy. En verite mamye ceste matiere est si haulte et si tres difficile et non accoustumee/ que ie nen scauroie bailler que doubteuse response/

La .xiiii. nouuelle par Monseigneur de crequy.

non mie affin que vous entendes seuremēt que en attendant la tierce apparition ie vueille que vous tētes dieu mais on dit de coustume a la tierce foys va la luyte/si vous prie et requier que encores se puisse passer ceste nuit sans autre chose faire attendant sur ce fait la grace de dieu/et se par sa grāde misericorde il lui plaise nous demonstrer annuyt comme les autres nuytz precedētes nous ferōs tant quil en sera sour. Ce ne fut pas du bon gre de la simple vielle quon tardast tant dobeyr a dieu/mais au fort lermite est creu comme le plus saige. Comme elle fut couchee ou parfond des nouuelles qui en teste luy viennent lypochrite peruers de sa montaigne descendu luy met son baston creux a loreille ainsi cōe il auoit de coustume/en luy cōmandant de par dieu/comme son ange vne foys pour toutes quelle maine sa fille a lermite pour sa cause que dit est. Elle noublia pas tantost quil fut iour ceste charge/car apres les graces a dieu de par elle et sa fille rendues se mettent au chemin par deuers lhermitage ou lhermite leur vint au deuant qui de dieu les salue et begnie. Et la bonne mere trop plus que nulle autre ioyeuse ne lui cela gueres sa nouuelle apparicion dont lermite qui p la main la tient en sa chappelle la cōuoye et la fille aussi. Va apres/et seans font leurs tresdeuotes oroisons a dieu le tout puissant qui ce treshault mystere leur a daigne demōstrer. Apres vng peu de sermon que fist lermite touchant songes visions apparicions et reuelacions qui souuent aux gens aduiennent/et il cheust en propos de touchier leur matiere pour laquelle estoient assembles. (t pē) ses que lermite les prescha bien et en bōne deuocion dieu le scet. Puis que dieu veult et commande que ie face lignie papale/et le daigne reueler nō pas vne foiz ou deux seulement/mais la tierce dabōdance: il fault dire/croire (t conclure que) cest vng hault bien qui de ce fait sen ensupura. Si mest aduis que mieulx on ne peut faire que dabregier lexecucion/en lieu de ce que trop iay differe de baillier foy a la saincte apparicion. Vous dictes bien beau pere. Cōment vous plaist il faire respond la vieille. Vous laisseres ceans dist lermite vostre belle fille (t elle) et moy en oroisons nous mettrons (t au) surplus ferons ce que dieu nous apendra. La bonne femme Besuc en fut contēte/et aussi fut sa fille pour obeir. Quāt nostre hermite se treuue a part auecqs la belle fille comme sil la voulsist rebaptiser toute nue la fait despoillier/et pēses que lhermite ne demoura pas vestu. Quen vauldroit le lōg compte/il la tint tant et si longuement auecques luy en lieu daultre clerc/tant ala aussi et vint a lostel delle pour la doubte des gens et aussi pour honte quelle nosoit partir de la maison. car bien tost apres le ventre si luy commenca a bourser dont elle fut si ioyeuse quon ne le vous scauroit dire.

La .xv. nouuel par Monseigneur de la roche

mais se la fille se sioupssoit de sa portee la mere delle en auoit a cent doubles ioyes. Et le mauldit bigot faignoit aussi sen esiouir mais il en entrageoit tout vif. Ceste poure mere abusee cuidant de vray que sa fille deust faire vng tresbeau filz pour le temps aduenir de dieu esleu pape de romme ne se peult tenir qua sa plus priuee voisine ne le comptast, qui aussi esbahpe en fut comme se cornes luy venoient non pas toutefois quelle ne se doubtast de tromperie, elle ne cella pas longuement aux autres voisins et voisines comment la fille dune telle estoit grosse par les eures du sainct hermite dung filz qui doit estre pape de romme. et ce que ien scay dit elle sa mere delle le ma dit a qui dieu la voulu reueler. ceste nouuelle fut tantost espandue par les villes voisines. Et en ce temps pendant la fille saccoucha qui a la bonne heure dune belle fille se deliura dont elle fut esmerueillee et courroucee et sa tressimple fille et les voisines aussi q attendoient vraiement le sainct pere aduenir receuoir. La nouuelle de ce cas ne fut pas mains tost sceue que celle precedente, et entre autres lermite en fut des premiers aduertis, qui tantost sen fouit en vng autre pays ne scay quel vne autre femme ou fille decepuoir, ou es desers degipte de cueur contrit la penitence de son pechie satisfaire. quoy q soit ou fut la poure fille en fut deshonnoree dont ce fut grant dommaige: car belle bonne et gente estoit.

¶ La .xv. nouuelle par monseigneur de la roche.

Au gentil pays de brebay pres dung monastere de blans moynes est situe vng aultre monastere de nonnains qui tres deuotes et charitables sont, dont listoire tait le nom et la marche particuliere. Ces deux maisons comme on dit de coustume estoient voisines la grange et les vateurs. Car dieu mercy la charite de la maison aux nonnains estoit si tres grande q peu de gens estoient escondis de lamoureuse distribucion voire se dignes estoient dicelle receuoir. Pour venir ou fait de ceste hystoire, ou cloistre des blans moines auoit vng ieune et beau religieux q fut amoureux dune des nonnains, et de fait eust bien le couraige aps les pmisses de lui demander a faire pour lamour de dieu, et la nonnain q bien congnoissoit ses oultilz: ia soit qlle fust bien courtoise luy bailla dure et aspre respose. Il ne fut pas

La .xv. nouuel par Monseigneur de la roche

pourtant enchasse/mais tant continua sa treshumble requeste que force fut a la tresbelle nonnain/ou de perdre le bruit de sa treslarge courtoisie/ou daccorder au moyne ce qlle auoit a plusieurs sans gueres prier accorde. Si luy va dire en verite vous poursuiues et faictes grāt diligence dobtenir ce que a droit ne scauries fournir. Et penses vous ie ne saiche bien par oyr dire quelz oultilz vous portes/creez que si fais. il ny a pas pour dire grant mercy. Je ne scay moy quon vous a dit respond le moyne/mais ie ne doubte point que vous ne soies bien contente de moy/et que ie ne vous monstre que ie suis homme comme vng aultre. Homme dit elle. Cela croy ie asses bien, mais vostre chose est tant petit comme lon dit que se vous lapportes en quelque lieu a peu lon se parcoit quil y est /il va bien autrement dit le moyne/et se iestoie en place ie feroye et par vostre iugement menteurs tous ceulx ou celles qui ceste renommee me donnent. Au fort apres ce gracieux debat la courtoise nonnain affin destre quitte de lennuyante poursuite que le moyne faisoit/affin aussi q elle saiche quil vault et quil scet faire/et aussi quelle noublie le mestier qui tant luy plaist/elle luy baille iour a pii. heures de nuyt deuers elle venir et heurter a sa traille/dont elle fut haultement mer cice. Touteffois vous ny entreres pas que ie ne saiche dit elle a la verite quelx oultilz vous portes et se ie men scauroie

ayder ou nō. Comme il vous plaira respond le moyne. A tant senva et laisse sa maistresse et vint tout droit deuers frere courard lung de ses compaignons qui estoit oultille dieu scet comment/et pour ceste cause auoit vng grāt gouuernemēt ou cloistre des nōnains. Il luy compta son cas tout du long/comment il a prie vne telle/sa responce et le reffus que elle fit doubtant quil ne soit pas bien soulier a son pie/et en sa parfin commēt elle est contente quil entre vers elle mais qlle sente et saiche premier de quelle lance il vouldroit iouster contre son escu. Or est ainsi dit il que ie suis mal fourny dune grosse lance telle que iespoire et voy qlle desire destre rencontree. Si vous eprye tant comme ie puis que anuyt vous ve nes auecques moy a lheure q ie me doy vers elle rendre/et vous me feres le plus grant plaisir que iamais homme fist a autre. Je scay tresbien quelle vouldra sa moy venu sentir et taster sa lance dont ie attens a fournir mes armes et en la fin me fauldra ce faire. Vous seres derriere moy sans dire mot /et vous mettres en ma place/et vostre gros bourdon en son poing luy mettres/elle ouuerera luys ie nen doubte poit. Et puis cela fait vous vous en ires et dedans ientreray et puis du surplus laisses moy faire. Frere courard est en grant soucy comment il pour ra faire et complaire a son compaignon mais touteffois se met a laduenture/et tout ainsi q lui auoit dit sen va et luy a

La .xvi. nouvel par Monseigneur le duc

accorde se marchie/ et a l'heure assignee se met avec luy en chemin p[our] devers la nonnain. Quant ilz sont a l'endroit de la fenestre maistre moyne plus eschauffé q[ue] ung estalon de son baton ung coup heurta/et la nonnain n'attendit pas l'autre heurt/mais ouvrit la f. nestre et dist en basse voix/qui est la. c'est moy dit il ouvrez tost luys que on ne vous oye. Ma foy dit elle vous ne seres ja en mon livre enregistre ne script que premierement ne passez a monstre/et que ie ne saiche quel harnois vous portes. Approuchez vous pres et me monstres que c'est. Trésvoulētiers dit il. Alors tire frere courard lequel s'auancoit pour faire son personnage q[ue] en la main de ma dame la nōnain mist son bel et trespuissant bourdon qui gros long et rond estoit et tantost qu'elle se sétit comme se nature luy en baillast la congnoissance elle dist. Nēnil nēnil dit elle ie congnois bien cestuy cy. C'est le bourdon de frere courard. il n'y a nonnain ceās qui bien ne le cōgnoisse. Vous naves garde que ien soie deceue ie le cōgnois trop. allez querir vostre auenture ailleurs. et a tāt sa fenestre referma bié courroucee et mal contente non pas sur frere courard mais sur l'autre moine lequel p apres ceste aduenture sen retournent vers leur hostel tout devisant de ceste aduenue

La .xvi. nouvellée par monseigneur le duc.

On sa conte d'artois nagueres vivoit ung gentil chevalier riche et puissant lye par mariage avec une tresbelle dame et de hault lieu. Ces deux ensemble par longue espace passerent plusieurs iours paisiblement et doulcemēt Et pource que alors le trespuissant duc de Bourgoigne conte d'artois et leur seigneur estoit en paix avec tous les grans princes p[ro]chains. Le chevalier qui tresdeuot estoit/delibera faire a dieu sacrifice du corps quil luy auoit presté bel et puissant/assouvy de taille destre autant et plus q[ue] p[er]sone de sa cōtree. excepte q[ue] p[our] un auoit ung oeil en ung assault. Et pour faire son obligatiō en lieu esleu et de luy desire. Aps les cōgiez a ma dame sa fēme pris et de plusieurs ses parēs/sen va devers les bōs seigneurs de prusse vrais defensseur de la tressaincte foy p[ro]pienne

.xi.roſ. nouuel par Monſeigneur le duc

Tant fiſt et diligenta quen puiſſe aps pluſieurs aduentures que ie paſſe ſainſ ſauf ſe trouua. Ou il fut aſſes et largement de grās proeſſes en armes dont le grant bruit de ſa baillance fut tantoſt eſpandu en pluſieurs marchics/tant a la relacion de ceulx q̃ beu lauoiēt en leurs pays retournez que p lettres que les demeurez eſcripuoient a pluſieurſ qui treſgrant grē ſeur en ſcauoiēt. Or ne fault pas celer que ma dame qui eſtoit demeuree ne fut pas ſi rigoreuſe qua la priere dung gentil eſcuier qui damours la requiſt elle ne fut tantoſt cōtente quil fuſt lieutenant de monſeigneur qui aux ſarrazins ſe combatoit. Tandis que mon ſeigneur ieuſne et fait penitence ma dame fait bonne chiere auec ſeſcuier/le pl? des fois monſeigneur ſe diſne et ſouppe de biſcuit et de la belle fōtaine/ꝓ ma dame a de tous les biens de dieu ſi treſlargement q̃ trop. monſeigneur au mieulx benir ſe couche en la paillade/et ma da me en ūng treſbeau lit auec ſeſcuier ſe repoſe. Pour abregier tandis que monſeigneur aux ſarrazins fait guerre/ſeſcuier a ma dame ſe combat. Et ſi treſbien ſi porte/que ſe monſeigneur iamais ne retournoit elle ſen paſſeroit treſbien/et a peu de regret/voire quil ne face aultrement quil a commence. Monſeigneur voiant la dieu mercy que leffort des ſarrazins neſtoit point ſi aſpre que par cy deuant a eſte/ſentant auſſi que aſſes longue eſpace a laiſſe ſon hoſtel et ſa treſbō

ne femme qui moult la deſire et regrete comme par pluſieurs dē ſes lettrcs elle luy a fait ſcauoir: diſpoſe ſon partemēt et auec le peu de gens quil auoit ſe meet en chemin /et ſi bien ſe exploita a layde du grāt deſir quil a de ſoy trouuer en ſa maiſon ꝗ es bras de ma dame quen peu de iours ſi trouua. Celluy a qui ceſte haſte plus touche que a nul de ſes gens eſt touſiours des p̄miers deſcouchies et premier preſt et le deuant au chemin /et de fait ſa trop grande diligence le fait bien ſouuent cheuauchier ſeul deuāt ſes gēs aucune fois ung quart de lieue ou plus. Aduint ung iour que mōſeigneur eſtāt au giſte enuiron a ſix lieues de ſa maiſon ou il doit trouuer ma dame/ſe leua bien matin et monta a cheual que bien luy ſemble que ſon cheual ſe rendra a ſa maiſon auant que ma dame ſoit deſcouchee qui riens de ſa venue ne ſcait. ainſi comme il le propoſa il aduint/ꝗ comme il eſtoit en ce plaiſant chemin diſt a ſes gens venes tout a voſtre aiſe et ne vous chaille ia de moy ſupr. ie men iray tout mon beau train pour trouuer ma fēme au lit. ſes gens tous hordez ꝗ trauaillez et leurs cheuaulx auſſi ne contredirent pas a monſeigneur/mais ſen viennent tout a leur aiſe apres luy ſans eulx trauaillier aucunement/mais pourtant ſi doubtoient il de mondit ſeigneur lequel ſen aloit ainſi de nuyt tout ſeul et auoit ſi grant haſte. Cil ſenva et fait tāt quil eſt en brief en la baſſe court de ſon hoſtel

La .xvi. nouuelle par

descendu ou il trouua ung varlet qui le descendit de son cheual. Tout ainsi qu'il use et esperonne quant il fut descendu s'en va tout droit sans rencontrer personne/car encores matin estoit devers sa chambre ou ma dame encores dormoit/ou espoir faisoit ce qui tant a fait monseigneur trauailler. Creez que lhuys nestoit pas ouuert a cause du lieutenant q̃ tout esbahy fut et ma dame aussi quant monseigneur heurta de son baston ung tres court coup. Qui esse la ce dit ma dame/ cest moy ce dit monseigneur. Ouures/ou ures. Ma dame qui tantost a congneu monseigneur a son parler ne fut pas des plus asseurees. Neantmoins fait habiller incontinent son escuier qui met peine de sauancier le plus quil peult pensant comment il pourra eschapper sans dangier. Ma dame qui faint destre encores toute endormie et non recongnoistre monseigneur apres le second heurt quil fait a lhuys/demande encores q̃ esse la. Cest vostre mary dame. Ouures bien tost ouures. Mon mari dist elle helas il est bien loing de cy dieu le ramaine a ioie et brief. Par ma foy dame ie suis vostre mary/et ne me congnoisses vous au parler/si tost que ie vous ay ouy respondre ie cogneuz bien que cestes vous. Quant il viendra ie le scauray beaucoup deuant pour le recepuoir ainsi comme ie doy et aussi pour mander messeigneurs ses parens et amis pour le festoier et conuoier a sa bien venue. Alles alles et me laissez dormir. Sait iehan ie vous en garderay

bien ce dit monseigneur. il fault que vous ouures lhuys/et ne voules vous congnoistre vostre mary. Alors lappelle par son nom/et elle qui voit que son amy est ia tout prest le fait mettre derriere lhuys/et puis va dire a monseigneur estes vous ce Pour dieu pardonnes moy/et estes vous en bon point. Ay dieu mercy ce dit monseigneur. Dit loue en soit dieu ce dit ma dame. Ie vien incontinant vers vous et vous mettray dedans mais que ie soye ung peu habillee et que iaye de la chandelle. Tout a vostre aise ce dit monseigneur En verite ce dit ma dame tout a ce coup que vous aues heurte monseigneur iestoye bien empeschee dung songe qui est de vous. Et quel est il mamye. par ma foy monseigneur il me sembloit a bon escient que vous esties reuenu et que vous parlies a moy et si voyes tout aussi cler dung oeil comme de lautre. Pleust ores a dieu ce dit monseigneur. Nostre dame ce dit ma dame ie croy que aussi faictes vous Par ma foy dit monseigneur vous estes bien beste/et comment ce pourroit il faire. Je tiens moy dit elle quil est ainsi. Il nen est riens non dit monseigneur/estes vous bien si fole de le penser. Dea monseigneur dit elle ne me creez iamais sil nest ainsi et pour la paix de mon cueur ie vous requier que nous lesprouuons. Et a ce coup elle ouura lhuys tenant la chandelle ardant en sa main/et monseigneur qui est content de ceste espreuue et si accorde par les parolles de sa femme. Et ainsi le pouure homme endure bien que

La .xvii. nouuel par Monseigneur le duc

ma dame luy bouchast son bõ oeil dune main, et de lautre elle tenoit la chãdelle deuant loeil de monseigneur, qui creue estoit, & puis luy demãda monseigneur ne veez vous pas bien par vostre foy. par mon serment non ce dit monseigneur, & entretant que ces deuises se faisoient le lieutenant de mondit seigneur sault de la chambre sãs quil fut apparceu de luy Or attendes monseigneur se dit elle, et maintenãt vous me voies bien ne faictes pas, par dieu mampe nenil respõd mon seigneur Comment vous serroy ie vous aues bouchie mon dextre oeil, et lautre est creue passe plus de dix ans. Alors dit elle or voy ie bien q̃ cestoit songe voyre ment qui ce rapport me fist, mais quoy que soit dieu soit loue et gracie que vous estes cy. Ainsi soit il ce dit monseigneur Et a tant sentracolerent et baiserẽt par plusieurs fois & firent grant feste & nou blia pas monseigneur a conter cõment il auoit laisse ses gens derriere, & q̃ pour la trouuer au lit il auoit fait telle diligẽ ce. Et vraiement dist ma dame encores estes vous bon mary, et a tant vindrent femmes et seruiteurs qui bien vngnerent monseigneur & le deshouserẽt, et de tous points deshabillerent, et ce fait se bouta ou lit auec ma dame qui le reprẽd du de mourãt de lescuier qui sen va son chemi lye & ioyeux destre ainsi eschape. Cõme vous aues ouy fut le cheualier trompe, & nap point sceu combien que plusieurs gens depuis le sceutẽt q̃l en fut iamias aduerty.

¶ La xviii nouuelle par monseigneur le duc.

Nagueres qua paris presidoit en la chambre des cõptes vng grãt clerc cheualier asses sur aage, mais tres ioyeux & tresplaisant estoit, tant en sa maniere destre comme en deuises, ou quil les adrecast fut aux hõmes ou aux femmes. Le bon seigneur auoit femme espousee desia ancienne & maladiue dõt il auoit belle lignie. et entre les aultres damoiselles chamberieres et seruantes de son hostel, celle ou nature auoit mis son entẽte de la faire tresbelle estoit mes chine faisante le mesnage comun, cõme les litz, le pain et autres telz affaires Mõseigneur qui ne ieusnoit iour de la moureulx mestier tant quil trouuast rẽ contre ne cela gueres a la belle meschine le grant bien quil luy veult, et luy va fai re vng grant prologue des amoureulx assaulx que incessammẽt amours pour

La .xvii. nouuelle. par Monseigneur le duc

elle luy enuoie/continue aussi ce propos luy promettant tous les biens du monde/monstrant commēt il est bien en luy de lui faire tant en telle maniere ҭ tant en telle/ҭ tāt en telle. Et qui ooit le cheualier iamais tant dheur naduint a la meschine que de luy accorder son amour La belle meschine bonne et saige ne fut pas si beste q̄ aux gracieux motz de son maistre baillast response en riens a son aduantage/mais se excusa si gracieusement que monseigneur en son courage tresbien len prisa: Combien quil aimast mieulx quelle tint aultre chemin .motz rigoureux yidrēt en icu par la bouche de monseigneur quant il parceust que par doulceur ne feroit rien. mais la tresbonne fille aimant plus chier mourir que p̄dre sō hōneur ne sen effroia gueres:ains asseureemēt respondit/die ҭ face ce quil lui plaist/mais iour quelle viue de plus pres ne luy sera. Monseigneur q̄ la voit aheurtee en ceste opinion apres vng gracieux a dieu laissa ne scay quans iours ce gracieux pourchas de bouche seullement. mais regars ҭ autrez petis signes ne luy coustoient gueres/ qui trop estoient a la fille ennuyeux/ et selle ne doubtast mettre male paix ētre mōseigneur ҭ ma dame/elle ne lui celeroit gueres la desloyaulte de sō seigneur/ mais au fort elle conclud le deceler tout le plus tart quelle pourra. La deuocion que monsieigneur auoit aux saincts de sa meschine de iour en iour croissoit/ҭ ne luy souffisoit pas de laimer ҭ seruir en cueur seulement/ mais doroison comme il a fait cy deuant la veult arriere resseruir. Si vient a elle ҭ de plus belle recommenca sa harengue en la facon que dessus/laq̄lle il confermoit par cent mille sermens ҭ autant de promesses. Pour abbregier riens ne suruault ҭ ne peust obtenir vng seul mot/ҭ encores mains de semblans quelle luy baille quelque peu despoir de iamais peruenir a ses attaintes. Et en ce poit se partit/ mais il noublia pas de dire que sil la rencontre en quelque lieu marchāt quelle lobeyra ou elle fera pis La meschine gueres ne se effroya/ ҭ sās plus y penser va besoigner en la cuisine ou autre part. Ne scay quans iour apres vng lundi matin la belle meschine pour faire des pastes buletoit de la farine. Or deuez vous scauoir que la chambre ou se faisoit ce mestier nestoit pas loing de la chambre de mōseigneur et q̄l ooit tresbien le bruit ҭ la noise qui si faysoit et encores scauoit aussi tresbien q̄ cestoit sa meschine qui du tamis iouoit. Si sauisa quelle naura pas seule ceste peine/ mais lui viendra ayder/ Voire ҭ fera au surplus ce quil luy a bien promis:car iamais mieulx ne la pourroit trouuer. dit aussy en soymesmes quelque refus que de sa bouche elle mait fait si en cheuira ie biē se ie la puis a gre tenir. il regarda q̄ bien matin estoit ҭ q̄ ma dame nestoit pas esueillee/ dont il fut bien ioyeux. et affin quil ne lesueille il sault tout doulcement hors de sō lit a tout son couurechief/ ҭ prēt sa robe longue ҭ ses botines

e.i.

La .xvii. nouvelle. par Monseigneur le duc

et descend de sa chambre si celeement quil fut dedens la chambrete ou la meschine dormoit sans quelle oncques en sceut riẽ iusques a tant quelle se vit tout dedans qui fut bien esbahye ce fut la poure chãberiere, qui a pou trembloit tant estoit effree/doubtant que mõseigneur ne luy ostast ce q̃ iamais rendre ne luy scauroit. Monseigneur q̃ la voit effree sans plus parler lui bailleung fier assault et tant fist en peu dheure quil auoit la place emportee sil neust este content de parlementer. Si luy va dire la fille. Helas mõseigneur ie vous cry mercy. Je me rens a vous/ma vie et mon honneur sont en vostre main/ayez pitie de moy. Je ne scay quel honneur dit monseigneur qui tresf eschauffe et espris estoit/vous passeres par la. Et à ce mot recõmence lassault plus fier que deuãt. La fille voiãt que eschapper ne pouoit saduisa dung bon tour/et dit.monseigneur iayme mieulx vous rẽdre ma place par amours que par force/ donnes fin silvous plaist aux durs assaulx que me fiures et ie feray tout ce q̃l vous plaira. Jen suis content dit mõseigneur/mais creez que autrement vous neschapperes. Dune chose vous requier dit lors la fille. Monseigneur ie doubte beaucoup que ma dame ne vous oye/et se elle venoit dauenture et droit cy vous trouuast ie seroie femme perdue et deshonnouree/car elle me feroit du mains batre ou tuer. Elle na garde de venir nõ dit monseigneur/elle dort au plus fort.

Helas monseigneur ie doubte tant que ie nen scay estre asseuree/si vous prie et requier pour la paix de mõ cueur et plus grande seurete de nostre besoigne q̃ vous me laisses aler veoir selle dort ou quelle fait. nostre dame tu ne retourneroie pas dit monseigneur. Si feray dit elle par mõ serment trestout tantost. Or ie le vueil dit il aduance toy. Ha monseigneur dit elle se vous voulies bien faire vous prendries ce tamis et besoigneries comme ie faysoie affin dauenture se ma dame estoit esueillee quelle oye sa noise que iay deuant le iour encommencee. Or monstre ca ie feray bon deuoir et ne demeure gueres/nennil non monseigneur. Tenes aussi ce buleteau sur vẽ teste/vous sembleres tout a bon escient estre une fẽme. Or ca de par dieu ca dit il. Il fut affuble de ce buleteau/ et puis commence a tamiser tant que cestoit belle chose que tant bien luy seoit. Et entretant la bonne chamberiere monta en la chambre et esueilla ma dame/et luy compta cõmẽt monseigneur par cy deuant damours lauoit pryee quil lauoit assaillie a ceste heure ou elle tamisoit. et sil vous plaist venir veoir comment ien suis eschappee et en quel point il est. vencs en bas vous le verrez. Ma dame tout acoup se lieue et prent sa robe de nupt et fut tantost deuant luy de la chãbre ou monseigneur diligemẽt tamisoit. et quãt elle le voit en cest estat et afuble du buleteau elle lui va dire. ha maistre et q̃st cecy ou sõt vos tres

La .xviii. nouuelle. par Monseigneur de la roche

voz grans honneurs/voz sciences et discrecions. Et monseigneur qui ouyt et deceu se voit respondit tout subitement Au bout de mon dit dame/la ay ie tout amasse au iour duy. Lors tresmarry et courrouce sur la meschine se desarma de lestamine et du buleteau: et en sa chambre remonte/et ma dame le suyt qui son preschement recommence dont monseigneur ne tient gueres de compte. Quant il fut prest il manda sa mule et au palais sen va ou il compta son aduenture a plusieurs gens de bien quilz sen rirent bien fort. et me dit on depuis quelque courroux que le seigneur eust de prinsault a sa meschine/ se tarda il depuis de sa parolle et de sa cheuance a marier.

¶ La .xviii. nouuelle/ par monseigneur de la roche.

ng gentil homme de bourgoigne nagaires pour aucuns de ses afaires sen ala a paris et se logea en ung tresbon hostel/car telle estoit sa coustume de tousiours querir les meilleurs logis Il neust gueres este en son logis luy qui bien congnoissoit mouche en lait quil ne peut tantost que sa chamberiere de leans estoit femme qui debuoit faire pour ses gens/si ne luy cela gueres ce quil auoit sur le cueur/et sans aler de deux en trois il demanda laumosne amoureuse. il fut de prinsault bien rechassie des meures/ voire dit elle est ce a moy q vous deues adresser telles parolles. Je vueil bien que vous sachies que ie ne suis pas celle qui fera tel blasme a lostel ou ie demeure. et pour abbreger qui soyoit elle ne le feroit pour aussi gros dor. Le gentil homme tantost cogneust que toutes ses excusacions estoient erres pour besoignier/si luy va dire mamye se icusse temps et lieu ie vous diroie telle chose que vous series bien contente/et ne doubtes point q ce ne fust grandement vostre bien/mamye pour ce q ie deuant les gens ne vous vueil gueres a raisonner affin que ne soyes de moy souspeconnee/croies mon homme de ce que par moy vous dira/et se ainsi le faictes vous en vauldres mieulx. ie nay dit elle na vous na luy que deuiser/et sur ce point sen va: et nostre gentil homme appella son varlet qui estoit ung galant tout esueille/puis luy compta son cas/et charge de poursuir sa besoigne sans espargner bourdes. Le varlet duyt a cela dit qil fera bien son psonage. il ne soublia pas: car au plus tost qil la trouua: pesez qil ioua bien du bec

e ii

La .xviii. nouuelle. par Monseigneur de la roche

Et se elle neust este de paris et plus sub tille que foison dautres son gracieux lã gaige et les promesses ql' faisoit pour sõ maistre seussent tout en haste abbatue/ mais autremẽt ala: car apres plusieurs paroles et deuises dentre elle & luy/elle luy dit vng mot trẽchie/ie scay bien que vostre maistre veult/mais il ny touche ra ia se ie nay dix escus. Le varlet fit sõ rapport a son maistre qui nestoit pas si large voire au mains en tel cas que dõ ner dix escus pour iouyr dune telle da moiselle. Quoy que soit elle nen fera au tre chose dit le varlet/encores y a il bien maniere devenir en sa chambre: Car il fault passer par celle a lhoste. Regardes que vous vouldries faire. Par la mort dieu dit il mes dix escus me sont bien mal dẽ ce poit les laisser aler/mais iay si grant deuocion au saint/& sen ay fait tant de poursuite quil fault que ie besoi gne/au deable soit chichete elle les aura pourtãt vous dis ie dit le varlet/voules vous que ie luy dye quelle les aura. Oy de par le deable oy dit il. Le varlet trou ua la bonne fille et luy dit quelle aura ces dix escus voire & encores mieulx cy apres. Trop bien dit elle. pour abregier lheure fut prinse que lescuier doit venir couchier auec elle. mais auant que onc ques elle le voulsist guyder par la cham bre de son maistre en la sienne/ il baille tous ses dix escus contant/qui fut bien malcontent ce fut nostre homme qui se pensa en passant par la chambre/et che minant aux nopces qui trop chier a son gre lui coustoient quil iouera dung tour Ilz sont venus si doulcement en la chã briete que maistre ne dame rien nen sceu rent. Si se sont despoillier et dit nostre escuier quil emploiera son argẽt sil peut Il se met a louurage et fait merueilles darmes/et espoire plus que bon ne luy fut. Tant en deuises que autrement se passerent tant dheures que le iour estoit voisin & prouchain a celuy qui plus vou lentiers eust dormy que nulle autre cho se fait/mais la tresbonne chamberiere luy va dire. Or ca sire le tresgrant bien honneur et courtoisie que iay ouy et veu de vous/iay este contente mettre en vos tre obeissance & iouyssance la chose en ce monde que plus doy chier tenir. Ie vous prie et requier que incontinent vous vueil les apprester/habillier & de cy partir: car il est desia haulte heure/et se dauenture mon maistre ou ma maistresse venoiẽt cy/cõme asses est leur coustume au ma tin/et vous trouuassent: ie seroie perdue et gastee/et vous espoire ne seres pas le mieulx party du ieu. Ie ne scay moy dit lescuier quel bien ou quel mal/mais ie me reposeray et sidormiray tout a mon aise et a mon beau loisir auant que ien parte/et aussi ie vueil emploier mon ar gent/penses vous auoir si tost gaignie mes dix escus/il ne vous coustent gue res a prendre. Mais par la mort bieu affin que ie naye paour et que point ie ne me espante vous me feres cõpaignie

La .xviii. nouuelle. par Monseigneur de la roche

sil vous plaist. Ha monseigneur dit elle il ne se peut ainsi faire/par mon serment il vous conuient partir/il sera iour tres tout en haste/q se on vous trouuoit icy q seroit ce de moy/iaymeroie mieulx estre morte que ainsi en aduenist. Et se vous ne vous aduances ce que trop ie doubte en aduiendra/il ne me chault moy quil aduiegne dist lescuier. Mais ie vous dy bien que se ne me rendes mes dix escus ia ne men partiray aduiengne ce que ad uenir peut. Voz dix escus dit elle. q estes vous tel se vous maues donne aulcune courtoisie ou gracieusete/que vo⁹ le me voules apres retollir par ceste facon. sur ma foy vous monstres mal que vous so yes gentil home. Tel que ie suis dit il/ ie suis celluy q de cy ne partiray ne vous aussi tant que me apes rendus mes dix escus. Vous les aultres gaignez trop aise Ha dit elle si mayt dieu quoy que vous disiez ie ne pense pas que vous soyes si mal gracieux/attendu le bien qui est en vous/le plaisir que ie vous ay fait que feussies si peu courtois que vous ne ap dissies a garder mon honneur. Et pour ce de rechief vous supplie que ma reque ste passes q accordez et q de cy vous par tez/lescuier dit ql nen fera rien. Et pour abregier force fut a la bonne gentil fem me a tel regret que dieu scet de desbour ser les dix escus/affin que lescuier sen a last. Quant les dix escus refurent en la main dont ilz estoient partis/celle qui les rendit cuida bien enrager tant estoit mal contente/et celluy qui les a leur fait grant chiere. Or auant dit la courroucee et desplaisante qui se voit ainsi gouuer ner. Quant vous vous estes bien ioue q farse de moy/au moins aduances vous et vous suffise que vous seul congnoisses ma folie/q que par vostre tarder elle ne soit congneue de ceulx qui me deshono reront silz en voient lapparence. A bre honneur dist lescuier point ie ne touche/ gardes le autant que vous laymes/vous maues fait venir icy et si vous somme que vous me rendes et remettes ou lieu dont ie partis: car ce nest pas mon inten cion dauoir les deux peines de venir q re tourner. La chamberiere voiant q riens nauoit eu si non le courroucer/voyant aussi que le iour commecoit a apparoir auec tout le desplaisir et crainte que son ennuye cueur portoit dudit escuier. Se hourde de cest escuier et a son col le char ge/et comme a tout ce fardeau le plus souef quelle oncques peust le courtois gentil home portoit tenant lieu de bahu sur le dos de celle qui sur son ventre lauoit soustenu/laissa couler ung gros sonnet dont le ton et le bruit firent loste esueil lier/et demanda asses effrement qui est la. Cest vostre chamberiere sire dit lescu ier qui me porte rendre ou elle mauoit emprunte. A ces motz la poure gentil fe me neust plus cueur/puissance ne vou loir de soustenir son desplaisant fardeau Si sen va dung couste et lescuier de lau tre/et loste qui bien congnoissoit q cest et aussy auecques ce sen doubtoit bien/ pla tresbien a lespouse q toute demoura

e.iii.

La .xix. nouuelle par phelippe bignier

deceue et scandalisee/et tost apres se partit de leans/ lescuier en bourgoigne sen retourna qui aux galans et cōpaignōs de sorte ioyeusement et souuent racōta ceste son aduenture dessusdicte.

¶ La .xix. nouuelle par phelippe Bignier.

Ardant desir de veoir pays/congnoistre/ et scauoir plusieurs experiences qui par le monde vniuersel de iour en iour aduiennēt/ nagaires si fort eschauffa lattrēpe cueur et vertueux couraige dung bon et riche marchant de londres en angleterre quil abādōna sa tres belle et bonne femme/ sa belle maignie denfans/ parens/ amys/ heritaiges/ et la pluspart de sa cheuance/ et se partit de ce royaulme asses bien fourny dargent cō-

tent et de tresgrāde abondance de marchandises dont ledit pays de angleterre peult dautres pays seruir/ cōme destain de tin/ et soison dautres choses que pour cause de briefuete ie passe. En ce premier voyage vacqua le bon marchant lespace de cinq ans. pendant lequel temps sa tresbonne fēme garda tresbien son corps fist son prouffit de plusieurs marchandises et tant et si tresbien le fit que son mary au bout desditz cinq ans retourne beaucop sa soua et plus que par auant ay ma. Le cueur audit marchant non encores content/ tant dauoir veu et congneu plusieurs choses estrāges et merueilleuses/ cōme dauoir gaigne largemēt dargent se fit arriere sur la mer bouter cinq ou six mois puis son retour/ et sen reua a lauenture en estrange terre tant de xp̄iens comme de sarrasins/ et ne demoura pas si peu que les dix ans ne fussēt passes/ ains que sa femme le reuist. trop biē luy escriuoit et asses souuent/ a celle fin quelle sceust quil estoit encores en vie. Elle qui ieune estoit et en bon point et q̄ faulte nauoit de nulz biens de dieu fors seulemēt de la presence de son mary fut contrainte par son trop demeurer de prē dre vng lieutenāt qui en peu dheure luy fist vng tresbeau filz. ce filz fut nourry et conduit auec les autres ses freres dūg couste/ et au retour du marchāt mary de sa mere auoit ledit enfant enuiron sept ans. La feste fut grande a se retour dentre le mary et la femme/ et comme ilz furent en ioyeuses deuises et plaisans pro-

La .xix. nouuelle par phelippe vignier

pos/ſa bonne femme a la ſemōce de ſon mary faitBenir deuant eulx tous leurs enfans ſans oublier celluy qui fut gaignie en labſence de celuy qui en auoit le nom). Le bon marchant Boiāt la belle cōpaignie de ſes enfans recordant treſbiē du nombre deulx a ſon partemēt leBoit creu dung/dont il eſt eſbahy et moult eſ meruciſle. Si Ba demander a ſa femme qui eſtoit ce beau filz le derrenier ou rēc de leurs enfās. qui il eſt dit elle. Par ma foy ſire il eſt noſtre filz/ a q ſeroit il. Ie ne ſcay dit il/ mais pour ce que plus ne lauoie Beu/aues Bous merueille ſe ie le demāde. Saint iehā nēnil dit elle mais il eſt noſtre filz. Et comment ſe peult il faire dit le mary Bous neſties pas groſſe a mon partement/non Braiement dit elle que ie ſceuſſe/mais ie Bous oſe bien dire a la Berite que lenfant eſt Boſtre a q autre que Bous a moy na touchie. Ie ne le dis pas auſſi dit il/ mais touteſfois il a dix ans que ie partis/ et ceſt enfant ſe monſtre de ſept. Cōment dōcques pour roit il eſtre mien. ſauries Bous plus porte que Bng autre. Par mon ſerment diſt elle ie ne ſcay/mais tout ce que ie dy eſt Bray/ſe ie ſay plus porte que Bng aultre il neſt choſe que ien ſache. Et ſe Bous ne le me feiſtes au partir ie ne ſcay moy pēſer dont il peult eſtre Benu ſi nō q aſſes toſt apres Boſtre departement Bng iour ieſtoie par Bng matin en noſtre grāt iardin ou tout acoup me Bint Bng ſoudain deſir et appetit de menger Bne feuille do ſille qui pour icelle heure eſtoit couuerte et ſoubz la neige tapie. Ien choyſis Bne entre les autres belle et large que ie cuydap aualer/mais ce neſtoit que Bng peu de neige blanche a dure/a ne ſeuy pas ſi toſt aualle que ne me ſentiſſe en treſtout tel eſtat q ie me ſuis trouuee quāt mes autres enfans ay portes. Le fait a certaine piece depuis ieBous ay fait ce treſ beau filz. Le marchant congneut tātoſt quil en eſtoit nos amis/a ney Boulut faire aucun ſemblant/aincois ſen Bint adioindre par paroles a confermer la belle Bourde que ſa femme luy baiſſoit/et dit/ma mye Bous ne dictes choſe qui ne ſoit poſſible et qua autre q Bous ne ſoit aduenu/loue ſoit dieu de ce quil nous en uoye. Sil nous a donne Bng enfant par miracle ou par aucune ſecrete façon dōt nous ignorons la maniere/il ne nous a pas oublie denuoier cheuance pour ſentretenir. Quant la bonne femme dit q ſon mary Bouſoit condeſcendre a croire ce quelle luy dit/elle neſt pas moyennement ioyeuſe. Le marchant ſaige et pru dent en dix ans quil fut depuis a loſtel ſans faire ſes loīgtains Boiages ne tint oncques maniere euers ſa femme en paroles ne aultrement par quoy elle peuſt penſer quil entēdiſt riens de ſon fait tāt eſtoit Bertueux et pacient. Il neſtoit pas encores ſaoul de Boiagier/ſi Boulut recōmencer a le diſt a ſa femme qui fiſt ſem blant den eſtre treſmarrie a mal cōtente Appaiſies Bous dit il ſil plaiſt a dieu et monſeigneur ſaict george ie reuiendray brief. Et pour ce que noſtre filz q feiſtes

La .xix. nouuelle par phelippe vignier

en mon autre voiage est desia grant habile et en bon point de veoir et dapprendre se bon vous semble ie lemmeneray auec moy/et p ma foy dit elle vous feres bien et ie vous en prie/il sera fait dit il. A tant se part ꝓ auec luy emmaine le filz dont il nestoit pas pere/a qui il a picca garde vne bonne pensec. Jlz eurent si bon vent quilz sont venus au port dalexandrie ou le bon marchant tresbien se deffist de la plus part de ses marchandises/et ne fut pas si beste affin quil neust plus de charge de lenfant de sa femme ꝓ dung autre ꝓ q apres sa mort ne succedast a ses biens comme vng de ses aultrez enfans quil ne le vendist a bons deniers contés pour en faire vne esclaue. Et pour ce quil estoit ieune et puissant/ il en eust pres de cent ducas. Quant ce fut fait il sen reuint a londres sain ꝓ sauf dieu mercy/ꝓ nest pas a dire la chiere q̃ sa femme luy fit quant elle le vit en bon point/mais elle ne voit point son filz dont ne scait que penser. Elle ne se peust gueres tenir quelle ne demandast a son mary quil auoit fait de leur filz. Ha mamye dit il/il ne se vous fault ia celer.il luy est tresmal prins.helas comment dit elle/est il noye:nennil certes/mais il est vray q̃ fortune de mer nous mena ꝓ force en vng pais ou il faisoit si chault q̃ nous cuidions tous mourir par la grant ardeur du soleil qui sur nous ses rais espandoit.et comme vng iour nous estions saillis de nostre naue pour faire en terre chun vne fosse a soy tapir pour le soleil/nostre bõ filz qui de

neige comme vous scaues estoit/ en nr̃e presence sur le grauier par sa grãt force du soleil fut tout acop fondu et en eaue ressolu/ꝓ neussiez pas dit vne sept pseaume que nous ne trouuasmes rien de lui tout ainsi en haste que au monde il vint tout aussi soudain en est party/ꝓ pensez que ien fus ꝓ suis bien desplaisant/ꝓ ne vy iamais chose entre les merueilles q̃ iay veues dont ie fusse plus esbahy. Or auant dit elle/puis quil plaist a dieu le nous oster comme il le nous auoit donné loué en soit il. selle se doubtast que la chose alast autrement lystoire sen taist ꝓ ne fait mencion fors que son mary luy rendit telle comme elle luy bailla:combien quil en demoura tousiours le cousin.

¶ La .xx. nouuelle/par phelippe de laon

La .xx. nouuelle par phelippe de laon

Ce nest pas chose nouuelle que en la côte de champaigne on a tousiours eu bon a recouurer de gens sours en la taille: côbien quil sembleroit asses estrange a plusieurs pourtant quilz sot si pres a ceulx du pays du mal engin/asses et largement distoires a ce propos pourroit on mettre/cosermant la beste se des champenois mais quāt a present celle qui sensuit pourra souffire. En la dicte conte auoit vng ieune homme orphenin qui bien riche et puissant demoura puis le trespas de ses pere et mere/ia soit ce quil fust sourt/trespeu sachant z encores aussi mal plaisāt si auoit il vne industrie de bien garder le sien et conduire sa marchandise. Et a ceste cause asses de gens voire de gens de biē luy eussent bien voulu donner en mariage leur fille. Vne entre les autres pleut aux parēs et amis de nostre champenois tāt pour sa beaulté/bonté/z cheuance zc. Et luy dirent quil estoit temps quil se mariast et que bonnement il ne pouoit conduire son fait. Vous aues aussi dirent ilz desia xxiiii.ans/si ne pourries en meilleur aage prendre cest estat. Et se vous pvoules entendre nous auons regarde z choysi pour vous vne belle fille z bonne qui nous semble tresbien vostre fait. cest vne telle vous la cognoisses biē. Lors sa luy nommerent/et nostre homme a qui nen chaloit quil fist/fust marie ou nō/mais quil ne tirast point dargent/respōdit ql feroit ce quilz vouldroient. puis qlvous semble que cest mon bien/ conduises la chose au mieulx que vous scaures. Car ie vueil faire par vostre conseil et ordonnance. Vous dictes bien dirēt ces bōnes gens/nous regarderons z penserons cōme pour nous mesmes ou pour lung de noz enfans. Pour abbreger certaine piece apres/nostre champenois fut marye de par dieu ce fut/mais tantost quil fut au pres de sa femme couchie la premiere nuyt/luy qui oncques sur beste ppien ne nauoit monte/tantost luy tourna le dos. Qui estoit mal contente cestoit nostre espousee/nonobstant quelle nen fist nul semblant. ceste mauldicte maniere dura plus de dix iours et encores durast se la bōne mere a lespousee ny eust pourueu de remede. Il ne vous fault pas celer que nostre homme neuf en facon/z en mariage du temps de ses feu pere z mere auoit este biē colrit tenu/z sur toutes choses luy estoit z fut defendu le mestier de la beste aux deux dos doubtāt que sil sy esbatoit quil y despēdroit toute sa cheuance/z bien leur sēbloit et a bonne cause quil nestoit pas homme quon deust aimer pour ses beaux peulx. luy qui pour riens ne courroucast pere et mere/z q ne stoit pas trop chault sur potaige/auoit tousiours garde son pucellage que sa fēme eust voulentiers desrobe selle eust sceu par qlque honneste facon. Vng iour se trouua la mere de nostre espousee deuers sa fille et lui demanda de son mary/de son estat/de ses condicions/de son mariage/z cent milles choses que femmes sceuent dire/a toutes choses bailla

La xx. nouuelle par phelippe de laon

rt tendit nostre espousee a sa mere respōse/ & dit q̄ son mary estoit tresbon hōme/ & quelle ne doubtoit point quelle ne se cōduisīt bien auec lui. Et pour ce quelle sauoit bien par elle mesmes quil fault en mariage autre chose que boire & mēgier elle dist a sa fille. Or bien ca & me dy par ta foy & de ces choses de nuyt comment tēn est il. Quāt la poure fille opt parler de ces choses de nuyt a peu que le cueur ne luy faillit tant fut marrie & desplaisante/& ce que sa langue nosoit respondre monstrerent ses yeulx dont saillirēt larmes en tresgrande abondāce/si entēdit tantost sa mere que ces larmes bouloient dire/si dist: ma fille ne plores plus dictes moy hardiment ie suis bostre mere a qui ne deues riens celer/ & de qui ne deues estre honteuse. Bous a il encoires rien fait. La poure fille reuenue de paulmoison & vng peu rasseuree & de sa mere confortee cessa la grant flote de ses larmes/ mais nauoit encores force ne sens de respōdre. Si linterroga arriere sa mere & luy dist. Dy moy hardiment & hoste tes larmes. Ta il riens fait. Aboix basse et de pleurs entremeslee respondit la fille/& dit. par ma foy mere il ne me toucha oncqz/ mais du surplus quil ne soit bon hōme & douly par ma foy si est. Or dy moy dit la mere & scez tu point sil est fourny de tous ses membres/ dy hardpment se tu le scez. Saint iehan si est tresbien dit elle/ iay plusieurs fois sentu ses dentrees dauenture ainsi que ie me tourne et retourne en nr̄e lit quāt ie ne puis

dormir. il souffit dit la mere laisse moy faire du surplus. Becp que tu feras. Au matin il te conuient faindre destre malade tresfort/ & monstrer semblant destre oppressee q̄l semble que lame sen parte. Ton mary mebiendra ou mādera querir ie nen doubte point et ie feray si bien mon personnaige que tu scauras tātost comment tu fus gaignie: car ie porteray ton vrine a vng tel medecin qui donnera tel conseil q̄ ie vouldray. Cōme il fut dit il fut fait/ car lendemain si tost q̄ on dit le iour nr̄e gouge au pres de son mary couchee se commenca a plaindre & faire la malade que il sembloit que vne fieure continue luy rongast corps et ame. Noz amys son mary estoit bien esbahy et desplaisant/ si ne scauoit que faire ne que dire. Si manda tātost querir sa belle mere qui ne se fist gueres attendre. tātost quil la vit/ helas mere dist il vostre fille se meurt. ma fille dit elle. Et q̄ luy fault il. Lors tout en parlant marcherēt iusques en la chambre de la paciēte. Si tost que la mere voit sa fille elle luy demande quelle faisoit/ & elle comme bien aprinse ne respōdit pas la premiere foiz mais a petit de piece apr̄s dit/ mere ie me meurs. nō faictes fille se dieu plaist. prenes couraige/ mais dōt vous viēt ce mal si en haste. Je ne scay/ ie ne scay dist la fille vous me peraffoles a me faire parler. Sa mere la prent par la main/ si luy taste son pouz & son chief/ & puis dit a sō beau filz: Par ma foy croyes quelle est malade/ elle est plaine de feu/ si y fault

La .xx. nouuelle par phelippe de laon

pourueoir de remede, y a il point icy de son vrine/celle de la minupt y est dist vne des meschines. Baillez la moy dist elle Quant elle eust ceste vrine fist tant qlle eust vng vrinal et dedans la bouta et dit a son beau filz qui la portast monstrer a vng tel medecin pour sauoir quon pourra faire a sa fille/et se on luy peut apder pour dieu ny espargnons riens dit elle: Jay encores de largent q ie nayme pas tant que ie fais ma fille./paignier dit noz amis/croies son lui peut aider pour argent que ie ne luy fauldray pas. Or vous aduances dit elle/et tandis quelle se reposera vng peu ie men iray iusques au mesnage tousiours reuiendray ie bien sō a mestier de moy. Or deues vous scauoir que nostre bonne mere auoit le iour de deuant au partir de sa fille forgie le medecin, qui estoit bien aduerty de la response quil deuoit faire/vecy nostre gucup q arriue deuers le medeci a tout lurine de sa femme/et quant il y eust fait la reuerence il luy va compter commēt sa femme estoit deshaitiee et merueilleusement malade/et vecy son vrine que vous aporte affin que mieulx vous iformes de sō cas/et que plus seuremēt me puissies cōseiller. Le medecin prent lurinal et cōtre mont le lieue et tourne et retourne lurine et puis va dire. Vostre femme est fort aggrauee de chaulde maladie et en dangier de mort selle nest prestement secourue/ Vecy son vrine qui le mōstre. Ha maistre pour dieu mercy/ bucilles moy dire et ie vous paieray bien que on y pourra faire

pour recouurer sante/et sil vous semble quelle nait garde de mort. Elle na garde se vous luy faictes ce que ie vous diray dit le medecin/ mais se vous tardes gueres tout lor du mōde ne sa garderoit de sa mort. Dictes pour dieu dist lautre et on le fera. Jl fault dit le medecin qlle ait compagnie a homme ou elle est morte. Compaignie dhomme dit lautre et q est ce a dire cela. Cest a dire dit le medecin que il fault que vous mōtes sur elle et que vous la touchines tresbien trois ou quatre fois tout en haste/ et le plus a ce premier que vous en pourres faire sera le meilleur/autrement ne sera point estaincte la grande ardeur qui la seiche et tire a fin. Voire dit il et seroit ce bon. Elle est morte et ny a point de respit dit le medecin se ainsi ne le faictes. Voire et bien tost encore. saint iehan dit lautre iassairay commēt ie pourray faire. Jl se part de la et vient a lostel et treuue sa femme qui se plaignoit et doulousoit tresfort. Comment va dit il mamie. Je me meurs mon amy dit elle. Vous naues garde se dieu plaist dit il. iay parle au medecin q ma enseigne vne medicine dont vous seres garie. et durant ces deuises il se despoille et au plus pres de sa femme se boute/ et cōme il approuchoit pour epeccuter le conseil du medecin tout en sourdois. q faictes vous dit elle me voulez vous par tuer/ mais ie vous gariray dit il. le medecin la dit. Et si dit ainsi que nature lui monstra/ et a laide de sa pasiente il besoigna tresbien deux ou trois fois. Et cōe

La .xx. nouuelle par phelippe de laon

il se reposoit tout esbahy de ce que aduenu luy estoit il demande a sa femme comment elle se porte.ie suis ung peu mieulx dit elle que par cy deuant nay este loué soit dieu dit il. ie spoire que vous naues garde & que le medecin aura dit vray. A lors recommence de plus belle.et pour abregier tant et si bien le fit que sa femme reuint en sante dedans peu de iours dont il fut tresioieux/si fut la mere quant elle le sceut. Nostre champenois apres ces armes dessus dictes deuient ung peu plus gentil compaignon quil nestoit par auant et luy vint en couraige puis que sa femme restoit en sante quil semonnoit ung iour au disner ses parens et amys/& les pere & mere delle/ce quil fit/& les seruoit grandement en son patois/a ce disner faisoit tresbonne et ioyeuse chiere/on beuoit a luy/il beuoit aux aultres/cestoit merueilles qil estoit gentil compaignon Or escoutez qui lui aduint.au fort de la meilleure chiere de ce disner il commença tresfort a plorer/& sembloit que tous ses amys/voire tout le monde fussent mors/dont ny eust celuy de la table qui ne sen donnast grant merueille dont ces soubdaines larmes precedoient.les ungs & les autres lui demandent quil auoit/ mais a peu sil pouoit ou scauoit respondre tant le contraignoient ses foles larmes/il parla au fort en la fin & dit. Jay bien cause de plorer.Et par ma foy non aues se dit sa belle mere/que vous fault il/vous estes riche & puissant & bien logié & si aues de bons amis/& qui ne fait pas a oublier/vous aues belle et bonne femme que dieu vous a ramenee en sante q nagueres fut sur le bort de sa fosse/si mest aduis que vous deues estre lye & ioyeux Helas non fais dit il /cest par moy que mon pere et ma mere qui tât mamoyêt & me ont assemblez & laissies tât de biês quilz ne sont encores en vie.car ilz ne sôt mois tous deux.que de chaulde maladie & se ie les eusse aussi biê ronchines quât ilz furent malades que iay fait ma femme/ilz feussêt maintenant sur piez. Il ny eust cellup de la table qui apres ces motz a peu se peult tenir de rire/mais non pourtant il sen garda qui peut. Les tables furent ostees/chûn sen ala & le bô châpenois demeura auec sa femme/laquelle affin quelle demouraft en sante/ fut souuent de luy racolee.

La .xxi. nouuelle/p phelippe de laon.

La .xxi. nouuelle.par phelippe de laon

Sur les metez de normādie pa vne bonne abbaye de dames dōt lab beſſe q̄ belle et ieune et en bō point lors eſ toit/nagueres ſacoucha malade. ſes bō nes ſeurs deuotes et charitables tantoſt la vindrēt viſiter en la cōfortāt et admi niſtrant a leur ſeal pouoir de tout ce qʼel les ſentoient q̄ bon lui fut/et quāt elles parceurent quelle ſe diſpoſoit a gariſon elles ordōneret q̄ lune delles yroit a rou en porter ſon vrine et compteroit ſon cas a vng medecin de grāt renōmee. Pour faire ceſte ambaſſade a lendemain lune delles ſe miſt en chemin et fit tant qʼelle ſe trouua deuers ledit medeci/auquel apꝭ qʼl euſt viſite lurine de ma dame labeſſe/ elle cōpta tout au long la facon et mani ere de ſa maladie cōe de ſō dormir/dalēr a chambre/de boire et de mēger. Le ſaige medecin vraiemēt du cas de ma dame ī forme tant p ſon vrine cōe p la relacion de la religieuſe voulut ordonner le regi me. et ia ſoit ce qʼl euſt de couſtūe de bail ler a pluſieurs vng recipe p eſcript /tou teſfois il ſe fia biē de tant en la religieu ſe q̄ de bouche lui diroit ce quauoit a fai re. Et lui dit/belle ſeur pour recouurer la ſāte de ma dame labeſſe il lui eſt me ſtier et de neceſſite qʼlle ait cōpaignie dhō me et brief/aultremēt elle ſe trouuera en peu deſpace ſi de mal entechee et ſurprin ſe q̄ la mort lui ſera le derrain remede. q̄ fut biē eſbahye dōn ſi tres dures nouuel les ce fut nr̄e religieuſe q̄ va dire. Helas maiſtre iehan ne voyes vous autre faco pour la recouurāce de la ſante de ma da

me. Certes nennil dit il/il nen ya point dautre/et ſi vueil biē q̄ vous ſaches quil ſe fault aduancer de faire ce que iay dit car ſe ſa maladie par faulte dayde peut prēdre ſon cours cōe elle ſeſforce iamais hōme a temps ny viendra. La bōne reli gieuſe a peu ſelle oſa diſner a ſō aiſe tāt auoit grant haſte danoncer a ma dame ces nouuelles. Et a layde de ſa bōne ha guenee et du grant deſir quelle a deſtre a loſtel ſaduanca ſi treſbien que ma da me labbeſſe fut toute eſbaye de ſi toſt la reueoir. Que dit le medecin belle ce diſt labbeſſe/ay ie garde de mort. Vous ſetez tantoſt en bon poīt ſe dieu plaiſt ma da me dit la religieuſe meſſagiere. faictes bonne chiere et prenes cueur. commēt/ne ma le medecin point ordonne de regime dit ma dame. Si a diſt elle. Lors luy va dire tout au long comment le medecin a uoit veu ſon vrine et les demandes quil fiſt de ſon aage/de ſon mēgier: de ſon dor mir etc. Et puis pour concluſion il a dit et ordonne quil fault que vous aies com mēt quil ſoit compaignie charnelle a qʼl que homme/ou brief aultrement vous eſtes morte: car a voſtre maladie na poīt dautre remede. Compaignie dhōme dit ma dame/iaymeroie plus chier mourir mille fois ſil meſtoit poſſible. Et a lors va dire/puis que ainſi eſt que mon mal eſt incurable et mortel ſe ie ny pourroit de tel remede/loue ſoit dieu. ie prēn bien la mort en gre. Appelles bien toſt tout mon conuent. ſe tymbre fut ſonne/ſi vin drent a ma dame toutes ſes religieuſes

f.i.

La .xxi. nouuelle. par phelippe de laon

et quant elles furent en la chambre ma dame qui auoit encores la langue a commandement quelque mal quelle eust cōmenca vne grande et longue harengue deuant ses seurs remonstrant le fait et estat de sō eglise/ en ql point elle la trouua et en quel estat elle est au iour duy. et vint descēdāt ses parolles a parler de sa maladie qui estoit mortelle et incurable cōme elle bien sentoit et congnoissoit/ et au iugement aussi dūg tel medecin elle sarrestoit q̄ morte lauoit iugee. Et pour tant mes bonnes seurs ie vous recōmā de nostre eglise/ et en voz plus deuotes prieres ma poure ame. et a ces parolles larmes en grant abondāce saillirent de ses yeulx qui furent acōpaignees daultres sans nombre sourdās de la fontaine du cueur de son bon conuēt. Ceste ploterie dura asses longuement et fut la le mesnaige lōg temps sans parler. Assez grant piece apres ma dame la prieure q̄ saige τ bonne estoit print la parole pour tout le couuent τ dit. Ma dame de vostre mal quel il est dieu le scait a qui nul ne peut riens celer/ il nous desplaist beaucoup et ny a celle de nous qui ne se voul droit emploier autant que possible est/ τ seroit a p̄sonne viuant pour la recouurāce de vostre sante. Si vous prions toutes ēsemble que vous ne nous espargnes en rien ne chose qui soit des biens de vostre eglise/ car mieulx nous vauldroit et pl9 chier laurions de perdre la plus part de noz biens tēpor̄elz que le proffit espiritu el que vostre presēce nous dōne. Ma bō ne seur dit ma dame ie nay pas tant deserui que vous me offres/ mais ie vous en mercye tant q̄ ie puis/ en vous aduisant et priant de rechief que vous pensez cōme ie vous ay dit aux affaires de nr̄e eglise q̄ me touchent pres du cueur dieu le scet en acōpaignant aux prieres q̄ ferēs ma poure ame qui grant mestier en a. Helas ma dame dit la prieure et nest il possible par bon gouuernemēt ou par soigneuse diligence de medecine q̄ vous puisses repasser. Nēnil certes ma bonne seur dit elle/ il me fault mettre ou reng des trepasses/ Car ie ne vaulx gueres mieulx q̄ que langaige q̄ encores ie pro nonce. Adōc saillit auāt la religieuse q̄ porta son vrine a rouen et dit. ma dame il y a bien remede si vous plaisoit. creez qui ne me plaist pas dit elle/ vecy seur iehanne q̄ reuient de rouen et a monstré mō vrine τ cōpte mō cas a vng tel mede cin qui ma iugee morte voire se ie ne me vouloie abandōner a aulcun homme et estre en sa compaignie/ τ par ce point esperoit il cōme il trouuoit par ses liures que ie nauroye garde de mort/ mais se ainsi ne le faysoie il ny a poit de ressour ce en moy. Et quāt a moy ien loue dieu qui me daigne appeller aincois que iaye fait plus de pechies. a luy me rends et a la mort ie presente mon corps/ viengne quant elle veult. Comment ma dame dist le fermiere vous estes de vo9 mesmes ho micide. il est en vo9 de vous sauluer τ ne fault q̄ tēdre la main τ recr̄e aide τ vous la trouueres preste. ce nest pas bien fait

La .xxi. nouuelle par phelippe de laon

et vous ose bien dire que voſtre ame ne p̃-
tiroit point ſeuremẽt ſen ceſt eſtat vous
mouries. ha ma belle ſeur dit ma dame
quãteſſois aues vous ouy preſchier que
mieulx p̃ vault d̃roit a vne perſonne ſabã-
donner a la mort que cõmettre vng ſeul
peche mortel/et vous ſcaues q̃ ie ne puis
ma mort fuyr ne eſlongier ſans faire et
cõmettre pechie mortel. et qui bien autãt
au cueur me touche ſen ce faiſãt ma vie
eſlongeroie nen ſeroys ie pas deſhon-
nouree et a tou ſiours mais reprouchee/et
diroit on vela la dame &c. Meſmes vo⁹
toutes quelque conſeil q̃ me dõnes men
aultres en irreuerẽce et en mais damour.
et vous ſembleroit et a bonne cauſe q̃ in-
digne ſeroie dentre vous preſider et gou-
uerner. Ne dictes et ne penſes iamais ce
la dit ma dame la treſoriere: il neſt choſe
q̃ on ne doibue entreprendre pour eſchu-
uer la mort. Et ne dit pas noſtre bon pe-
ſaint auguſtin quil ne loiſt a p̃ſonne de
ſoy oſter la vie ne toſlir vng ſien mẽbre/
et ne pries vous pas directement encõtre
ſa ſentence ſe vous laiſſes a eſcient ce q̃l
vous peult de mal garder. Elle dit bien
reſpõdit le conuent en general. Ma da-
me pour dieu obeiſſes au medecin et ne
ſoies en voſtre opinion ſi aſſeurtee que p̃
faulte de ſouſtenãce vous p̃des corps et
ame/et laiſſer voſtre poure conuent qui
tant vous ayme deſolé et deſpourueu de
paſtoure. mes bõnes ſeurs dit ma dame
iayme mieulx vous lairemẽt a la mort
tendre les mains/ſubmettre mon col et
hõnorablement ſembraſſer/q̃ p̃ la fuyr

ie viue deſhõnouree. Et ne diroit on pas
vela la dame q̃ fiſt ainſi et ainſi. Ne vo⁹
chaille quon dye ma dame/vo⁹ ne ſeres
ia reprouchee de gens de bien. ſi ſeroie ſi
dit ma dame. Le conuent ſe alla eſmou-
uoir et firent les bõnes religieuſes entre
elles vng conſiſtoire dont la concluſion
ſe ſupt/et porta les parolles dicelle la pri-
eure. Ma dame vecy voſtre deſole cõuẽt
ſi tres deſplaiſant que iamais maiſon ne
fut plus troublee q̃lle eſt dont vous eſtes
cauſe/et creez ſe vous eſtes ſi mal cõſeil-
ſee de vous abandõner a la mort q̃ fuyr
vous poues ie ſuis bien ſeure. Et affin
q̃ vous entendes que nous vous aimõs
d̃entiere et leale amour nous ſõmes con-
tentes et auõs concluſ et delibere meure-
mẽt toutes enſẽble generalemẽt en ſaul-
uãt vo⁹ et nous/auoit cõpaignie ſecrete-
ment daucũ hõe de biẽ/nous peillemẽt ſe
ferõs cõe vous affin q̃ vous nayes peſee
ne ymaginaciõ q̃ ou tẽps aduenir vo⁹ ẽ
ſourdit reproche de nulle de no⁹. Neſt ce
pas ainſi meſ ſeurs. ouy dirẽt elles toutes
de treſbõ cueur. Ma dame labbeſſe oiãt
ce q̃ dit eſt et portãt au cueur vng grãt far-
deau denuy pour lamour de ſes ſeurs ſe
laiſſa ferir et ſacorda: cõbien que le cõſeil
du medecin a grãt regret ſeroit mis en
euure. Adõc furẽt mãdes moines p̃ſtres
et clercs qui trouuerẽt bien a beſoigner. et
la ouurerẽt ſi treſbiẽ que ma dame lab-
beſſe fut en peu dheure rapaiſee dont ſon
cõuent fut treſioieux q̃ p̃ hõneur faiſoit
ce q̃ p̃ hõte oncq̃s puis ne laiſſa.

La. xxii. nouuelle par Caron.

f.ii.

La .xxii. nouuelle par caron

Naguères que vng gentil homme demourant a Bruges tant et si longuemēt se trouua en la compaignie dune belle fille quil lup fist le ventre leuer/et droit au coup quelle sē apparceust et donna garde monseigneur fist vne assemblée de gēs darmes/si fut force a nostre gentil homme de labandonner et auec les autres aler ou seruice de mondit seigneur/ce que de bon cueur et bien il fist mais auant son partement il fist garnir son et pourueance de parrains et matraines et de nourrice pour son enfant aduenir/ loga la mere auec de bonnes gens lup laissa de largent et leur recommāda Et quāt au mieulp quil sceust et le plus brief quil peust ces choses furent bien disposées. Il ordonna son partemēt et print congié de sa dame/ et au plaisir de dieu promist de tātost retourner. pēses q selle neust iamais plore ne sen tenist elle pas a ceste heure puis quelle veoit delle eslōgier sa rien en ce monde dont la presence plus lup plaist. Pour abregier tant lup despleust ce dolent departir que oncques mot ne sceust dire tant empeschoient sa doulce langue les larmes sourdātes du parfond de son cueur/au fort elle sappaisa quant elle vist quaultre chose estre ne pouoit. Et quāt vict enuiron vng mois après le partement de son amp/desir lui eschauffa le cueur et si lup vint ramentuoir les plaisans passetemps quelle souloit auoir/ dont la tresdure et tresmaudicte absence de son amp helas lauoit priuée. Le dieu damours qui nest iamais oyseup lup mist en bouche et en termes les haulp biens/les nobles vertus et la tres grant beaulte dung marchant son voysin qui plusieurs fois auant et depuis le departemēt de son amp lui auoit presente la bataille/ et conclurre lup fist que sil retourne plus a sa queste qil ne sen yra pas escōdit/ mesmes si la voyoit es rues elle tiendra telles et si bōnes manieres quil entendra bien quelle en veult a lup. Or vint il si bien qua lendemain de ceste cōclusion a la premiere oeuure amours encuoya nostre marchant deuers la paciente et lui presenta cōe autrefois chiés et oy seaulp sō corps/ ses biēs/et cēt mille choses q ces abateurs de fēmes sceuēt tout courāt et p cueur/ il ne fut pas escōdit. Car sil auoit bōne voulēte de cōbatre et faire armes/ elle nauoit pas mains de desir de lui fournir de tout ce qfvousdra Et durāt q nre gētil hōe est ē guere nre gentil femme fournit et accōplist au

La .xxiii. nouuelle par Monseigneur de cõmesuran

bon marchant tout ce dont la requist, et se plus eust ose demander elle estoit preste de lacomplir, et trouua en luy tant de bonne cheualerie, de proesse et de vertu qlle oublia de tous pointz son amy par amours q̃ a ceste heure gueres ne se doubtoit. Beaucoup pluft aussi au bon marchant la courtoisie de sa nouuelle dame et tant furent cõioinctes les voulentes desirs et pensees de luy et delle, quilz nauoiẽt pour eulx deux que vng seul cueur. Si se penserent que pour se bien logier et a leur aise il souffiroit bien dung hostel pour leurs deux. Si troussa vng soir nre gouge ses bagues auec elle, et en lhostel du marchãt sen alla en abandõnãt le premier son amy, son hoste, son hostesse, et foison daultres gens de bien, auxquelz il lauoit recommandee. Et elle ne fut pas si folle quant elle se vit si bien logee quelle ne dist incontinent a son marchant quelle se sentoit grosse, qui en fut tresioyeulx cuidant bien que ce fut de ses euures. Au chief de sept moys ou enuiron nostre gouge fist vng beau filz dont le pere adoptif sacointa grandement et de la mere aussi. Aduint certaine espace apres que le bon gẽtil homme retourna de la guerre et vint a Bruges, et au plus tost quil peuft honnestement print son chemĩ vers le logis ou il laissa sa dame et luy venu leans la demanda a ceulx q̃ en prindrent la charge de la penser, garder et aider en sa gesĩe. Commẽt dirẽt ilz esse ce que vous en saues, et naues vous pas eu les lettres qui vous furent escriptes. Nennil par ma foy dit il. Et quelle chose y a il, quelle chose saincte marie dirent ilz. Nostre dame cest biẽ raison que on le vous dye, vous ne fustes pas parti dung mois apres quelle ne troussast pygnes et miroirs, et sen ala bouter cy deuant en lostel dung tel marchant qui la tient a fer et a clou, et de fait elle a porte vng beau filz et a geu leans et la fait le marchant prisenner, et si le tient a sien. Saint iehan secy autre chose de nouueau dit le bon gentil homme, mais au fort puis q̃. se est telle au deable soit elle: Ie suis bien content que le marchant lapt et la tienne, mais quant est de lenfant ie suis seur quil est mien si le vueil rauoir Et sur ce mot part et sen va heurter bien rudement a luys du marchant, de bõne aduenture sa dame q̃ fut vint a ce heurt et ouure luys cõme toute de leans quelle estoit, quant elle vit son amy oublye, a quil la congneuft aussi chũ fut esbay. Non pourtant lui demanda dõt elle venoit en ce lieu: et elle respondit que fortune luy auoit amenee. fortune dit il, et fortune vous y tiẽne, mais ie vueil rauoir mon enfant, vostre maistre aura la vache mais iauray le beau. Or se me rendes bien tost, car ie le vueil rauoir quoy quil en aduienne. Helas ce dit la gouge que diroit mon homme, ie seroye deffaicte, Car il cuide certainement quil soit sien. Il ne men chault dit lautre, dye ce quil vouldra, mais il naura pas ce q̃ est mien. Ha mon amy ie vous requier que vous laissies et bailles cest enfant icy ã

f.iii.

La .xxiiii. nouuelle par Mõseigneur de cõmesurã

moy) marchant et vous me ferez grant plaisir et a luy aussy. Et p dieu se vous sauiez bien vous ne feriez ia presse de la uoir/ cest vng lait et ort garson tout rongneux et cõtrefait. Dea dit lautre tel q̃l est il est mien et si le vueil reauoir. et par les bas pour dieu ce dit la gouge et vous apaisiez ie vous en supplie et vous plaise ceãs laisser cest enfant/ et ie vous prometz se ainsi le faictes de vous dõner le premier enfant que iamais iauray. Le gẽtil homme a ces motz ia soit quil fust courrouce ne se peut tenir de soubrire. et sans plus dire de sa bonne dame se partit/ ne iamais ne redemãda ledit enfãt. et encores le nourrist cellup qui la mere engranga en labsence de nostredit gẽtil homme ⁊c.

¶ La .xxiiii. nouuelle par monseigneur de cõmesuram.

N agueres quen la ville de mõs en haynnault vng procureur de la court dudit mõs assez sur aage et ia ancien/ entre ses aultres clercz auoit vng tresbeau filz et gentil compaignon duq̃l sa femme a certaine espace de temps sen amoura tresfort/ et tresbien lui sembloit quil estoit mieulx taille de faire la besoigne que nestoit sõ mary: Et affin quelle esprouuast se sõ cuider estoit vray elle cõclud en soymesmes q̃lle tiendra telz termes que sil nest plus beste que vng asne il se donra tantost garde quelle en veult a luy. Pour execcuter ce desir ceste vaillant femme ieune/ fresche et en bon point venoit souuet et menu coustre et filer aupres de ce clerc et deuisoit a luy de cent mille besoignes/ dont la pluspart tousiours en fin sur amours retournoient/ et deuant ces deuises elle noublia pas de le seruir daubades assez largement. Vne fois le boutoit du couste en escripuant/ vne autre fois luy gettoit des pierretes tant quil brouilloit ce quil faisoit et luy failloit recommẽcer/ vng autre iour recommẽcoit ceste feste et luy ostoit papier et parchemin tant quil failloit quil cessast leuure/ dont il estoit tresmal contẽt doubtant le courroux de son maistre. q̃l que semblãt que la maistresse long tẽps luy eust monstre qui tiroit fort au train de derriere/ si lui auoiẽt ieunesse et crainte les peulx si bandes quen rien il ne sa parceuoit du bien quon luy vouloit: neantmois en la fin il pceut q̃l estoit bien ẽ grace/ et ne demoura gueres aps ceste deliberacion q̃ le procureur estãt hors de lostel sa femme vint au clerc bailler lassault

La .xxiiii. nouuelle par Monseigneur de comesuran

quelle auoit de coustume/voire trop plus aigre et plus fort que nulle fois de deuant tant de ruer/tant de bouter/de pler/mesmes pour se plus empeschier et bailler destourbier elle respandit sur buffet sur papier/sur robe/son cornet a lencre. Et nostre clerc plus congnoissant et mieulx voyant que cy dessus/saillit sur piez et assault sa maistresse et la reboute arriere de luy/priant quelle se laissast escripre. et elle qui demandoit estre assaillie et combatre ne laissa pas pourtant lemprinse encommencee. Scaues vous que luy a dit le clerc/ ma damoiselle cest force que ie acheue lescript que iay encommence. Si vous requier que vous me laissez paysible/ou par la mort bieu ie vous iureray castille. Et que me feries vous beau sire dit elle la moe. nennil par dieu. Et quoy donc. Quoy. Voire quoy. Pour ce dit il que vous auez respandu mon cornet a lencre/et aues brouillie mon escripture Je vous pourray bien brouller vostre parchemin/et a affin que faulte dencre ne mempesche descripre ie nen pourray bien pescher en vostre cornet. Par ma foy dit elle vous en estes bien homme/ et croies que ien ay grant paour. ie ne scay quel homme dist le clerc/ mais ie suis tel que se vous vous y esbates plus vous passeres par la. et de fait vecy vne rope que ie vous fais/ et par dieu se vous la passes tant peu que se soit se ie vous faulx ie vueil quon me tue. et par ma foy dit elle ie ne vous en crains et si passeray la rope et puis verray que vous feres. Et disant ces paroles marcha la dureau faisant le petit saulx oultre la rope bien auant/ et le bon clerc la prent aux grifz sans plus enquerre/et sur son banc la rue/ et creez quil la punit bien. car selle sauoit brouillie il ne luy en fist pas mains/ mais ce fut en autre facon. car elle se broulla par dehors et a descouuert/ et il la brouillia a couuert et par dedans. Or est il vray q la psent y estoit vng ieune enfant de enuiron deux ans filz de leans. Il ne fault pas demander sapres ces premieres armes de la maistresse et du clerc il y eust plusieurs secrets remonstrez a mains de parolles que les premieres. Il ne vous fault pas celer aussi que peu de iours apres ceste aduenture ledit petit enfant ou comptoir estant ou nostre clerc escripuoit/ le procureur et maistre de leans suruint et marcha auant pour tirer vers son clerc pour regarder qil escripuoit ou pour espoir dautre chose/ come il approucha la rope que son clerc auoit faicte pour sa femme qui encores nestoit pas effacee/ son filz lui crye et dit mon pere gardes bien que vous ne passes ceste rope: car nostre clerc vous abatroit et vous pilleroit ainsi quil fist nagueres ma mere. Le procureur oyant son filz et regardant la rope si ne sceust que penser car il luy souuint que folz/ yures/ et enfans ont de coustume deverite dire. mais non pourtant il nen fist pour ceste heure nul semblant/ et nest encores point venu a ma congnoissance se il differa la chose/ ou par ignorance/ ou par doubte desclandre etc.

f.iiii.

La .xxiiii. nouuelle. par Monseigneur de fiennes

¶ La .xxiiii. nouuelle par monseigneur de fiennes.

Ja soit ce que es nouuelles dessus dictes les noms de ceulx et celles a qui elles ont touchie ou touchent ne soient mis et escrips/si me donne appetit grant vouloir de nommer en ma petite ratelee le conte Vualeran en son temps conté de saint pol et appelle le beau conte. Entre autres seigneuries il estoit seigneur dug village en la chastellenie de lisle nomme Brelenchem pres dudit lisle enuiron dune lieue. Le gentil conte de sa bonne et doulce nature estoit et fut tout son temps amoureux. oultre lenseigne/il sceut au rapport daulcūs ses seruiteurs qui en ce cas le seruoient que audit Brelenchem auoit vne tresbelle fille gente de corps et en bon point. Il ne fut pas si paresseux que asses tost apres ceste nouuelle il ne se trouuast en ce village/et firēt tant lesditz seruiteurs q les peulx de leur maistre conferment de tous pointz leur rapport touchant ladicte fille. Or ca quest il de faire dit lors le gentil conte cest que ie parle a elle entre noz deux seulement et ne me chault quil me coute. Lung de ses seruiteurs docteur en son mestier lui dit Monseigneur pour Voſtre honneur et cellup de la fille aussi il me semble q mieulx Vault que ie lup descouure lembusche de Brēboulente/et selon la response iauray aduis de parler et poursuyure. Comme lautre dit il fut fait/car il Vint deuers la belle fille et trescourtoisement la salua/et elle qui nestoit pas mains saige ne bonne que belle courtopsement lup rēdit son salut. Pour abregier apres plusieurs parolles dacointances le bon macquereau sa faire Vne grant premisse touchāt les biens et les honneurs que son maistre lui Vouloit·et de fait se a elle ne tenoit elle seroit cause denrichir et honnourer tout son lignaige. La bonne fille entendit tātost quelle heure il estoit. Si fist sa response telle quelle estoit: cest assauoir belle et bonne. car au regard de monseigneur le conte elle estoit celle son honneur sauue qui luy Vouldroit obeyr/craindre/et seruir en toutes choses/ mais qui la Voul droit requerir contre son honneur quelle tenoit aussi chier que sa Vie/ elle estoit celle qui ne le congnoissoit/et pour qui elle feroit non plus quele cinge pour les mauuais. Qui fut esbahy et courrouce ceste response ouye ce fut nostre Valuidire qui

La .xxiiii. nouuelle par Monseigneur de fiennes

sen reuient deuers son maistre a tout ce quil auoit de poisson/car a chair auoit il failly. Il ne fault pas demander se le cõte fut mal content quant il sceust la tres fiere et dure response de celle dont il desiroit lacointance et ioyssance/et autant et plus que de nulle du mõde. Tantost apres si ba dire. Or auãt laissons la la pour ceste fois il men souuiendra quãt elle cuidera quil soit oublye. Il se partit de la tãtost apres et ny retourna que les six sepmaines ne fussent passees. et quãt il reuit se fut si tressecretemẽt que nulle nouuelle nen fut tant simplement et en tapinaige si trouua. Il fist tant par ses espiez quil sceust que nostre belle fille soyoit de lerbe au coing dũg bois asseulee de toutes gens. il fut biẽ ioyeux/et tout houre encores ql estoit se met au chemin deuers elle en la cõpaignie de ses espies Et quãt il fut pres de ce quil queroit il leur donna congie et fist tãt quil se trouua au pres de sa dame sans ce quelle en sceust nouuelle si non quant elle le bit. Selle fut esprinse et esbahye de se beoir saisie et tenue de monseigneur le cõte, ce ne fut pas merueilles/mesmes elle en changea couleur/mua semblant a biẽ peu en perdit la parolle: car elle scauoit par renõmee quil estoit perilleux et noyseux entre femmes. Ha dea ma damoyselle dist lors le gentil cõte qui se trouua saysi. Bous estes a merueilles fiere. On ne bous peut auoir sans siege. Or pẽses bien de bous defendre/car bous estes venue a la bataille/et auant q̃ de moy ptes

bous en serres a mõ bouloir et tout a ma deuise des peines et trauaulx q̃ iay souffers et endures tout pour lamour de bo9 Helas monseigneur ce dit la ieune fille toute esbahye et surprinse quelle estoit. ie bous cry mercy/se iay dit ou fait chose qui bous desplaise bueilles le moy pardonner/cõbien que ie ne pense auoir dit ne fait chose dont me doyez scauoir malgre/ie ne scay moy quon bous a raporte On ma requise en boster nom de deshonneur ie ny ay poit adiouste de foy/car ie bous tien si bertueux que pour riens ne bouldries deshonnourer vne bostre simple subgecte cõme ie suis/mais la bouldries biẽ garder. Ostes ce proces dit mõ seigneur et soyes seure que bous ne meschapperes. Ie bous ay fait monstrer le bien que ie bous bueil/et ce pourquoy ie enuoiay deuers bous. Et sans plus dire la trousse et prẽt entre ses bras/et dessus bng peu derbe mise en bng tas quelle auoit assemblee soudainement la coucha et fort et roide lacolla/et bistement faisoit toutes ses preparatoires daccomplir le desir quil auoit de pieca. La ieune fille q̃ se beoit en ce dangier et sur le point de pdre ce quen ce mõde plus chier tenoit sa uisa dung bon tour et dit. Ha monseigneur ie me rens a bous/ie feray ce quil bous plaira sans nul reffus ne contredit/soies plus content de prẽdre de moy ce que bouldries par mon accord qbou lẽte: que par force et malgre moy boz paroles et bostre bouloir desordonne soyẽt accomplis. Ha dea dit mõseigneur que

La .xxv. nouuelle par phelippe de saint yon

bous meschappes non feres/que boulez bous dire. Je bous requier dit elle puis quil fault q̃ vo⁹ obeisse que bous me faictes cest honneur que ie ne soie pas soullie de voz houseaulx qui sont gras et ors et bous suffise du surplus. et commẽt en pourroie ie faire ce dit monseigneur. Je les bous osteray ce dit elle tresbiẽ sil vo⁹ plaist: car par ma foy ie nauroye cueur ne couraige de bous faire bonne chiere auec ces paillars houseaulx. Cest peu de chose des houseaulx ce dit monseigneur mais non pourtant puis ql bous plaist ilz seront ostes. Et alors il abandonna sa prise et sassist dessus lerbe et tend sa iambe et la belle fille luy osta lesperon et puis luy tire lung de ses houseaulx qui bien estrois estoient. et quant il fut enuiron a moytye a quoy faire elle eust moult de peine pour ce q̃ tout a propos le tira de mauuais biays. elle part et sen va tant que piez la peurent porter aidez et soustenus de bon bouloir/et la laissa le gentil conte et ne fina de courre tant qlle fut en lostel de son pere. Le bon seigneur qui se trouua ainsi deceu si enragoit et plus ne pouoit/et q̃ a ceste heure leust beu tire iamais neust eu ses fieures. A qlque meschief que ce fut se mist sur piez cuidant p marchier sur son houseau loster de sa iambe/mais cest pour neant il estoit trop estroit/si ny trouua autre remede q̃ de retourner vers ses gens de sa bonne aduẽture. Il ne fut pas loing alle que tost ne trouua ses bõs disciples sur le bort dũg fosse qui lattendoient/quilz ne sceurent q̃ penser quant ilz le veirent ainsi atourne. Il leur conta tout son cas et se fist rehouser/et qui scouoit celle qui la trompe ne seroit pas seurement en ce monde tãt luy cuide q̃ veult bien faire de desplaisir mais qlque bouloir quil eust pour lors et tant malcontẽt quil fut pour vng tẽps touteffois quant il fut vng peu refroide tout son courroux fut conuerty en cordiale amour. Et q̃l soit vray depuis a son pourchas et a ses chiers coustz et despens il la fit marier tresrichement et bien a sa contemplacion seulement de la franchise et loyaulte quen elle auoit trouue dont il eust la vraie congnoissance p le reffus icy dessus compte.

La .xxvi. nouuelle/par phelippe de saint yon.

La chose est si fresche et si nouuellemẽt aduenue dõt ie vueil four-

La .xxv. nouuelle par phelippe de saint you

nit ma nouuelle que ie ny puis ne tail-
lier/ne rongier/ne mettre ne oster. Il est
vray que au quesnoy vint vne belle fil-
le nagueres au preuost soy complaindre
de force (violence en elle perpetree et com-
mise par le vouloir desordonne dug ieu-
ne compaignon. Ceste complainte au pre-
uost faicte le compaignon escuse de ce cri
me fut en leure prins et saisy et au dit du
comun peuple ne valoit gueres mieulx
que pendu au gibet/ou sans teste sur vne
roe mis em my les champs. La fille voi-
ant et sentant celuy dont elle se douloit
emprisonne/poursuyvoit roidement le
preuost quil lui en fist iustice disant que
oultre son gre et vouloir violentement et
par force lauoit deshonnouree/et le pre-
uost homme discret et saige et en iustice
tresexpert fist assembler les hommes et
puis manda le prisonnier/et aincois qʼl
le fist venir deuant les homes desia tous
prestz pour se iugier sil confessoit par ge
haine ou autrement lorrible cas dont il
estoit charge/parla a luy a part et si lad
iura de dire verite. Decy telle femme dit
il qui de vous se complait tresfort de for
ce/est il ainsi: laues vous efforcee gardes
que vous dictes verite: car se vous faillez
vous estes mort/mais se vous dictes ve
rite on vous fera grace. Par ma foy mon
seigneur le preuost dit le prisonier ie ne
vueil pas nyer ne celer que ie ne laie pie
ca requise de son amour/et de fait deuant
hyer apres plusieurs paroles ie la ruay
sur vng lit pour faire ce que vous saues
et luy leuay robe pourpoint et chemise et

mon furon qui nauoit iamais hante le
urier ne scauoit trouuer la dupere de so
conil/et ne faisoit que aler ca et la mais
elle par sa courtoisie luy dressa le chemi
et a ses propres mains le bouta tout de-
des/ie croy trop bien quil ne partit pas
sans prope/mais quil y eust autre force
par mon serment non eust. Est il ainsy
dit le preuost. op par mon serment dit le
bon compaignon. or bien dit il nous en
ferons tresbien. Apres ces paroles se pre
uost se vient mettre en siege pontifical a
deptre enuironne de ses homes/et le bon
compaignon fut mis et assis sur le petit
banc ou parquet. Le voiant tout le peu
ple et celle qui laccusoit aussy. Or ca ma
mie dit le preuost que demandes vous a
ce prisonnier. monseigneur le preuost dist
elle ie me plain a vous de la force que il
ma faicte. Car il ma violee oultre mon
gre et voulente/et malgre moy dont ie vo
demande iustice. Que respondes vous
mon amy dit le preuost au prisonnier
Monseigneur se dit il ie vous ay ia dit
comment il en va et ie ne pense pas quel
le dye au contraire. Hampe dist le pre
uost regardes bien que vous dictes et que
vous faictes de vous plaindre de force
cest grant chose. Decy qui dit quil ne vous
fist oncques force/ mesmes aues este co
sentante et a peu pres requerante de ce qʼl
a fait. Et quil soit vray vous mesmes a
dressastes et mistes son furon qui sesba
toit a lentour de vostre terrier/et a voz
deux mains ou a tout lune tout dedens
vostredit terrier le mistes. Laqlle chose

La .xxvi. nou. par Monseigneur de foquessoles

il neust peu faire sans vostre ayde, et se
vo⁹ y eussies tāt peu soit resiste iamais
nen fust venu a chief. Se son furō a sou
raige lostel il ne peut mais/car des fois
quil est au terriers ou duieres il est hors
de son chastoy. Ha monseigneur le pre-
uost dit la fille plaintiue. comment len
tendes vous. Il est vray ie ne vueil pas
nyer que voirement iadressay son furon
et le boutay en mon terrier/mais pour
quoy fut ce. Par mon serment monseig
neur il auoit la teste tant roide et le mu
seau tant dur que ie scay tout vray quil
meust fait vng grant pertuis ou deux,
ou trois ou ventre se ie ne leusse bien en
haste boute en celuy qui y estoit dauētai
ge/a cela pour quoy ie le fis. Penses qʼl
y eust grande risee apres la cōclusion de
ce proces de ceulx de la iustice et de tous
les assistens/a fut le cōpaignon deliure
promettant de retourner a ses iournees
quant somme en seroit. a la fille sen ala
bien courroucee quon ne pendoit tresbiē
hault a en haste celuy qui auoit pendu a
ses basses fourches/mais ce courroup
ne sa rude poursuite ne dura gueres: car
a ce quon me dit tantost apres par bons
moyēs la paix entre eulx si fut trouuee
et fut abandonnee au bon compaignon
garenne, conniniere et terriere toutes-
fois que chasser y vouldroit.

¶ La .xxvi. nouuelle/par monseigneur
de foquessoles.

En la duchie de Breban na pas lōg
temps que la memoire nen soit
fresche et presente a ceste heure. Aduint
vng cas digne de reciter et pour fournir
vne nouuelle ne doit pas estre redoute,
et affin quil soit enregistre et en appert
cōgneu et declare il fut tel. A lostel dūg
grant baron dudit pais demouroit et re
sidoit vng ieune, gent a gracieux gentil
homme nomme girad/qui senamoura
tresfort dune damoiselle de seans nom
mee katherine/a quant il vit son coup il
luy osa bien dire son gracieux et piteux
cas. La response quʼil eust de prinsault
plusieurs la peuent scauoir a penser/la
quelle pour abreger ic trespasse a bien a

La xxvi. nou. par Monseigneur de foquessoles

ce que girard et katherine par succession de temps sentrayment tant fort et si leallement que ilz nauoient que vng seul cueur et vng mesmes vouloir. Ceste entiere scelle et parfaicte amour ne dura pas si peu que les deux ans ne furent acomplis et passes. Puis apres certaine piece amours qui bande les yeulx de ses serviteurs les boucha si tresbien que la ou ilz cuidoient le plus secretement de leurs amoureux affaires conclure et deuiser chun sen apparceuoit/et ny auoit homme ne femme a lostel qui tresbien ne sen donnast garde/mesmes fut la chose tant escriee que on ne parloit par leās que des amours girard et katerine/mais helas les poures abueugles cuidoient bien seulz estre empesches de leurs besoignes et ne se doubtoient gueres quon en tenist conseil ailleurs quen leur presence ou le troysiesme de leur gre neust pas este repceu sans leur propos changier et transmuer Tant au pourchas daucuns mauldis et detestables enuieulx que pour la continuelle noise de ce qui tien ou peu ne leur touche/Vint ceste matiere a la congnoissance du maistre et de la maistresse de ceulx amans et diceulx sespandit et saillit en audience du pere et de la mere de katherine. Si luy en cheust si tresbien que vne damoiselle de leans sa tresbonne compaigne et ampe elle fut aduertie et informee du long et du large de la descouuerture des amours de girard et delle: tant a monseigneur son pere et ma dame sa mere. Si a monseigneur et a ma dame de leans.

Helas quest il de faire ma bonne seur et mampe dit katerine/ ie suis femme destruicte puis que mon cas est si manifeste que tant de gens le sceuent/et en deuisent Conseilles moy/ou ie suis femme perdue et plus que vng autre desolee et malfortunee. Et a ces motz larmes a grans tas saillirent de ses yeulx et descendirent au long de sa belle et clere face iusques bien bas sur sa robe. Sa bonne compaigne ce voiant fut tresmarrie et desplaysante de son ennuy et pour la conforter lui dist. Ma seur cest follie de mener tel dueil et si grant: car on ne vous peut dieu mercy reprouchier de chose qui touche vostre honneur ne celluy de voz amis. Se vous aues entretenu vng gentilhomme en cas damours ce nest pas chose defendue en la court donneur/mesmes est la sente et vraye adresse de y puenir. et pour ce vous naues cause de douloir/et nest a medisant qui a la verite vous en puisse ou doibue chargier/ mais touteffois il me sembleroit bon pour estaindre la noise de plusieurs parolles qui courent au iourdhuy a loccasion de vosdictes amours que girard vostre seruiteur sans faire semblant de riens print vng gracieux congie de monseigneur et de ma dame coulourant son cas/ou daler en vng loingtain voyage/ou en quelque guerre apparente: et soubz ceste vmbre sen alast quelque part soy rendre en vng bon hostel attendant que dieu et amours aurōt dispose sur voz besoignes/et luy arreste vous face scauoir de son estat et y son mesmes messaige luy

La .xxvi. nou. par Monseigneur de foquessoles

feres scauoir de voz nouuelles/et par ce point sappaisera le bruit qui court a present/et vous entrayme res et entretiendres lung lautre p͠lians en attendant q͠ mieulx vous vienne/et ne penses point que vostre amour pourtant doyue cesser mesmes de bien en mieulx se maintiendra. car par lo͠gue espace vous naues en rapport ne nouuelle chu͠n de sa partie q͠ par la relacion de voz yeulx qui ne sont pas les pl͠9 cureux de faire les pl͠9 seurs iugemens/mesmes a ceulx qui sont tenus en lamoureux seruaige. le gracieux et bon conseil de ceste gentil femme fut mis en euure et a effect. car au plus tost que katherine sceust trouuer la facon de parler a girard so͠ seruiteur/elle en brief luy conta comment sembusche de leurs amours estoit descouuerte et venue desia a la congnoissance de mo͠seigneur so͠ pere/de ma dame sa mere/et de monseigneur et de ma dame de leans. Et creez dit elle auant quil soit venu si auant ce na pas este sans passer gra͠s langaiges au pourchas des rapporteurs deua͠t to͠9 ceulx de cea͠s et de plusieurs voisins. Et pour ce que fortune ne nous est pas si a mye de nous auoir pmis longuement viure si glorieusement en nostre estat encommence. et si uous menace/aduise forge et prepare encores plus gra͠s destourbiers se ne pourruoyons a lencontre Il nous est mestier vtile et necessite dauoir aduis bon et hatif/et pour ce que se cus beaucop me touche et plus q͠ a vous quant au dangier qui sourdre sen pour

roit. sans vous desdire ie vous diray mo͠ opinio͠. Lors sup va compter de chief en bout laduertissement et conseil de sa bo͠ne co͠paignie. Girard desia vng peu aduerty de ceste mauldicte aduenture plus desplaisant q͠ se tout le monde fut mort mis hors de sa dame respondit en telle maniere. Ma seale et bonne maistresse vecy vostre hu͠ble et obeissant seruiteur qui apres dieu nayme riens en ce mo͠de si loyaulment que vous/et suis cellui a qui vous poues ordo͠ner et commander tout ce que bon vous semble et qui vous vient a plaisir pour estre fieme͠t et de bo͠ cueur sans contredit obeye/mais pensez que en ce monde ne me pourra pis aduenir quant il fauldra que ie essoigne v͠re tresdesiree p͠sence. Helas sil fault que ie vous laisse il mest aduis que les premieres nouuelles que vous aurez de moy ce sera ma doulente et piteuse mort adiu gre et execute a cause de vostre eslo͠gier mais quoy q͠ soit vous estes celle et seule viuante q͠ ie vueil obeir/et ayme trop plus chier la mort en vous obeyssant q͠ en ce monde viure voire et estre p͠petuel no͠ acomplissant vostre no͠ble comma͠dement. Vecy le corps de celup q͠ est tout vostre/taillez/rongnez/prenez/ostez/et faictes tout ce quil vous plaist. Se kate rine estoit marrie et desplaisante oyant son seruiteur quelle aymoit plus so͠auement que nul autre/le voiant aussi plus trouble que dire on ne le vous pourroit. Il ne se fault que penser et no͠ enquerre/ si se fust pour la grant vertu que dieu

La .xxvi. nou. par Monseigneur de foquessoles

en elle nauoit pas oubliee de mettre lar
gement et a comble elle se fust offerte de
lui faire compaignie en son voiage/mais
esperant de quelque iour recouurer a ce
que treseureusemēt faillit se retira de ce
propos/et certaine piece apres si lui dit/
mon amy cest foice que vous en alles/si
vous prie que vous noublies pas celle q̃
vous a fait se don de son cueur. Et a fin
que vous ayes couraige de mieulx sou-
stenir la tresioyeuse et horrible bataille
que raison vous liure/a maine a vostre
douloureux partement/encontre vostre
vouloir a desir ie vous promets et asseu-
re sur ma foy que tant que ie viue autre
homme nauray a espouse de ma voulen-
te et bon gre que vous/voire tant q̃ vous
me soies seal a entier comme iespoire que
vous seres/en approbacion de ce ie vous
donne ceste verge qui est dor esmaillie de
larmes noires. Et se daduenture on me
vouloit ailleurs marier ie me desedirap
tellement a tiediay telz termes que vous
deures estre de moy content/a vous mō-
strerap que ie vous vueil tenir sans faul-
cer ma promesse. Or ie vous prie que tā-
tost que vous seres arreste ou que ce soit
q̃ mescripues de voz nouuelles a ie vous
rescripray des miennes. Ha ma bonne
maistresse dit girard/or soy ie bien quil
fault que ie vous abandonne pour vne
espace/ ie prie a dieu quil vous doit pl9
de bien et plus de ioye quil ne mappert
en auoir/vous maues fait de vostre gra-
ce nō pas que ien soye digne vne si haul-
te a honorable promesse qui nest pas en
moy de vous en scauoir seulement suffi-
samment mercier/et encore ay ie se pou-
oit de se desseruir/mais pourtant ne de-
meure pas que ie nen aye bien la cognois-
sance/a si vous ose bien faire la pareille
promesse/vous suppliant treshūblemēt
et de tout mon cueur que mō bon et leal
vouloir me soit repute de telz aussi grāt
merite que sil partoit de plus homme de
bien que moy. Et a dieu ma dame mes
yeulx demandent a seur tour audience
qui coupent a ma langue son parler. et
a ces motz la baisa et elle luy tresestre-
ment a puis sen allerent chūn en sa chā-
bre plaindre ses douleurs/dieu scait silz
ploroiēt des yeulx du cueur et de la teste
Au fort a leure quil se conuint mōstrer
chūn sefforca faire aultre chiere de sem-
blant a de bouche que se desole cueur ne
faisoit. Et pour abregier girard fist tāt
en peu de iours quil obtint congie de son
maistre qui ne fut pas trop difficile a
petrer/non pas pour faulte quil eust fait
mais a loccasion des amours de luy et
de katerine dont les amys delle estoient
mal contens: pourtāt que girard nestoit
pas de si grant lieu ne de si grāt richesse
comme elle estoit. a pource doubtoiēt q̃l
ne la fiancast/ainsi nen aduint pas a si
se partit girard et fist tant par ses iour-
nees quil vint ou pays de barrois a trou-
ua retenance a lostel dung grant baron
du pais. et luy arreste tantost manda et
fist sauoir a sa dame de ses nouuelles q̃
en fut tresioyeuse/ et par son messaiger
mesmes lui rescripuit de son estat et dit

La .xxvi. nou. par Monseigneur de foquessoles

bon vouloir quelle avoit et auroit vers luy tant quil vouldroit estre loyal. Or vous fault il sauoir que tantost q̃ girard fut parti de Bredan plusieurs gentilz hõmes escuiers & cheualiers se vindrent acointer de katerine desirans sur toutes autres sa bienueillance et sa grace qui durant le temps que girard seruoit & estoit present ne se monstroient/napparoient/saichans de vray quil aloit devant eulx a lossrande/ et de fait plusieurs la requirent a monseigneur son pere de lauoir en mariage/et entre autres luy en vint vng qui lui fut aggreable. Si mãda plusieurs ses amys/ et sa belle fille aussi et leur remonstra cõment il estoit desia ancien et que vng des grans playsirs quil pourroit en ce monde auoir/ ce seroit de veoir sa fille en son vivant bien aliee. Leur dit au surplus vng tel gẽtil homme ma fait demãder ma fille ce me semble tresbien son fait/ & se vous le me conseillez et ma fille me vueille obeir il ne sera pas escondit en sa tresh̃onorable requeste. Tous ses amys et parens louerent & accorderent beaucoup ceste aliance tãt pour les vertus & richesses que au tres biens dudit gentil hõme. Et quant vint a sçauoir la voulente de la bõne katherine elle se cuida epcuser de non soy marier remõstrant et allegãt plusieurs choses dont elle se cuidoit desarmer et eslongier ce mariage. Mais en la parfin elle fut a ce menee que selle ne vouloit estre en la male grace de pere/ de mere/ de parẽs/ damis/ de maistre & de maistresse

quelle ne tiendroit poit la promesse q̃lle a fait a girard sõ seruiteur. Si saduisa dung tresbon tour pour contenter tous ses parens sans enfraindre la loyaulte quelle veult a son seruiteur et dit : Mon tres redoubte seigneur et pere ie ne suis pas celle qui vo⁹ vouldroie en nulle maniere du monde desobeir/ voire sans la promesse que iauroie faicte a dieu mon createur de qui ie tiens plus que de vous Or est il ainsi que ie mestoie resolute en dieu et proposay & promis en mon cueur auoye non pas de iamas moy marier/ mais de le non faire encores ne encores attendant que par sa grace me voulsist enseigner cest estat/ ou aultre plus seur pour sauluer ma poure ame. Neãtmois pource que ie suis celle qui pas ne vous vueil troubler ou ie puisse bonnemẽt a lencontre ie suis contẽte demprendre le stat de mariage ou aultre tel quil vous plaira/ moyennãt quil vousplaise moy donner congie de aincois faire vng pelerinage a saint nycolas de varengeuille lequel iay voue & promis auant que iamais ie change lestat ou ie suis. et ce dit elle affin quelle peust veoir sõ seruiteur en chemin & lui dire comment elle estoit forcee & menee contre son veu. Le pere ne fut pas moyennemẽt ioyeux de ouyr le bon vouloir & la saige respõse de sa fille. Si lui accorda sa requeste & p̃stemẽt voulut disposer de son partemẽt et disoit desia a ma dame sa fe᷒me sa fille p̃sente nous lui baillerons vng tel gentil homme/vng tel/ & vng tel/ p̃ sabeau margue

La .xxvi. nou. par Monseigneur de foquessoles

tite a iehäneton / cest assez pour son estat / ha monseigneur dit katherine nous ferons autrement si vous plaist / vous sauez que le chemin de cy a sainct nycolas nest pas bien seur / mesmement pour gēs qui mainent estat a conduissent femes / a quoy on doit bien prēdre garde / ie ny pourroie aussi aler sans grosse despence a aussi cest vne grant voie / a sil nous aduenoit meschief destre prins ou destroussez de biens / ou de nostre honneur que ia dieu ne veille / ce seroit vng merueilleux desplaisir / si me sembleroit bon saulue toutesfois vostre bon plaisir que me fissiez faire vng habillement dhomme / et me baillassiez en la conduite de mō oncle le bastard chün monte sur vng petit cheual / nous irions plus tost / plus seurement a a mains de despens / a ainsi le vous plaist ie sentreprendray plus hardiment que dy aler en estat. Le bon seigneur pēsa vng peu sur laduis de sa fille / en parla a ma dame / si leur sembla q louuerture quelle faisoit lui ptoit dung grant sens a dūg tresbō vouloir. si furēt ses choses prestes a ordōnees tātost pour partir / et ainsi se meirent au chemin la belle katerine et son oncle le bastard sās autre compaignie habilles a la façō dalemaigne / bien et gentemēt estoient katerine / le maistre soncle et le varlet. ilz firent tant par leurs iournees que leur pelerinage voire de saint nicolas fut accōply. Et cōme ilz se mettoient au retour louant dieu q̃z nauoiēt encores eu que tout bien / a deuisant daultres plusieurs choses / katerine a son oncle va sire. mō oncle mon amy vous sauez quil est en moy la mercy dieu qui suis seule heritiere de mōseigneur mon pere de vous faire beaucoup de biens laquelle chose ie feray voulentiers quāt en moy sera se bō me voulez seruir en vne menue queste q iay entreprinse / cest daler a lostel dūg seigneur de barrois quelle luy nomma voir girard que vous sauez. Et affin que quant nous reuiendrons puisse compter quelque chose de nouueau nous demanderons leans retenance / et se nous la pourons obtenir nous y serons par aulcuns iours a verrons le pays / a ne faictes nul se doubte que ie ny garde mon honneur comme vne bonne fille doit faire. L'oncle esperant que mieulx luy en sera cy aps a quelle est si bōne quil ny fault ia gait sur elle / fut content de la seruir a de laccompaignier en tout ce quelle vouldra. il fut beaucoup mercye nen doubtez / a deslors conclurent quil appelleroit sa niepce couraro. ilz vindrent assez tost comme on leur enseigna ou lieu desire a sadresserent au maistre dostel du seigneur qui estoit vng ancien escuier qui les receust cōc estrāgiers tresympemēt a honnorablemēt. couratd lui demāda se mōseigneur son maistre ne vouldroit pas le seruice dung ieune gētil hōe q queroit aduēture a demādoit asçoir pais. le maistre dostel demāda dōt il estoit / et il dist q̃l estoit de brebā. Or bien dit il. vous viendrez disner ceans a apres disner ien parleray a mōseigneur. Il les fit tātost cōduire en vne

g.i.

La .xxvi. nouuel par Mōseigneur de foquessolles

belle chambre et enuoya couurir sa table et faire vng tresbeau feu et apporter sa soupe et sa piece de mouton et le vin blanc/ attendant le disner/et sen ala deuers son maistre et luy cōpta la venue dung ieune gentil homme de brebā quil le vouldroit bien seruir se le seigneur estoit content/ et si luy semble que ce soit son fait. Pour abregier tantost quil eust serui son maistre il sen vint deuers courard pour lui tenir compaignie au disner et auec luy amena pour ce quil estoit de breban le bon girard dessus nōmé et dist a courard. Vecy vng gentil homme de vostre pays. il soit le tresbien trouué ce dit courard/ et vous le tresbien venu ce dit girard/ mais creez quil ne recongneust pas sa dame/ mais elle luy tresbien /durant que ces accointances se faisoient la viāde fut apportee et assise empres le maistre dostel chascun en sa place. Le disner dura beaucoup a courard/ esperant apres dauoir de bōnes deuises auec son seruiteur/pensant aussi quil sa recongnoistra tantost/ tant a sa parole comme aux responses quil lui fera de son pays de brebā/ mais il ala tout aultrement/ car oncques durāt le disner le bon girard ne demandoit apres hōme ne femme de breban dont courard ne scauoit que penser. Le disner fut passé et aps disner monseigneur retint courard en son seruice/ et le maistre dostel tresscient homme ordonna que girard et courard pour ce quilz sont tous dung pays auropent chambre ensemble/ et apres ceste retenue girard et courard se prindrēt a bras et sen vont veoir leurs cheuaulx/ mais au regard de girard sil parla onoques ne demanda rien de breban. Si se prit a douter le poure courard: cestassauoir la belle katherine quelle estoit mise auec ses pechiez oubliez et que sil en estoit rien a girard/ il ne se pourroit tenir ql nen demandast/ ou au moins du seigneur /ou de la dame ou elle demouroit. La pourete estoit sans gueres le monstrer en grāt destresse de cueur/ et ne scauoit le quel faire/ ou de soy ēcores celer et de lesprouuer par subtilles parolles/ ou de soy prestement faire congnoistre. au fort elle sarresta q̄ encores demourra courard et ne demandera pas katherine se girard ne tient autre maniere. Le soyr se passe comme le disner/ et vindrent en leur chābre girard et courard parlans de beaucoup de choses/ mais il ne venoit nulz propos en termes qui gueres pleussent audit courard. Quant il vit quil ne diroit rien se on ne luy met en bouche/ elle luy demanda de quelz gens il estoit de brebā/ ne commēt il estoit la venu/ et commēt on se portoit audit pays de breban depuis quelse ny a uoit este/et il en respondit tout ce que bō luy sembla. Et congnoisses vous pas dist elle vng tel seigneur et vng tel. Sait iehan ouy dist il/ et au derrenier elle luy nomma le seigneur/ et il dist quil se congnoissoit bien sans dire ql y eust demoure ne aussi q̄ iamais en sa vie y eust esté. On dit se dit elle q̄ il y a de belles filles

La xxvi. nou. par Monseigneur de foquessoles

leans/en congnoisses vous nulles/bien peu dit il/et aussy il ne me chault laissez moy dormir ie meurs de sommeil. Comment dit elle pource vous dormir puis que on pse de belles filles/ce nest pas signe que vous soies amoureux. Il ne respondit mot/mais sendormit côe ung pourceau/et la poure katerine se doubta tantost de ce qui estoit/mais elle concluo qlle lesprouuera plus auant. Quant vint a lendemain chûn sabilla parlant et deuisant de ce que plus luy estoit. Girard de chiens et doyseaulx/et courard des belles filles de leans et de breban. Quant vint apres disner courard fist tant quil destourna girard des autres et luy va dire q le pays de barrois desia luy desplaisoit et que vrayement breban est toute autre marche/et en son langaige lui donna assez a côgnoistre que le cueur luy tiroit fort deuers breban. A quel propos ce dit girard que voyes vous en brebâ qui nest icy/et nauez vo⁹ pas icy les belles forestz pour la chasse/les belles riuieres/et les plaines tant plaisantes qua souhaitier pour le deduit des oyseaux en tant de gibier et autre. Encores nest ce riens ce dit courard/les femmes de breban sont bien autres qui me plaisent bien autant et pl⁹ que voz chasses et volieres. Saint iehan cest autre chose ce dist girard/vous y series hardiment amoureux en vostre breban ie loz biê. Par ma foy ce dit courard il nest ia mestier qlsoit cele ie suis amoureux voirement/et a ceste cause me y tire

le cueur tant radement et si fort q ie fais doubte que force me sera dabandonner ung iour vostre barrois/car il ne me sera pas possible a la longue de longuemêt viure sâs veoir ma dame. Cest folie dôc ce dit girard de sauoir laissie se vous vo⁹ sentiez si inconstant. Inconstant mô amy/et ou ê celuy q peut mestrier loyaulx amoureux/il nest si saige ne si aduise q si saiche seurement côduire/amours bânist souuent de ses seruans et sans raisô. Le propos sans plus auant le desduire se passa et fut heure de souper et ne se ratellerent au deuiser tant quilz furêt au lit couchiez/et creez que de par girard ia mais nestoit nouuelles que de dormir se courard ne leust assailly de proces qui mença vne piteuse/longue et douloreuse plainte apres sa dame que ie passe pour abregier/et si dit en la fin. Helas girard et comment pouez vous auoir enuie fain de dormir au pres de moy qui suis tant esueillie/qui nay esperit qui ne soit plain de regretz/dennuy et de soucis. cest merueilles que vous nen estes ung peu touchie/et croiez se cestoit maladie contagieuse vous ne series pas seurement si pres sans auoir des esclabotures. Helas ie vous prie se vous nen sentez nulles: ayes au mais pitie et compassion de moy qui meur sur bout se ie ne voy bien brief ma dame par amours. Ie ne vy iamais si fol amoureux ce dist girard. Et pêses vous que ie naye point este amoureux/certes ie scay biê q cest/car iay passe p la

g.ii.

La .xxvi. nouuel par Monseigneur de Foquessolles

comme vous/certes si ay/mais ie ne fus oncques si enraige que den perdre le dormir ne la contenance comme vous faictes maintenant/vous estes beste et ne prise point vostre amour vng blanc. Et pésez vous quil en soit autant a vostre dame/nénil nennil. Je suis tout seur q̃ si ce dit couard/elle est trop leale pour moublier ha dea vous direz ce que vouldrez ce dit girard/mais ie ne croiray ia que fēmes soiēt si leales que pour tenir telz termes q̃ ceulx q̃ se cuidēt sont parfais coquars J'ay ayme comme vous (τ encores en ayme ie bien) vne: et pour vous dire mō fait ie partis de breban a loccasion damours (τ a lheure que ie partis iestoye bien en la grace dune tresbelle/bonne τ noble fille que ie laissay a tresgrāt regret et me des pleust beaucoup par aucūs peu de iours dauoir perdu sa presence/nō pas que ien laissasse le dormir ne boire ne mēger cō me vous. Quant ie me vis ainsi delle eslongie ie voulus vser pour remede du cōseil de ouide/car ie neuz pas si tost accointāce et entree seans que ie ne priasse vne des belles qui y soit/τ ay tāt fait la dieu mercy quelle me veult beaucoup de bien et ie layme beaucoup aussi/τ par ce point me suis ie deschargie de celle q̃ par auāt aymoie/τ ne men est a present non plus que de celle que oncques ne vis tāt men a rebouté ma dame de present. Et comment ce dit couard est il possible se vous amiez bien lautre que vous la puissiez si tost oublier ne abandonner. ie ne le scay entendre moy ne conceuoir commēt il

se peut faire/il sest fait toutessois entendez le se vous scauez. ce nest pas biē garde loyaulte ce dit couard/ quant a moy iaymeroie plus chier mourir mille fois se possible mestoit que dauoir fait a ma dame si grant faulsete/et ia dieu ne me laisse tant viure que iaye nō pas le vouloir seulement/mais vne seule pensee de iamais aymer ne prier aultre q̃lle. Tāt estes vous plus beste ce dist girard/et se vous maintenez ceste folie iamais vous naurez bien et ne ferez que songer τ muser/τ secherez sur terre cōme la belle herbe dedās le four/et serez homicide de voꝰ mesmes τ si nē aurez ia gre/mesmes vostre dame nen fera que rire se vous estes si cureux q̃l vienne iusques a sa cōgnoissance. Comment ce dit couard vous sauez damours bien auant/ie vous reqers dont que vueillez estre mon moyen sēs ou autre part q̃ ie face dame p amours. assauoir mon se ie pourroie garir cōme vous. ie vous diray ce dit girard/ie vous feray demain deuiser a ma dame τ aussi ie luy diray que nous sommes compaignons et quelle face vostre besoigne a sa compaigne/τ ie ne doubte point se vous voules q̃ encores nayōs du bō tēps et q̃ bien brief se passera la reuerie q̃ vous as fole/voire se a vous ne tiēt. Se ce nestoit pour faulser mō sermēt a ma dame ie le desireroie beaucoup ce dit couard: mais au fort iessaieray cōet il mē prēdra .et a ces motz se retourna girard τ sendormit τ katherine estoit de mal tant oppressee voiant τ oyant la dessoyaulte de cessuy

La .xxvi. nouuel par Monseigneur de Roqueſſolles

quelle aymoit plus q̃ tout le monde q̃lz se souhaitoit morte ⁊ plus que morte. nõ pourtãt elle adoſſa la tẽdreur feminine ⁊ sadouba deVirileVertu/car elle euſt biẽ la conſtance de sendemain longuement ⁊ largement deuiſer auec celle qui par amours aymoit celuy au mõde que plus chier tenoit/meſmes forca ſõ cueur ⁊ ſes yeulx fiſt eſtre notaires de pluſieurs entretenances a ſon treſgrant ⁊ mortel preiudice. Et cõme elle eſtoit en parolles auec ſa cõpaigne elle apparceuſt la Verge q̃ au ptir donna a ſon deſloial ſeruiteur q̃ lui parcreuſt ſes douſceurs/mais elle ne fut pas ſi foſle nõ pas par couuoitiſe de la Verge quelle ne trouuaſt vne gracieuſe façon de la regarder ⁊ bouter en ſon Voy. ⁊ ſur ce point cõme nõ y penſant ſe part et sen Va/⁊ tantoſt que le ſouper fut paſſe elleVint a ſon oncle ⁊ lui dit/nous auons aſſez eſte barrois/il eſt temps de ptir/ſoies demain preſt au poit du iour ⁊ auſſi ſeray ie/⁊ gardes que tout noſtre bagaige ſoit biẽ attintr. Denes ſi matin quil Vous plaiſt/il ne Vous fauldra que monſtrer reſpondit loncle. Or deuez Vo9 ſcauoir que tandis puis ſouper q̃ girard diuiſoit auec ſa dame celle q̃ fut ſen Vit en ſa chãbre et ſe met a eſcripte Vnes lettres quilz narroyent tout du long et du large ſes amours delle ⁊ girard/comme les promeſſes qui sentrefirent au partir comment on lauoit Voulu marier/le refus quelle en fiſt/et le peſerinage quelle entreprinſt pour ſauluer ſon ſerment et ſerendre a luy/ſa deſloyaulte dõt elle la

trouue garny tant de bouche comme de oeuure et de fait. et pour les cauſes deſ/ſus dictes elle ſe tiẽt pour acquittee ⁊ deſobligee de la promeſſe q̃lle iadis luy fiſt et ſen Va Vers ſon pays et ne le quiert iamais neVeoir ne rencontrer cõme le plus deſleal quil eſt qui iam*a*is priaſt femme,/ſi emporte laVerge quelle luy donna quil auoit deſia miſe en main ſequeſtre/et ſi ſe peult Venter quil a couchie par troys nuptz au plus pres delle ſil ya que bien ſi le dye, car elle ne ſe craint. Eſcript de la main de celle dont il peut bien cõgnoiſtre la lettre et au deſſoubz katherine ⁊c. ſurnommee courard/et ſur le dos au deſleal girard ⁊c. Elle ne dormiſt gueres ſa nupt et auſſi toſt que on Vit du iour elle ſe leua tout douſcement et ſabilla ſans ce que oncques girard ſeſueillaſt/et prẽt ſa lettre quelle auoit bien cloſe ⁊ fermee et la boute en la mãche du pourpoint de girard /et a dieu ſe commanda tout en baſſet en plourant tendrement pour le grant deuil quelle auoit du treſfaulx et mauuais tour quil luy auoit ioue. Girard dormoit qui mot ne reſpondit /elle ſen Vient deuers ſon oncle qui lui baiſla ſon cheual et elle monte et puis tirẽt pays tant quilz Vindrent en breban ou ilz furent receuz ioyeuſement dieu le ſcait.

Et penſes qui leur fuſt bien demande des nouuelles et aduẽtures de leurs Voyages/comment ilz ſi eſtoient gouuernez/mais quoy q̃lz reſpõdiſſent ilz ne ſe Vẽterẽt pas de la pricipale. pour pſer cõmẽt il aduint a girad quant Vint le iour

La .xxvii. nouuel par Mõseigneur de beauuoir

Ou partement de sa bonne katerine enuirõ dix heures il se sucilla et regarda que son cõpaignõ courard estoit ia leue. Il se pensa quil estoit tart/ et sault tout en haste a chercha son pourpoit/ a cõme il boutoit son bras dedans l'une des manches il en saillit ũnes lettres dont il fut assez esbahy/ car il ne lui souuenoit pas q̃ nulles y en eust boutees/ il les releua toutesfois et voit quelles sont fermees. a auoit au dos escript au desloial girard etc. Se par auãt auoit este esbay/ encores se fut il beaucoup plus. A certaine piece apres il les ouurit a voit la subscripcion qui disoit/ katerine surnõmee courad etc. Si ne scait que penser/ il les list neantmoins a en lisant le sang lui mõte et le cueur lui fremist et deuint tout altere de maniere et de couleur. A quelque meschief q̃ ce fut il acheua de lire sa lettre/ par laquelle il cõgneut que sa desloyaute estoit venue a la cõgnoissãce de celle qui luy vouloit tant de bien. non quelle se sceust estre tel au rapport dautruy/ mais elle mesmes en personne en a faicte la vraie informacion/ τ qui plus pres du cueur lui touche il a couche trops nuytz auec elle sans la voir guerdonnee de sa peine quelle a prise de si loing le venir esprouuer. Il ronge son frain et enraige tout vif quant il se voit en celle peseterie. Et apres beaucop dauis il ne scet autre remede q̃ de la suir et bien lui semble qil la rataindra. Si prẽt congie de son maistre et se met a la vope suyuant le troye des cheuaulx de ceulx q̃ oncques ne rataignit tant qilz fussent

en bretayn ou il vint si a point q̃ cestoit le iour des nopces de celle qui sa esprouue lasse il cuida bien asser baiser et saluer a faire vne orde excusance de ses faultes mais il ne luy fut pas souffert/ car elle luy tourna lespaule/ et ne sceust tout ce iour ne oncques puis apres trouuer maniere ne facon de deuiser auecques elle/ mesmes il saduãca vne fois pour la mener dancer/ mais elle se reffusa plainement deuãt tout le monde dõt plusieurs a ce prindrẽt garde. Ne demoura gueres apres q̃ung autre gẽtil hõe entra dedãs qui fist corner les menestriers et sauãca par deuãt elle/ a elle descendit ce vopant girard a sen ala dancer. Ainsi dõt cõme auez ouy perdit le desloial sa dame/ sil en est encores dautres telz ilz se doiuent mirer en cest exemple/ qui est notoire et vray/ et aduenu depuis nagueres

¶ La .xxviii. nouuelle/ p monseigneur de beauuoir.

La .lxxiii. nouuel par Monseigneur de beauuoir

Ce nest pas chose peu accoustumee especialemēt en ce royaulme que les belles dames et damoiselles se trouuent voulentiers et souuent en la cōpaignie des gentilz compaignons. Et a lo casion des bons et ioyeulx passe temps quelles ont auec eulx, les gracieuses et doulces requestes quilz leur font ne sōt pas si difficiles a impetrer. A ce propos na pas long temps queung tresgētil sei gneur que on peut mettre ou reng et du cousté des princes dōt ie laisse le nom en la plume se trouua tant en grace dune tresbelle damoiselle q mariee estoit dōt le bruit delle nestoit pas si peu congneu que le plus grant maistre de ce royaul me ne se tenist pour treseureux den estre retenu seruiteur, laquelle luy voulut de fait monstrer le bien quelle luy vouloit, mais ce ne fut pas a sa premiere voulen te tant lempeschoient les anciens aduer saires et ennemis damours, et par espā plus lui nuysoit son bon mari tenant le lieu en ce cas du tresmauldit dāgier: car se ce ne fut il son gentil seruiteur neust pas encores a lui tollir ce q bōnemēt et par hōneur dōner ne luy pouoit. Et pen ses que ce seruiteur nestoit pas moiēne ment mal content de ceste longue atten te, car lacheuement de sa gēte chasse luy estoit plus grant eur et trop plus desiré q nul autre bien quelsconque que aduenir iamais luy pouoit. Et a ceste cause tāt continua son pourchās que sa dame lui dit. ie ne suis pas mains desplaisante q vous y ma foy q ie nevous puis faire au tre chiere, mais vous scauez tāt q mō ma ry soit ceans force est q il soit entretenu Helas dit il a nest il moyen qui se puisse trouuer dabreger mon dur et cruel mar tyre. Elle q cōe dessus est dit nestoit pas en maindre desir de soy trouuer a part a uec son seruiteur que luy mesmes si luy dit. venez anupt a telle heure heurter a ma chābre ie vous feray mettre dedans et trouueray facon destre deliurée de mon mary se fortune ne destourne mon entre prinse. Le seruiteur ne ouyt iamais cho se qui mieulx lui pleust, et aps les remer cimens gracieux et deuz en ce cas dōt il estoit bō maistre et ouurier se part delle attendant et desirant son heure assignee Or deuez vous sauoir q enuiron vne bō ne heure, ou plus ou mains deuant leu re assignee dessusdicte nre gētille damoi selle auec ses femmes et son mary qui va derriere pour ceste heure estoit en sa chā bre retraicte puis le souper et nestoit pas croies son engin oyseux, mais labouroit a toute force pour fournir la promesse a son seruiteur, maintenant pēsoit dung puis maintenant dung autre, mais riē ne luy venoit a son entēdemēt qui peust eslongier ce mauldit mary, et toutesfois approchoit fort leure tresdesiree. Cōme elle estoit en ce parfont pēser fortune lui fut si tresample q mesmes son mary dō na le tresdoulx auertissemēt de sa dure chance et mal auēture cōuertie en la pso ne de sō aduersaire, cestassauoir du ser uiteur dessusdit en ioye nō pareille de de duit soulas et liesse. regardāt p sa chābre

g.iiii.

La .xxvii. nouuel par Mõseigneur de beauuoir

Tant regarda quil apperceut dauēture au piedz de la couchete vng bahu qui estoit a sa fēme. Et affin de la faire parler et loster de son pēser demāda de quoy seruoit ce bahu en la chābre/ et a quel propos on ne se portoit en la garde robe, ou en quelque autre lieu sans en faire seūlarement. Il ny a point de peril monseigneur ce dit ma damoiselle/ ame ne diēt icy que nous. aussi ie luy ay fait laissier tout a propos pource que écores sont aucunes de mes robes dedans/ mais nē soies ia mal content mon amy/ ces fēmes losteront tantost. Mal content dit il nē nil par ma foy/ ie layme autant icy que ailleurs puis ql vous plaist/ mais il me sēble bien petit pour y mettre voz robes bien a laise sans les froissier/ attēdu les grandes et longues traynees quon fait au iour duy. Par ma foy monseigneur dit elle il est asses grant. il ne le me peut sembler dit il vraiemēt/ et se regardes bien. Dica mōseigneur dit elle voules vous faire vng gaige a moy. Ouy vraiement dit il. quel sera il. Je gaigeray sil vous plaist pour dempe douzaine de biē fines chemises encontre le satin dune cote simple que nous vous bouterons biē dedās tout ainsi que vo⁹ estes. Par ma foy dit il ie gaige que non. et ie gaige que si. Or auant ce dirēt les femmes nous verrōs q̃ le gaignera. a se prouuer se saura on dit monseigneur. Et lors sauance et fist tirer du bahu les robes qui estoiēt dedēs et quāt il fut vuide ma damoiselle et ses femmes a quelque meschief que ce fust

firent tant que monseigneur fut dedās tout a son aise/ et a cest coup fut grande la noise et autant ioyeuse/ et ma damoiselle ala dire/ or monseigneur vous aues pdu la gaigeure/ vous le cōgnoisses biē faictes pas. ma foy oy dit il cest raison, et en disant ces parolles le bahu fut ferme et tout iouant/ riant et esbatāt prindrēt toutes ensemble et homme et bahu et lem porterent en vne petite garde robe asses loing de la chambre/ et il crie et se demaine faisant grāt bruit et grāt noise. mais cest pour neant/ car il fut la laisse toute la belle nuit. pēse: dorme: face du mieulx quil peut/ car il est ordonne p ma damoiselle et son estroit conseil quil nen partiroit meshuyt pource ql a tant empesche le lieu. Pour retourner a la matiere de nostre propos encommence nous laisserons nostre homme et nostre bahu et dirons de ma damoiselle qui attēdoit son seruiteur auec ses femmes qui estoient telles et si bonnes et si secretes que riens ne leur estoit cele de ses affaires/ lesq̃lles sçauoient bien que le biē ayme seruiteur ie a luy ne tenoit tiendroit la nupt se lieu de celuy qui au bahu fait sa penitēce. Ne demoura gueres que le bon seruiteur sans faire esfroy ne bruit vint heurter a la porte/ et au heurter quil fist on le congneut tātost/ et la estoit celle q̃ se bouta dedans. il fut receu ioyeusement et lyement/ et entretenu doulcemēt de ma damoiselle et de sa compaignie/ et ne se bonna garde quil se trouua tout seul aucques sa dame qui lui compta biē au lōg

La .xxvii. nouuelle par Mõseigneur de beauuoir

la bonne fortune que dieu leur a dõnee, cestassauoir comment elle fist sa gaigeure a son mary dentrer ou bahu, commẽt il y entra, cõme elle a ses femmes lont porte en vne garde robe. Commẽt ce dit le seruiteur ie ne cuydoie point quil fust ceans. par ma foy ie pensoie moy q̃vous eussies trouue aucune facon de seuoyer ou faire aler dehors a que ieusse icy tenu meshuyt son lieu. Doꝰ nẽ ptes pas pour tant dit elle, il na garde de pssir dont il est, et si a beau crier, il nest ame de nulz fes qui le puist ouyr, a croies q̃l demoura meshuyt par moy. Se vous le voulez desprisonner ie men rapporte a vous. nostre dame dit il, sil ney failloit tãt que ie len fisse oster il auroit bel attendre. Or faisons donc bonne chiere dit elle et ny pensons plus. Pour abregier chũn se despoilla et se coucherent les deux amans dedans le beau lit ensemble bras a bras a firent ce pour quoy ilz estoiẽt assẽbles que mieulx vault estre pense des lisans questre note de sescripuant. Quant vint au point du iour le gentil seruiteur se ptit de la dame le plus secretemẽt q̃l peut a vint a son logis dormir comme iespoire ou desiuner, car de tous deux auoit besoing. Ma damoiselle qui nestoit pas mains subtille que saige a bonne, quãt il fut heure se leua et dist a ses femmes. Il seroit desormais heure de oster nostre prisonnier, ie vois veoir quil dira a sil se vouldra mettre a finance. Mettez tout sur nous dirent elles, nous lappaiserõs bie. croies que si feray ie dit elle. et a ces motz se seigne et senva, a comme nõ pensant a ce quelle faisoit tout daguet et a propos entra dedans en sa garderobe ou son mary encores estoit dedans le bahu clos. Et quant il oupt il commẽca a faire grant noise a crier a la volee quesse cy me laira on cy dedans. et sa bonne fẽme qui loyt ainsi demener respondit effreement, et comme craintiuement faisant ignorante. Heny qui esse la que iay ouy crier. Cest moy de par dieu cest moy dist le mary. Cest vous dit elle et dont venes vous a ceste heure. Dont ie viens dit il, vous le scauez bien ma damoiselle il ne fault ia quon le vous dye, mais voꝰ faictes de moy au fort ie feray quelque iour de vous. et sil eust endure ou ose il se fut voulentiers courrouce a eust dit villenie a sa bõne femme. et elle q̃ se cognoissoit luy coupa la parolle et dit, mõseigneur pour dieu ie vous crie mercy. par mon ment ie vous asseure que ie ne vous cuydoie pas icy a ceste heure, et croies que ie ne vous y cusse pas quis, et ne me scay assez esmerueillier dont vous venes a y estre encore, car ie chargey hier au soir a ces femmes quelles vous missẽt dehors tandis que ie disoie mes heures, a elles me dirent que si feroient elles, et de fait lune me vint dire que vous esties dehors et desia alle en la ville et que ne reuiendries meshuit, et a ceste cause ie me couchay asses tost apres sans vous attendre Saint iehan dit il vous voies que cest.oꝰ vous auances de moy tirer dicy, car ie suis tant las que ie ne puis plus. Cela

La .xxvii. nouuelle par Monseigneur de beaumoir

ferope bien monseigneur dit elle mais ce ne sera pas deuant que vous nayes promis de moy paier de la gaigeure que aues perdue/et pardonnes moy touteffois car autrement ne le puis faire.et aduinces vous de par dieu/ie le paieray vraiemēt. et ainsi vous le promettes/oup par foy Et ce proces fine ma damoiselle defferma le bahu et monseigneur yssit dehors lasse/froisse/et trauaille/et elle le prēt a bras et baise et accolle tant doulcement que on ne pourroit plus/en lui priant pour dieu quil ne soit point mal cōtent. A dōc le poure coquart dit que nō estoit il puis quelle nen scauoit rien/mais il punira trop bien ses femmes sil y scait aduenir Par ma foy monseigneur dit elle/elles sen sont oires bienvengees devous ie ne doubte point que vous ne leur aies fait quelque chose. Nō ay certes que ie sache mais croies que le tout quelles mont ioue leur sera chier vendu. Il neut pas fine ce propos que toutes ses femmes entrerēt dedans qui si tresfort rioient et de si grāt cueur quelles ne sceurēt mot dire grant piece apres. Et monseigneur qui deuoit faire merueilles quant il les vit rire en ce point ne se peust tenir de les contrefaire/et ma damaiselle pour lui faire compaignie ne si faignit point. La veissies vous une merueilleuse risee et dūg coste et d.autre/mais celuy q en auoit le mais cause ne sen pouoit rauoir. Apres certaine piece ce passe temps cessa et dit monseigneur. Ma damoiselle ie vous mercye

beaucoup de la courtoisie que maues a nupt fait.a vostre commandement monseigneur respondit lune. Encores nestes vous pas quitte/vous nous aues faict et faictes tousiours tant de peine et de meschief que nous vous auons garde ceste pensee/et nauons autre regret que plus ny auez este et se neussions sceu de vray quil neust pas bien pleu a ma damoiselle encores y fussies vous et prenes en gre Esse cela dit il. or bien bien. vous verres comment il vous en prēdra/et p ma foy ie suis bien gouuerne quāt auec tout se mal que iay eu on ne me fait que farser et encores qui pis est il me fault payer la cote simple de satin/Et vraiement ie ne puis a mais que dauoir les chemises de la gaigeure en recompensacion de la peine quon ma faicte. Il ny a par dieu que raison dirent les damoiselles/nous vou lons a ceste heure estre pour vous monseigneur/et vous les autres/naura pas ma damoiselle/et a quel propos dit elle. il a perdu la gaigeure. dea nous scauōs trop biē cela/il ne les peut auoir de droit aussi ne les demande il pas a ceste inten cion/mais il les a bien desseruies en au tre maniere. A cela ne tiendra il pas dit elle. ie feray voulentiers fin de ce la toille pour lamour de vos mes damoiselles qui tant bien procures pour luy/et vous prendres bien la peine de les coustre/oup vraiement ma damoiselle. Comme cel luy qui ne fait que escourre la teste au matin quant il se lieue ql ne soit prest:ainsi

La .xxviii. nou. par messire michault de chaugy

estoit monseigneur/car il ne luy faillit que vne secousse de verges a nettoyer sa robe et ses chausses quil ne fut prest. et ainsi a la messe sen va et ma damoiselle et ses femmes se supuent qlz faisoient de luy ie vous asseure grās risees. Et croyez que la messe ne se passa pas sans foyson de ris soudains/quant il leur souuient du giste que monseigneur a fait au bahu lequel ne se scet encores qui fut celle nupt enregistre ou liure qui na point de nom et se nest que dauēture/ceste hystoire bien ne entre ses mains iamais nen aura se dieu plaist congnoissance ce q pour rien ie ne vouldroie. si prye aux lisans qui se congnoissent que bien se gardent de luy monstrer.

¶ La .xxviii. nouuelle/par messire michault de chaugy.

Se au temps du tresrenōme et eloquent bocace lauenture dont ie vueil fournir ma nouuelle fut aduenue a son audience et cōgnoissance puenue ie ne doubte point ql ne seust adioustee et mise ou reng des nobles hommes mal fortunez. Car ie ne pense pas que noble homme iamais pour vng coup eust guerres fortune plus dure a porter que se bō seigneur que dieu pardoint/dont ie vous compteray lauenture. et se sa male fortune nest digne destre oudit liure de bocacien fais iuge tous ceulx qui lorront racompter. Le bon seigneur dont ie vous parle en son temps vng des beaulx princes de ce royaulme/garny et adressie de tout ce quon scauroit louer et priser vng noble homme/et entre aultres ses proprietez il estoit tel destine quentre les dames iamais homme ne se passa de gracieusete. Or luy aduint que au tēpe que ceste renommee et destinee florissoit et ql nestoit bruit que de luy/amours q seme ses vertus ou mieulx luy plaist et bō luy semble fist aliance a vne belle fille ieune gente/gracieuse/et en bon point en sa facon/ ayant bruit autāt et plus que nulle de son temps tant par sa grant et nō pareille beaute/comme par ses tresbelles meurs et vertus/et qui pas ne nuysoit au leu tant estoit en la grace de la royne du pays quelle estoit son demy lit les nuys que ladicte royne point ne couchoit auec le roy. Les amours que ie voꝰ dis furēt si auant cōduictes qil ne restoit q temps et lieu pour dire et faire chūj a sa partie. la chose au monde que plus luj pourroit plaire. ilz ne furēt pas peu de iours pour

La.xxviii.nou.par messire michault de chaugy

aduiser lieu et place conuenable a ce faire/mais en la fin celle qui ne desiroit pas mains le bien de son seruiteur que la saluacion de son ame saduisa dung bon tour dont tantost lauertit disant ce qui sensuit Mon tresloyal amy vous scauez comment ie couche auec la royne et que nullement ne mest possible se ie ne vouloie tout gaster dabandonner cest honneur et auancement dont la plus femme de bien de ce royaulme se tiendroit pour bien eureuse et honnoree/combien que par ma foy ie vous vouldroie complaire et faire vostre plaisir et daussi bon cueur cõe a elle/et quil soyt vray ie le vous monstreray de fait sans abandonner toutesfois celle qui me fait et peult faire tout le bien et lhonneur du monde/ie ne pense pas aussi que vous soufsissiez que aultrement ie fisse. Non par ma foy mamye respondit le bon seigneur/mais toutesfois ie vous prie quen seruant vostre maistresse/vostre leal seruiteur ne soit point arriere du bien que faire luy poues qui ne luy est pas maindre chose de a vostre grace et amour puenir/que de gaigner le surplus du monde. Decy que ie vous feray monseigneur dit elle/la royne a vne leuriere comme vous scauez dont elle est beaucoup assotee et la fait couchier en sa chambre/ie trouueray facon anuyt de lenclorre hors de la chãbre sans quelle en saiche rien. Et quant chun sera retrait ie feray vng sault iusques en la chambre de paremẽt et deffermeray luys et le laisseray entre ouuert. Et quant vous penserez que la royne pour

ra estre au lit vous viendrez tout secretement et entrerez en sadicte chambre et fermerez luys/vous y trouuerez la leuriere qui vous congnoist assez/si se laissera bien approuchier de vous/vous la prẽdres par les oreilles et la feres bien hault crier. Et quant la royne lorra elle la congnoistra tantost. Je ne me doubte poit quelle ne me face leuer icontinent pour la mettre dedans/et en ce point vie dray ie vers vous et ne failles poit se iamais vous voules parler a moy. Ha ma treschiere et loiale amye dit mõseigneur ie vous mercye tant que ie puis/pensez que ie ny fauldray pas. Et a tant se part et sen va et sa dame aussi chascun pensant et desirant dacheuer ce qui est propose. Que vauldroit le long compte/la leuriere se cuida rendre quant il fut heure en la chambre de sa maistresse comme elle auoit accoustume/mais celle qui lauoit condannee dehors la fit retraire en sa chãbre au plus pres/et la royne se coucha sans ce quelle sen donnast garde/et assez tost apres luy vint faire compaignie la bonne damoyselle qui nattendoit que leure du prester la leuriere et la semonce de bataille. ne demoura gueres que le gentil seigneur se mist sur les rens et tant fit quil se trouua en la chãbre ou la leuriere se doi noit il la quist tãt au pie que a sa main quil la trouua/et puis la prinst p les oreilles et la fist hault crier deux ou trois fois et la royne qui loyoit cogneut tantost que cestoit sa leuriere et pẽsoit quelle vousit estre dedans. Si appella sa damoiselle et

La .xxviii. nou. par messire michault de chaugy

luy dist/mamye Bela ma seuriere qui se plaint la dehors/sceuez vous si la mettez dedans. Voulentiers ma dame dit la damoiselle. Et ia soit quelle attendist la bataille dont elle mesmes auoit seure et le iour assigne/si ne sarma elle q̃ de sa chemise/ꞇ en ce point sen vint a luys et sourit ou tantost luy vint a sencontre celuy qui lattendoit. Il fut tant ioyeulx et tãt surprins quãt il vit sa dame si belle et en si bon point quil perdit force/sens et aduis/et ne fut en sa puissance adoncques tirer sa dague pour esprouuer selle pourroit prendre sur ses cuyrasses. trop bien de baiser/daccoler/de manier le tetin et du surplus il faisoit assez diligẽce:mais du parfait nichil. Si fut force a la gẽte damoiselle q̃lle retournast sans luy laisser ce quauoir ne pouoit se par force darmes ne le conqueroit/et ainsi q̃lle sen voulut partir il la cuidoit retenir par force et par doulces paroles/mais elle nosoit demourer/ si luy ferma luys au visaige ꞇ sen reuint par deuers la royne q̃ lui demanda selle auoit mis sa seuriere dedans/et elle dit que nõ:car oncques puis ne sauoit sceu trouuer et si auoit beaucoup regarde. Or bien dist la royne couchez vous/tousiours laura on bien. Le poure amoureulx estoit a celle heure bien mal content qui se voioit ainsi deshonnorer ꞇ aneantir. et si cuidoit au parauant ꞇ bien tãt en sa force se fioit que/mains d'heure quil nauoit esté auec sa dame/il en eust bien combatu telles trois ꞇ venu au dessus delles et a son honneur. au fort il reprint couraige ꞇ dist bien en soymesmes sil est iamais si eureulx que de trouuer sa dame ẽ si belle/elle ne partira pas comme elle a fait lautre fois/et ainsi anime et esguillonne de honte et de desir il reprent sa seuriere par les oreilles /et la tira si rudement tout courrouce quil estoit/q̃l la fist crier beaucoup plus hault quelle nauoit deuant. Si hucha arriere a ce cry la royne sa damoiselle qui reuit ouurir luys comme deuãt/ mais elle se retourna deuers sa maistresse sans conquester ne plus ne mais quelle fit a laultre fois. Or reuint la tierce fois q̃ ce poure gentil homme faisoit tout son pouoir de besoigner comme il auoit le desir. mais au deable de somme sil peust oncques trouuer maniere de fournir vne poure lance a celle qui ne demandoit aultre chose et q̃ lattendoit tout de pie quoy Et quant elle dit quelle nauroit pas son panier percie et quil nestoit pas en laultre mettre seulement sa lance en son arrest quelque aduantaige quelle luy fist. tantost cõgneut quelle auoit a la iouste failly dont elle tint beaucoup mains de compte du ioustẽr. elle ne voulut nosa la plus demourer pour conqueste quelle y fist. si voulut rentrer en la chambre et son amy la retiroit a force ꞇ disoit/he las mamye demeures encores vng peu ie vous en prie. Je ne puis dit elle laissez moy aler/ie nay que trop demoure pour chose que iaye prouffite/ꞇ a tant se tourne vers la chambre et lautre la suyuoit qui la cuidoit retenir. Et quant elle vit

La .xxix. nouuel par Mōseigneur

ce/pour le bien payer et la royne contenter elle a la dire tout en hault. Passez passez orde caigne que vous estes/p dieu voº ny entreres meshuy meschāte beste que vous estes. et en ce disant ferma luys et la royne qui souyt demanda /a qui plez vous mainie. Cest a ce paillart chiē madame qui ma fait tant de peine de le querir/il sestoit boute soubz vng banc la dedās et cachie tout de plat le museau sur la terre/si ne le scauoye trouuer. et quāt ie lay eu trouue il ne sest oncqs daigne leuer pour quelque chose que ie luy aye fait/ie leusse tresvoulētiers boute dedēs mais il na oncques daigne leuer la teste si lay laisse la dehors z a son visage tout par despit ay ferme luys. Cest tresbien fait mamye dist la royne/couchez vous si dormirons. Ainsi que vous aues ouy fut mal fortune ce gentil seigneur/Et pour ce quil ne peust quant sa dame voulut/ie tien moy quāt il eust bien depuis la puissance a commandement/le vouloir de sa dame fut hors de la ville.

¶ La .xxix. nouuelle/par monseigneur

N a pas cent ans du iour duy que vng gentil homme de ce royaulme voulut scauoir z esprouuer lalse quō a en mariage. et pour abregier fist tant q le tresdesire iour de ses nopces fut venu Apres ses tresbonnes chieres et aultres passetemps accoustumez lespousee fut couchee/et vne certaine piece aps la suyuit z se coucha au plus pres delle. z sans delay incontinēt bailla lassault a sa forteresse/a quelque meschief q ce fut il entra dedans z la gaigna/mais voº deuez entendre quil ne fit pas ceste conqste sās faire foison darmes qui lōgues seroient a racompter/car aincois quil venist au donion du chasteau force luy fut de gaigner z emporter belleures/baulsieres z plusieurs autres fors dōt la place estoit bien garnie/comme celle qui iamais nauoit este prinse/au moins dont fut encores grant nouuelle/et que nature auoit

La .xxix. nouuel par Mõseigneur

mis a defense. Quãt il fut maistre de la place il rompit sa lance/ι lors cessa sasfault et plopa locuure. Or ne fait pas a oublier que la bõne damoiselle qui sebit en la mercy de ce gentil homme/son mary qui desia auoit fourraige la plus part de son manoir luy boulut monstrer bng prisõnier quelle tenoit en bng secret lieu enclo3 et enferme. Et pour parler plain elle se deliura cy prins cy mis apres ceste premiere course dung tresbeau fil3/dont son mary se trouua si treshonteux et tãt esbahy quil ne sauoit sa maniere si non de soy taire. Et pour honnestete et pitie quil eust de ce cas il seruit la mere et lenfant de ce quil sauoit faire/mais cree3 q̃ la poure gentil femme a cest coup getta bng bien hault ι dur cry qui de plusieurs fut clerement ouy ι entẽdu quil3 cuidoient a la berite q̃lle gettast ce cry a la despuceller/cõme cest la coustume en ce roy aulme. pendant ce temps les gentil3 hõmes de lhostel ou ce nouueau marye demouroit bindrent heurter a luy de ceste chambre et apportoient le chaudeau/il3 heurterẽt beaucoup sans ce que ame respondit. lespouse en estoit bien excusee/ι lespouse nauoit pas cause de trop caqueter. Et quesse cy dirent il3 nouurere3 bo9 pas luys/se bous ne bous haste3 nous le rompions/le chaudeau que nous bous apportons sera tantost tout froit. et lors recommencerent a heurter de plus belle mais le nouueau marype ne eust pas dit bng mot pour cent frans/dont ceulx de dehors ne scauoient que penser/car il ne estoit pas muet de coustume. au fort il se leua ι print une longue tobe quil auoit ι laissa ses compaignons entrer dedans qui tantost demanderent se le boudeau estoit gaigne et quil3 lapportoient a la uenture/ et lors bng dentre eulx couurit la table ι mist le banquet dessus/ car il3 estoient en lieu pour ce faire ι ou riẽ nestoit espargne ẽ tel3 cas ι autres semblables. il3 assirent tous au mengier et bõ mary prinst sa place en bne chaire a dos asse3 pres de son lit tant simple ι tant piteux quon ne le bous scauroit dire/ι q̃lq̃ chose que les autres dissent/ il ne sõnoit pas bng mot/mais se tenoit comme bne droite statue/ou bne ydole entaillie. Et quesse cy dist lung ne prene3 bous point garde a la bõne chiere que nous fait nostre hoste. encores a il a dire bng seul mot Ha deu dist lautre ses bourdes sont rabaissies. Par ma foy dist le tiers/mariage est chose de grãt bertu. regarde3 quãt a bne heure quil a este marie/il a ia pdu la force de sa langue/ sil est iamais lõguement ie ne donneroye pas maille de tout le surplus. et a la berite dire il estoit au par auant bng tresgracieux farseur ι tant bien lui seoit que merueilles/ι ne disoit iamais bne parolle puis q̃l estoit en gogue3 quelle napportast auec elle sõ ris/mais il en estoit pour lheure bien reboute. ces gentil3 hommes et ces cõpaignons beuoient dautãt ι dautel et a lespouse ι a lespousee/mais au deable des deux fil3 auoient faim de boire/ lung en raigeoit tout bif/et laultre nestoit pas

La .xxx. nouuelle par Mõseigneur de beauuoir

mains mal aise. Je ne me congnois en ceste maniere dist vng gentil homme il nous fault festoier de nous mesmes/ie ne vis iamais homme de si hault esternu si tost rassis pour vne femme/iay veu q̃ on neust ouy pas dieu tonner en vne cõpaignie ou il fust/ et il se tient plus quoy q̃ vng feu couuert. a dea ses haultes paroles sont bien bas entonnees maintenant. Je boy a vous espouse disoit lautre/mais il nestoit pas pleige. car il icunoit de boire/de mengier/de bonne chiere faire et de parler. non pourtant assez bõne piece apres quant il eust bien este reprouue et rigole de ses compaignõs, et cõme vng sanglier mis aux abais de tous coustez il dit/messeigneurs quãt ie vous ay bien entendus q̃ me semonnes si tres fort de parler ie vueil bien que vous sachiez que iay bien cause de beaucoup penser et de moy taire tout quoy /et si suis seur quil ny a nul qui nẽ fist autant sil en auoit le pour quoy comme iay. Et par la mort bieu se iestoie aussi riche q̃ le roy que monseigneur et que tous les princes ppiens si ne seroys ie fournir ce q̃ mest apparent dauoir a entretenir /vecy pour vng poure coup que iay accolle ma femme/elle ma fait vng enfant. Di regardez se a chascune fois que ie recommenceray elle en fait autant de quoy ie pourray nourrir le mesnage. Comment vng enfant dirent ses compaignons/voire/ voirevraiemẽt vng enfant vecy de quoy regardez/et lors se tourne vers son lit et lieue la couuerture et leur monstre/tenez

dit il vela . avache et le veau/suis ie pas bien party. plusieurs de sa compaignie furent bien esbahys et pardõnerẽt a leur hoste sa simple chiere et sen alerẽt chascũ en sa chascune/et le poure nouueau marye abandõna ceste pmiere nupt la nouuelle accouchee/et doubtant que elle nẽ fist vne autre fois autãt /oncques puis ne si trouua.

¶ La .ppp. nouuelle/par mõseigneur de beauuoir.

Il est vray comme leuangisse que trois bons marchans de sauoye se mindrent au chemin auec leurs trops femmes pour aler en pelerinage a saint antoine devienoys/et pour y aler plus deuotemẽt rẽdre a dieu et a mõseigneur

La .xix. nouuelle par Monseigneur de beauuoir

fait anthoine leur voyage plus agreable. ilz conclurent auec leurs femmes des se partir de leurs maisons que tout le voyaige ilz ne coucheroiēt pas auecques elles mais en continence pront et viendront. Ilz arriuerent vng soir en la ville de chāberi et se logerēt a vng tresbō logis et firēt au souper tresbōne chiere cōme ceux qui auoient tresbien de quoy et qui tresbien se sceurent faire/ et croy et tiēs fermemēt se ne feust la promesse du voyage q̄ chascun eust couche auec sa chacune. Toutesfoys ainsi nen aduint pas. Car quant il fut heure de soy retraire les femes dōnerent la bōne nupt a leurs maris et les laisserent et se bouterent en vne chambre au plus pres ou elles auoient fait couurir chacūe son lit. Or deuez vo9 scauoir que ce soit propre arriuerent leans troys cordeliers qui sen aloient a geneuue qui furent ordonnez a coucher en vne chābre non pas trop loingtaine de la chambre aux marchandes. Lesquelles puis q̄lles furent entre elles cōmencerent a deuiser de cent mille propos et sembloit pour trois quil en y auoit quon en oyoit la noise q̄l suffiroit oyr dung quatteron. Les bons cordeliers oyans ce bruit de femes saillirent de leurs chambres sans faire effroy ne bruyt / et tant approcherēt de luys sās estre ouys quilz peurēt ces troys belles damoiselles qui estoient chascune a part elles en vng beau lit assez grant et large pour le deusieme receuoir dautre couste. Puis se reuirēt et entendirent les maris qui se couchoient en lautre chābre et puis

dirent que fortune et honeur a ceste heure leur court seur et quilz ne sōt pas dignez dauoir iamais nulle bonne aduenture se ceste quilz nont pas a pourchasser par laschete leur eschapoit. Si dit lung il ne fault aultre deliberation en nostre fait / nous somes trois et elles troys/ chascun prenge sa place quant elles seront endormies / sil fut dit aussi fut il fait et si bien vint a ces bons freres cordeliers quilz trouuerent la clef de la chambre aux femes dedens luys/ si louurirent si tressouefuement quilz ne furent dame ouys / ilz ne furent pas si folz quant ilz eurēt gaigne ce premier fort pour plus seurement assaillir lautre quilz ne tirassent la clef par deuers eulx et resserrerent tresbien luys / et puis apres sans plus enquerre chacun print son quartier et cōmencerēt a besongnier chacun au mieux quil peut mais le bon fut / car lune cuidant auoir son mary parla et dist que vous les vous faire ne vous souuient il de vostre veu/ et le bon cordelier ne disoit mot/ mais faisoit ce pour quoy il estoit venu de si grāt cueur quelle ne se peut tenir de luy aider a parfournir. Les autres deux dautre pt nestoient pas oyseux / et ne scauoient ces bonnes femes qui menoit leurs maris de si tost rompre et casser leur promesse / neantmoins touteffois elles qui doiuēt obeyr le prindrent bien en patience sans dire mot chascune doubtant destre ouye de sa compagnie/ Car ny auoit celle qui a la verite ne cuidast auoir seule et emporter se bien. Quant ces bōs cordeliers

h.i.

La .xix. nouuelle par Mõseigneur de beauuoir

eurent tant fait que plus ne pouoyent ilz se partirent sans dire mot et retournerent en seur chambre chacun comptãt son aduẽture. Lung auoit rompu troys lances/lautre quatre/lautre six. Ilz se seuerent matin pour toute seurte et tirerent pays. Et ces bõnes femmes qui nauoyent pas toute la nupt dormy ne se leuerent pas trop matin/car sur le iour sõmeil les prit qui les fist leuer tart. Daultre coste seurs mariz qui auoiẽt assez bien beu le soir/ et qui se attendoyent a lappeau de seurs femmes dormoiẽt au plus fort a leure/car es autres iours auoient ia chemine deux lieux. Au fort elles se seuerẽt apres le repos du matin et sabillerent le plus roide quelles peurent/non pas sans parler/ Et entre elles celle qui auoit la langue plus preste ala dire. Entre vous mes damoiselles cõment auez vous passe la nupt/voz mariz vous ont ilz reueillees comme a fait le mien/il ne cessa annupt de faire la besongne. Sait iehan dirent elles se vostre maty a bien besongnie ceste nupt les nostres nõt pas este op seux/ilz ont tantost oublye ce qlz promirent au partir/et croyez que on ne seur oubliera pas a dire. Jen aduertis trop bien le myen dist lune quant il commenca/ mais il nen cessa pourtant oncques seuure/ et comme homme affame pour deux nuitz quil a couchie sãs moy il a fait raige de diligence. Quant elles furẽt prestes elles vidrẽt troubler seurs mariz qui desia estoient cõe tous prestz et en pourpoit. Bon iour bon iour a ces dormeurs dirent elles. Vostre mercy dirent ilz qui nous aues si bien huchiez. Ma foy dist lune nous auions plus de regret de vous appeler matin que vous naues fait annupt de conscience de rompre et quasser vostre veu. Quel veu dist lung. Le veu dit elle que vous fistes au partir/cest de non couchier auec vostre femme. Et qui ya couchie dit il. Vous le sauez bien dit elle et aussi fais ie. Et moy aussi dit sa compaigne/vela mon mary qui ne fut pieca si roide quil fut la nupt passee/et sil neust si bien fait deuoir ie ne seroie pas si contente de la rompeure de son veu/mais au fort ie le passe car il a fait comme les ieunes enfans qui veulent amployer leur basture quant ilz ont desserui le punir. Sait iehan si a fait le myen dist la tierce/ mais au fort ie nen feray ia proces se mal y a il en est cause. Et ie tien par ma foy dist lung que voꝰ reuez et que vous estez pures de dormir. quãt est de moy iay icy couchie tout seul et nen partis annupt/ nõ ay ie moy dit lautre/ne moy par ma foy dit le tiers. ie ne vouldroye pour rien auoir enfraint mon veu/et si cuide estre seur de mon cõ pere qui est cy et de mon voisin quilz ne leussẽt pas promis pour si tost soublier. Les femmes commencerẽt a changier couleur et se doubterent de trõperie/ dõt lung des mariz delles tantost se donna garde et lui iuga le cueur de la verite du fait. Si ne leur bailla pas induce de respondre/aincois faisant signe a ses cõpaignons dit en riant. Par ma foy ma

La .xix. nouuelle par Monseigneur de beauuoir

damoiselle le bon vin de ceans et la bonne chiere du iour passe nous ont fait oublier nostre promesse si nen soyes ia mal contentes/a lauenture se dieu plaist nous auons fait annupt a vostre aide chascun vng bel enfant qui est chose de si hault merite quelle sera suffisate deffacer la faulte du cassement de nostre veu. Or dieu le veuille dirent elles/mais ce que si affermeement disies que nauiez pas este vers nous/nous a fait vng petit doubter. nous sauons fait tout a propos dit lautre assi doulx que vous diriez. et vous auiez fait double peche/comme de faulcer vostre veu et de mentir a escient/ et nous mesmes aussi auiez beaucoup troublees. ne vous chaille non dit il/cest peu de chose/ mais alles a la messe et nous vous suyuerons Elles se misdrent a chemin deuers legise/et leurs maris demeurerent vng peu sas les suiuir trop roide/puis dirent tous ensemble sans en mentir de mot/ nous sommes trompez/ces deables de cordeliers nous ont deceuz/ilz se sont mis en nostre place et nous ont monstre nostre folie Car se nous ne voulions pas coucher auec noz femmes il nestoit ia mestier de les faire coucher hors de nostre chambre et sil y auoit danger de litz la belle paillade est en saison. Dea dist lung de eulx nous sommes chasties pour vne aultre foiz et au fort il vault mieulx que la tromperie soit seulement sceue de nous/ que de nous et de elles/car le dangier est bien grant sil venoit a leur congnoissance vous oues par leur confession que ces ribaulx moynes ont fait merueilles dar-

mes/et espoire plus et mieulx que nous ne sauons faire/et se elles le sauoiet elles ne se passeroient pas pour ceste foiz seulement/sen est mon conseil que nous lauallons sans macher. Ainsi me aist dieu se dist le tiers mon compere dit tresbien et quant a moy ie rapelle mon veu/car se nest pas mon entetion de plus moy mettre en ce dangier. Puis que vous le voulez dirent les deux aultres/et nous vous en supurons. Ainsi coucherent tout le voyage et femmes et maris tout ensemble/ dont ilz se garderent trop bien de dire la cause qui a ce les mouuoit. Et quant les femmes virent ce/si ne fut pas sans demander la cause de ceste reherse/et ilz respondirent par couuerture puis quauoiet commence de leur veu entrerompre il ne restoit que du parfaire. Ainsi furent les trois bons marchas des trois bons cordeliers trompes sans quil venist iamais a la congnoissance de celles qui bien en fussent mortes de deul selles en eussent sceu la verite/coe on voit tous les iours mourir femes de maindre cas et a mais doccasion.

¶ La .xxxi. nouuelle racomptee par mon signeur de la barde.

h.ii.

La .xxxi. nouuel. par Monseigneur de la barde

Ung gentil escuier de ce royaulme bien renōmé ⁊ de grāt bruit deuit amoureux a rohan dune tresbelle damoiselle/et fist toutes ces diligences de paruenir a sa grace/ mais fortune luy fut si contraire et sa dame si peu gracieuse/quen fin il abandonna sa queste cōme par desespoir/il neut pas trop grant tort de ce faire/ car elle estoit ailleurs pourueue/non pas quil en sceust rien/cōbien quil sen doubtast/toutesfoiz celuy q̄ en iopssoit qui cheualier et hōme de grant auctorite estoit/nestoit pas si peu priue de luy/quil nestoit gueres chose au mōde dont il ne se fust bien a luy descouuert si non de ce cas/trop bien luy disoit il souuent/par ma foy mon amy ie vueil bien que tu saches que iay ung retour en ceste ville dōt ie suis beaucoup assote/ car q̄t ie ny suis ie suis tāt par force de trauail ⁊ si reboute/quon ne tireroit poit de moy

une lieuette de chemin/et se ie me treuue vers elle ie suis hōe pour en faire troys ou quatre voire ses deux tout dune alaine. Et nest il requeste ne priere disoit lescuyer que ie vo⁹ sceusse faire que ie sceusse tant seulement le nom de celle/nennyp ma foy dist lautre tu nen scauras plus auant. Si bien dist lescuier/quāt ie seray si euteux que dauoir riēs de beau/ie vo⁹ seray aussi pou priue q̄ vo⁹ mestes estrange. Aduint ce temps pendant que se bon cheualier se pria de souper au chāsteau de rohan ou il estoit logie/⁊ il y vint/⁊ firēt tresbōne chiere. Et quant le souper fut passe et aucun peu de deuises/apres le gentil cheualier qui auoit.heure assignee daller vers sa dame/dōna conge a lescuii et ⁊ dist vo⁹ scaues que nous auons demain beaucoup a besoingner/⁊ quil no⁹ fault leuer matin pour telle matiere et pour telle quil fault eppedier/cest bon de nous coucher de bonne heure/et pour ce ie vous donne la bonne nupt. Lescuier qui estoit subtil/et ce voyant doubta tātost/que ce bon cheualier vouloit aller coucher et quil se couuroit pour luy donner congie des besoingnes de landemai mais il nen fist quelque semblant/ aincoys dist en prenant congie/et donnant la bonne nupt. Mon signeur vo⁹ dictes bien/leues vous matin et aussi feray ie. Quant ce bon escuier fut en bas descendu/il trouua une petite mallette au pie du chasteau et ne vit ame qui sa gardas/ si pensa tantost que le paige quil auoit rencontre en descendant aloit querir la

La .xxxi. nouuel. par Mōseigneur de la barde

housse de son maistre/et aussi faisoit il. Ha dit il en soymesmes mō hoste ne ma pas donne congie de si haulte heure sās cause/Vecy sa mulette qui nattent autre chose que ie soye en Voye pour aler ou on ne Veult pas que ie soye. Ha mulette dit il se tu sauoys parler tu diroys de bonnes choses/ie te prie que tu me maines ou ton maistre Veult estre. Et a ce coup il se fist tenir lestrief par son paige et mō ta dessus et lui mist la resne sur le col et la laissa aler ou bon lui sembla tout le beau pas/et la bonne mulette se mena par rues et par ruettes deca et dela tant quelle Vint arrester au deuant dung petit guichet qui estoit en Vne rue oblique ou son maistre auoit acoustume de Venir/et estoit huys du iardin de la damoiselle qͥl auoit tant aymee ͛ par desespoir abandonnee/il mist pie a terre et puis heurta Vng petit coup au guichet/et Vne damoiselle qui faisoit le guet par Vne faulse treille cuidant que ce fust le cheualier sen Vint en bas et ouurit huys et dit. Monseigneur Vous soyez le tresbiē Venu/Vela ma damoiselle en sa chambre qͥ Vous attent. Elle ne le congneut point pource quil estoit tart/et auoit Vne cornette de Velours deuāt son Visaige. Adōc lescuier respondit ie Vois Vers elle. Et puis dit a son paige tout bas en loreille/Va ten bien a haste et remaine la mulette ou ie lay prinse et puis ten Va coucher Si feray ie dit il. La damoiselle referma le guichet et sen retourna en sa chambre et nostre bon escuier tresfort pensant a sa besongne marcha tresserreemēt Vers la chābre ou sa dame estoit laquelle il trouua desia mise en sa cotte simple la grosse chaine dor au col. Et comme il estoit gracieux courtois et bien emparle la salua bien honnorablemēt. Et elle qui fut tāt esbaye que se cornes lui fussent Venues de prinsault ne sceut que respondre si nō a Vne piece apres quelle lui demanda qͥl queroit seans ͛ dont il Venoit a ceste heure et qui lauoit boute dedens. Ma damoiselle dit il Vous pouez asser penser q̄ se ie neusse eu autre ayde que moymesmes q̄ ie ne fusse pas ycy/mais la dieu mercy Vng qui a plus grāt pitie de moy que Vous nauez encores eu ma fait cest auātaige. Et qui Vous a amene sire dit elle. Par ma foy ma damoiselle ie ne le Voꝰ quiers ia celer/Vng tel seigneur cest assauoir son hoste du soupper my a enuoie. Ha dit elle/le traitre et desloyal cheualier quil est se trompe il en ce point de moy Or bien bien ien seray Vengee quelque iour. Ha ma damoiselle dit lescuier ce nest pas bien dit a Vous/car ce nest pas traison de faire plaisir a son amy et lui faire secours et seruice quant on le peut faire/Vous sauez bien la grant amitie qͥ est de pieca entre lui et moy et quil ny a celui qui ne dye a son compaignon tout ce quil a sur le cueur. Or est ainsi quil ny a pas long temps que ie lui comptay et confessay tout le long de la grāt amour que ie Vous porte/et que a ceste cause ie nauoye nul bien en ce monde/et se par aucune facon ie ne paruenoye en Vostre

h.iii.

La .xxxi. nouuel. par Mõseigneur de la barde

bonne grace il ne mestoit pas possible de longuemēt viure en ce douloreux marti re. Quant le bon seigneur a congneu a la verite que mes parolles nestoiēt pas faintes doubtaut le grant inconueniēt qui en pourroit sourdre a fait bien de me dire ce qui est entre vous deux/ et ayme mieulx vous abandonner en moy saul uant la vie quen moy perdāt malheureu sement vous entretenir/ et se vous eus/ siez este telle que vous deueriez vo⁹ neus siez pas tant attendu de bailler confort ou guerison a moy vostre obeyssant ser uiteur/ qui sauez certainemēt que ie vo⁹ ay loyaument serui et obeye. Je vous requiers dit elle que vous ne me parlez plus de cela et vous en alez hors dicy/ mauldit soit celui qui vous y fist venir. Sauez vous quil ya ma damoiselle/ ce nest dit il pas mon intēcion de partir dy cy quil ne soit demain. Par ma foy dit elle si ferez tout maintenāt. Par la mort bieu non feray/ car ie coucheray auecqs vous. Quant elle vit que cestoit a bon escient et quil nestoit pas homme pour enchacier par rudes parolles elle lui cui da donner congie par doulceur et dit. Je vous prie tant que ie puis alez vous en pour meshuy et par ma foy ie feray vne aultre fois ce que vous vouldrez. Dea dit il nen parlez plus/ car ie coucheray ennuyt auecques vous. Et lors commē ce a soy despouiller et prent la damoi selle et la maine banqueter/ et fist tant pour abregier quelle se coucha et lui em pres elle. Ilz neurēt gueres este couchiez

ne plus couru dune lance que vecy bon cheualier qui va venir sur sa mullette et vint heurter au guichet/ et le bon escuier qui loupt le congneut tantost/ si commē ca a glappir contrefaisant le chien tres fierement. Le cheualier quant il ouyt il fut bien esbay et autant courrouce/ si re heurte de plus belle et tresrudement au guichet/ et lautre de recommēcer a glap plir plus fierement que deuant. Qui est ce la qui grongne dit celui de dehors/ par la mort bieu ie le sauray. Ouurez luys ou ie le porteray en la place. Et la bonne gentil femme qui enraigeoit toute viue saillit a la fenestre en sa cotte simple et dist. Estez vous faulx et desloyal cheua lier/ vous aues beau heurter vous ny en trerez pas. Pourquoy ny entreray ie pas dit il. Pource dit elle que vous estes le plus desloyal qui iamais fēme accoin tast/ et nestes pas digne de vous trouuer auecques gens de bien. Ma damoiselle dit il vous blasonnez tresbien mes ar mes ie ne scay qui vous meut/ car ie ne vous ay pas fait desloyaulte q̄ ie saiche Si auez dit elle la plus grant que ia mais homme fist a femme. Non ay par ma foy/ mais dictes moy qui est la de dens. Vous le sauez bien dit elle traictre mauuais que vous estes. Et a ceste fois bon escuier qui estoit ou lit commenca a glappir contrefaisant le chien cōme par auant. A dea dist celui de dehors ie nen tens point cecy/ et ne sauray ie point qui est ce grongneur. Sait iehan si ferez dit lescuier. Et il sault sus et vint a la fene

La .xxxi. nouuel. par Mõseigneur de la barde

stre dempres sa dame et dit que vous plaist il monseigneur. Vous aues tort de nous ainsi resueiller Le bon cheualier quant il congneut quelle parloit a luy fut tant esbahy que merueilles et quãt il parsa il dist. et dont viens tu cy. bien de souper de vostre maison pour couchier ceans. A male faulte dit il. et puis adreca sa parole a la damoiselle et dist Ma damoiselle heberges vous telz hostes ceans Nenny monseigneur dist elle la vostre mercy qui me saues enuoie. moy dist il. saint ie han non ay ie suis mesmes venu pour y trouuer ma place mais cest trop tart. et au mains ie vous prie puis que ie nen puis auoir aucune chose oultre moy sus si boiray vne fois. vous ny entreres par dieu ia dist elle. saint iehã si fera dist lescuier. lors descendit et ouurit huis et sen vint recouchier et elle aussy dieu scait bi en hõteuse et bien mal contente Quant le bon seigneur fut dedẽs et il eut alume de la chandelle il regarde sa belle compai gnie dedens le lit et dist bon preu vous face ma damoiselle et a vous aussy mon es cuier. bien grãt mercis monseigneur dit il Mais la damoiselle qui plus ne pou uoit se le cueur ne luy saillsoit dehors du ventre ne peult onquez dire vng seul mot et cuidoit tout certainemẽt que lescuier fust leans arriue par laduertissement et conduite du cheualier si luy en vouloit tant de mal que on ne le vous scairoit di re Et qui vous a enseigne la voie de ce ans mon escuyer dist le cheualier. vostre mulette monseigneur dist il que ie trou uay en bas ou chasteau quãt ieu souppe auec vous elle estoit la seule et esgaree si luy demanday quelle attẽdoit et elle me respond quelle nattẽdoit que sa housse et vous et pour ou aler dis ie. ou auons de coustume dist elle. ie scay bien dis ie que ton maistre ne ira meshuy dehors car il se va couchier mais maine moy la ou tu scais quil va de coustume et ie ten prie. el se en fut cõtente. si montay sus elle et el le madreca ceans sa sienne bõne mercy. dieu mette en mal an sor de beste dit le bõ seigneur qui ma encuse Ha que vous le vales loiaulmẽt monseigneur dist la da moiselle quãt elle peut prendre sa paine de parler ie voy bien que vous trompes de moy mais ie veul bien que vous sachies que vous ny aures gueres dhõncur. il ne stoit ia mestier se vous ny voulies plus venir de y enuoier aultruy soubz vmbre de vous. mal vous cõgnoist qui onques ne vous vit par la mort dieu ie ne suy ay pas enuoie dit il mais puis quil y est ie ne len chaceray pas et aussi il y en a as ses pour nos deux na pas mõ cõpaignõ Ouy monseigneur dit il tout au butin et ie le veul si nous fault boire du mar che Et lors se tourna vers le dressoir et ver sa du vin en vne grant tasse qui y estoit et dist ie boy a vous mon cõpaignõ et puis sist verser de laultre vin et le bailla a la damoiselle qui ne vouloit nullement boire mais en la fin voulsist ou non elle baisa la tasse Or ca dist le gentil cheua lier mõ cõpaignõ ie vous laisseray ici be soignes biẽ vre tour auiourdui le mie se

h. iiii.

La .xxxii. nouuelle

ra demain se dieu plaist Si vous prie q̃ vous me soies aussi gratieux quāt vo⁹ my trouueres que ie vous suis maintenāt Nostre dame mō cōpaignō aussy seray ie ne vous doubtez Ainsi sen ala le bō cheualier et lessa lescuier q̃ fist au mieulx quil peust ceste premiere nuit et aduertit la damoiselle de tous poins de la verite de son aduēture dont elle fut vng peu plus cōtente que se laultre luy eust enuoie Ainsi fut la belle damoiselle deceue par sa mulette et cōtrainte dobeir a au cheualier et a lescuier chascuny a son tour dōt en sa fin elle sacoustuma et tres bien se print en patiēce Mais tant de bien y eut que se le cheualier et lescuier sen traimoiēt biē par auāt ceste aduenture lamour dentre eulx a ceste occasion fut redoublee qui entre aucūs mal cōseilies eust engendre discort et mortelle haine.

La .xxxi. nouuelle par mō seigneur de Villiers

Affin que ie ne soie seclus du treseureux et haut merite deu a ceulx qui trauaillēt et labeurent a laugmētation des histoires de ce present liure ie vo⁹ racompteray en brief vne aduēture nouuelle par la quelle on me tiendra expuse dauoir fourny la nouuelle dont iay na gueres este somme. Il est notoire verite que en la ville de hostelerie en castelloine arriuerēt plusieurs freres mineurs quon dit de lobseruāce enchaces et deboutes p leur mauuais gouuernemēt et faicte deuotion du roiaulme despaigne a trouuerēt facō dauoir entree deuers le seigneur de la ville qui desia estoit anciē et tant firent pour abreger quil leur fōda vne belle eglise et beau couuēt et les maintint entretit toute sa vie le mieulx quil sceut et aprez regna son filz aisne qui ne leur fist pas mains de biē que son bon pere et de fait ilz prospererēt en peu de ans si bien quilz auoiēt suffisaumēt tout ce que on sairoit demāder en vng couuēt de mēdias Et affin que vous sachies quilz ne furēt pas oiseux durāt le temps quilz a quirēt ces biens ilz se mirēt au prescher tant en la ville que par les villaiges voisins et gaignerēt tout le peuple et tant firent quil nestoit pas bō crestiē qui ne sestoit a eulx confesse tāt auoient grant bruit a bon los de bien remōstrer aux pecheurs leurs defaultez Mais qui sesfouast et eust biē en grasse les femmes estoient du tout dōnees tant les auoiēt trouues sainctes gens de grant charite et de parfonde deuotiō Or entendes la mau

par Monseigneur de vilhers.

uaitie deception et horrible trayson q ces faulx ypocrites pourchasserent a ceulx et celles qui tant de biēs de iour en iour leur faisoient/ilz baillerent entendre generalement a toutes ces femmes de la ville quelles estoient tenues de rendre a dieu la disme de tous leurs biēs/comme au seigneur de telle chose et de telle, a vostre paroisse et cure de telle chose et telle, et a nous vous devez rendre et livrer la disme du nombre des fois que vous couchiez charnellement auec vostre mary/ nous ne prenons sus vous autre disme car comme vous sauez nous ne portons poit dargēt/car il ne noꝰest rien des biēs poreſz a transitoires de ce monde. Nous querons et demandons seulement les biens espirituelz. Les dismes que nous demandōs et que vous nous devez nest pas des biens temporelz/cest a cause du saint sacrement que vous auez receu q est vne chose diuine et espirituelle/ et de celui nappartient a nul receuoir la disme que nous seulement qui sommes religieux de lobseruance. Les poures simples femmes qui mieulx cuidoient ces bons freres estre anges que hommes terriens ne refuserent pas ce disme a payer il ny eust celle qui ne la paiast a son tour de la plus haulte iusques a la maindre mesmes la femme du seigneur nen fut pas excusee. Ainsi furent toutes les fēmes de la ville appaisees a ces vaillans moines/et ny auoit celuy deulx q neust a sa part de quinze a seize fēmes la disme a receuoir/a ceste occasiō dieu scait

ses presens qlz auolēt delles tout soubz vmbre de deuociō. Ceste maniere defaire dura longuement sans ce quelle vint a la congnoissance de ceulx qui se fussēt bien passez de ce nouueau disme. Il fut touteffois descouuert en la facon qui se suit. Vng ieune homme nouuellement marie fut prie de soupper a lostel dung de ses parens lui et sa femme/et comme ilz retournoient en passant par deuant leglise des bons cordeliers dessusditz la cloche de saue maria sōna tout a ce coup et le bon hōme senclina sur la terre pour faire ses deuocions/ sa fēme lui dit. Je entreropē voulentiers dedens ceste eglise. Et que feres vous la dedens a ceste heure dit le mary vous y reuiendrez biē quant il sera iour demain ou vne autre fois. Je vous reqer dist elle que ie y passe et ie reuiendray tantost. Nostre dame dit il vous ny ētrerez ia maintenāt. Par ma foy dit elle cest force il my conuient aler ie ne demoureray riēs/ si vous auez haste destre a lostel alez tousiours deuant ie vous suiuray tout a ceste heure. Picquez picquez deuāt dit il vous ny auez pas tant a faire/si vous voulez dire vostre pater noster ou vostre aue marie il y a assez place a lostel et vous vauldra autant la se dire que en ce monastere ou len ne voit maintenant goute. Ha dea dit elle vous direz ce quil vous plaira/mais par ma foy il fault necessairement que ientre vng peu dedēs. Et pour quoy dit il voulez voꝰ aler couchier auec les frēs de leans. Elle qui cuidoit a la

La .xxxii. nou. par Monseigneur de villiers

gerite que son mary sceust bien qlle pay ast la disme lui respondit. Nenny ie ny vueil pas couchier/ie vouloye aler payer. Quoy payer dit il. Vous le sauez bien dit elle et si se demãdez. Que scay ie bien dit il/ie ne me messe pas de voz debtes. Au mains dit elle sauez vous bien quil me fault paier la disme. Quelle disme. Ha hay dit elle cest vng iamais/et la disme de nuyt de vous et de moy. Vo⁹ auez bon temps il fault que ie paie pour no⁹ deux. Et a qui le paiez vous dit il. A frere eustace dit elle/alez touiours a lostel si my laissez aler que ien soye quitte/cest si grant pechie de la point paier que ie ne suis iamais aise quant ie lui doy riē. Il est meshuy trop tart dit il il est couchie passe a vne heure. Ma foy dit elle ie y ay este ceste annee beaucoup plus tart puis que on veust paier on y entre a toute heure. Alons alons dit il vne nuyt ny fait rien. Ainsi sen retournerent le mary a la femme mal contens tous deux/la femme pource quon ne la pas laissee paier son disme/a le mary pource quil se veoit ainsi deceu estoit tout esprins dyre et de mal talent qui encores redoubloit sa peine qui ne lousoit monstrer. A certaine piece apres toutesfois ilz se coucherēt/a le mary qui estoit assez subtil interroga sa fēme de longue main se les autres fēmes de la ville ne paiēt pas aussi ceste disme quelle fuit. Quoy donc dit elle par ma foy si font/quel preuilege auroient elles plus que moy/nous sõmes encores seize ou vingt qui le paiõs a frere eustace/ ha

il est tãt deuot/et croiez que ce lui est vne grãde pacience. frere berthelemieu en a autant ou plus/et entre les autres madame est de son nõbre. frē iaques aussi en a beaucoup frē anthoine aussi/il ny a celui deulz qui nait son nõbre. Saint iehan dit le mary ilz nõt pas euure laissee/or ẽgnois ie biē quilz sont beaucoup plus deuotz quil ne sēble/ et vrayement ie les vueil auoir ceãs tous lung apres lautre pour les festoier et ouyr leurs bones deuises/et pource que frē eustace recoit la disme de ceans ce sera le premier/ faictes que nous ayons demain bien a disner car ie le amenerap. Tres voulētiers dit elle au mais ne me fauldra il pas aller en sa chãbre pour le paier il la receuera bien ceãs vous dictez biē dit il or dormõs. Mais creez qͦl nē auoit garde a en lieu de dormir il pensa tout a sõ aise ce qͦl vouloit a lēdemain executer. Le disner vint et frere eustace q̃ ne sauoit pas lite tiõ de sõ hoste fist assez bõne chiere soubz sõ chaperõ a quãt il veoit sõ poit il pstoit ses yeux a lhostesse sãs espgner par dessoubz la table le gracieuy ieu des piedz de quoy sapceuoit biē loste sans en faire sēblãt cõbiē q̃ ce fust a sõ piudice Aprez les graces il apela frere eustace et lui dist quil luy vouloit monstrer vne pmage de nostre dame et vne tresbelle oraison quil auoit en sa chambre et il respondit quil le voirroit voulentiers. Adonc ilz entrerent dedans la chambre et puis loste fer ma lhuis dessus eulx que il ne peust sortir et puis empoigna vne grande hache

La .xxxii. nou. par Monseigneur de villiers

et dit a nostre cordelier. Par la mort bieu beau pere vous ne ptirez iamais dicy si non les piez deuant se vous ne confessez verite. Helas mō hoste ie vous crye mercy que me demandez vous. Je vous demande dit il se disme du disme que vous auez pris sur ma femme. Quant le cordelier ouyt parler de ce disme il pensoit bien que ses besongnes nestoient pas bōnes/si ne sceust que respondre si non de crier mercy et de soy excuser le plus beau quil pouoit. Or me dictes dit loste. ql se disme esse q̄ vous prenez sur ma femme et sur les autres. Le poure cordelier estoit tāt effroye ql ne pouoit parler ꞇ ne respōdoit mot. Dictes moy dist loste la chose cōment elle va ꞇ par ma foy ie vo9 lairray aler et ne vous feray ia mal/ou si nō ie vous tueray tout roide. Quant lautre se ouyt asseurer il ayma mieulx confesser son pechie et celui de ses cōpaignons et eschapper que le celer et tenir cloz et estre en dangier de perdre sa vie/si dit Mon hoste ie vous crye mercy ie vo9 diray verite. Il est vray que mes cōpaignons et moy auons fait acroire a toutes les femmes de ceste ville quelles doyuent la disme des fois q̄ vous couchiez auec elles/elles nous ont creu/si les payent et ieunes et vieilles puis quelles sōt mariees/il nen y a pas vne qui en soit excusee/madame mesmes la paye cōme les autres/ses deux niepces aussi/ et generalement nulle nē est exemptee. Ha dea dit lautre puis que monseigneur et tant de gens de bien la payēt ie nen doy

pas estre qtte/cōbiē q̄ ie men passasse biē. Or vous en alez beau pere par tel si que vous me quitterez la disme q̄ ma fēme vo9 doit. Lautre ne fut oncq̄s si ioyeux quant il se fut saulue dehors/si dit que iamais nen demanderoit rien/aussi ne fist il cōe vous ourrez. Quāt loste du cordelier fut biē informe de sa fēme et de ceste nouuelle disme il sen vint a son seigneur ꞇ lui cōpta tout du long le cas du disme cōe il est touche si dessus. Pensez quil fut bien esbay et dit. Oncques ne me pleurent ces papelars/et me iugeoit bien le cueur quilz nestoient pas telz par dedens comme ilz se monstrent par dehors. Ha mauldictes gēs qlz sont/mauldicte soit leure quonques monseigneur mon pere a qui dieu pardont les accointa/or sōmes nous par eulz gastez et deshonnorez/et encores feront il pis silz durent longuement/quest il de faire. Par ma foy monseigneur dit lautre sil vous plaist et semble bon vous assēblerez to9 voz subgetz de ceste ville la chose leur touche cōe a vous/si leur declairez ceste aduēture et puis aures aduis auec eulz dy pourueoir ꞇ remedier auant quil soit plus tard/mōseigneur le voulut. Si māda tous ses subgetz mariez tāt seulemēt et ilz vindrent vers lui/et en la grāt sale de sō hostel il leur declaira tout au long la cause pourquoy il les auoit assēblez. Se monseigneur fut bien esbay de prinsault quant il sceust premier ces nouuelles/aussi furent toutes bonnes gens q̄ la estoyent. Adoncq̄s les vngz disoyent

La .xxxii. nou. par Monseigneur de villiers

il les fault tuer, les autres il les fault
pendre, les autres noyer. Les autres di-
soient quilz ne pourroient croire que ce
fust verite et quilz sont trop devotz et de
trop saincte vie. Ainsi dirent les ungs dung
et les autres dautre. Je vous diray dit
le seigneur, nous manderons icy noz fem-
mes, et ung tel maistre iehan &c. fera une
petite colacion laquelle en fin cherra de
parler des dismes, et leur demandera ou
nom de nous tous selles sen acquittent
car nous voulons quelles soyent payees
nous orrons leur response, et apres ad-
uis sur cela ilz saccorderent tous au con
seil et a loppinion de monseigneur. Si
furent toutes les femmes mariees de la
ville mandees, et vindrent en la sale ou
tous leurs mariz estoient. Monseigneur
mesmes fit venir ma dame qui fut tou-
te esbaye de veoir lassemblee de ce peuple
Puis apres ung sergent commanda de
par monseigneur faire silence. Et mai-
stre iehan se mist ung peu au dessus des
autres et commenca sa petite collacion
comme il sensuit. Mes dames et mes
damoiselles iay la charge de par mon-
seigneur qui cy est et ceulx de son conseil
vous dire en brief la cause pourquoy estes
icy mandees. Il est vray q̄ monseigneur
et son conseil et son peuple qui cy est ont
tenu a ceste heure ung chapitre du fait
de leurs consciences, la cause si est quilz
ont vousente dieu deuant dedens brief
temps faire une belle procession et deuo
te a la louëge de nostre seigneur iesucrist
et de sa glorieuse mere et a icelui iour se

mettre tous en bon estat affin quilz soy-
ent mieulx exaulsiez en leurs plus deuo
tes prieres, et que les eunres quilz ferōt
soient a icelui nostre dieu plus aggrea-
bles. Vous sauez assez que la mercy dieu
nous nauons eu nulles guerres de no-
stre tēps, et noz voisins en ont este terri-
blement persecutez, et de pestillences, et
de famines. Quāt les autres en ont este
ainsi examinez, nous auons peu dire et
encores faisons que dieu nous a preser-
uez, cest bien raison que nous congnois-
sons que ce vient nō pas de noz propres
vertuz, mais de la seule large et liberale
grace de nostre benoit createur et redem-
pteur qui huche et appelle et inuite au sō
des deuotes prieres qui se font en nostre
eglise et ou nous adioustons tresgrant
foy et tenons en fermes deuociōs. Aussi
le deuot couuent des cordeliers de ceste
ville nous a beaucoup valu et vault a
sa ꝑseruatiō des biēs dessusditz. Au sur
plus nous voulōs sauoir se vo⁹ acqttez
a faire ce a quoy vous estez tenues. Et
cōbiē q̄ nous tenons esseʒ estre en vostre
memoire lobligaciō quauez a leglise, il
ne vous desplaira pas se ie vous en tou
che aucuns des plus grās poitz. Qua-
tre fois lan, cest assauoir aux quatre na
taulx vous vous deuez confesser a vre
cure ou a q̄lque religieux apāt sa puissā
ce, et se receuiez vostre createur a chascune
fois vous feriez biē, a tout le mais se de-
uez vo⁹ faire une f⁹ lan, alez a lostrā
de to⁹ les dimāches, et payez leaumēt ses
dismes a dieu cōe de fruitz de poulailles

La .xxxiii. nou. par Monseigneur

aigneaulx, et autres telz usaiges acoustumez. Vous deuez aussi une autre disme aux deuotz religieux du couuent de saint frácois que nous voulons expressement qlle soit payee, cest celle qui plus nous touche au cueur et dont nous desirons plus lentretenance, et pourtant sil ya nulle de vous qui nen ait fait son deuoir aucunemét que ce soit par sa negligence ou par faulte de le demander ou autrement si sauance de le dire. Vous sauez que ces bons religieux ne peuuent venir aux hostelz querir leur disme, ce leur seroit trop grant peine et trop grát destourbier, il doit bien suffire sil prenét la peine de le receuoir en leur couuent. De la partie de ce que ie vous ay a dire, reste a sauoir celles qui ont paye et celles qui doiuent. Maistre iehan neust pas fine son dire que plus de vingt femmes commencerent a crier toutes dune voix. Jay paye moy, iay paye moy ie nen doy rien, ne moy ne moy. Dautre couste dirent ung cent dautres et generalement quelles ne deuoient rien, mesmes saillirent auant quatre ou six tresbelles ieunes femmes qui dirent quelles auoient si bien paie quon leur deuoit sur le téps auenir a lune quatre fois, a lautre six fois, a lautre dix fois. Il y auoit aussi dautre coste ie ne scay quantes vieilles qui ne disoiét mot, et maistre iehan leur demanda selles auoient bien paye leur disme, et elles respóndirent quelles auoiét fait traictie auec les cordeliers. Cómét dit il ne paiez vous pas, vous deuez semondre et contraindre les autres de ce faire et vous mesmes faictes la faulte. Dea dit lune ce nest pas moy, ie me suis presentee plusieurs fois de faire mon deuoir mais mon confesseur ny veult iamais entendre, il dit tousiours quil na loisir. Saict iehan dirét les autres vieilles nous cóposons par traictie fait auec ques eulz sa disme que deuons en toille, en draps, en coussins, en bancquiers, en oillliers, et en autres telles bagues, & ce par leur conseil & aduertissemét, car no9 aymerions mieulx a paier comme les autres. Nostre dame dit maistre iehan il ny a point de mal, cest tresbien fait. Elles sen peuuent doncques bien aler dit monseigneur a maistre iehan. Ouy dit il, mais quoy q ce soit q ces dismes ne soyent pas oubliees. Quát elles furent toutes hors de la sale luys fut serre, si ny eust celuy des demourez q ne regardast son cópaignon. Or ca dit monseigneur quest il de faire, nous sommes acertez de la thraison que ces ribaulx moynes nous ont fait par la deposicion de lung deulz et par noz femes, il ne nous fault plus de tesmoings. Apres plusieurs & diuerses opinions la finale et derniere resolucion si fut quilz pront bouter le feu ou couuent & bruleront et moynes & moustier. Si descendirent en bas en la ville vindrent au monastere et osterent hors le corpus domini et aucun autre reliquiaire q la estoit et lemuoierét en sa paroisse et puis sans plus enqrir bouterét le feu en diuers lieux seans & ne scy partirent tant que tout fut cõsumme et moynes τ couuent et eglise et dortoir/et le surplus des edifices dont il y auoit foison leãs. Ainsi achcterent bien chierement les poures cordeliers la disme non acoustumee quilz midrent sur/dieu qui nen pouuoit mais en eut bien sa maison brulee.

¶La.xxxiii.nouuelle par mõ signeur.

Ung gẽtil cheualier des marches de Bourgoigne/saige/vaillant/ et tresbien adrecie/digne dauoir bruit et loz/Comme il eust tout son temps entre les plus renommes se trouua tant et si bien en la grace dugne si belle damoiselle quil en fut retenu seruiteur/et delle obtit a petit de piece tout ce que par honneur elle donner luy pouuoit/et au surplus par force darmes a ce la mena/q refuser ne ly peut nullemẽt ce q par deuãt et apres ne

peust obtenir/et de ce se print et tresbien donna garde Ung tresgrant et gentil seigneur trescler voyant dont ie passe le nõ et ses vertus/lesquelles se en moy estoit de les scauoir racõpter il ny a celuy de vous qui tantost ne cõgneust de quoy ce conte se feroit/ce que pas ne vouldroye. Le gentil seigneur que ie vous dy qui se apperceut des amours du vaillant hõme dessusdit quant il vit son point si luy demanda sil nestoit point en grace dune telle damoiselle/cest assauoir de celle dessusdite/et il luy respondit que non/τ lautre qui bien scauoit le cõtraire lui dist q̃l cõgnoissoit tresbiẽ q si. Neantmoins quelque chose q̃l luy dist ou remõtrast/il ne luy deuoit pas celer ung tel cas/et que se il luy en estoit aduenu ung sẽblable ou beaucoup plus grãt il ne luy celeroit ia. Si ne luy voulut il õcques dire ce q̃l scauoit certainemẽt. Adonc se pẽsa en lieu dautre chose faire/τ pour passer tẽps sil scoit trouuer voye ne facon en lieu q̃ celuy q̃ luy est tãt estrãge et priẽt si peu de fiãce en luy/il sacointera de sa dame/τ se fera priue delle/a quoy il ne faillit pas, car en peu dheure il fut vers elle si tresbiẽ venu cõc celuy q̃ le valoit/quil se pouopt vãter dẽ auoir autãt obtenu sans faire gueres grãt queste ne poursuite q̃ celuy q̃ maite peine et foyson de trauaulx en auoit soustenu/τ si auoit ung bõ point q̃l nen estoit en rien feru/et lautre qui ne pensoit point audit compaignon / en auoit tout au long du bras et autant que on en pourroit entasser a toute force au

La .xxxiii. nou. par Monseigneur

cueur dung amoureux. Et ne vous fault pas penser quil ne fust entretenu de la bonne gouge autant et mieulx que par auant qui lui faisoit plus auant bouter et entretenir en sa fole amour. Et affin que vous sachiez que ceste vaillante gouge nestoit pas oyseuse qui en auoit a entretenir deux du mais/ lesquelz elle eust a grant regret perduz/ et espicialement le dernier venu/ car il estoit de pl⁹ hault estoffe et trop mieulx garny au pongnet que le p^{mier} venu. Et elle leur bailloit et assignoit tousiours heure devenir lung apres lautre/ comme sung au iourduy et lautre demain. Et de ceste maniere de faire scauoit bien le dernier venu mais il nen faisoit nul semblant/ et aussi a la verite il ne luy en challoit gueres/ si non q̄ vng peu lui desplaisoit la folie du p^{re}mier venu qui trop fort a son gre se boutoit en chose de petite valuer. et de fait se pensa quil sen aduertiroit tout du long. ce quil fist. Or sauoit il bien q̄ les iours que sa gouge lui deffendoit de venir vers elle dont il faisoit trop bien le mal content estoient gardees pour son compaignon le premier venu. Si fit le guet par plusieurs nuytz et le veoit entrer vers elle par le mesme lieu et a celle heure que ces autres ses iours faisoit. Si lui dist vng iour entre les autres vous maues trop celé les amours dunc telle et de vo⁹ et nest serment que vous ne mayez fait au contraire dont ie mesbahis bien que vous prenez si peu de fiance en moy voire quant ie scay dauantaige et veritable ment ce qui est entre vous et elle. Et affin que vous sachiez que ie scap quil en est ie vous ay veu entrer vers elle a telle heure et a telle et de fait hier na pas plus loing ie tins sur vous et dung lieu la ou iestoye ie vo⁹ y vy arriuer/ vous sauiez bien se ie dy vray. Quant le premier venu oupt si viues enseignes il ne sceut que dire/ si luy fut force de confesser ce q̄l eust voulétiers celé et q̄l cuidoit q̄ ame ne le sceust q̄ lui/ et dit a son côpaignon le dernier venu q̄ vraiement il ne lui peut plus ne veult celer q̄l en soit bien amoureux/ mais il luy prie quil nen soit nouuelle/ Et q̄ diries vous dit lautre se vo⁹ auies compaignon. Compaignon dit il quel compaignon/ en amours. ie ne le pense pas dit il/ saint iehan dist le dernier venu et ie le scap bien/ il ne fault ia aller de deux en troys/ cest moy. Et pour ce que ie vous voy plus feru que la chose ne vault vous ay pieca voulu aduertir/ mais n y aues voulu entendre et se ie nauoye plus grant pitie devous que vo⁹ mesmes nauez/ ie vous lairroye en ceste follye/ mais ie ne pourroye souffrir que vne telle gouge se trompast et de vous et de moy si longuement. Qui fut bien esbahy de ces nouuelles ce fut le premier venu/ car il cuidoit tant estre en grace que merueilles. voire et si croioit fermement que sa dicte gouge naymoit autre que lui / si ne sauoit que dire ne penser et fut longue espace sans mot dire. Au fort quant il parla il dist. Par nostre dame on ma bien baille de soignon/et si ne men doubtoye

La .xxxiii. nou. par Monseigneur

gueres si en ay este plus aise a deceuoir le deable emporte la gouge quant elle est telle. Je vous diray dist le dernier venu elle se cuide tromper de nous et de fait elle a desia tresbien comence. mais il la nous fault mesmes tromper. Et ie vous emprie dist le premier venu le feu de saint a thoine larde quat oncques ie lacointay. Vous scaues dist le dernier venu que nous allons vers elle tout a tour/il fault qua la premiere foiz que vous pres ou moy q̃ vous dictes que vous auoys bien coneu et apperceu que ie suis amoureux delle/ et que vous maues veu entrer vers elle a telle heure et ainsi habille/et que par la mort dieu se vous my trouues plus que vous me turez tout roide quelque chose qui vous en doye aduenir/ et ie diroy ainsi de vous et nous verrons sur ce quelle fera et dira et aurons aduis du surplus. C'est tresbien dit et ie le vueil dist le premier venu. Come il fut dit il en fut fait car ie ne scay quans iours apres le dernier venu eut son tour daler besoigner si se mist au chemin et vint au lieu assigne. Quant il se trouua seul a seul auec la gouge qui le receut tresdoucement et de grant cueur come il sembloit il faindit come bien le scauoit faire vne mathechiere et monstra semblant de couroup/ Et celle qui sauoit acoustume de veoir tout autrement ne sceut que penser. si lui demanda quil auoit et que sa maniere monstroit que son cueur nestoit pas a son aise vrayment ma damoiselle dit il vous dictes vray/que iay bien cause destre malcon

tent et desplaisant la vostre mercy toutesfoys qui le mauez pourchasse/moy se dist elle/ Helas dit elle non ay que ie sache/ Car vous estes le seul homme en ce monde a qui ie vouldroye faire le pl⁹ de plaisir et de qui plus pres me toucheroit lennuy et le desplaisir/il nest pas dãpne qui ne le croyt dit il/et penses vous que ie ne me soye bien apperceu q̃ vous auez tenu vng tel/cest assauoir le premier venu. Si fays p ma foy ie say trop bienvn parlee a vous a part/ et qui plus est ie say espie et veu ẽtrer cẽs/mais par la mort dieu se ie luy trouue iamais son dernier iour sera venu quelle chose quil en doye aduenir/que ie seuffre ne puisse vcoir q̃ me fist se desplaisir iaymeroye mieulx a mourir mille foys sil mestoit possible/ et vous estes aussi bien desleale qui sauiez certainement et de vray que apres dieu ie nayme riens que vous q̃ a mon tresgrãt preiudice le vouses entretenir. Ha monseigneur dit elle et qui vous a fait ce raport. Par ma foy ie vueil bien que dieu et vous sachez que la chose va toult autrement et de ce ie le pren a tesmoig que oncques iour de ma vie ie ne tins terme a celup dont vous parles ne a aultre quel qͥ soit par quoy vous apez tant soit peu de cause den estre malcontent/ de moy ie ne vueil pas nyer que ie naye parle et parle a lui tous ses iours et a plusieurs aultres mais quil y ait entretenance riens. ains tiens que soit le maindre de ses pensees et aussi par dieu il se abuseroit ia dieu ne me laisse tãt viure que aultruy que vo⁹

La .xxxiii. nouuelle par Monseigneur

ait part ne dempye en ce qui est entierement vostre. Ma damoiselle dit il vo9 se scauez tresbien dire/mais ie ne suis pas si beste q̃ de le croire. Quelq̃ maul cõtêt qui y eust elle sceust ce pourquoy il estoit venu/et au partir lui dit. ie vo9 ay dit et de rechief vous fais sauoir q̃ se ie me percoys iamais que lautre vie ne ceans ie le mettray ou feray mettre en tel point quil ne courroucera iamais ne moy ne autre. Ha monseigneur dit elle par dieu vous auez tort de prendre vostre ymaginacion sur lui/et croyez q̃ ie suis seure quil ny pense pas. Ainsi se partit nostre derrenier venu/et a lendemain son compaignõ le premier venu ne faillit pas a son leuer pour sauoir des nouuelles/et il lui en compta largement et bien au long tout le demene comment il fist le courrouce/et cõe il la menaca de tuer/et les responses de la gouge. Par mon serment cest bien ioué dit il/or laissez moy auoir mon tour se ie ne fais bien mon parsonnaige ie ne fuz oncques si esbay. Vne certaine piece apres son tour vint et se trouua vers la gouge qui ne lui fist pas mains de chiere quelle auoit de coustume et que le derrenier venu en auoit emporte nagueres. Se lautre son compaignon le derrenier venu auoit bien fait du mauuais cheual et en maintien et en paroles encores en fist il plus/et dit en telle maniere. Je doiz bien maulsdire seure & le iour quoncques ieuz vr̃e accointance car il nest pas possible au mõde damas

ser plus de douleurs/regretz et damers plaisirs au cueur dung poure amoureux que ien treuue au iour duy dont se mié est enuirõne et assiegie. Helas ie vous auoye entre autres choisie comme la non pareille de beaulte gentete et gracieusete/et que ie y trouueroye largemẽt et a comble de loyaute/et a ceste cause mestoye de mon cueur deffait & du tout mis lauoye en vostre mercy cuidant a la verite que plus noblemẽt ne en mieulx sieu asseoir ne le pourroye/mesmes mauez a ce mence que iestoye prest et delibere dattendre la mort ou plus se possible eust este pour vostre honneur sauluer/et quãt iay cuide estre pl9 seur de vous que ie nay pas sceu seulement par estrãge rapport/mais a mes yeulx perceu vng autre estre venu de coste q̃ me tourt et rompt tout lespoir q̃ iauoie en vostre seruice destre de vous tout le plus chier tenu. Mon amy dit la gouge ie ne scay qui vous a trouble/mais vr̃e maniere et voz parolles portent et iugent quil vous fault quelque chose q̃ ie ne sauroye penser que ce peut estre se vous ney dictes plus auant si nõ vng peu de ialousie qui vous tourmente se me semble de laquelle se vous estiez bien saige nauriez cause de vous accointer/ et la ou ie le sauroye ie ne vous en vouldroye pas bailler loccasion/ touteffois vous nestes pas si peu accoint de moy q̃ ie ne vo9 aye mõstre la chose q̃ pl9 en peut baillier la cause dasseurãce. a quoy vo9 me feriez tãtost auoir regret p me

i.i

La .xxxiii. nouuelle par Monseigneur

seruir de telles paroles. Je ne suis pas ﬁõe dit le premier venu que vous doyez contenter de paroles/car epcusance ny ﬁault riẽ/vous ne pouez nyer que vng tel/cest assauoir le derrenier venu ne soit de vous entretenu/ie le scay bien/ car ie men suis donne garde et si ay biẽ fait le guet/car ie le vy hier venir vers vous a telle heure et a telle/et ainsi habille/mais ie voue a dieu quil en a pris ses carefmeaup/car ie tiẽdray sur lui a fust il plus grant maistre cent fois/se ie le y puis rencontrer ie lui osteray la vie du corps ou lui a moy ce sera lung des deup/car ie ne pourroye viure voy ant vng autre iouyr de vous/et vous estez bien faulse & desloyale qui maues en ce point deceu/& non sans cause maul dis ie leure que õcques vous accointay car ie scay tout certainement q̃ cest ma mort/se lautre scait ma voulẽte cõe ies pere q̃ ouy et par vous ie scay de vray que ie suis mort/et sil me laisse viure il aguysera le cousteau qui sans mercy a ses derreniers iours le menera/et ainsi est le monde nest pas assez grãt pour me sauluer que mourir ne me faisse. La gouge nauoit pas moyennement a penser pour trouuer soudaine et suffisã te epcusance pour cõtenter celui qui est si mal content/toutefois ne demoura pas q̃lle ne se mist en ses deuoirs pour loster hors de ceste melencolie/et pour assiete en lieu de cressõ elle lui dit. Mõ amy iay bien au long entendu vostre grãt ratelee qui a la verite dire me bail le a congnoistre q̃ ie nay pas este si sai ge cõe ie deusse/et que iay trop tost ad ioufte foy a voz semblans et deceuan tes paroles/car elles mont conclut & ren due en vostre obeissance/vous en tenez a ceste heure trop mal de biẽs de moy. Autre raison aussi vous meut/car vo⁹ sauez assez q̃ ie suis prinse et q̃ amours mont a ce menee que sans vostre presẽ ce ie ne puis viure ne durer/& a ceste cau se et plusieurs autres quil ne fault ia dire vous me voulez tenir vostre subget te en esclaue sãs auoir loy de parler ne deuiser a nul autre que a vous. Puis quil vous plaist au fort ien suis conten te/mais vo⁹ nauez nulle cause de moy souspeconner en rien de personne qui vi ue/et si ne fault aussi ia que ie men ep cuse/verite qui tout vaint en fin men deffendra sil lui plaist. Par dieu ma mye dit le premier venu la verite est tel le que ie vous ay dicte/si vous en sera quelque iour prouuee et chier vendue pour autruy et pour moy se autre pro uision de par vous ny est mise. Apres ces paroles et autres trop longues a ra cõter se partit le premier venu qui pas noublia lendemain tout au long racõ ter a son compaignon le derrenier ve nu/& dieu scait les risees et ioyeuses de uises quilz eurent entre eulp deup/& la gouge en ce lieu auoit des estouppes en sa quenoille qui veoit et sauoit tresbiẽ que ceulp quelle entretenoit se doubtoiẽt et perceuoient aucunement chascun de son compaignon/mais nõ pourtant ne

La .xxxiii. nouuelle par Monseigneur

laissa pas de leur baillier tousiours au diance chascun a sa fois puis qu'ilz la requeroient sans en donner a nul congie/ trop bien les aduertissoit qu'ilz venissent bien secretement vers elle affin qu'ilz ne fussent de nulz perceuz/ mais vous deuez sauoir quant le premier venu auoit son tour q'l noublioit pas a faire sa plainte comme dessus/ et nestoit rien de sa vie de son compaignon s'il le pouoit rencontrer. Pareillement le derrenier iour de son audience sefforcoit de monstrer semblant plus desplaisant que le cueur ne lui donnoit/ et ne valoit son compaignon qui oyoit son dire gueres mieulx que mort s'il le treuue en belles. Et la subtille et double damoiselle les cuidoit abuser de parolles quelle auoit tant a main et si prestes que ses bourdes sembloient autant veritables que leuangile/ et si cuidoit bien que quelque doubte ne suspicion quilz eussent que iamais la chose ne seroit plus auant enfonsee/ et quelle estoit femme pour les fournir tous deux trop mieulx que lung deux a part nestoit pour sa seule seruir a gre. La fin fut aultre/ car le derrenier venu quelle craignoit beaucoup a pdre quelque chose que fust de lautre lui dit ung iour trop bien sa lecon/ et de fait lui dit quil ny retourneroit plus/ et aussi ne fit il de grant piece apres dont elle fut tres desplaisante et mal contente. Or ne fait pas a oublier affin quelle eust encores mieulx le feu il enuoya vers elle ung gentil homme de son estroit conseil affin de lui remonstrer bien au long le desplaisir quil auoit dauoir compaignon en son seruice/ et brief et court selle ne lui donne congie quil ny reuiendra iour de sa vie. Comme vous auez ouy dessus elle neust pas voulentiers perdu son accointance/ si nestoit saint ne saincte q'l se ne pariurast en soy excusant de lentretenance du premier/ et en fin comme toute forcennee dist a lescuier. Et ie monstreray a vostre maistre que ie layme et me baisses vostre cousteau. Adonc quant elle eut le cousteau elle se destourna et si couppa tous ses cheueux de ce cousteau non pas bien vniment. toutesfois lautre print ce present qui bien sauoit la verite du cas et se offrit du present faire deuoir ainsi quil fist tantost apres. Le derrenier venu receut ce beau present quil destroussa et trouua les cheueux de sa dame qui beaulx estoient et beaucoup longz/ si ne fut puis gueres aise tant quil trouuast son compaignon a qui il ne cela pas lambassade que on lui a mise sus/ a lui euoice et les groz presens quon lui enuoye qui nest pas peu de chose/ et lors monstra ses beaulx cheueulx. Ie croy dit il q' ie suis bien en grace/ vous nauez garde quon vous en face autant. Saint iehan dit lautre vecy autre nouuelle. Or voy ie bien que ie suis frit/ cest fait vous auez bruit tout seul/ sur ma foy ie croy fermement quil nen est pas encore vne pareille/ ie

f.ii.

La .xxxiii. nouuelle par Monseigneur

Bous requiers dit il pensons quil est de faire/il lui fault mōstrer a bon escient q̄ no⁹ la congnoissons telle quelle est. Et ie le vueil dit lautre. Tant pense̅ rent et co̅trepenserent quilz sarreste̅re̅t de faire ce qui sensuit. Le iour ensuy̅ nant ou tost apres ses deux co̅paigno̅s se trouuere̅t en vne chambre ensemble ou leur loyale dame auec plusieurs au tres estoit/chascun saisit sa place au mieulx quil lui pleut. Le premier venu au pres de la bonne damoiselle a laq̄l le ta̅tost apres plusieurs deuises il mo̅ stra les cheueux quelle auoit enuoiez a son compaignon. Quelque chose quel le en pensast elle nen monstra nul sem blant ne deffroy/mesmes disoit quelle ne les congnoissoit/et quilz ne venoy ent point delle. Comme̅t dit il sont ilz si tost changiez et descongneuz. Je ne scay quilz sont dit elle/mais ie ne les congnois. Et quant il vit ce il se pensa quil estoit heure de iouer son ieu et fist maniere de mettre son chapero̅ qui sur son espaule estoit/et en faisant ce tour tout a propos lui fist heurter si rude me̅t a son atour quil lenuoya par terre dont elle fut bien honteuse et mal con tente/et ceulx qui la estoient perceure̅t bien que ses cheueux estoie̅t couppez/ & assez lourdement elle saillit sus en ha ste et reprint son atour et sen entra en vne autre chambre pour se ratourner/ et il la supuit/si la trouua toute cour roucee et marrie voire bien fort pleura̅t de deul q̄lle auoit dauoir este desatour

nee. Si lui dema̅da quelle auoit a pleu rer et a quel ieu elle auoit perdu ses che ueulx/elle ne sauoit que respo̅dre tant estoit a celle heure surpise/et lui qui ne se peut plus tenir de executer sa conclu sion prinse entre son co̅paignon et lui/ dit. Faulse et desloyale que vous estes il na pas tenu a vous q̄ vng tel et moy ne nous sommes entretuez et deshon nourez/et ie tien moy que vous leussiez bien voulu a ce que vous aues monstre pour en racointer deux autres nouue aux/mais dieu mercy nous nen auo̅s garde. Et affin que vo⁹ sachiez son cas et le mien vecy voz cheueulx que lui a uez enuoyez dont il ma fait present/ et ne pensez pas que nous soyo̅s si bestes que nous auez tenuz iusques icy. Lors appella son co̅paignon et il vint/ puis dit. Iay re̅du a ceste bo̅ne damoiselle ses cheueux et lui ay co̅me̅ce a dire co̅me̅t de sa grace elle nous a bien tous deux entretenuz/et co̅bien que a sa maniere de faire elle a bien monstre quil ne lui challoit se nous deshonnourions lung lautre/ dieu nous en a gardez. Saint iehan sa mon dit il. Et lors mesmes a dreca sa parolle a la gouge/& dieu scait sil parla bien a elle en lui remonstrant sa tresgrant lachete et desloyaute de cueur. et ne pense pas que gueres onc q̄ fe̅me fust mieulx capitulee quelle fut a leure puis de lu̅g/ puis de lautre/ a quoy elle ne sauoit en nulle maniere q̄ dire ne respondre comme surprinse en meffait euidant/ si non de larmes q̄lle

La.xxxiiii.nou.par Monseigneur de laroche

ne spergnoit pas. Et ne pense pas quelle eust gueres oncques plus de plaisir en les entretenant tous deux quelle auoit a ceste heure de desplaisir. La conclusion fut telle touteffois quilz ne labandonneront point/ mais par acoit doresenauant chascun aura son tour/ et silz y viennent tous deux ensemble lung fera place a lautre et seront bons amys comme par auant sans plus iamais parler de tuer ne de batre. Ainsi en fut il fait et maintindrent assez longuement les deux compaignons ceste vie et plaisant passe temps sans que la gouge les osast oncques desdire/ et quant lung aloit a sa iournee il se disoit a lautre/ et quant dauanture lung essongeoit le marchie/ se lieu a lautre demouroit. Tresbon faisoit ouyr les recommandacions quilz faisoient au departir/ mesmement ilz firent de tresbons rondeaux et de plusieurs chançonnettes qlz manderent et enuoyerent lung a lautre dont il est au iourduy grant bruit seruans au propos de leur matiere des susdicte dont ie cesseray de parler et si donneray fin au compte.

¶ La.xxxiiii. nouuelle racomptee par monseigneur de la roche.

Iay congneu en mon temps vne notable femme et digne de memoire/ car ses vertuz ne doiuent estre celees ne estaictes/ mais en comune audiance publiquement blansonces. Dont oultrez sil vous plaist en ceste nouuelle la chose de quoy ientens parler/ cest daccroistre sa treseureuse renommee. Ceste vaillant preudefeme mariee a vng tout oultre noz amis auoit plusieurs seruiteurs en amours pourchassas a desirans sa grace qui nestoit pas trop difficile de conquerre tant estoit doulce et piteable/ celle qui la pouoit et vouloit departir largement par tout ou bon et mieulx lui sembloit. Aduint vng iour que ses deux vindrent vers elle comme ilz auoiët de coustume non saichas lung de lautre demādās lieu de cuire et leur tour daudiance. Elle qui pour deux ne pour trops neust ia reculé ne

La .xxxiiii. nou. par Monseigneur de laroche

desmarchie seur bailla iour a heure de se rendre vers elle comme a lendemain sung a huyt heures du matin et lautre a neuf ensupuiant/chargant a chascun par expres et bien acertes quil ne faillese pas a son heure assignee. ilz promirent sur leur foy et sur leur honeur silz nont mortel eysoine quilz se rendront au lieu et terme limite. Quant vient a lendemain enuiron cinq heures du matin le mary de ceste vaillante femme se lieue et se habille et se met en point/et puis sa huche et appelle pour se leuer/ mais il ne lui fut accorde/ains reffuse tout plainemēt. Ma foy dit elle il mest prins vng tel mal de teste que ie ne me sauroie tenir en piez/si ne me pourroye encores leuer pour mourir tant suis et foible et trauaillee/et que vo⁹ le sachiez ie ne doimy annuyt/si vous prie que me laissiez icy et iespoire que quant ie seray seulle ie prendray quelque peu de repos. Lautre combien quil se doubtast nosa contredire ne repliquer/mais sen ala comme il auoit de coustume besongnier en la ville. Tandiz sa femme ne fut pas oyseuse a lostel/car huyt heures ne furent pas si tost sonnees que vecy bon copaignon du iour de deuant en ce point assigne qui vient heurter a lostel/et elle se bouta dedens/il eut tantost despouillie sa robe longue et le surplus de ses habillemēs et puis vint faire copaignie a ma damoiselle affin qlle ne sespouentast/et furent eulx deux

tāt a si longuemēt bras a bras qlz ouyrent assez rudement heurter a luys. Ha dit elle p ma foy vecy mon mary/auā cez vous prenez vostre robe. Vostre mary dit il et le congnoissez vous a heurter. Ouy dit elle ie scay bien q cest il/abregez vous quil ne vous treuue icy. Il fault bie se cest il quil me voye/ie ne me sauroye ou sauluer. Quil vous voye dit elle/non fera se dieu plaist/car vo⁹ seriez mort et moy aussi/il est trop merueilleux/mōtez en hault en ce petit grenier et vous tenez tout quoy sans mouuoir quil ne vous oye. Lautre monta comme elle lui dit en ce petit grenier q estoit dancien edifice/tout desplanche/ deslate/et pertuise en plusieurs lieux/ et ma damoiselle se sentāt la dessus fait vng sault iusques a luys tresbien sachant q ce nestoit pas son mary/et mist dedēs celui qui auoit a neuf heures promis deuers elle se rendre. ilz vindrent en la chambre ou pas ne furent longuement de bout/mais tout de plat sentre accoserent a embrasserent en la mesme ou semblable facō que celui du grenier auoit fait/lequel par vng pertuis veoit a loeil la compaignie dōt il nestoit pas trop cōtent et fist grant proces en son couraige assauoir se bō estoit quil parlast/ou se mieulx lui valoit se taire/il conclud toutesfois tenir silence et nul mot dire iusques a ce quil verra trop mieulx son heurz et son point/a pensez ql auoit belle paciēce. Tāt attēdit tāt

La .xxxiiii. nouuel. par Monseigneur de la roche

regarda sa dame auec le suruenu que son mary vint a lostel pour sauoir de lestat et sante de sa tresbonne femme / ce qlˇ estoit tresbien tenu de faire. elle ouit tantost / si neust autre loisir que de faire subit leuer sa compaignie / t elle ne se sauoit ou sauuer pource que ou grenier ne seust iamais enuoye / et elle se fit bouter en la ruelle du lit et puis se courit de ses robes / et lui dit. ie ne vous sauroye ou mieulx logier prenez en pacience. Elle neut pas acheue son dire q̃ son mary entra deses qui aucunement si lui sembloit auoir noise ettreoupe / si trouua le lit tout desfroissie et despoillie la couuerture mal honnpe et destrange biays / et sembloit mieulx le lit dune espousee que la couche dune fẽme malade. La doubte quil auoit au parauant auec lapparẽce de present lui fit sa femme appeller par son nom / et lui dit. paillarde mescante que vous estes ie nen pensoye pas mains huy matin quant vo⁹ contrefistes la malade. ou est vostre houssier / ie voue a dieu se ie le treuue qlˇ aura mal fine et vous aussi. Et lors mist la main a la couuerture et dit / ve cy bel appareil il semble que les pourceaux y aient couchie. Et quauez vous ce dit elle meschant purongne fault il que ie compare le trop debin que vostre gorge a entonne / est ce la belle salutacion que vous me faictes de mappeller paillarde / ie vueil bien que vo⁹ sachiez que ie ne suis pas telle / mais suis trop seale et trop bõne pour vng tel paillart

que vous estes / t nap autre regret si nõ de quoy ie vous ay este si bõne / car vo⁹ ne le valez pas / et ne scay qui me tiẽt q̃ ie ne me lieue et vous esgratine le visaige p telle facon qua tousiours mais apez memoire de mauoir ainsi villennee. Et qui me demanderoit comment elle osoit en ce point respondre et a son mary parler / ie y treuue deux raisons. La premiere si est quelle auoit bõ droit en sa querelle / t lautre quelle se sentoit la plus forte en la place / et fait assez a penser se la chose fust venue iusqs aux horions celui du grenier et lautre seussent seruie et secourue. Le poure mary ne scauoit que dire qui ouyt le deable sa femme ainsi tonner / et pource quil veoit que hault parler et fort tenser nauoit pas lors son lieu. il print le proces tout en dieu qui est iuste et droiturier. Et a chief de sa meditaciõ entre autres parolles il dit / vous vous excusez beaucoup de ce dont ie scay tout le vray. au fort il ne men chault pas tant quon pourroit bien dire / ie nen quiers iamais faire noise celui de la hault paiera tout et par celui denhault il entendoit dieu: mais le galant qui estoit ou grenier q̃ oyoit ces parolles cuidoit a bon escient que lautre leust dit pour lui et quil fust menacie de porter la paste au four pour le meffait dautruy. Si respondit tout en hault. Comment sire il suffit bien que ien paye la moitie / celui qui est en la ruelle du lit peut bien payer lautre moitie / car certainement ie croy quil

i.iiii.

La .xxxv. nouuel. par Mõseigneur de villiers

p est autãt tenu que moy Qui fut bien
esbahy ce fut laultre/car il cuidoit que
dieu parlast a luy et celuy de la ruelle
ne sauoit que penser car il ne sauoit ri-
en de laultre. il se leua toutefois et lau
tre se descendit qui le cõgneut si se par-
tirẽt ensemble et laisserẽt la compaig-
nie bien troublee et mal cõtente dõt il
ne leur chaloit guerez et a bonne cause

La xxxvi. nouuelle par mõseigneur de Villiers

Ung gentil hõme de ce royaulme
tresvertueux et de grande renõ-
mee grant voiagier et aux armes tres-
preux deuint amoureux dune tresbelle
damoiselle et en brief temps fut si bien
en sa grace que rien ne luy fut escondit
de ce quil osa demãder Aduint ne scay
combiẽ apres ceste aliance que ce bõ che

ualier pour mieulx valoir a hõneur ac
querre se partit de ses marches tresbiẽ
en point et acõpaignie portãt entrepri
se darmez du congie de son maistre a sẽ
ala es espaignes et en diuers lieux ou
il se cõduisit tellemẽt que a son retour
il fut receu a grãt triumphe. pendant
ce temps sa dame fut mariee a ung an
cien cheualier qui gracieux et sachant
homme estoit qui tout sõ temps auoit
hante la court et estoit au vray dire le re
gistre dhonneur a nestoit pas ung petit
dõmaige quil nestoit mieulx allie com
bien toutesfois q̃ encore nestoit pas des-
couuerte lembusche de son infortune si
auãt ne si cõmune cõme elle fut de pu-
is ainsi cõme vous orrez Car ce bõ che-
ualier auentureux dessusdit retourna
dacomplir ses armes. a cõme il passoit
par le pays il arriua dauenture a ung
soir au chateau ou sa dame demouroit
et dieu scait la bonne chiere que mõ sei
gneur son mary et elle luy firent/car il
y auoit de pieca grant acointance et a-
mitie entre eulx Mais vous debuez sa
uoir que tandis que le seigneur de leãs
pensoit et sefforcoit de faire finance de
plusieurs chosez pour festoyer son hoste
lhoste se deuisoit auec sa dame qui fut.
a sefforcoit de trouver maniere de la se
stoier cõme il auoit fait auant que mõ
seigneur fust son mary. Elle qui ne de
mandoit aultre chose ne se excusoit en
rien si nõ de lieu / mais il nest pas possi
ble dist elle de le pouoir trouuer Ha dit
le bõ cheualier ma chiere dame par ma

La .xxxv. nou. par Monseigneur de Villiers

foy si vous le voules bien il nest maniere quon ne treuue/et que saura vostre mary quant il sera couchie et endormy si vous me venez veoir iusques en ma chambre/ou se mieulx vous plaist et bon vous semble ie viendray bien vers vous. Il ne se peut ainsi faire ce dit elle car le dangier y est trop grät/car monseigneur est de legier somme/& iamais ne se sueille quil ne taste apres moy. et sil ne me trouuoit point pensez que ce seroit. Et quät il sest en ce point trouue que vous fait il. Autre chose dit elle il se vire dung et reuire dautre. Ma foy dit il cest vng tresmauuais mesnagier il vous est bien venu que ie suis venu pour vous secourir et lui aider et parfaire ce qui nest pas bien en sa puissance dacheuer. Si maist dieu dit elle quät il besoingne vne fois le mois cest au mieulx venir/il ne fault ia que ien face la petite bouche/croyez que ie prendroye bië mieulx. Ce nest pas merueille dit il/mais regardez comment nous ferons/car cest force que ie couche auec vous. Il nest tour ne maniere q ie voye dit elle comment il se puisse faire/ et comment dit il nauez vous ceans femme en quoy vous ousissiez fier de lui desceler vostre cas. Jen ay p dieu vne dit elle en qui iay bien tant de fiance que de lui dire la chose en ce monde que plus vouldroye estre celee sans auoir suspicio ne doubte que iamais par elle fut descouuerte. Que nous fault il donc plus dit il regardez vous et elle du surplus. La bonne dame qui vous auoit la chose a cueur appella ceste damoiselle et lui dit Mamie cest force annuit que tu me serues et que tu me aydes a acheuer vne des choses en ce möde q plus au cueur me touche. Ma dame dit la damoiselle ie suis preste et contente cöme le doy de vous seruir et obeyr et tout ce ql me sera possible/commandez ie suis celle qui acomplirap vostre commandemët Et ie te mercye mamie dit la dame et soyes seure que tu ny perdras rien. De cy le cas/ce cheualier qui ceans est cest lomme ou monde que iayme le plus & ne vouldroye pour rien quil se partist de moy sans aucunement auoir parle a lui. Or ne me peut il bonnement dire ce quil a sur le cueur si non entre no⁹ deux et a part et ie ne my puis trouuer se tu ne vais tenir ma place deuers mö seigneur/il a de coustume cöme tu scais de soy virer par nuyt vers moy et me taste vng peu et puis me laisse et se rendort. Je suis cötête de faire vostre plaisir ma dame/il nest rien qua vostre commandemët ie ne fisse. Or bien mamie dit elle tu te coucheras cöme ie fais asses loing de monseigneur/et garde bië qlque chose quil face que tu ne dye vng seul mot et quelque chose quil vouldra faire seuffre tout/a vre plaisir ma dame et ie le feray. Leure de soupper vint & nest ia mestier de vous compter du seruice/ seulement vous souffise que on y fist tresbonne chiere/et il y auoit bien dequoy. Apres soupper la compaignië

La .xxxv. nou. par Monseigneur de Villiers

sen ala a sesbat, le chevalier estrange tenant ma dame par le bras, et aucuns autres gentilz hommes tenans le surplus des damoiselles de leans, et le seigneur de l'ostel venoit derriere et enqueroit des voyaiges de son hoste a ung ancien gentil homme qui auoit conduit le fait de sa despence en son voyaige. Ma dame nouolya pas de dire a son amy q̄ une telle de ses femmes tiendra annuyt sa place et quelle tiendra vers lui. Il fut tresioyeux et largement len mercya, desirant que leure fust venue, ilz se mirent au retour et vindrent iusques en la chambre de parement ou monseigneur donna la bonne nuyt a son hoste et ma dame aussi. Et le chevalier estrange se vint en sa chambre qui estoit belle a bon escient bien mise a point et estoit le beau buffet garny despices de confitures et de bon vin de plusieurs facons. Il se fit tantost desabiller et beut une fois, puis fait boire ses gens et les envoya coucher, et demoura tout seul attendāt sa dame laquelle estoit auec sō mary qui tous deux se despouloient et se mettoyent en point pour entrer ou lit. La damoiselle q̄ estoit en la ruelle du lit, tantost que monseigneur fut couchie se vient mettre en sa place de sa mestresse, et elle qui autre part auoit le cueur ne fist que ung sault iusques a la chambre de celui qui l'attendoit de pie quoy. Or est chascun logie mōseigneur auec sa chāberiere, et son hoste auec ma dame. et fait assez a penser qlz ne passerent pas

toute la nuyt a dormir. Monseigneur comme il auoit de coustume enuiron une heure deuāt iour se resueilla, cvers sa chamberiere cuidant estre sa femme se vira, et au taster quil fist heurta sa main a son tetin quil sentit si tresdur et poignant et tantost cōgneut que ce nestoit pas celui de sa fēme, car il nestoit point si bien trousse. Ha dit il en soymesmes ie voy bien que cest, et ten bailleray ung autre. Il se vire vers celle belle fille et a quelque meschief que ce fut il rōpit une lance, mais elle se laissa faire sans oncques dire ung seul mot ne demy. Quant il eut fait il commence a appeller tant quil peut cellui qui couchoit auec sa femme. Hau mōseigneur de tel lieu ou estez vous parlez a moy. Lautre qui se ouyt appeller fut beaucoup esbay, et la dame fut toute esperdue. Et bon mary recommence a ruchier, hau monseigneur mon hoste parlez a'moy, et lautre sauantura de respōdre et dit. Que vous plaist il monseigneur. Ie vous feray tousiours ce chāge quant vous vouldrez. Quel change dit il. Dune vieille ia toute passee deshonneste et desloyale, a une belle et bōne et fresche ieune fille, ainsi mauez vo' party la vostre mercy. La compaignie ne sceut que respondre, mesmes la poure chamberiere estoit tant surprinse q̄ selle fust a la mort confidēce, tant pour le deshonneur et desplaisir de sa maistresse comme pour le sien mesmes q̄lle auoit meschāment perdu. Le chevalier

La .xxxvi. nouuel. par Mōseigneur de laroche

estrange se partit de sa dame au plus toust quil sceust sans mercier son hoste et sans dire a dieu/ et oncques puis ne si trouua/ car il ne scait encores comme elle se conduit depuis auec son mary. Ainsi plus auant ne vous en puis dire

¶ La .xxvii. nouuelle par monseigneur de la roche.

Ung tresgracieux gentil homme desirant employer son seruice et son tēps en la tresnoble court damours soy sentant de dame impourueu pour bien choisir et son temps emploier donna cueur corps et biens a vne belle damoiselle et bonne qui mieulx vault/ laquelle faicte et duite de faconner gens sentretint bel et bon et longuement/ et trop bien lui sembloit quil estoit bien auāt en sa grace/ a a dire la verite si estoit il comme les autres dōt elle auoit plusieurs. Aduint vng iour que ce bon gentil homme trouua sa dame dauenture a la fenestre dune chambre ou milsieu dung cheualier et dung escuyer/ ausqlz elle se deuisoit par deuises communes aucunefois parsoit a lung a part sans ce que lautre en ouyst riens/ dautre coste faisoit a lautre sa pareille pour chascun contenter / mais qui fut bien a son aise se poure amoureux enraigoit tout vif, qui nosoit approuchier de la cōpaignie/ et si nestoit en lui deslongnier tāt fort desiroit sa presence de celle quil aymoit mieulx que le surplus des autres trop bien lui iugeoit se cueur que ceste assemblee ne se departiroit point sās conclure ou procurer aucune chose a son preiudice/ dont il nauoit pas tort de ce penser et dire/ a sil neust eu les peulx bēdez et couuers il ponoit voir apparte- ment ce dōt vng autre a qui riens ne touchoit se perceust a loeil et de fait lui mō stra/ et vecy cōment. Quant il cōgneut et perceut a sa lectre q sa dame nauoit loisir ne voulente de sentretenir il se bouta sur vne couche a se coucha mais il nauoit garde de dormir tant estoyent ses peulx epeschez de veoir son contrai- re/ et comme il estoit en ce point suruit vng gentil cheualier qui salua la com- paignie/ lequel voyāt que sa damoisel- le auoit sa charge se tira deuers lescui- er qui sur la couche nestoit pas pour dormir/ et entre autres deuises lui dist lescuier. Par ma soy monseigneur re-

La .xxxvii. nouuel. par Mõseigneur de laroche

gardez a la feneſtre dela gens bien ai/ſes, et ne voyez vous pas cõment plai-ſamment ilz ſe demainent. Saint ie-han tu diz vray dit le cheualier, encores font ilz bien autre choſe que ne deuiſes. Et quoy dit lautre. Quoy dit il, et ne vois tu pas comment elle tient chaſcũ deulz par la reſne. Par la reſne dit il. Voire vraiment pour e beſte par la reſ-ne, ou ſont tes yeulx, mais il y a bien chois des deux voire quant a la facon, car celle quelle tient de gauche neſt pas ſi longue ne ſi grande que celle qui am ple ſa deſtre main. Ha dit leſcuier par la mort bieu vous dictes vray, ſainct anthoine arde la ſoupue. Et penſez qͤl neſtoit pas bien aiſe. Ne te chaille dit le cheualier porte ton mal le plus bel que tu peuz, ce neſt pas icy que tu dois dire tõ couraige, force eſt que tu faces de ne-ceſſite vertuz. Auſſi fit il, et vecy bõ che ualier qui sapprouchoit de la feneſtre ou la galee eſtoit, ſi perceut dauenture que ſe cheualier a la reſne gauche ſe lie ue en piez et regardoit que faiſoient et diſoient la damoiſelle gracieuſe et le-ſcuier ſon compaignon. Si vint a lui en lui donnãt vng petit coup ſur le cha peau Entẽdez a vrẽ beſõgne de p le dea ble et ne voͧ ſouciez des autres Lautre ſe retira et cõmẽca de rire. Et la damoi ſelle q̃ neſtoit point a effrayer de legier ne ſen mua õcques, trop biẽ tout doul-cement laiſſa ſa prinſe ſans rougir ne chãgier couleur. Regret eut elle en ſoy meſmes dabandonner de la main ce q̃

autre part lui euſt bien ſerui. Et fait aſſez a croire que par auant et depuis nauoit celui des deux q̃ ne lui fiſt treſ voulentiers ſeruice, auſſi euſt biẽ fait qui euſt voulu le dolent amoureux ma lade, qui fut cõtraint deſtre notaire du plus grant deſplaiſir quau monde aue nir lui pourroit, et dont la ſeule penſee en ſon poure cueur rongee eſtoit aſſez, a trop puiſſãte de le mettre en deſeſpoir ſe raiſon ne leuſt a ce beſoing ſecouru qui lui fiſt tout abandonner ſa queſte en amours, car de ceſte cy il nen pour-roit vng ſeul bon mot a ſon auantaige compter

❧ La .xxxviii. nouuelle par monſei-gneur de la roche

Andis que les autres penſerõt et a leur memoire ramencrõt aucũs cas aduenuz et perpetrez a biſſes

La .xxxviii. nouuel. par Moseigneur de laroche

et suffisans destre adioustez a listoire pnsente, ie vous compteray en briefz termes en quelle façon fut deceu le plus ialeux de ce royaume pour son temps. Je croy assez quil na pas este seul entaiche de ce mal, mais toutefois pource quil se fut oultre lenseigne ie ne me sauroye passer sãs faire sauoir le gracieux tour quon lui fist. Le bon ialeux que ie vous compte estoit tresgrãt hystorien et auoit veu et beaucoup leu et reteu de diuerses hystoires, mais en la fin la principale a quoy tendoit son exercice et toute son estude estoit de sauoir et congnoistre les façôs et manieres comment femmes peuẽt deceuoir leurs mariz, car la dieu mercy les hystoires anciennes comme Matheolet Juuenal Les quize ioyes de mariaige et autres plusieurs dont ie ne scay le compte font mẽcion de diuerses tromperies, cautelles, abusions, et decepcions en cest estat aduenues. Nostre ialoux les auoit tousiours en ses mains, et nen estoit pas mains assote que vng fol de sa marote, tousiours lisoit, tousiours estudioit, et diceulx liures fist vng petit extrait pour lui, ou quel estoyent descriptes comprinses et notees plusieurs manieres de tromperies au pourchaz et entreprinses de femmes et es personnes de leurs mariz executees, et ce fist il tendant a fin destre mieulx premuni sur sa garde de sa femme selle lui en bailleroit point de telles comme celles qui en son liuret estoient croniquees et registrees. Quil ne gar

dast sa femme daussi pres que vng ialoux ptalien si faisoit, et si nestoit pas bien asseur tant estoit fort feru du mau dit mal de ialousie, et en cest estat et aise delectable fut ce bon hõme trops ou quatre ans auec sa fẽme, laquelle pour passetemps nauoit autre loisir destre hors de sa preséce infernale si non alãt et retournant a la messe en la compaignie dune vieille serpente q delle auoit charge. Vng gentil compaignon oupãt la renommee de ce gouuernement vint rencontrer vng iour ceste bonne damoiselle qui belle gracieuse et amoureuse a bon escient estoit, et lui dit le plus gracieusemẽt que onques sceust le bõ vouloir quil auoit de lui faire seruice plaignãt et souspirant pour lamour delle sa maulditte fortune destre aliee au pl9 ialoux que terre soustienne, et disant au surplus qlle estoit la seule en vie pour qui plus vouldroit faire, et pource que ie ne vous puis pas icy dire combien ie suis a vous et plusieurs autres choses dont iespoire que vous ne serez que contente. Sil vous plaist ie les mettray p escript et demain ie les vous bailleray vous suppliant que mon petit seruice partant de bon vouloir et entier ne soit pas refuse. Elle lescouta voulentiers, mais pour la presence du dangier qui trop pres estoit gueres ne respõdit, toutefois elle fut contête de veoir ses lrẽs quãt elles vẽdrõt. Lamoureux prit congie assez ioyeux et a bonne cause, et la damoiselle comme elle estoit doulce et

La .xxvii. nouuel. par Mōseigneur de laroche

gracieuse le congie lui donna/mais la
vieille qui la suiuoit ne faillit pas a de
mander quel parlemēt auoit este entre
elle et celui qui sen va. Il ma dit elle ap
porte nouuelle de ma mere dont ie suis
bien ioyeuse/car elle est en bon point.
La vieille nenquist plus auant. Si vin
drent a loſtel. A lendemain lautre gar
ny dunes lettres dieu scait cōment dit
tees vint rencontrer sa dame et tant su
bitement et subtillement lui bailla ces
lettres que oncques le guet de la vieille
serpente nen eut cōgnoissance. Les let
tres furent ouuertes par celle qui vou
lentiers ses vit quant elle fut a part/le
contenu en gros estoit cōment il estoit
esprins de lamour delle/et que iamais
ung seul iour de bien nauroit se temps
et loisir prestez ne lui sont pour plus
auant sen aduertir/requerant en cōclu
sion quelle lui vueille de sa grace iour
et lieu conuenable assigner pour ce fai
re. Elle fist vne lettres par lesquelles
tresgracieusement sexcusoit de vouloir
entretenir en amours autre que celui
auquel elle doit et foy et loyaute. Neāt
mains pource quil est tant fort esprins
damours a cause delle quelle ne voul
droit pour rien quil nen fust guerdōne
elle seroit trescōtēte douprce ql veult
dire se nullement pouoit ou scauoit/
mais certes nenny tant pres la tiēt sō
mary qui ne la laisse dung pas si non
a leure de la messe quelle vient a legli
se gardee et plus que gardee par la plus
pute vieille qui iamais autruy destour

ba. Le gentil compaignon tout autre
ment habille et en point que se iour pas
se vint rencontrer sa dame qui tresbien
le congneut/et au passer quil fist assez
pres delle receut de sa main sa lettre de
susdicte. Sil auoit faim de veoir le con
tenu ce nestoit pas merueilles/il se trou
ua en ung destour ou tout a son aise et
beau loisir vit et congneut lestat de sa
besongne qui lui sembloit estre en bon
train/si regarda quil ne lui fault que
lieu pour venir au dessus et a chief de
sa bōne entreprinse/pour laquelle ache
uer il ne finoit nupt ne iour dauiser et
penser cōment il la pourroit conduire
Si saduisa dung bon tour qui ne fait
pas a oublier/car il sen vint a vne siēne
bonne ampe qui demeuroit entre legli
se ou sa dame aloit a la messe et loſtel
delle/et lui compta sans riens celer le
fait de ses amours en priant tresaffec-
tueusement quelle a ce besoing se voul
sist aider et secourir Ce que ie pourray
faire pour vous ne pensez pas que ie ne
my employe de tresbon cueur. Ie vous
mercye dit il/et seriez vous contentē ql
le venist ceans parler a moy. Ma foy
dit elle il me plaist bien. Or bien dit il
sil est en moy de vous faire autant de
seruice pēsez q̄ iauray congnoissance
de la courtoisie. Il ne fut oncqs si ai
se ne iamais ne cessa tant quil eut re-
script et baille ses lettres a sa dame qui
contenoient quil auoit tant fait a vne
telle quelle estoit sa tresgrande amie/
femme de bien/loyale et secrete/et qui

La .xxxvii. nouuel. par Monseigneur de laroche

Vous ayme et congnoist bien quelle nous baillera sa maison pour deuiser/ et vecy q̄ iay aduise/ ie seray demain en la chābre denhault qui descoure sur la rue/ et si auray aupres de moy vng grant seau deaue et de cendres entremesle dont ie vous affubleray tout a coup que vous passerez/ et si seray en habit si descōgneu que vostre vieille ne ame du monde naura de moy congnoissance. Quāt vous serez en ce point atournee vous ferez bien les bayc et vous sauluerez en ceste maison/ et par vostre dangier mā derez querir en vostre hostel vne autre robe/ et tādiz quelle sera en chemin nous parlerons ensemble. Pour abregier ces lettres furent escriptes et baillees/ et la response fut rēdue par elle quelle estoit contente. Or fut venu ce iour et la damoiselle affublee par son seruiteur dūg seau deaue et de cendre. Voire par telle facō q̄ sō queuurechief sa robbe et le surplus de ses habillemens furent tous gastez et perciez/ et dieu scait quelle fist bien ses bayc et de sa malcontente/ et comme elle estoit ainsi atournee elle se bouta en lostel ignorant dy auoir congnoissance. Tātost quelle vit la dame elle se plaignit de son meschief/ et nest pas a vous dire le deul quelle menoit de ceste aduēture. Maintenant plaint sa robe/ maintenant son queuurechief/ et lautrefois son typu. Brief qui lopoit il sembloit q̄ le monde fust finy. Et dangier sa meschine qui enraigeoit dengaigne auoit en sa main vng cousteau dont elle nettopoit sa robbe le mieulx quelle sauoit. Nēny nenny mamie dit elle vous perdez vostre peine ce nes pas chose a nettoier si en haste/ vous ny sauriez faire chose maintenant qui vault sist rien. il fault que iaye vne autre robbe et vng autre queuurechief/il ny a point dautre remede/ alez a lostel et les me apportez et vous auācez de retourner que nous ne pōos la messe auec tout nostre mal. La vieille voyant la chose estre necessaire nosa desdire sa maistresse/ si print et robbe et queuurechief soubz son māteau et a lostel sen va. Elle neut pas si tost tourne les talons que sa maistresse ne fut guydee en la chābre ou sō seruiteur estoit qui volentiers la vit en cotte simple et en cheueulx/ et tandiz quilz se deuiseront nous retournerōs a parler de la vieille qui reuint a lostel ou elle trouua son maistre qui nattendit pas q̄lle parlast mais demanda incontinent/ et quauez vous fait de ma femme/ et ou est elle. Ie lay laissee dit elle ches vne telle et en tel lieu. Et a quel propos dit il/ lors elle lui monstra robe et queuurechief et lui compta laduēture de la tyne deaue et des cēdres. Et quant quelle vient querir dautres habillemens/ car en ce point sa maistresse nosoit partir dont elle estoit. Esse cela dit il/ nostre dame ce tour nestoit pas en mon liure/ alez alez ie voy bien que cest. Il eust voulentiers dit quil estoit coup/ et croyez que si estoit il a ceste heure/ et ne len sceust ōcq̄s garder liure ne brief ou plusieurs

La .xxxviii. nouuelle par Monseigneur de lan

fins tours estoiēt regiſtrez/et fait assez a penser quil retint si bien ce dernenier que ōcques puis de sa memoire ne partit/et ne lui fut nul besoing a ceste cause de lescripre tant en eut fresche souuenance le peu des bons iours quil vesqt

La .xxxviii. nouuelle par monseigneur de lan

Naguieres que ung marchāt de tours por festoier son cure et autres gēs de bien acheta vne grosse et belle lamproye/si senuoya a son hostel et charga tresbien a sa femme de la mettre a point ainsi quelle sauoit bien faire/et faictes dit il que le disner soit prest a douze heures/car ie amenerap nostre cure et aucuns autres quil lui nomma. Tout sera prest dit elle amenez qȝ vous vouldrez. Elle mist a point vng grant

tas de beau poisson/et quant vint a la lamproye elle la souhaita aux cordeliers a son amy/et dit en soymesmes. ha frere Bernard que nestez vous icy/par ma foy vous nen partiries iamais tāt que eussiez taste de la lamproye/ou se mieulx vous plaisoit vous lemporteries en vostre chambre et ie ne fauldroye pas de vous y faire compaignie. A tres grant regret mettoit ceste bōne femme sa main a ceste lamproye voire pour sō mary/et ne faisoit que penser commēt son cordelier la pourroit auoir. Tant pensa et aduisa quelle conclud de lui en uoyer par vne vieille qui sauoit de son secret/ce quelle fist et lui manda quelle viendra annupt soupper et couchier auec lui. Quant maistre cordelier vit celle belle lamproye et entendit la venue de sa dame pensez quil fut ioyeux et bien aise/et dit a la vieille que sil peut finer de bon vin que la lamproye ne sera pas fraudee du droit quelle a puis quon la mēgue. La vieille retourna de son mesſaige et dit sa charge. Enuiron douze heures vecy nostre marchant venir/se cure/et plusieurs autres bons compaignons pour deuourer ceste lamproye q̄ estoit bien hors de leur commandemēt. Quant ilz furent en lostel du marchāt il les mena trestouz en sa cuisine pour veoir ceste grosse lamproye dont il les vouloit festoier et appella sa femme et lui dit/monstrez nous nostre lamproye ie vueil sauoir a ses gens si icy eu bon marchie. Quelle lamproye dit elle. La

La .xxxviii. nouuelle par Monseigneur de lau

lamproye que ie vous fis bailler pour nostre disner auec cest autre poisson. Je nay point veu de lamproye dit elle, ie cuide moy que vous songiez/ vecy vne carpe deux brochetz et ie ne scay quel autre poisson, mais ie ne vy au iour duy lamproye. Comment dit il et pensez vous que ie soye yure. Ma foy ouy dirent lors le cure et les autres, vous nen pensiez pas au iour duy mains, vous estes vng peu trop chiche pour acheter lamproye maintenant. Par dieu dit la femme il se farse de vous, ou il a songe dune lamproye, car seurement ie ne vys de cest an laproye. Bon mary de sopcourrouce dit, vous aues menty paillarde vous laues mengee ou caichee quelque part, ie vous promez que oncques si chiere lamproye ne fut pour vous. Puis se vira vers le cure et les autres et iuroit la mort bieu et vng cent de sermes quil auoit baillie a sa femme vne lamproye qui lui auoit cousté vng franc et eulx pour encores plus le tourmenter et faire enraigier faisoyent semblant de le non croire, et tenoyent termes come silz fussent malcontens, et disoient. nous estions priez de disner chez vng tel, et si auons tout laissie pour venir icy cuidant mengier de la lamproye, mais a ce que nous voyons elle ne nous fera ia mal. Loste q entraigeoit tout vif prist vng baston et marchoit vers sa femme pour la trop bie. Frotter se les autres ne leussent retenu qui lemmenerent a force hors de son hostel et misdrent peine

de se rapaiser le mieulx quilz sceurent quant ilz le virent ainsi trouble. Puis quilz eurent failly a la lamproye le cure mist la table et firent la meilleure chiere quilz sceurent. La bonne damoiselle a la lamproye manda lune de ses voisines qui veufue estoit, mais belle femme et en bon point estoit elle, et la fist disner auec elle. Et quant elle vit son point elle dit. Ma bonne voisine il seroit bien en vous de me faire vng singulier plaisir, et se tant vous vouliez faire pour moy il vous seroit tellemēt desserui que vous en deueriez estre contente. Et que vous plaist il que ie face dit lautre. Je vous diray dit elle, mon mary est si tresardant de ces besognes que cest vne grant merueille, et de fait la nupt passee il ma tellement retournee que par ma foy ie ne souferoye bonnement annupt attendre, si vous prie que vous voulez tenir ma place, se iamais puis rien faire pour vous vo9 me trouuerez pste de corps et de biēs La bonne voisine pour lui faire plaisir et seruice fut contente de tenir son lieu dont elle fut largement et beaucoup merciee. Or deuez vous sauoir que nostre marchant a la lamproye quant dit puis le disner il fist tresgrosse et grande garnison de bonnes verges quil apporta secretement en sa maison, et aux piez de son lit il les caicha pensant que sa femme annupt en sera trop bien seruie. Il ne sceut faire si secretement que sa femme ne sen donnast tresbien gar-

ii.i

La .xxxviii. nouuelle par Monseigneur du lau

de qui ne sen pensa pas mais, cognoissant assez par experience la cruaulte de son mary lequel ne souppa pas a lostel mais tarda tant dehors quil pensa bien quil la trouuera nue et couchee/ mais il faillit a son entreprinse/ car quant vint sur le soir et tart elle fist despouiller sa voisine et couchier en sa place en lui chargeant expressemēt quelle ne respondist mot a son mary quant il viendra/ mais contreface la muette et la malade/et si fist encores plus/ car elle estaignit le feu de leans tant en la cuisine comme en la chambre/et ce fait a sa voisine chargea que tantost que son mary sera leue le matin quelle sen voise en sa maison. Elle lui promist que si feroit elle. La voisine en ce point logee et couchee la vaillante femme sen va aux cordeliers pour mengier sa lasproye et gaignier les pardons comme assez auoit de coustume. Tandiz qlle se festoya seās nous dirōs du marchant q̄ apres soupper sen vint en son hostel esprins de yre et de mautalent a cause de la lasproye/et pour executer ce quen son pat dedens auoit conclud il vint saisir ses verges et en sa main les tint cherchant par tout de la chandelle dont il ne sceut oncques recouurer/mesmes en la cheminee faillit a feu trouuer. Quant il vit ce il se coucha sans dire mot et dormit iusques sur le iour quil se leua et sabilla et prit ses verges et batit la lieu tenante de sa femme en telle maniere q̄ a peu quil ne la caruenca en lui ramen-

teuant la lasproye/et la mist en tel poit quelle saingnoit de tous coustez/ mesmes les draps du lit estoient tant sanglans q̄l sembloit que vng beuf y fust acore/ mais la poure martire nosoit pas dire vng mot ne monstrer se visaige. Ses verges lui faillirent et fut lasse/si sen ala hors de son hostel/et la poure femme qui sattēdoit destre festoiee de samoureux ieu a gracieux passetēps sen ala tost apres en sa maison plaindre son mal a son martire/non pas sās menasser et bien maudire sa voisine. Tādiz que le mary estoit dehors venit des cordeliers sa bōne femme qui trouua sa chambre de verges toute ionchee son lit derompu et froissie/et les draps tous ensanglantez/si congneut bien tātost que sa voisine auoit eu affaire de son corps comme elle pēsoit bien/ a sās tarder ne faire arrest refist son lit et daultres beaux draps et frez le rempara et sa chābre nettoya. Aps hers sa voisine sen ala quelle trouua en piteux poit/et ne fault pas dire quelle ne trouuast biē a qui parler. Au plus tost quelle peut en sō hostel sen retourna et de tous pois se deshabilla/ a ou beau lit quelle auoit tresbien mis a poit se coucha et dormit tresbien iusques a ce que son mary retourna de la ville comme changie de sō courroux pource quil sen estoit vengie et vint a sa femme quil trouua ou lit faisāt la dormeuilse. Et quesse cy ma damoiselle dit il nest il pas temps de se leuer. Hemp dit elle et est il iour/par mō

La .xxxviii. nouuelle par Mõseigneur du lau

serment ie ne Vous ay pas ouy leuer, ie stoye entree en vng songe qui ma tenue ainsi longuement. Je croy dit il q̃ Vous songiez de la lamproye ne faisiez pas, ce ne seroit pas trop grant merueille, car ie la Vous ay bien ramenteue a ce matĩ. Par dieu dit elle il ne me souenoit de Vous ne de Voſtre lamproye. Comment dit il sauez Vous si tost oublie. Oublie dit elle vng songe ne me arreſte rien. Et a ce songe dit il de ceſte poingnie de Verges que iay Vsee sur Vos na pas deux heures. Sur moy dit elle Voire vraiemẽt sur Vous dit il, ie scay bien quil y pert largemẽt, et aux draps de noſtre lit auecq̃s. Par ma foy beaux amps dit elle ie ne scay que Vous aues fait ou songie, mais quãt a moy il me souuiẽt tresbien q̃ au iour duy au matĩ Vous me fiſtes de tresbon appetit le ieu damours, autre chose ne scay ie, aussi bien pouez Vous auoir songie de mauoir fait autre chose cõme Vous fiſtes hyer de mauoir baillie sa lãproye. Ce seroit vne estrange chose dit il, mõſtrez vng peu que ie Vous Voye. Elle osta et si reuersa la couuerture et toute nue se mõſtra sans taiche ne bleſſeure quelcõques, dit aussi les draps beaux et blãs sans soullieure ne taiche, si sut plus eſbahy que on ne Vous sauroit dire et se print a muser et largemẽt penser, et en ce point longuemẽt se tint, mais toutefois aſſez bonne piece apres il dit. Par mon serment mamie ie Vous cuidoye a ce matin auoir tresfort batue iusques au sang, mais maintenant ie Voy bien quil nen eſt rien, si ne scay quil meſt aduenu. Dea dit elle oſtez Vous hors de ceſte ymaginacion de baterie, car Vous ne me touchaſtes oncques Vous se pouez presentement Veoir et apperceuoir, faictes Voſtre compte que Vous sauez songe comme Vous fiſtes hier de la lamproye. Je congnois dit il lors que Vous dictes Vray, si Vous requiers quil me soit pardonne, car ie scay bien que ieuz hyer tort de Vous dire villennie deuãt les eſtrangiers que ie amenay ceans. Il Vous eſt legierement pardonne dit elle, mais toutesfois aduisez bien que Vous ne soyez plus si legier ne si haſtif en Voz affaires comme Vous aues de couſtume. Non seray ie dit il mamie. Ainsi quaues ouy fut le marchant par sa femme trompe cuidant auoir songie dauoir achete la lamproye et fait le surplus ou compte deſſus eſcript et racompte.

¶ La .xxxix. nouuelle par monseigneur de saint pol.

La .xxxix. nou. par Monseigneur de saint pol

Ung gentil cheualier des marches de hamiau riche puissant vaillant et tresbeau compaignon fut amoureux dune tresbelle dame assez a longuemēt/ et aussi fut tant en sa grace et si priue delle que toutesffois que bon lui sembloit il se trouuoit en ung lieu de son hostel a part et destourne ou elle lui venoit faire compaignie et sa deuisoyent tout a leur beau loisir/ et nestoit ame q̇ sceust rien de leur tresplaisāt passetemps si nō vne damoiselle qui seruoit ceste dame laquelle bonne bouche treslonguemēt porta/ et tant les seruoit a gre en tous leurs affaires quelle estoit digne dūg tresgrāt guerdō en receuoir. Elle aussi auoit tāt de vertu que non pas seulement sa maistresse auoit gaignee par se seruice cōdit est et autrement/ mais encores le mary de sa dame ne laymoit pas mains q̇ sa femme tant la trouuoit loyale bonne et diligente. Aduint vng iour que ceste dame sentant son seruiteur le cheualier dessusdit en son chastel deuers lequel elle ne pouoit aler si tost quelle eust bien voulu a cause de son mary q̇ sen destournoit dont elle estoit bien desplaisante/ se aduisa de lui mander par la damoiselle quil eust encores vng peu de pacience/ et que au plus tost quelle sauroit se desarmer de son mary quelle viendroit vers lui. Ceste damoiselle vint deuers le cheualier qui sa dame attēdoit a dit sa charge. Et lui qui gracieux estoit la mercya beaucoup de ce messaige et la fist seoir aupres de lui/ puis la baisa deux ou troys fois tresdoulcement/ elle lendura voulentiers/ qui bailla couraige au cheualier de proceder au surplus dōt il ne fut pas reffuse. Cela fait elle reuint a sa maistresse et lui dit que son amy nattend quelle. Helas dit elle ie scay bien quil est vray/ mais monseigneur ne se veult couchier ilz sont cy ie ne scay quelz gens que ie ne puis laisser/ dieu les mauldie iaymasse mieulx estre vers lui/ il lui ennuye bien ne fait pas destre ainsi seul. Par ma foy croyez que ouy dit elle/ mais lespoir de vostre venue le conforte et attendāt plus aise. Ie vous en croy/ mais toutesffois il est la seul sans chandelle et sont plus de deux heures quil y est/ il ne peut estre qil ne soit beaucoup ennuye. Si vous prie mamie que vous retournez vers lui encores vne fois pour men excuser et lui faictes compaignie vne piece/ et entretant se dieu plaist le dyable emportera ces gens

La .xxxix. nou. par Monseigneur de saint pol

qui nous tiennent icy. Je feray ce quil vous plaira ma dame dit elle/ mais il me semble quil est si content de vous qͥl ne vous fault ia eχcuser/ et aussi si ie y aloye vous demoureriez icy toute seulle de femmes/ et pourroit adoncques demander monseigneur apres moy et on ne me sauroit ou trouuer. Ne vous chaille de cela dit elle/ ien feray bien sil vous demande/ il me desplaist que mon amy est seul/ alez veoir quil fait ie vo⁹ en prie. Je y vois puis quil vous plaist dit elle. Elle fut bien ioyeuse de cest ā bassade il ne se fault ia demāder/ mais pour couurir sa voulente elle en fit seχ cusance et se reffuz a sa maistresse. Elle fut tātost vers le cheualier attendāt qui sa receut ioyeusement/ et elle sui dit Monseigneur/ madame menuoye encores icy se eχcuser deuers vous pource que tant vous fait attendre/ et croyez quelle en est la plus courroucee. Vous lui direz dit il qͥelle face tout a loisir et q͠ elle ne se haste rien pour moy/ car vous tiendrez son lieu. Lors de rechief ia bai se a acolle et ne la souffrit partir tant qͥl eust besongnie deuχ fois qui gueres ne lui cousterent/ car a lors il estoit frez et ieune homme et fort a cela. Ceste damoiselle print bien en pacience sa bonne aduenture/ et eust bien voulu auoir souuent vne telle rencontre sauf le preiudice de sa maistresse. Et quāt vint au partir elle pria au cheualier que sa maistresse nen sceust rien. Vous nauez q͠ re de dit il. Je vous en requiers dit elle/ et

puis sen vint a sa maistresse qui demā da tātost que fait son amy. Il est la dit elle et vous attend. Voire dit elle et est il poit mal cōtent. Nenny dit elle puis quil a eu compaignie/ il vous scait tresbon gre que vous my auez enuoyee/ et se ceste attente estoit souuent a faire il vouldroit bien mauoir pour seuiser et passer temps/ et par ma foy ie y voys voulentiers/ car cest le plus plaisant hōme de iamais/ et dieu scait quil se fait bon ouyr maudire ces gens qui vous retiennent/ e χcepte monseigneur a sup ne vouldroit il touchier. Saint iehan ie vouldroye dit la dame que luy et sa compaignie fussent en la riuiere et ie fusse la dont vous venez. Tant passa se te͞ps que monseigneur dieu mercy se deffist de ses gens et vint en sa chambre si se deshabilla et se coucha/ et madame se mist en cotte simple et print son atour de nupt et ses heures en sa main et commence deuotement dieu le scait dire ses sept pseaulmes et patenostres/ mais monseigneur qui estoit plus esueillie que vng rat auoit grant fain de seuiser/ si vouloit que madame laissast ses oraisons iusques a demain/ et quel le parlast a lui. Ha monseigneur dit elle pardonnez moy/ ie ne puis vous entretenir maintenant/ dieu va deuant vous le sauez/ ie nauroye meshuy bien ne de sepmaine se ie nauoye dit le tant peu de seruice que ie lui scay faire/ et encores se mal venir ie neuz pieça tant a dire que iay maintenant. Ha hay dit

k.iii.

La .xxxix. nou. par Monseigneur de saint pol

monseigneur vous maffolez bien de ceste bigoterie/et esse a faire a vous de dire tant d'eures que vous faictes/ostez ostez laissez les dire aux prestres/ne dis ie pas bien hau iehannette dit il a la damoiselle desusdicte. Monseigneur dit elle ie ne scay que dire si non puis q̃ madame a de coustume de seruir dieu q̃lle parface. Ha dea dit madame mōseigneur ie voy biē que vo9 estes auope de plaidier/et lay voulente de dire mes heures/et ainsi nous ne sommes pas bien tous deux d'ung accord. Si vous lairay iehannette q̃ vous entretiendra et ie men iray en ma chambrete la derriere tencer a dieu. Mōseigneur fut cōtent. Si sen alla madame les grans galos deuers le cheualier son amy qui la receut dieu scait a grant liesse et a grãt reuerence/car sonneur quil lui fist nestoit pas maindre qua genoulz ploiez et enclinez iusques a terre. mais vous deuez sauoir que tandiz que madame acheuoit ces heures auec son amy/monseigneur son mary ne scay de quoy il lui souuint/pria iehanette qui lui faisoit compaignie damours a bon esciēt et pour abbregier tant fist par promesses et beau langaige quelle fut contente dobeir/mais le pis fut que madame au retour q̃lle fist de son amy leq̃l lauoit acolee deux fois a bon escient auant sō partir trouua mōseigneur son mary et iehannette sa chamberiere en tout tel ouuraige quelle venoit de faire dont elle fut bien esbahye/et encores plus mōseigneur et iehannette qui se trouuerent ainsi surprins. Quant madame dit ce dieu scait comment elle salua la compaignie/ia soit ce quelle eust bien cause de soy taire/et si se print a la poure iehānette par si tresgrant courroux quil sēbloit bien quelle eust vng dyable ou vētre tant lui disoit de villennes paroles Encores fist elle pis q plus/car elle prit vng grãt baston et len chargea trop biē le dos. voyant ce monseigneur qui en fut mal content et desplaisant se leua sus piez et batit tāt madame quelle ne se pouoit sourdre. Et quant elle dit q̃lle auoit puissāce de sa lãgue dieu scait selle la mist en euure/mais adrecoit la plus part de ses motz veni meux sur la poure iehānette qui nen peut plus souffrit/si dit a monseigneur le gouuernement de madame et dont elle venoit a ceste heure de dire ses oraisons et auecques qui. Si fut la compaignie biē trublee monseigneur tout premier qui se doubtoit assez/et madame qui se trcuue affolee et batue et de sa chamberiere encusee. Le surplus de ce mesnaige bien trouble demeure en la bouche de ceulx qui le sciuent/si nen fault ia plus auant enquerir.

¶ La .xl. nouuelle p messire michault de changy.

La .xl. nouuelle par Messire michault dechāgy

Il aduint na gueres a lisle que ung grant clerc et prescheur de lordre de saint dominique/ conuertit p̄ sa sainte et doulce predicacion la fem̄me dung bouchier par telle et si bonne facon que elle lamoit plus que tout le monde/ et nauoit iamais au cueur bien ne en soy perfaicte liesse selle nestoit en pres lui/ mais maistre moyne en la par fin sennuya delle/ et tant que plus nul lement nen Bouloit/ et eust tresbien Bou lu quelle se fust deportee de si souuent le Bisiter/ dont elle estoit tant mal conten te que plus ne pouoit/ mesmes le rebou tement quil lui faisoit trop plus ouāt en son amour len racinoit. Damp moy ne ce Boyāt lui deffendit sa chambre et chargea bien expr̄essement a son clerc quil ne la souffrist plus. Selle fut plus que par auant mal contente ce ne fut pas de merueille/ car elle estoit ainsi q̄ forcence. Et se Bous me demandez a q̄l propos damp moyne ce faisoit/ ie Bous respons que ce nestoit pas pour deuoci on ne pour Boulente quil eust de deue nir chaste/ mais la cause estoit quil en auoit racointre Bne plus belle et plus ieune beaucoup et plus riche qui desia estoit tant priuee quelle auoit la clef de sa chambre. Tant fist toutesfois que la bouchiere ne Benoit pas Bers lui cō me elle auoit de coustume. Si auoit trop milleur et pl̄º seur loisir sa dame nou uelle de Benir gaingnier ses pardōs en sa chambre & paier la disme comme les femmes dosteserie dōt cy dessus est tou chie. Ung iour fut pris de faire bonne chiere a ung disner en la chābre de mai stre moyne/ ou sa dame promist de com paroir et faire apporter sa porcion tant de Bin comme de Biande. Et pource q̄ aucuns de ses freres de seans estoyent assez de son mestier il en iuita deux ou trois tout secretement/ et dieu scait la grant chiere quon fist a ce disner qui ne se passa point sans boire dautant. Or deuez Bous sauoir que nostre bouchiere congnoissoit assez les gens de ces pres- cheurs quelle Bcoit passer deuāt sa mai son lesquelz portopēt puis du Bin puis des pastez et puis des tartres et tant de choses que merueilles. Si ne se peut te nir de demander quelle feste on fait a leur hostel/ & il lui fut respondu que ces biens sont pour Bng tel/ cest assauoir son moyne qui a gens de bien au disner Et q̄ sont ilz dit elle. Ma foy ie ne scay

k.iiii

La .11. nouuelle par Messire michault de chāgy

dit lautre · Ie porte mon vin iusques a ſuis tantſeulement/ et la vient noſtre maiſtre qui me deſcharge/ie ne ſcay qui y eſt. Voire dit elle ceſt la ſecrete compaignie/or bien aſez vous en et les ſeruez bien. Tantoſt apres paſſa vng autre ſeruiteur quelle interrogua pareillement qui lui diſt comme ſon compaignon/et encores plus auant/car il dit ie penſe quil y a vne damoiſelle qui ne veult pas eſtre veue ne congneue. Elle penſa tantoſt ce qui eſtoit/ſi cuida bien enragier tant eſtoit malcontente/et diſoit en ſoymeſmes quelle fera le guet ſus celle qui lui fait tort de ſon amy/et qui lui a baillié le bont/et ſelle la peut rencontrer ce ne ſera pas ſans lui dire et chanter ſa leçon et eſgratiner le viſage. Si ſe miſt au chemin en intencion de epecuter ce quelle auoit concluſd. Quāt elle fut venue au lieu deſire moult lup tardoit de rencontrer celle quelle hait plus que perſonne/ſi neut pas tant de conſtance que dattendre quelle ſailliſt de la chambre ou elle auoit faicte mainte bonne choſe/mais ſaduiſa de prēdre vne eſchielle que vng couureur de tuille auoit laiſſee pres de ſon ouuraige tādiz quil eſtoit ale diſner et elle dreça ceſte eſchielle a lendroit de la cheminee de la cuiſine de loſtel ou elle vouldroit bien eſtre pour ſaluer la compaignie/car bien ſauoit que autrement ny pourroit entrer. Ceſte eſchielle miſe a point comme elle la vouſlut auoir/ſi monta iuſqs a la cheminee a lentour de laquelle elle

lia treſbien vne moyenne corde quelle trouua dauenture/et cela fait treſbien cōe il lui ſembloit elle ſe bouta dedans le bouhot de la dicte cheminee et ſe commença a deſcendre et vng peu aualer/mais le pis fut quelle demoura en chemin ſans ſoy pouoir auoir ne monter ne aualer quelque peine quelle y miſt/ à ce a foccaſion de ſon derriere qui eſtoit beaucoup gros et peſāt/et auſi ſa corde qui rompit pour quoy elle ne ſe pouoit en nulle maniere remonter ne reſſoudre a mont. Si eſtoit dieu ſe ſcait en merueilleux deſplaiſir et ne ſauoit que faire ne ǭ dire/ſi ſaduiſa quelle attēdroit le couureur et qſle ſe mettra en ſa mercy et lappellera quant il viendra requerre ſon eſchielle et ſa corde. Elle fut bien trompee/car le couureur ne vint iuſqz a lēdemain bien matin pource quil fiſt trop grāt pluye dont elle eut bien ſa part car elle fut percee et baignee iuſques a la peau. Quāt vint ſur le ſoir bien tart noſtre bouchiere eſtant en la cheminee ouyt gens deuiſer en la cuiſine/ſi commença a huchier dont ilz furent bien eſbahiz et eſtropez et ne ſauoient qui les huchoit ne ou ceſtoit/toutesfois quelque eſbahyſſement ne paour quilz euſſent ilz eſcouterent encores vng peu/ſi ouyrēt ſa voix du parauāt arriere huchier treſaigrement. Si cuiderent que ce fuſt vng eſperit et le vindrent incontinent annuncer a leur maiſtre qui eſtoit en dortouer/lequel ne fut pas ſi vaillant de venir veoir que ceſtoit/mais il miſt

La .xl. nouuelle par Messire michault dechãgy

tout a demain. Pensez la belle pacience que ceste bonne fẽme auoit qui fut tout au long de la nupt en ceste cheminee. Et de sa bonne aduenture il ne pleut oncq te.nps a si fort ne si bien quil fist celle nupt. Lendemain assez matin nostre couureur de tupsle reuint a seuure pour recouurer sa perte que sa psupe lui auoit faicte le iour deuant. Il fut esbahy de veoir sõ eschielle ailleurs quil ne lauoit laissee, et la cheminee syee de la corde, si ne sauoit qui ce auoit fait ne a quel propoz, puis saduisa daler querir sa corde et monta amont son eschielle a vint iusques a la cheminee et destaicha sa corde et comme dieu voulut bouta sa teste dedens le bouhot de la cheminee ou il vit nostre bouchiere plus simple q̃ vng chat baigne dont il fut tresesbahy. Et que faictes vous icy dame dit il voulez vous desrober les poures religieux Helas mon amy dit elle par ma foy nẽny ie vous requier aidez moy a saillir dicy et ie vous donneray ce que me vouldrez demander. Dea ie men garderay bien dit le couureur si ie ne scay pour quoy vous y venez. Ie le vous diray puis quil vous plaist dit elle, mais ie vous prie quil nen soit nouuelle. Lors lui compta tout du long ses amours del se et du moyne et la cause pour quoy elle venoit la. Le couureur oupãt ces paroles eut pitie dell' si fist tant a quelq̃ peine et q̃que meschief que ce fust moyennant sa corde quil la tira dehors et la mena en bas, et elle luy promist que si portoit bonne bouche quelle lui donneroit de la chier et de beuf et de mouton assez pour fournir sõ mesnaige pour toute lannee, ce quelle fist, et lautre tint si secret son cas que chascun en fut aduerty

La .xli. nouuelle par monseigneur de la roche

Ung gẽtil cheualier de haynault sage subtil et tresgrant voyagier apres la mort de sa tresbonne a saige femme pour les biens quilz auoit veuz a trouuez en mariaige / ne sceust

La .xli. nouuelle. par Monseigneur de la roche

passer son temps sans soy sier comme il auoit este par auant. Si espousa vne tresbelle ieune et gente damoiselle/non pas des plus subtilles du monde/car a la verite dire elle estoit vng peu lourde en la taille/et cestoit ce en elle qui plus plaisoit a son mary/pource quil esperoit par ce poit la myeulx duire et tourner en la facon quauoit la bouldroit. Il mist sa cure et son estude a la faconner/et de fait elle lui obeissoit et complaisoit comme il se desiroit si bien quil neust sceu mieulx demander. et entre autres choses touteffois quil lui vouloit faire lamoureux ieu q nestoit pas si souuent quelle eust bien voulu il luy faisoit vestir vng tresbeau haubregon dont elle estoit bien esbahye. et de prinsault lui demanda bien a quel propos il la faisoit armer. Et il lui respondit quon ne se doit point trouer a lassault amoureux sans armer. Elle fut contente de vestir ce haubregon/et nauoit autre regret si non que monseigneur nauoit lassault plus a cueur/ combien que ce lui estoit asses grant peine se aucun plaisir nen fust ensuy. Et se vous demandez a quel propos son seigneur ainsi la gouuernoit/ ie vous respons que la cause qui a ce faire se mouuoit estoit affin que ma dame ne desirast pas tãt lassault amoureux pour la peine et empeschement de ce haubregon/ mais combien quil fust bien saige il sabusa de trop car se se haubregon a chascun assault lui eust quasse et dos et ventre si neust

elle pas reffuse le vestir tant estoit et doulx et plaisant ce qui sen ensuiuoit. Ceste maniere de faire dura beaucoup et tant q monseigneur fut mande pour seruir son prince en sa guerre et en autres assaulx qui ne sõt pas semblables a celui dessusdit. Si print congie de ma dame et sen ala ou il fut mande/et elle demoura a lostel en la garde et conduite dung ancien gentil homme et daucunes damoiselles qui la seruoient. Or deuez vous sauoir que en cest hostel auoit vng gentil compaignon clerc qui tresbien chantoit et iouoit de la harpe et auoit la charge de la despense/et apres le disner sesbatoit voulentiers de la harpe a quoy madame prenoit tresgrant plaisir a souuent se rendoit vers lui au son de la harpe. Tant y ala et tant si trouua que le clerc la pria damours/et elle desirãt de vestir son haubregon ne se scõdit pas/aincois lui dist. Venez vers moy a tele heure et en telle chambre a ie vous feray response telle que vous seres content. Elle fut beaucoup mercye et a leure assignee nostre clerc ne faillit pas de venir heurter a la chambre ou ma dame lui auoit dit laquelle sattendoit de pie quoy/ le beau haubregon en son dos. Elle ouurit la chãbre et le clerc la vit armee/ si cuida que ce fust aucun qui fust ambusche leans pour lui faire quelque desplaisir. Et a ceste occasion il fut sy tressubitement seru et espouente que de la grant paour quil en eut il cheut a la reuerse par telle maniere qil

La .xli. nouuelle par Monseigneur de la roche

descompta ne scay quans degrez si tres roidement qua peu quil ne se rompit le col/ mais touteffois il neut garde tãt bien sui apda dieu et sa bonne querelle Madame qui se vit en ce dangier fut tres desplaisante et mal contente/si vit en bas et sui aida a sourdre et lui demãda dont lui venoit ce paour. Et il la sui compta et dist que vraiement il cuidoit estre deceu. Vous nauez garde dit elle ie ne suis pas armee pour vo9 faire mal. et en ce disant monterent arriere les degrez ⁊ entrerent en la chambre. Ma dame dist le clerc ie vous requiers dictes moy sil vous plaist qui vous meut de vestir ce haubergeon. Et elle cõme vng peu faisant la honteuse lui respondit/ et vous le sauez bien. Par ma foy sauf vre grace madame dit il se ie le sceusse ie ne le demãdisse pas. Monseigneur dit elle quant il me veult baisier et par ler damours il me fait en ce point habil lier/et ie scay bien que vous venez icy a ceste cause/et pource ie me suis mise en ce point. Madame dit il vous auez raison/et aussi vous me faictes souuenir que cest la maniere des cheualiers den ce point faire habillier leurs dames/ mais les clercs ont toute autre maniere de faire qui a mon aduis est trop pl9 belle et plus aisee. Et qlle est elle dist la da me mõstrez la moy. Et ie la vo9 mon strerap dit il. Lors la fist despouillier de son haubregon/et du surplus de ses habissemens iusques a la belle chemise/⁊ lui pareillement se deshabilla et se despouilla/et se misdrent dedens le beau lit pare qui la estoit/et puis se desarme rent de leurs chemises et passerent tẽps deux ou troys heures bien plaisammẽt/ et auant le departir se gentil clerc mon stra bien a madame la coustume des clercs laquelle beaucoup loua et prisa ⁊ trop plus q̃ celle des cheualiers. Assez et souuent depuis se rencõtrerent en la facon dessusdicte sans quil en fust nou uelle quoy que madame fust peu subtil le. A certain temps apres mõseigneur retourna de sa guerre dont madame ne fut pas trop ioyeuse en son par dedens quelque semblant quelle monstra au dehors/et vint a leure de disner/et pour ce que on scauoit sa venue il fut serui dieu scait comment. Le disner se passa et quant vit a dire graces mõseigneur se met en son reng et madame print sõ quartier. Tantost que graces furent a cheuees et dictes monseigneur pour fai re du mesnagier et du gentil cõpaignõ dist a madame. Alez tost en vostre chã bre et vestez vostre haubergon. Et elle se recordant du bon temps quelle auoit eu auec son clerc respondit tout subit/ la coustume des clercs vault mpeulx. La coustume des clercs dit il./et sauez vous leur coustume. Si commenca a soy fumer et couleur changier ⁊ se doub ta de ce q̃ estoit vray /cõbien q̃l nen sceut oncq̃s rien/car il fut tout a coup mis hors de son doubte. Madame ne fut pas si beste quelle naperceust bien que monseigneur nestoit pas content de ce

La xlii. nouuelle par meriadech

quelle auoit dit si saduisa de changier le bers et dit. Monseigneur ie vous ay dit que la coustume des clercs vault mieulx et encores se dis ie. Et quelle est elle dit il. Jlz boiuent apres graces dit elle. Voire dea dit il/ saint iehan vous dictes vray c'est leur coustume vraiement qui nest pas mauuaise/ et pource q̃ vo9 la prisez tant nous la tiendrons dores= enauant. Si fist apporter du vin et bu= rent/ et puis madame ala vestir son hau bregon dont elle se fust bien passee/ car le gentil clerc lui auoit monstre autre facon de faire qui trop mieulx lui plai soit. Comme vous auez ouy fut mon= seigneur par madame en sa responce a buse/ ainsi fault dire que le sens subit qui lui vint en memoire a ceste fois lui descendit de la vertu du clerc qui depuis lui monstra la facon dautres tours dõt monseigneur en la parfin en demoura noz amys.

¶ La xliii. nouuelle racontee par me= riadech.

L'An cinquante derrenier passe le clerc dung village du dyocese de noyon pour impetrer et gaignier ses pardõs qui furẽt a romme/ qui sõt telz que chascun scait se mist a chemin en la cõpaignie de plusieurs gens de bien de noyon/ de compiengne/ et des lieux voi sins/ mais auant son partement dispo sa bien et seurement de ses besoingnes. Premierement de sa femme et de son mesnaige/ et le fait de sa coustrerie re= commanda a vng ieune et gentil clerc pour la desseruir iusques a son retour. En assez briefue espace de temps lui et sa compaignie vidrent arriuer a rõme et firent chascun leur deuocion et peleri naige le mains mal quilz sceurent/ mais vous deuez sçauoir que nostre clerc trouua dauenture a rõme vng de ses cõ paignons descole du temps passe qui

La .xlii. nouuelle. par meriadech

estoit ou seruice dung gros cardinal et en grant auctorite/qui fut tresioyeulx de sauoir/trouue pour saccointace quil auoit a lui/et lui demanda de son estat Et lautre lui compta tout du long/tout premier comment il estoit helas marie son nombre denfans/& comment aussi il estoit clerc dune paroisse. Ha dit son compaignon/par mon serment il me desplaist bien q̃ vous estes marie. Pour quoy dit lautre. Ie vo9 diray dit il / Ung tel cardinal ma chargie expressement q̃ ie lui treuue ung seruiteur pour estre son notaire qui soit de nostre marche/et croyez que ce seroit trop bien vostre fait pour estre tost et largement pourueu se ce ne fust vostre mariaige qui vous fera repatrier et côme iespoire plus grãs biens perdre que vous ny aurez. Par ma foy dit le clerc mon mariaige ny fait rien mon compaignon/car a vous dire la verite ie me suis party de nostre pays soubz vmbre du pardon qui est a present/mais croyez que ce na pas este ma principale intencion/car iay conclud daler iouer deux ou troys ans par pays/et ce pendant se dieu vousoit prẽdre ma femme iamais ie ne fuz si eureux/et pourtant ie vous requiers que vo9 songniez de moy et soyez môt moy ẽvers ce cardinal que ie le serue/& par ma foy ie feray tant que vous naurez ia reprouche pour moy/et se ainsi le faictes vous me fere: a plus grãt seruice que iamais compaignon fist a autre. Puis que vous auez ceste voulente dit

son compaignon ie vous seruiray a ceste heure et vous logeray pour auoir bô temps se a vous ne tient. Et mon amy ie vous mercye dit lautre. Pour abbregier nostre clerc fut logie auec ce cardinal/laquelle chose il manda a sa fême et son intencion qui nest pas de retourner par desa si tost quil lui auoit dit au partir. Elle se conforta et lui rescripuit quelle fera du mieulx quelle pourra. Ou seruice de ce cardinal se conduisit & maintint gentement nostre bon clerc/& fist tãt que en peu de temps il gaingna de largent auec son maistre/lequel nauoit pas peu de regret quil nestoit habille a tenir benefices/car largement lẽ eust pourueu. Pendant le temps q̃ nostre dit clerc estoit ainsi en grace comme dit est le cure de son villaige ala de vie a trepas et ainsi vaqua son benefice q̃ estoit ou moys du pape/dont le coustre tenant le lieu de son compaignon estant a romme se pêsa quau plus tost quil pourroit quil courroit a romme et feroit tant a layde de son compaignon quil auroit ceste cure. Il ne dormit pas car en peu de iours apres maintes peines et trauaulx tant fist quil se trouua a romme/et neut oncques bien tant q̃l eut trouue son compaignon lequel seruoit vng cardinal. Apres grosses recongnoissãces dung cousté & dautre le clerc demãde de sa femme. Et lautre lui cuidant faire vng singulier plaisir/et assi aussi que la besongne dont il le veult reqrir aucunement en vaille mieulx lui

La xlii nouuelle par meriadech

respondit quelle estoit morte/ dont il men toit/car ie tien qua ceste heure elle scaroit bien tencier son mary. Dictes vous donc que ma femme est morte dit le clerc/ et ie prie a dieu quil lui pardonne ses pechiez. Ouy vraiement dit lautre/la pestillece de lannee passee auec plusieurs autres sen porta. Si faignit il ceste bourde qui depuis lui fut chier vendue/ pour ce quil sauoit que le clerc nestoit party de son pays qua lintencion de sa femme qui estoit trop peu paisible/et que plus plaisantes nouuelles delle ne lui pourroit on apporter que de sa mort. Et a la verite ainsi en estoit il/mais le rapport fut faulx. Et qui vous amaine en ce pays dit le clerc apres plusieurs et diuerses parolles. Ie le vous diray mon compaignon et mon amy. Il est vray q le cure de nostre ville est trespasse/si vieners vous affin que par vostre moyen ie puisse paruenir a son benefice. Si voꝰ prie tant que plus ne puis que me vueillez aider a ce besoing/ie scay bien quil est en vous de le me faire auoir a layde de monseigneur vostre maistre. Le clerc pensant sa femme estre morte et la cure de sa ville vaquer conclud en soymesmes que il happera ce benefice pour lui et dautres encores sil y peut paruenir/mais touteffois il ne le dist pas a son compaignon/aincois lui dit quil ne tiendra pas en lui quil ne soit cure de leur ville/dont il fut beaucoup mercie. Tout autrement en ala car a lendemain nostre saint pere a la requeste du cardinal maistre de nostre clerc lui donna ceste cure. Si vint ce clerc a son compaignon quant il sceut ces nouuelles et lui dit. Ha mon compaignon vostre fait est rompu dont me desplaist bien. Et comment dit lautre. La cure de nostre ville est donnee dit il/mais ie ne scay a qui/monseigneur mon maistre vous a cuide aider/mais il na pas este en sa puissance de faire vostre fait. Qui fut bien mal content ce fut celui qui estoit venu de si loing perdre sa peine et despendre son argent et dont ce ne fut pas dommaige. Si print congie piteusemet de son compaignon et sen retourna en son pays sans soy vanter de la bouede quil a semee. Or retournons a nostre clerc qui estoit plus gay que vne mittaine de la mort de sa femme/et de la cure de leur ville que nostre saint pere le pape a la requeste de son maistre lui auoit donnee pour recompense/et disons comment il deuint prestre a romme et y chanta sa bien deuote premiere messe/et prit congie de son maistre pour vne espace de temps a venir par deca a leur ville prendre la possession de sa cure. A ceste entree quil fist a leur ville de son bon eur la premiere personne quil rencontra ce fut sa femme dont il fut bien esbahy ie vous en asseure/et encores beaucoup plus courrouce. Et quesse cy dit il mamie/on mauoit dit que vous estiez trespassee. Ie men suis bien gardee dit elle/vous le dictes ce croy ie pource que leussiez bien voulu/ et vous lauez

La .xliii. nou. par Monseigneur de fiennes.

Bien monstre qui m'aues faissce l'espace de cinq ans a tout vng grant tas de petiz enfans. Mamie dit il ie suis bien ioyeulp de vous veoir en bon point et en loue dieu de tout mon cueur / maudit soit celui qui m'en raporta autres nouuelles. Ainsi soit il dit elle. Or ie vous diray mamie ie ne puis arrester pour maintenant / force est que ie m'en aille hastiuement deuers monseigneur de noyon pour vne besongne qui lui touche / mais au plus brief que ie pourray ie retorneray. Il se partit de sa femme et prent son chemin deuers noyon / mais dieu scait s'il pensa en chemin a son poure fait. Helas dit il or suis ie homme deffait et deshonnoure / prestre / clerc / et marie tout ensemble / ie croy que ie suis le premier malheureup de cest estat. Il vint deuers monseigneur de noyon qui fut bien esbahy d'ouyr son cas et ne le sceut conseillier et senuoya a romme. Quant il fut venu il compta a son maistre tout du long et du fil la verite de son aduenture qui en fut tresamerement desplaisant. A le demain il compta a nostre saint pere en la presence du collegge des cardinaulp et de tout le conseil laduenture de son homme quil auoit fait cure. Si fut ordonne quil demourera prestre et marie et cure aussi / et demoura auec sa femme en la façon que vng homme marie honnourablement et sans reprouche demeure / et serons ses enfans legitimez et non bastars / ia soit ce que le pere soit prestre / mais au surplus s'il est sceu ne trouue qui aille autre part que a sa femme il perdra son benefice. Ainsi q'auez ouy fut ce poure clerc puny par la façon q'dit est et par le faulp donner a entendre de son compaignon / et fut content de venir demourer a son benefice / et qui plus est et pis demourer auec sa femme dont il se fust bien passe se leglise ne leust ordonne.

La .xliiii. nouuelle par monseigneur de fiennes.

Al guerres que vng bon homme laboureur et marchant et tenant sa residence en vng bon villaige de la chastellenie de lille trouua façon et maniere au pourchas de lui et de ses bons amys dauoir a femme vne tresbelle ieune fille q n'estoit pas des plus riches et aussi ne stoit son mary / mais estoit homme de grant diligence et qui fort tiroit dacquerir et gangnier / et elle dautre part mettoit peine dacroistre le mesnaige selon le

La .xliii. nouuelle par Monseigneur de fiennes.

desirde son mary qui a ceste cause sauoit beaucoup en grace/lequel a mais de regret asoit souuent ca et la es affaires de ses marchādises sās auoir doubte ne suspicion quelle fist autre chose q̃ bien/mais le poure homme sus ceste fiance labandonna et tant la laissa seule que vng gentil compaignon sapproucha delle qui pour abbregier fist tant h peu de iours quil fut son lieutenāt/dōt gueres ne se doubtoit celui qui cuidoit auoir du monde la milleure femme et qui plus pensoit a laccroissement de sō hōneur & de sa cheuāce. Ainsi nestoit pas car elle abandonna tost lamour quelle lui deuoit/et ne lui challoit du proufit ne du dommaige/ce seulement lui suffisoit quelle se trouuast auec sō amy dont il aduint vng iour ce qui sensuit Nostre bon marchant dessusdit estant dehors comme il auoit de coustume sa femme le fist tantost sauoir a son amy qui neust pas voulentiers failly en son mandement/mais y vint tout incontinent/et affin quil ne perdist temps au plus tost quil sceust sapproucha de sa dame/& luy mist en termes plusieurs & diuers propos/et pour conclusion le desire plaisir ne lui fut pas escondit non plus que es autres dont le nombre nestoit pas petit. De mal venir et pour vne partie & pour lautre tout a ceste belle heure que ces armes se faisoient very bon mary darriuer qui treuue la compaignie en besongne/dont il fut bien esbahy/car il neust pas pēse que sa fēme fust telle. Quesse cy dit il/par la mort bieu dit il ie vous turay tout roide/et lautre qui se treuue surprins et en meffait present achope ne sauoit sa contenance/mais pource quil se sentoit diseteur & fort couuoiteux il lui dit tout subit. Ha iehā mon amy ie vous crie mercy/pardōnez moy si ie vous ay riē meffait et par ma foy ie vous dōneray six rasieres de blé. par dieu dit il ie nē feray rien vous passerez par mes mains et auray la vie de vostre corps se ie nē ay douze rasieres. Et la bonne femme qui ouyoit ce debat pour y mettre le blé cōe elle y estoit tenue se aduanca de parler et dit a son mary. Et iehan beau sire ie vous requiers laissez le acheuer ce quil a commence et vous en aures huit rasieres/ naura pas dit elle en se tirant deuers son amy. Jen suis content dit il/mais par ma foy a ce que le blé est chier cest trop. Esse trop dit le vaillant homme/& par la mort bieu ie me respēs bien que ie nay dit plus hault/car vous auez forfait vne amende selle venoit a la congnoissance de la iustice elle vous seroit beaucoup plus hault taupee/pourtant faictes vostre cōpte ien auray douze rasieres ou vous passerez par la Et vrayement dit sa femme iehan vous auez tort de me desdire/il me semble que vous deuez estre content a ces huyt rasieres/et pensez que cest vng grant tas de blé. Ne mē ph̃es plus dit il ien auray douze rasieres ou ie le turay et vo⁹ aussi. Ha dea dit le compaignon vous estes

La .xliiii. nou. par Monseigneur de la roche

ung fort marchant/et au mains puis ql fault que vous ayez tout a vostre dit iauray terme de paier. Cela veulz ie bien dit il/mais iauray mes douze rasieres La noisa sappaisa si fut prins iour de paier a deux termes/les huit rasieres a lendemain/et le surplus a la saint remy prouchainement venant/par tel conuenant quil leur laissa acheuer ce quilz auoient encommence. Ainsi se partit ce vaillant homme de sa maison ioyeux en son couraige pour ces douze rasieres de ble quil doit auoir. et sa femme et son amy recommencerent de plus belle. Du paier cest a laduenture/combien toutesfois quil me fut dit depuis q̃ le ble fut paie au iour et terme dessusdit.

La .xliiii. nouuelle par monseigneur de la roche

Comme il est largement au iourdhuy de prestres et curez qui sont si gentilz compaignons que nulles des folies que font les gens laiz ne leur sont impossibles ne difficiles/auoit na gueres en ung bon villaige de picardie ung maistre cure qui faisoit raige de aymer par amours/et entre les autres femmes et belles filles il choisit et chercha une tresbelle ieune et gente fille a marier/et ne fut pas si peu hardy quil ne luy comptast tout du long son cas. De fait son bel et asseure langaige cent mille promesses et autant de bourdes la menerent a ce quelle estoit comme contente dobeir a ce cure qui neust pas este pour lui ung petit dommaige tant estoit belle gente et de plaisant maniere/et nauoit en elle que une faulte/cestoit quelle nestoit pas des plus subtiles du monde/toutesfois ie ne scay dont lui vint cest aduis ne maniere de respondre/elle dist ung iour a son cure q̃ chaudement pour suiuoit la besongne quelle nestoit pas conseillee de faire ce quil requeroit tant quelle fust mariee/car se daventure come il aduient chascun iour elle faisoit ung enfant elle seroit a tousiours mais deshonnouree et reprouchee de son pere/ de sa mere/de ses freres/et de tout son lignaige/laquelle chose elle ne pourroit pour rien souffrir/et na pas cueur de soustenir le desplaisir que porter lui fauldroit a ceste occasion/et pourtant ho de ce propos/si ie suis qlque iour mariee parlez a moy et ie feray ce q̃ ie pourray

f.i

La .xliiii. nou. par Monseigneur de la roche

pour vous et non autrement ie se vous oy vne fois pour toutes. Monseigneur le cure ne fut pas trop ioyeux de ceste responce absolue/et ne scait penser de quel couraige ne a ql propos elle dit ces paroles/touteffois lui qui estoit pris ou las damours et feru bien a bon escient ne veust pas pourtant sa queste abandonner, si dist a sa dame. Di ça mamie estez vous en ce fermee et conclue de riens ne faire pour moy si vo9 nestez mariee. Certes ouy dit elle. Et se vo9 estiez marie dit il et ien estoie se moyen et la cause en auriez vous apres congnoissance en me tenãt loyaument sans faulser ce que maues promis. Par ma foy dit elle ouy a de rechief le vous promectz. Or bien grant mercy dit il/faictes bonne chiere car ie vous promectz seuremẽt quil ne demourera pas a mõ pourchaz ne a ma cheuance que vous ne se soyez et de brief/car ie suis seur que vous ne se desirez pas tant comme ie fais/et affin que vous voyez a loeil que ie suis celui qui vouldroye emploier corps et biẽs en vostre seruice vous verrez comment ie me conduiray en ceste besongne. Or bien dit elle mõseigneur le cure son vera comment vous ferez. Sur ce fist la departie/et bon cure qui auoit le feu damours ne fut depuis gueres aise tant quil eust trouue le pere de sa dame et se mist en langaige auec lui de plusieurs et diuerses matieres/et en la fin il vint a parler de sa fille et lui va dire bon cure. Mon voisin ie me donne grant mer

ueille aussi font plusieurs voz voisins et amys que vous ne mariez vostre fille/et a ql propos sa tenez vous tãt dempres vous/et si saues touteffois que sa garde est perilleuse/non pas dieu mercy vueille garder que ie dye ou vueille dire quelle ne soit toute bonne/ mais vous en voyez tous les iours mesuenir puis quon les tient oultre le terme deu. Pardõnez moy touteffois que si sẽblemẽt vous euure et descouure mon couraige car lamour que ie vo9 porte/sa foy aussi que ie vous doy entant que suis vostre pasteur indigne me semonnent et obligent de ce faire. Par dieu monseigneur le cure dit le bon homme vous ne me dictes chose que ie ne cõgnoisse estre vraye et tant que ie puis vous en mercye/et ne pensez pas ce que ie la tiens si longuement auec moy ceft a regret/car quant son bien viendra par ma foy ie me trauailleray pour elle ayder cõe ie doy/vous ne voulez pas aussi nest ce pas la coustume que ie lui pourchasse vng mary/mais sil en vient vng q soit homme de bien ie feray comme vng bõ pere doit faire. Vous dictes tresbien dit le cure et p ma foy vo9 ne poues mieulx faire que de vous en despeschier/car cest grant chose de veoir ses enfans asiez en la plaine vie. Et que diriez vous dung tel le filz dũg tel vostre voisin/par ma foy il me semble bon homme/bon mesnagier et vng grant laboureur. Saint iehan dit le bon homme ie neñ dy q tout bien quant a moy ie se congnois pour

La .xliiii. nou. par Monseigneur de la roche

Ung bon ieune homme et ung bon labou reur/son pere et sa mere et tous ses parens sont gens de bien/ et quant ilz feroient cest honneur a ma fille de la requerir a mariaige pour lui ie leur respondroye tellement quilz de uroient estre contens par raison. Ainsi maist dieu dit le cure on ne peut iamais mieulx/et pleust a dieu que sa chose en fust ores bien faicte ainsi que ie le desire/et pource que ie scay a la verite que ceste aliance seroit le bien des parties ie my vueil employer/et sur ce a dieu vous dy. Se ce maistre cure auoit bien fait son parsonnaige au pere de sa dame il ne se fist pas mais mal eu pere du ieu ne homme/et sui va faire une grant premise que son filz estoit en aage de marier et quil se deust pieca estre/a cent mille raisons lui amaine par lesquelles il dit et veult conclure que le monde est perdu se son filz nest hastiuement marie. Monseigneur le cure ce dist le second bon homme ie scay que vous dictes au plus pres de mon couraige/et en ma conscience se ie fusse aussi bien a sauant comme iay este puis ne scay quas ans il ne fust pas a marier/car cest une des chose en ce monde que plus ie desire/mais faulte dargent sen a retarde et cest force quil ait patience iusques a ce que nostre seigneur nous enuoye plus de bien que encores nauons. Ha dea dit le cure ie vous entens bien il ne vous fault que de largent. Par ma foy non dit il se ien eusse comme autre fois iay eu ie sui querroye tantost femme. Jay regarde en moy dist le cure pource que ie vouldroye le bien et auancement de vostre filz que la fille dug tel seroit bien sa charge/elle est bonne fille et a son pere tresbien de quoy et tant en scay ie ql la veult tresbien aider et qui nest pas peu de chose/cest ung saige homme et de bon conseil et bon a my/et a qui vous et vostre filz aurez grant recours et tresbon secours/quen dictes vous. Certainement dit le bon homme pleust a dieu que mon filz fust si cureux que dauoir aliance en si bon hostel/et croyez que se ie sentoye en aucune facon quil y peust paruenir et ie fusse fourny dargent aussi bien aussi que ne suis mie pour leure ie pampsoiroye to9 mes amys/car ie scay tout de vray ql ne pourroit en ceste marche mieulx trouuer. Je nay pas donc dit le cure mal choisi. Et que diriez vo9 se ie parloye au pere de ceste besongne/ et ie la conduisoye tellement quelle sortist a effect ainsi que la chose le requiert/ vous faisoye encores auec ce le plaisir de vous prester vingt frans iusques a ung terme que nous aduiserons. Par ma foy monseigneur le cure vous me offrez mieulx que ie ne vaulx ne que en moy nest de desseruir/mais se ainsi le faictes vous me obligerez a tousiours mais en vostre seruice. Et vraiement dit le cure ie ne vous ay dit chose que ie ne face et faictes bonne chiere/car iespere cōe ie croy bien ceste besongne mener a fin. Pour abbregier maistre cure esperant de iouyr de sa dame quant elle seroit mariee cōduisoit les besongnes en

f. ii.

La .xliiii. nou. par Monseigneur de la roche

tel estat que par le moyen des vigt frās quil presta ce mariage fut fait et passe et vint le iour des nopces. Or est il de coustume que lespouse et lespousee se confessent a tel iour. Si vint lespouse premier et se confessa a ce curé/et quāt il eut fait il se tira vng petit arriere de luy disant ces oroisons et pastenostres/et vecy lespousee qui se met a genoulx deuant le cure et se confesse/quāt elle eut tout dit il pla voire si hault q̃ lespouse le q̃l ne stoit pas loing lentēdit tout du long et dist ma mye ie vous prie quil vo⁹ souuiēne maltenāt car il est heure de la promesse q̃ me fistes nagueres/ Vous me promistes q̃ quāt vous series mariee que ie vo⁹ cheuaulcheroye/ or lestes vous dieu mercy par mon moyen et pourchas et moyēnant mon argent que iay preste. Mon signeur le cure dist elle ie vous tiendroy ce que ie vous ay promis se dieu plaist nen faictes nulle doubte/ ie vo⁹ en mercie dist le cure/ puis luy bailla labsolution apres ceste deuote confession et la laissa aller/ mais lespouse q̃ auoit ouy ses parolles nestoit pas bien a son aise Touteffois il nestoit pas heure de faire le couroucie. Apres que toutes les solennites de seglise furent passees et que tout fut retourne a lostel et que leure de coucher aprouchoit/ lespouse vint a vng sien compaignon quil auoit et luy pria tresbien quil luy fist garnison dugne grosse poingnee de verges et q̃l la mist secretement soubz le cheuet de son lit. Quāt il fut heure lespousee fut couchee comme il est de coustume et tint le coing du lit sans mot dire/ lespouse vint assez tost apres et se met a laultre bort du lit sans lapproucher ne mot dire/ et a lendemain se lieue sans aultre chose faire et cache ses verges dessoubz son lit. Quāt il fut hors de la chambre vecy bonnes matrones qui viennēt et ne fut pas sās demander comment cest portee la nupt et quil luy semble de son mary/ ma foy dist elle vela sa place la loing monstrāt le bort du lit et vecy la mienne il ne me approucha annupt de plus pres et aussi nay ie luy. Elles furent bien esbayes et y penserent plus les vnes que les aultres/ touteffoiz elles sacorderent a se q̃l la laissee par deuocion et nen fut plus parle pour ceste foiz. La segonde nuytee vint et se coucha lespousee en sa place du iour de deuant et le mary arriere en la siēne fourny de ses verges/ et ne luy fist aultre chose dont elle nestoit pas cōtēte/ et ne faillit pas a lendemain a le dire a ses matroĩnes lesq̃lles ne scauoient que penser/ ses aulcunes dient iespoire quil nest pas homme si le fault esprouuer/ car iusques a la quatriesme nupt il a continue ceste maniere/ si fault dire quil ny a dire en sō fait/ pour tant se la nupt qui vient il ne vo⁹ fait aultre chose dirent elles a lespousee tires vo⁹ vers luy si lacoles et baisies et luy demandes son ne fait autre chose en mariarige et sil vous demāde quelle chose vous voulez quil vous face dites lui que vous voulez quil vous cheuauche et vous

La .xliiii. nou. par Monseigneur de la roche

outrez quil vous dira. Je le feray dit elle. Elle ne faillit pas, car quant elle fut couchee en sa place de tousiours se mary reprint son quartier et ne sauancoit autrement quil auoit fait les nuytz passees. Si se vira tost devers lui et se prent a bons bras de corps et lui commenca a dire. Venez ca mon mary esse la bonne chiere que vous me faictes, vecy la cinquiesme nuyt que ie suis auecques vo9 et si ne mauez daignie atrouchier et par ma foy se ieusse cuide q̃ on ne fist autre chose en mariaige ie ne my fusse ia boutee. Et esse chose dit il lors vous a len dit qu̅ on fait en mariaige. On ma dit dist elle quon y cheuauche lung lautre. Si vous prie que me cheuauchiez. Cheuauchier dit il cela ne vouldroye ie pas faire encores, ie ne suis pas si mal gracieux. Helas dit elle ie vous prie que si faciez, car on le fait en mariaige. Le voulez vous dit il. Je vous en requiers dist elle, et en disant le baisa tresdoulcement. Par ma foy dit il ie le fais a grãt regret, mais puis que le voulez ie le feray combien que vous ne vous en souerez ia. Lors prent sans plus dire ces verges de garnison et descouure ma damoiselle et len bastit et doz et vẽtre tãt q̃ le sang en sailloit de tous coustez. Elle crye elle pleure elle se demaine cest grãt pitie que de la veoir, elle mauldit q̃ oncques lui fist requerre destre cheuauchee. Je le vous disois, bien dit lors son mary. Apres la prent entre ses bras et sa rõ-

cina tresbien et lui fist oublier la douleur des verges. Et comment appelle on dit elle cela que vous mauez maintenant fait. On lappelle dit il souffle en cul. Souffle en cul dit elle, le nom nest pas si beau que cheuauchier, mais la maniere de se faire vault trop mieulx que de cheuauchier, cest assez puis q̃ ie le scay, ie sauray bien doresenauant du quel ie vous doy requerre. Or deuez vous sauoir que monseigneur le cure tendoit tousiours loreille quant sa nuuelle mariee vendroit a leglise pour lui ramenteuoir ses besongnes et lui faire souenir de sa promesse. Le iour quelle y vit monseigneur le cure se pourmenoit et se tenoit pres du benoistier, et quant elle fut pres il lui bailla de leaue benoiste et lui dist assez bas. Mamie vous maues promis q̃ ie vous cheuaucheroye quãt vous series mariee, vo9 lestez bien mercy voire et par mon moyen, si seroit heure de penser quant ce pourroit estre. Cheuaucher dit elle par dieu iaymeroye pl9 chier que vous sussiez noye voire pendu ne me parlez plus de cheuauchier ie vo9 prie, mais ie suis contente que vous soufflez ou cul si vous voulez. Et ie le feray dist le cure vostre fieure quartaine paillarde que vous estes qui tant estes orde et sale et mal honneste, ay ie tant fait pour vous pour estre querdonne de vous souffler ou cul. Ainsi mal content se partit monseigneur le cure de la nouuelle mariee laquelle sen va mettre en

f.iii.

La .xlv. nou. par Monseigneur de la roche

son siege pour ouyr la deuote messe que
le bon curé vouloit dire. ¶ En la façon
qu'aues dessus ouy perdit mōseigneur
le cure son aduenture de ioupe de sa da-
me dont il fut cause et nul aultre pour
ce quil parloit trop hault a elle ce iour ql
la confessa/car son mary qui ce ooyt se
empescha en la façon quest dit dessus p
faire a croire a sa fēme que touciner sap
pelle souffle en cul.

¶ La pl9. nouuelle par mon signeur
de la roche.

Cōbien que nulles des nouuelles hy
stoires precedētes nayēt touché ou ra-
conté aulcun cas aduenu es marches
dptalye/mais seulement font mencion
des aduenues en france/alemaigne/an
gleterre/flandres/breban ?c. si se eptēdrōt
elles touteffois a cause de la fresche ad
uenue a vng cas a romme aduenu qui
fut tel. A romme auoit vng escossoys de
leage denuiron vingt a vingt et deux ās
le ql par lespasse de quatorze ans se mai
tint et conduisit en estat et habillement
de femme sans ce que eu dedens ce dit
temps il fut venu a la congnoissāce pu-
blique des hommes/t se faisoit appeller
done marguerite/et ny auoit gueres bō
hostel a la ville de rōme ou il neust sō re
cours t congnoissance/ especialement il
estoit bien venu des femmes cōe entre
les chamberieres meschines et aultres
femmes de bas estat/ et aussi des aulcu
nes des plus grandes de romme/et affi
de vous descouurir lindustrie de ce bon
escossois il trouua façon dapprēdre a blā
chir les draps linges/t sappeloit la lauē
diere/et soubz cest vmbre hantoit cōme
dessus est dit es bonnes maisons de rō-
me/car il ny auoit femme qui sceust
lart de blanchir draps comme il faisoit
mais vous devez scauoir q encores sca-
uoit il biē plus/car puis ql se trouuoit
quelque part a descouuert auec quelque
belle fille il luy monstroit quil estoit hō
me/il demouroit bien souuent au cou-
cher a cause de faire la buyee vng iour

La.xlv.nou.par Monseigneur de la roche

deux iours es maisons dessusdites ⁊ le faisoit on coucher auec la chāberiere ou meschine et aucunesfoiz auec la fille et bien souuēt et le plus la maistresse se son mary ny estoit. Voulsoit bien auoir sa cōpaignie/et dieu scait sil auoit bien le temps et moyennant le labeur de son corps il estoit bien venu par tout/⁊ ny auoit bien souuēt meschine ne chamberiere qui ne se combatist pour luy bailler la moytie de son lit. Les bourgoys mesmes de rōme a la relacion de leurs femmes le veoient tresuoulentiers en leurs maisons et silz aloient quelq̄ part dehors tresbien leur plaisoit q̄ done marguerite apdast a garder le mesnaige auec leurs fēmes et qui plus est la faisoient mesmes coucher auecques elles tant la sentoient bōne et honneste cōe dessus est dit. Par lespace de piiii ans cōtinua done marguerite sa maniere de faire/ mais fortune bailla la congnoissance de lembusche de son estat par vne ieune fille qui dist a son pere qlle auoit couche auec elle et lauoit assaillie/ et luy dist veritablement quelle estoit homme. Le pere fist prendre done marguerite a la relacion de sa fille/ elle fut regardee par ceulx de la iustice qui trouuerent quelle auoit tous telz membres et outilz que les hommes portent/ ⁊ que vrayment elle estoit homme et non pas fēme. Si ordonnerent que on le mettroit sur vng chariot et que on le meneroit par la ville de rōme de carefourc en carefourc/ et sy monstreroit on voyant tout chacū ses gēitoires/ ainsi en fut fait et dieu scait que la poure done marguerite estoit honteuse ⁊ surprinse/ mais vous deuez scauoir que comme le chariot vint en vng carefourc et quon faisoit ostēciō des dentrees de done marguerite vng roumain qui le vit dist tout hault regardes quel galioffe il a couche plus de vingt nuitz auec ma femme/ si le dirent aussi plusieurs autres cōme luy. plusieurs ne le dirent point qui bien le scauoient/ mais pour leur honneur ilz sen turent. En la façō q̄ vous ouez ainsi fut pugny nostre poure escossoys qui la fēme contrefist/ et apres ceste pugnicion il fut banny de rōme/ dont les femmes furēt bien desplaisantes car oncques si bonne lauandiere ne fut/ et auoient bien grant deul que si meschaument perdu lauoient.

¶ La xlvi nouuelle par monsigneur de thienges.

f.liiii.

La .xlvi. nou. par Monseigneur de thieurges

Ce nest pas chose estrãge ne peu acoustumee q̃ moines hãtent et frequentent voulentiers les nonnains. A ce propos il adult nagueres que vng maistre iacopin tant hanta et frequẽta en vne bonne maison de dames de religion de ce royaume quil paruint a son intencion, laquelle estoit de coucher auec vne des dames de seans, et puis ql eut ce bien sil estoit diligent et soigneux de soy trouuer vers celle quil aymoit plus que tout le demourant du monde, et tãt y continua et hanta que labesse de leãs et plusieurs des religieuses ce parceurẽt de ce qui estoit, dont elles furent bien mal contentes, mais touteffoiz affin de euiter esclandre elles nen dirent mot. Voire au religieux, mais trop bien chãterẽt la secõ a la nonnain, laquelle se sceut bien excuser, mais labesse qui vraie estoit et bien parceuãte congneut tantost a ses responses et excusances, aux manieres quelle tenoit, et aux apparences que se auoit veu quelle estoit coulpable du fait, si voulut pourueoir de remede, car elle fist tenir bien court a cause de ceste religieuse toutes les aultres, fermer les huys des clouoistres et des aultres lieux de leans, et tellement fist que le poure iacopi ne pouoit pl⁹ venir veoir sa dame, si lui en desplaisoit a elle aussi il ne le fault pas demander, et vo⁹ sy bien quilz pensoient et nuyt et iour par quelle facon et moyen ilz se pourroient rencontrer, mais ilz ny scauoient engin trouuer, tãt faisoit faire sus eulx le guet

ma dame labesse. Or aduint vng iour que vne des niepces de ma dame labesse se marioit et faisoit sa feste en labaye, et y auoit grosse assemblee des gens du pays, et estoit ma dame labesse fort empeschee de festoier les gẽs de bien qui estoiẽt venus a la feste faire honneur a sa niepce. Si saduisa bõ iacopin de venir veoir sa dame, et que a laduenture il pourroit estre si eureux que de la trouuer en belle, et il y vint comme il proposa et de fait trouua ce quil queroit, et a cause de la grosse assemblee et de lempeschement q̃ labesse et ses guettes auoient il eut bien loisir de dire ces doleances et regreter le bon temps passe, et elle qui beaucoup se aymoit le dit tresuolentiers, et se en elle eust este aultre chiere luy eust fait. Entre aultre paroles il lui dist. Helas mamie vous sauez quil a ia long temps q̃ point ne fumes deuiser ainsi que nous soulions, ie vous prie sil est possible tandis q̃ lostel de ceans est fort donne a autre chose que a nous guettier que vous me diez ou ie pourray parler a vous a part. Ainsi maist dieu dit elle mõ amy ie ne le desire pas mains q̃ vous, mais ie ne scay penser lieu ne place ou il se puisse faire car tout le monde est tant par ceans ql ne seroit pas en moy dentrer en ma chãbre tant y a destrangiers qui sõt venuz a ceste feste, mais ie vous diray que vo⁹ ferez. Vous saues bien ou est le grãt iardin de ceans ne faictz. z. Saint ieã ã oup dist il ie scay biẽ ou. z. Vous sauez q̃ au coig de ce iardĩ dit elle y a vng

La .xlvi. nou. par Monseigneur de thieurges

tresbeau preau bien enclos de belles hayes fortes et espesses/ et au millieu ung grant poirier qui rendent le lieu ombrageux et couuert. Vous vous en irez sa/ & me attendrez/ et tantost que ie pourray eschapper ie feray diligēce de moy trouuer vers vous. Elle fut beaucoup mercyee et dist maistre iacopin ql si en aloit tout droit. Or deues vous sauoir q̄ ung ieune galant venu a la feste nestoit guères soins de ses deux amans/ si ouyt et entendit toute leur conclusion/ et pource quil sauoit bien le lieu ou estoit ledit preau il saduisa et proposa en soy de sen aler embuscher pour veoir le deduit & les armes quilz auoient entreprins de faire. Il se mist hors de la presse et tant q̄ piez le peurent porter il sen court vers ce preau/et fist tant quil si trouua auant le iacopin/et lui la venu il monte sus le beau poirier qui estoit large et ramu et tresbien vestu de fueilles et de poires/ et si ambuscha si bien quil nestoit pas aisie a veoir. Il ny eut gueres este que veez cy bon iacopin qui attrote en regardāt derriere lui se ame le suiuoit. Et dieu quil fut bien ioyeux de soy trouuer en ce beau lieu/il se garda bien de leuer les yeulx cō tremōt/car iamais ne se fust doubte qͥl y eust eu q̄lcun/mais tousiours auoit loeil vers le chemin qͥl estoit venu. Tāt regarda quil vit sa dame venir le grant pas laquelle fut tost empres lui/ si se firent grant feste le bon iacopin doster son manteau et son capullaire et cōmence a baiser et accoler bien serreement la

belle. Si voulurent faire ce pour quoy ilz estoyent venuz et se met chascun en point/ et en ce faisant commence a dire la nonnain. Par dieu mon amy frere aubery ie vueil bien que vous saichiez que vous auez au iour duy a dame et en vostre beau cōmandemēt lung des beaux corps de nr̄e religion et ie vous en fais iuge vous le voyez. Regardez quel teti quel ventre quelles cuisses/ & du surpl' il ny a que dire. Par ma foy dit frere aubery seur iehanne mamie ie cognois ce que vous dictes/ mais aussi vos pouez dire que vous auez a seruiteur ung des beaux religieux de nostre ordre aussi bien fourny de ce que ung homme doit auoir que nul autre/ & a ces motz mist la main au baston dōt il vouloit faire ses armes et le brandissoit voyant sa dame/ en lui disant Quē dictes vous q̄ vous en semble/nest il pas beau/ne vaust il pas bien vne belle fille. Certes ouy dist elle. Et aussi faures vous dit le iacopin. Et vo' auez fist lors celui qui estoit dedens le poirier dessus eulz des meilleures poires du poirier. Lors prent a ses deux mains les brances du poirier et fait tōber en bas sus eulz des poires treslargement dont frē aubery fut tant effroye qua peu qͥl neust le sens de reprēdre son manteau/ si sen picque tant quil peut sans arrester/ & ne fut asseure tāt qͥl fut dehors de leās. Et la nonnain qui fut autāt effroyee que lui ne se sceut si tost mettre en chemin que le galant du poirier ne fust descendu lequel la print

La.xlvii.nouuelle.par Monsieur de la roche

par la main et lui deffendit le partir et lui dist Mamie il Bous fault paier le fructier Elle qui estoit prinse et surprise Bit bien que reffuz nestoit pas de saison/si fut contente que le fructier fist ce que frere aubery auoit laisse en train

¶ La.xlviii.nouuelle par monseigneur de la coche.

N pourience auoit na gueres ung president de haulte et bienheureuse renommee qui tresgrant clerc et prudent estoit/Baillant aux armes/discret en conseil/et au brief dire en lui estoient tous les biens de quoy on pourroit iamais louer homme. Dune chose tant seulement estoit note dont il nestoit pas cause/mais estoit celui a q plus en desplaisoit/aussi la raison y estoit Et pour dire la note qui de lui estoit cestoit quil estoit coup par faulte dauoir feme autre que bonne/le bon seigneur Beoit et congnoissoit la desloyaute de sa femme et la trouuoit encline de tous poins a sa puterie/et quelque sens que dieu lui eust donne il ne sauoit remede a son cas/fors de soy taire et faire du mort/car il nauoit pas si peu leu en son temps quil ne sceust brayement que correction na point de lieu a femme de tel estat/toutesfois Bous pouez penser que ung homme de couraige et Bertueux côe cestui estoit neBiuoit pas bien a son aise/mais fault dire et conclure que son dolent cueur portoit la paste au four de ceste mauldicte et fortune/et au par dehors auoit semblât et maniere de riens sauoir et perceuoir le gouuernement de sa femme. Ung de ses seruiteurs le Bint trouuer ung iour en sa chambre a part et sui ha dire par grant sens Monseigneur ie suis celuy qui Bous Bouldroye aduertir comme ie doy de tout ce quil Bous peut touchier especialement de Bostre honneur/ie me suis prins et donne garde du gouuernement de ma dame Bostre femme/mais ie Bous asseure quelle Bous garde tresmal la loyaute quelle Bous a promise/car seurement ung tel quil lui nomma tient Brê lieu bien souuent Le bô president saichant bien lestat de sa fême lui respôdit tresfierement Ha ribault ie scay bien q Bous mentez de tout ce q me dictes ie congnois trop ma fême/elle nest pas telle nô/et Bo[us] ay ie nourry si lôguemêt pour me rapporter une telle bourde/Boire de celle qui tant est honneste/bonne et loyale/et Braiemêt Bous ne mê ferez

La .xlvii. nouuelle. par Monsieur de la roche

plus/dictes que ie vous doy et vous en asses bien tost et ne vous trouuez iamais deuāt moy si chier que vous aymez vostre vie. Le poure seruiteur qui cuidoit faire grant plaisir a son maistre de son aduertance dist ce quil lui deuoit. Le president lui baille/et il se receut et sen ala Nostre bon president voyant encores de plus en plus refreschir la dessoyaute de sa femme estoit tant mal content et si tresfort trouble que on ne pourroit plus. Si ne sauoit que penser ne ymaginer par quelle facon il sen pourroit honnestement deschargier. Si aduisa comme ie spere que dieu se voulut ou que fortune se cōsentit que sa femme deuoit aler a vnes nopces asses tost/ꝗ que se ce quil pense pouoit aduenir il seroit du mōde le mieulx fortune. Il vint a vng varlet ꝗ la garde de ses cheuaulx y auoit et aussi dune belle mule quil auoit/et lui dist Garde bien que tu ne bailles a boire a ma mule de nuyt ne de iour tant que ie le te diray/et a chascune fois que tu lui donneras son auoine si lui metz par my vne bonne pongnie de sel/et gardes q̄ tu nen sonnes mot. Non feray ie dist le varlet et si feray ce que me commandez. Quāt le iour des nopces de la cousine de ma dame la presidente approucha el le dist au bon president. Monseigneur si cestoit vostre plaisir ie me trouueroye voulentiers aux nopces de ma cousine qui se feront dimāche prouchain en vng tel lieu. Vrayement mamie dist il ien suis tresbien content/ales/dieu vous conduie. Je vous mercye monseigneur dit elle/mais ie ne scay bonnement cōment y aler/ie ny menasse point voulētiers mon chariot pour se tant peu que ie y ay a estre/vostre hacquence aussi est tāt destropee que par ma foy ie noseroye pas bien entrepredre se chemin sus elle Et bien mamie si prenez ma mule/elle est belle beste et si va bien douly/ et aussi seure du pie que ien trouuasse ōcques point Et par ma foy monseigr eut dit elle ie vous en mercye/vous estes bon mary Le iour de partir vint et sapresterent les seruiteurs de ma dame la presidente/et ses femmes qui la deuoient seruir et acompaignier/pareillement vōt venir a cheual deux ou troys gorgyas qui la deuoient acōpaignier qui demādent se ma dame est preste/et elle leur fait sauoir quelle viendra maintenant Elle fut preste et vint en bas/et lui fut amenee la belle mule au montouer qui nauoit beu de huit iours/si enraigeoit de soif tant auoit mengie de sel Quāt elle fut montee ses gorgias se misdrent deuant elle qui faisoiēt fringuier leurs cheuaulx/et estoit raige quilz sailloient bien et haust /et se pourroit bien faire q̄ aucuns de la compaignie sauoient biē que ma dame sauoit faire En la compaignie de ces gentilz gorgias auecq̄s ses femmes et ses seruiteurs passa ma dame la presidente par la ville et se vit trouuer aux champs/ꝗ tāt ala q̄ se vint ariuer en vng tresmauuais destroit au pz du ql passe la grosse riuiere du rosne

La.xlviii.nouuelle.par Monsieur de la roche

qui en cest endroit est tāt roide que mer ueilles/ɿ comme ceste mule qui nauoit beu de huit iours perceut la riuiere courant/sans demander pont ne passaige elle de plain vol saillit dedans a tout sa charge qui estoit du precieux corps de madame. Ceulx qui se virent la regarderent tresbien/mais autre secours ne lui firēt/car aussi il nestoit pas en eulx Si fut ma dame noyee dont ce fut grāt dommaige/et la mule quāt elle eut beu son saoul naigea tant par le rosne quel se trouua lissue et saillit dehors. La cōpaignie fut beaucoup troublee qui a pdu ma dame/si sen retourna a la ville ɿ vit lung des seruiteurs de mōseigneur le president se trouuer en sa chābre qui nattendoit autre chose que les nouuelles qui lui va dire tout pleurant la piteuse aduēture de ma dame sa maistresse. Le bō president plus ioyeux en cueur que oncques ne fut se monstra tresdesplaisant et de fait se laissa cheoir a terre du hault de lui menant trespiteux dueil en regrettant sa bonne femme. Il maudisoit sa mule les belles nopces qui firent sa femme partir ce iour/et dieu dit il ce vous est grant reprouche q estes tant de gens et nauez sceu rescourre la poure femme qui tāt vous aymoit/vous estes lasches et meschans et sauez bien monstre. Le seruiteur et les autres aussi se peuserent le mains mal quilz sceurent et laisserēt mōseigneur le presidēt qui loua dieu a ioinctes mains de ce ql est si honnestement quitte de sa femme

Quant point fut il lui fist faire ses funerailles cōe il appartenoit/ mais croyez cōbiē quil fust ēcores en aage il neut garde de soy rebouter en mariaige craignant le dangier ou tant auoit este

La.xlviii.nouuelle par mōseigneur de la roche

Ung gentil compaignon deuint amoureux dune ieune damoiselle qui na gueres cestoit mariee/et le mains mal quil sceut apres ql eut trouue facon dauoir vers elle accointance il lui compta son cas/ɿ au rapport quil fist il estoit fort malade/et a la verite dire aussi estoit il bien picque/elle fut si doulce et gracieuse quelle lui bailla bōne audience/et pour la premiere fois il se partit trescōtent de la response ql eut

La .xlviii. nouuelle. par Monsieur de la roche

S'il estoit bien feru au parauant encores fut il plus touchié au vif quant il eut dit son fait/si ne dormoit ne nuyt ne iour de force de penser a sa dame/ et de trouuer la facon et maniere de paruenir a sa grace. Il retourna a sa queste quant il dit son poit/et dieu scait s'il auoit bien parlé la premiere fois que encores fist il mieulx son parsonnaige a la deusiesme et si trouua de son eur sa dame assez encline a passer sa requeste dont il ne fut pas moyennement ioyeux/et pource quil nauoit pas tousiours le temps ne se soisir de soy tenir vers elle il dist a ceste fois la bonne voulenté quil auoit de lui faire seruice et en quelle facon. Il fut mercyé de celle qui estoit tant gracieuse quon ne pourroit plus. Brief il trouua en elle tant de courtoisie en maintien et parler quil nen sceut plus demander. si se cuida auancer de la baiser mais il en fut refusé de tous poins/mesmes quant vint au partir il nen peut oncques finer dont il estoit tresesbahy. Et quant il fut dehors de chés elle il se doubta beaucoup de non point paruenir a son intention veu qil ne pouoit obtenir delle ung seul baiser/ Il se conforte dautre cousté des gracieuses paroles ql auoit eues au dire a dieu et de lespoir quelle lui auoit baillie. Il reuint comme les autres fois de rechief a sa queste. Et pour abbregier tant y ala et tant y vint quil eut heure assignee de dire le surplus o' dame a part de ce ql ne vouldroit ... rer si non entre eulx deux. Et pour ce que temps estoit il prit

congie delle/si lembrassa bien doulcemét et la voulut baiser/ et elle sen defend tresbien/et lui dist assez rudement. Ostez ostez laissez moy ie nay cure destre baisée. Il sexcusa le plus gracieusement q onques sceut/ et sur ce se partit. Et quesse cy dist il en soymesmes iamais ie ne vy ceste maniere en femme/elle me fait la meilleure chiere du monde et si ma desia accordé tout ce que ie lui ay osé requerre/ mais encores nay ie peu finer dung poure baisier. Quant il fut heure il vint ou sa dame lui auoit dit et fist ce pour quoy il y vint tout a son beau loisir/car il coucha entre ses bras toute la belle nuyt/et fist tout ce quil voulut excepté seulemét le baiser/ pour laquel le cause il sesmerueilloit moult en soy mesmes. Et ie nentens point ceste maniere de faire disoit il en son par dedens/ ceste femme veult bien que ie couche auecques elle et faire tout ce ql me plaist mais du baiser ie nen finerope nen pl9 que de la vraye croix. Par la mort bieu ie ne scay entendre cecy il fault quil y ait aucun mistere il est force que ie le saiche. Vng iour entre les autres quil estoit auec sa dame a goguettes et quilz estoient beaucoup de hait to9 deux il lui dist Mamie ie vous requiers dictes moy q vous meut de me tenir si grant rigueur quant ie vous vueil baiser. Vo9 mauez baillié la ioyssance de' vre gracieux et beau corps tout etierement et dung petit baiser vous me faictes le reffuz. Mon amy dist elle vo9 dictes vray/le baiser

La .xlix. nouuelle .par pierre Dauid

Vous ay ie voirement reffuse/et ne vo[us] y attendez point vous ne[n] finerez ia-mais/et la raison y est bonne si la vous diray. Jl est vray quant iespouse mon mary que ie sui promis de sa bouche tât seulemêt beaucoup de moult belles cho ses/z pource que ma bouche est celle qui luy a promis de luy estre bonne et loya-le ie suis celle qui ly vueil entretenir a ne souffreroye pour mourir quanure de luy y touchast/elle est sienne et a nul autre et ne vous attêdez de riês y auoir/mais mon derriere ne sui a rien promis ne iu re/faictes de luy et du surplus de moy ma bouche hors ce quil vous plaira ie le vous abandonne. Lautre commenca a rire tresfort et dist. Mamie ie vous mercye vous dictes tresbien/et si vous scay grant gre que vous auez la fran-chise de bien gardez vostre promesse. Ja Dieu ne vueille dit elle q[ue] ie luy face faul te. En la facon quauez ouy fut ceste fê-me obstinee/ le mary auoit la bouche seulement et son amp le surplus/ et se dauenture le mary se seruoit aucunes-fois des autres membres ce nestoit que par maniere demprunt/ car ilz estoyent a son amp par le do[n] delle/mais il auoit cest aduantaige que sa femme estoit cô tente quil en prensist sur ce quelle auoit donne/mais pour rien neust souffert q[ue] lamp eust iouy de ce qua sô mary auoit donne.

La .xlix. nouuelle par pierre dauid

Ay tresbien sceu que na gueres en la ville darras auoit vng bô marchant auquel il meschcust dauoir fême espousee qui nestoit pas des meil leures du mô[n]de/ car elle ne tenoit ferre quelle peust veoir sô coup et quelle trou uast a qui non plus que vne vieille ar-baleste. Le bon marchant se dô[n]a gar-de du gouuernement de sa femme/il en fut aussi aduerty par aucuns ses plus priuez amis et voisins. Si se bouta en vne grant frenesie a biê parfonde melâ colie dont il ne valut pas miculx/puis sadiusa quil esproueroit sil sauoit par aucune bône facon se nullemêt il pour roit veoir ce quil scait que bien peu luy plaira/cestoit de veoir venir en sô hostel et en son domicille deuers sa fême vng ou plusieurs de celuy que on dit qui sôt ses lieutenâs. Nostre m[ar]chât faignit

La .xlix. nouuelle. par pierre dauid

vng iour daler dehors et sembuscha en vne chambre de son hostel dont lui seul auoit la clef/ et seoit de ladicte chambre sus la rue et sus la court/ et par aucuns secretz pertuis et plusieurs trilles regardoit en plusieurs autres lieux et chambres de seans. Tantost que la bonne feme pensa que son mary estoit dehors elle fist pstemēt sauoir a vng de ses amis quil viesist vers elle/ et il y obeyt cōme il deuoit/ car il suiuit pie a pie la meschine qui lestoit ale querir. Le mary qui come dit est qui estoit cachie en sa chambre dit tresbien entrer celui qui venoit tenir son lieu mais il ne dist mot/ car il veult veoir plus auant sil peut. Quāt lamoureux fut seans la dame le mena par la main tout deuisant en sa chambre et serra luys et se cōmencerēt a baiser et a accoler et faire la plus grāt chiere de iamais/ et la bonne damoiselle de despouiller sa robe et soy mettre en cotte simple/ et bon compaignon de la prēdre a bon bras de corps et faire ce pour quoy il estoit venu/ et tout ce veoit a loeil le poure mary par vne petite treille. Pēsez sil estoit a son aise/ mesmes il estoit si pres deulx quil entendoit plainemēt tout ce quilz disoient. Quāt les armes dentre la bonne femme et son seruiteur furent acheuees ilz se misdrēt sus vne couche qui estoit en sa chambre et se cōmenceta a deuiser de plusieurs choses/ et come le seruiteur   uoit sa dame qui tant belle est   e merueilles il la cōmence a r   er et dist en cela faisant.

Mamie a q est ceste belle bouche. Cest a vous mon amy dit elle/ et ie vous en mercye dit il/ et ces beaulx yeulx y auons aussi dit elle/ et ce beau tetin qui est si biē trousse nest il pas de mon compte dit il Ouy par ma foy mō amy dit elle et nō a autre. Il met apres sa main au ventre et a son deuant ou il ny auoit que redire/ si lui demanda a q est cecy mamie Il ne le fault ia demander dit elle on scait bien q tout est vre. Il vint apres getter sa main sur le gros derriere delle et lui demanda en soubriant/ a qui est cecy. Il est a mon mary dit elle cest sa part/ mais tout le demourant est vostre Et vraiement dit il ie vous en remercie beaucoup/ ie ne me doy pas plaindre vous maues tresbiē party/ et aussi daultre coste par ma foy penses que ie suis tout entier vostre. Ie le scay bien dit elle. Et apres ces beaux dons et offtes quilz firent lung a lautre ilz recommencerent leurs armes de plus belle. Et ce fait le gentil seruiteur partit de seans et le poure mary qui tout auoit veu et ouy tant courcouce quil ney pouoit plus enraigeoit tout vif/ touteffois pour mieulx faire il auala ceste premiere/ et a lendemain fist tresbien son parsonnaige faisant semblant quil venoit de dehors Et quant vint sur le point du disner il dist a sa femme quil vouloit auoir dimenche prouchain son pere sa mere telz et telz de ses parens et cousins/ et quelse face garnison de viures et quilz soyent bien aises a ce iour. Elle se chargea

La.xliv.nouuelle.par pierre dauid

de ce faire et luy de les inuiter. Le dimã
che vint et le difner fut prest/a to⁹ ceulx
qui mandez y furent comparurent et prit
chascun place comme leur hoste lordon
noit qui estoit de bout a sa femme aussi
lesquelz seruirēt le premier mez. Quãt
le premier mez fut assis loste qui auoit
secretement fait faire vne robe pour sa
femme de gros bureau de gris/et a len-
droit du derriere auoit fait mettre vne
bōne piece descarlate en maniere dung
tasseau.si dist a sa femme/venez iusqs
en sa chambre/il se met deuant et elle le
suit.Quant ilz y furent il lui fist des-
pouiller sa robe et va prendre celle du
bureau dessus dit et lui dist.Or vestez ce
ste robe.Elle la regarde et voit qlle est
de gros bureau / si en est toute esbahye
et ne scait penser quil fault a son mary
ne pourquoy il la veult ainsi habillier.
Et a quel propos me voulez vous ainsi
housser dit elle. Ne vous chaille dit il ie
vueil que la vestez. Ma foy dit elle ie
nen tiens compte/ ie ne la vestiray ia-
mais/faictes vous du fol/vous voulez
bien faire farcer les gens de vous et de
moy encores deuant tant de monde. Il
ny a ne fol ne saige dit il vous la vesti-
rez.Au mais dit elle que ie saiche pour
quoy vous le faictes.Vous le saurez cy
apres.Pour abbregier force fut quelle
endossast ceste robe qui estoit bien estrā
ge a regarder/et en ce point fut amenee
a la table ou la plus part de ses parens
et amys estoient/mais pensez quilz fu-
rent bien esbahyz de la veoir ainsi ha-

billee/a croyez quelle estoit bien honteu
se/et se sa force eust este sienne elle ne fust
pas la venue.Droit la auoit assez qui
demandoyent que signifioit cest habil
lement. Et le mary respondit quilz
pensassent tous de faire bonne chiere et
que apres disner ilz le sauroiēt. Mais
vous deues sauoir que la poure femme
houssee du bureau ne mengea chose qui
bien lui fist/et lui iugeoit le cueur q se
mistere de sa housseure lui feroit en-
nuy/et encores eust elle este trop plus
troublee selle eust sceu du tasseau descar
late/mais nennv.Le disner se passa et
fut la table ostee les graces dictes a tout
chascun debout.Lors le mary se met a
uant et commence a dire. Vous telz et
telz qui cy estes sil vous plaist ie vous
diray en brief la cause pourquoy ie vo⁹
ay icy assemblez et pourquoy iay vestu
ma fēme de cest habillemēt.Il est vray
que ia pieca iay este aduerty que vostre
parēte qui cy est me gardoit tresmal la
loyaute quelle me promist en la main
du prestre/toutesfois quelque chose que
lon mait dit ie ne lay pas creu de legier
mais moymesmes lay voulu esprou-
uer/et quil soit vray il ny a q sixiours
q ie faigny daler dehors et mēbuschay
en ma chambre la hault/ie ny eus que
res este que vecy venir vng tel que ma
femme mena tantost en sa chambre ou
ilz firent ce que mieulx leur pleust.En-
tre les autres deuis ... ᵐᵉ lui demāda
de sa bouche/de ses yeu ˙ / de ses mais
de son tetin/de son ventr.. ˙ son deuāt

La .I. nouuelle par anthoine de la sale

et de ses cuisses a qui tout ce bagaige estoit/et elle respōdit a vous mon amy et quāt dit a son derriere il lui dist/a q̄ est cecy mamie/a mō mary dit elle/sois pource q̄ ie lay trouuee telle ie lay ainsi habillee/elle a dit que delle il ny a miex que le derriere/si lay houssee comme il appartient a mon estat/le demourant ay ie housse de vesture qui est deue a fēme desloyale et deshonnouree car elle est telle/pource ie la vous rens. La compaignie fut bien esbahye douyr ce propos et la poure femme bien honteuse/mais toutesfois quoy que fust oncques puis auec son mary ne se trouua/ains deshonnouree et reprouchee entre ses amis depuis demoura

La .I. nouuelle par anthoine de la sale.

Comme ieunes gens se mettent voulentiers a voyagier et prennent plaisir a veoir et cherchier les auentures du monde il y eut na gueres au pais de lannois vng filz de laboureur qui fut depuis laage de dix ans iusques a laage de xxvi tousiours hors du pais/et depuis son partement iusques a son retour oncques son pere ne sa mere nen eurent vne seule nouuelle. Si peserēt plusieurs fois quil fust mort/il reuint toutesfois et dieu scait la ioye qui fut en lostel et comment il fut festoye a son retour de tant peu de biens que dieu leur auoit donne/mais qui le vit voulentiers et en fist grant feste ce fut sa grāt mere la mere de son pere qui lui faisoit plus grant chiere et estoit la plus ioyeuse de son retour que nul des autres/elle le baisa plus de cinquante fois et ne cessoit de louer dieu qui leur auoit rendu leur beau filz et retourne en si beau point Apres ceste grande chiere leure vint de dormir/mais il ny auoit a lostel q̄ deux litz/lung estoit pour le pere et la mere/et lautre pour la grant mere/si fut ordonne que leurdit filz coucheroit auec sa grant mere dont elle fut bien ioyeuse/mais il sen fust bien passe/combien que pour obeir il fut content de prendre la patience pour ceste nuyt Comme il estoit couchie auecq̄s sa taye ne scay de quoy il lui souuint/car il monta dessus Et que veulz tu faire dit elle Ne vous chaille dit il ne dictes mot Quant elle vit quil vouloit besongnier a bon esciēt

m i

La .li. nouuelle

elle commence de crier tant quelle peut apres son filz qui dormoit en sa chambre u plus pres si se leua de son lit et sen ala plaindre a lui de son filz en pleurant ten drement. Quant laultre ouyt la plainte de sa mere et la inhumanite de son filz il se leua sur piez trescourrouce et malmeu et dit qil loccira. Le filz ouyt ceste mena ce et sault sus et sen fuyt par derriere. Son pere le suyt mais cest pour neãt il nestoit pas si legier du pie/il dit quil perdoit sa peine/si reuint a lostel et trouua sa me re lamentant a cause de loffense que son filz luy auoit faicte. Ne vous chaille ma mere dit il ie vous en vengeray bien. Ne scay quans iours apres ce pere vint trou uer son filz qui iouoit a la paulme/et tã tost quil le vit il tira bonne dague et mar che vers lui et sen cuida ferir. Le filz se de stourna et son pere fut tenu. Aucuns q̃ la estoyent sceurent bien que cestoit le pere et le filz/si dist lung au filz. Et bien ça q̃ as tu meffait a ton pere qui te veult tuer Ma foy dist il rien il a le plus grant tort de iamais/il me veult tout le mal du mõ de pour une poure fois que iay voulu rõ ciner sa mere/et il a bien roncine la mien ne plus de cinq cens fois et ie nen parlay oncques ung seul mot. Tous ceulx qui ouyrent ceste responce commencerent a rire de grant cueur. Si semploierent a ceste occasion dy mettre paix et fut tout pardonne dung couste et dautre

¶ La .li. nouuelle

A Paris na gueres viuoit une fẽ me qui fut mariee a ung bon si ple hõme qui tout son temps fut de noz amis si tresbien quon ne pourroit plus Ceste femme qui belle et gente et graci euse estoit ou temps quelle fut neufue pource quelle auoit loeil au vent fut re quise damours de plusieurs gens. Et pour sa grant courtoisie que nature na uoit pas oublye en elle elle passa legie rement les requestes de ceulx qui mieulx lui pleurent. Et eut en son temps tant deulx comme de son mary .xii. ou .xiiii. enfans. Aduint quelle fut malade et ou lit de la mort acouchee/si eut tãt de gra ce quelle eut temps et loisir de soy con fesser/penser de ses pechiez/ et disposer ser de sa conscience. Elle veoit durãt sa maladie ses enfans troter deuant elle/q̃ lui bailloyent au cu... tresgrãt regret de les laisser/si se pensa ...e feroit mal de laisser sõ mary chargie d... pluspart car il nen estoit pas le pere combien quil se cuidast et la tenoit aussi bonne femme que nulle de paris/elle fist tant par le moyen dune femme qui la gardoit q̃ vers elle vindrent deux hommes q̃ ou temps passe lauoiẽt en amours tresbien seruie/et vindrent de si bonne heure que son mary estoit en la ville ale deuers les medicins et appoticaires pour auoir aucun bon remede pour elle et pour sa sante. Quant elle vit ces deux hommes elle fist tantost venir deuant elle tous ses enfans. Si commẽca a dire. Vous vng tel vous sauez ce qui a este entre vous et moy ou tẽps passe et dõt il me desplaist a ceste heure amerement/et se ce nest la misericorde de nostre seigneur a q̃ ie me recommande il me sera en l'autre mon de bien cherement vẽdu/toutesfois iay fait vne folie ie le congnois/mais de faire la seconde ce seroit trop mal fait/ vecy telz et telz de mes enfans ilz sont vostres et mon mary cuide a la verite quilz soyent siens/si feroie conscience de les laisser en sa charge/pourquoy ie vous prie tãt que ie puis que apres ma mort qui sera briefue que vous les prenez auec vous et les entretenez nourrissez et esseuez et en faictes comme bon pere doit faire/car ilz sont vostres. Pareillement dist a lautre et lui monstroit ses autres enfans telz et telz sont a vous ie vous en asseure/si les vous recommande en vo[stre ga]rant que vous en acquitez et se [. . .]e me voulez promettre ie mor[ray] plus aise. Et comme elle

faisoit ce partaige son mary va venir a lostel/et fut perceu par vng petit de ses filz qui nauoit enuiron que cinq ou six ans qui vistement descendit en bas encontre lui effreement/et se hasta tant de deualer la montee quil estoit pres hors de alaine/et comme il vit son pere a q̃l que meschief que ce fut il dit. Helas mõ pere aduãcez vous tost pour dieu. Quelle chose y a il de nouueau dist le pere/ma mere est elle morte. Nenny nenny dist lẽfant/mais aduãcez vo⁹ daler en hault ou il ne vous demourera vng seul ẽfant ilz sont venuz vers ma mere deux hões mais elle leur dõne tous mes freres/se vous ny alez bien tost elle dõnera tout Le bõ hõe ne scait que son filz veult dire si monta en hault et trouua sa femme sa garde et deux de ses voisins et ses enfans/si demanda que signifie ce q̃ vng tel de ses filz lui a dit. Vous le saurez cy apres dit elle. Il nen enquist plus pour leure/car il ne se doubta de riẽ. Ses voisins sen alerent et commandarẽt la malade a dieu et lui promirent de faire ce quelle leur auoit requis dont elle les mercia. Cõme elle approuchast le pas de la mort elle cria mercy a son mary et lui dist la faulte quelle lui a faicte durãt quelle a este aliee auec lui/commẽt telz et telz de ses enfans estoient a telz telz et telz a vng tel/cest assauoir ceulx dont dessus est touchie/et que apres sa mort ilz les prendront et nen aura iamais charge. Il fut bien esbahy douyr ceste nouuelle/neantmains il lui par

m.ii

La .lii. nouuelle Par Monseigneur de la roche

donna tout et puis elle mourut/et il en uoya ses enfans a cens/quelle auoit ordonne qui les retindrent. Et par ce point il fut quitte de sa femme a de ses enfans et si eut beaucoup mains de regret de la perte de sa femme q̃ de celle de ses enfans

¶ La .lii. nouuelle par monseigneur de la roche

N a gueres que vng grant gentil homme saige prudent et beaucoup vertueux comme il estoit au lit de la mort et eust fait ses ordonnanes et dispose de sa conscience au mieulx quil peut/il appella vng seul filz quil auoit au q̃l il laissoit foison de biẽs tẽporelz Et apres quil lui eut recommande son ame celle de sa mere q̃ na gueres auoit termine vie par mort/ et generalement tout le college de purgatoire il aduisa troys choses pour la derniere doctrine que iamais lui vouloit baillier en disãt Mon treschier filz ie vous aduertiz que iamais vous ne hantez tant en lostel de vostre voisin que len vous y serue de pain bis. Secondement ie vous enioinctz que vous gardez de iamais courrir vostre cheual en la valee. Tiercemẽt que vous ne prenez iamais femme destrange nacion. Or vous souuiengne de ces troys pointz et ie ne doubte point q̃ bien vous en viẽne/ mais se vous faictes le contraire soyez seur que vous trouueteres que la doctrine de vostre pere vous vaulsist mieulx auoir tenue. Le bõ filz mercia son pere de son bon aduertissement/et lui promist escripre ses enseignemens au plus parfont de son cueur et les mettre si tresbien en son entendement et en sa memoire que iamais ny ra au contraire. Tantost apres son pere mourut et furent faictes ses funerailles comme a son estat et a homme de tel lieu quil estoit appartenoit/car son filz sen voulut bien acquitter comme celui qui bien auoit de quoy. Vng certain temps apres comme on prent accointance plus en vng lieu que en vng autre ce bon gentil homme qui estoit orphenin de pere et de mere et a marier/ et ne sauoit que cestoit de mesnaige saccointa dung voisin q̃l auoit/et de fait la plus part de ses iours beu... et mengoit le ans. Sõ voisin qui ma... stoit ꞇ auoit vne tresbelle femme se voi... en la doul

La .LIII. nouvelle par Monseigneur de la roche

ce raige de ialousie/et lui vindrent faire raport ses peulx soupeconneux que nostre gentil homme ne venoit en son hostel fors a l'occasion de sa femme et que vrayement il en estoit amoureux/ et que a la longue il la pourroit emporter d'assault. Si n'estoit pas bien a son aise et ne savoit penser comment il se pourroit honnestement de lui desarmer/ car lui dire la chose comme il la pense ne vauldroit riens/si conclut de lui tenir telz termes petit a petit quil se pourra assez percevoir sil n'est trop beste que sa hantise si continuelle ne lui plaist pas. Et pour executer sa conclusion en lieu qu'on le souloit servir de pain blanc il fist mettre le bis. Et apres ie ne scay quans repas nostre gentil homme s'en donne garde et lui souvint de la doctrine de son pere/si cogneut quil avoit erré si batit sa coulpe/et bouta en sa manche tout secretement ung pain bis et l'apporta en son hostel et en remembrance se pendit a une corde en sa grant sale et ne retourna plus a la maison de son voisin comme il avoit fait au paravant. Pareillement ung iour entre les autres lui qui estoit homme de deduit comme il estoit aux champs et que ses leuriers eussent mis ung lievre a chace il picque son cheval tant quil peut apres et vint rataindre le lievre et leuriers en une grant valee ou son cheual qui venoit de toute sa force faillit des r   piez et tombe et le dit cheual s   nt le col dont il fut tres bien esba   . fut bien eureux ledit gentil homme quant il se vit ainsi garde de mort et d'affolure Il eut toutesfois pour recompense se lieure/et comme il se tint il regarda son cheual que tant il aymoit si lui souvint du second enseignement que son pere lui avoit baillie/et que sil en eust eu bien memoire il n'eust pas ceste perte ne passe se dangier quil a eu bien grant. Quant il fut en sa maison il mist aupres du pain bis a une corde en sa sale la peau du cheual affin quil eust memoire et remembrance du second advisement que son pere iadis lui bailla.
Ung certain temps apres il lui print voulente d'aler voyagier et veoir pais/si disposa ses besongnes a ce et print de sa finance dont il avoit largement et chercha maintes contrees et se trouva en diverses regions et places dont en la fin il fist residence en l'ostel d'ung grant seigneur d'une longtaine et bien estrange marche/et se gouverna si haultement et si bien leans que le seigneur fut bien content de lui baisser sa fille en mariaige iasoit quil n'eust seulement congnoissance de lui fors de ses louables meurs et vertuz. Pour abbregier il fianca la fille de ce seigneur/et vint le iour des nopces. Et quant il cuida la nupt couchier avecques elle on lui dist que la coustume du pais estoit de point couchier la premiere nupt avecques sa femme et quil eut pacience iusques a l'endemain. Puis qu'est la coustume dit il ie ne quiers ia qu'on la rompe pour moy. Son espousee fut menee couchier en une chambre

m.iii

La .xlii. nouuelle par Monseigneur de la roche

et sui en vne autre apres les dances, et de bien venir il ny auoit que vne paroy entre ces deux chambres qui nestoit que de terre. Si saduisa pour veoir sa contenance de faire vng pertuis de son espee par dedens lapparoy et vit tresbien et a son aise son espousee se bouter ou lit, et vit aussi ne demoura gueres apres le chappellain de leans qui se vint bouter au pres delle pour lui faire compaignie affin quelle neust paour, ou comme le spere pour faire sessay, ou prendre la disme des cordeliers comme dessus est touchie. Nostre bon gentil homme quant il vit cest appareil pensez quil eut bien des estouppes en sa quenoisse et sui vint tantost en memoire le troisiesme aduisemēt que son pere lui donna auant son trespas, lequel il auoit mal retenu, toutesfois il se reconforta et print couraige et dist bien en soymesmes que la chose nest pas si auant quil nen saille bien. Alendemain le bō chappellain son lieu tenant pour la nupt et son predecesseur se leua de bon matin et dauenture il oublia ses brayes soubz le cheuet du lit a sespousee. Et nostre bon gentil hōme sans faire semblant de rien vint au lit delle et la salua gracieusement comme il sauoit bien faire, et trouua façon de prendre les brayes du prestre sans quil fust perceu dame. On fist grant chiere tout ce iour, et quant vint au soir le lit de sespouse fut pare et ordonne tant richement qua merueilles & elle y fut couchee. Si dist on au sire des nopces que

meshuy quāt il lui plaira il pourra biē couchier auec sa femme. Il estoit fourny de responce et dist au pere et a la mere et aux parens quilz le voulsissent ouyr. Vous ne sauez dist il qui ie suis ne a qui vous auez donne vostre fille, et en ce mauez fait le plus grant honneur q̄ iamais fut fait a ieune gentil homme estrangier dont ie ne vous sauroye assez mercier, neātmains toutesfois iay conclut en moymesmes et suis a ce resolu de iamais couchier auecques elle tāt que ie sui auray monstre et a vous aussi qui ie suis, quelle chose iay, & cōment ie suis logie. Le pere print tantost la parose et dist. Nous sauons tresbien que vous estez noble homme & de hault lieu et na pas mis dieu en vous tant de belles vertuz sans les acompaignier damis et de richesses. Nous sommes contens de vous ne laissez ia a parfaire et a acomplir vostre mariaige, tout a tēps saurons nous plus auāt de vostre estat quant il vous plaira. Pour abbregier il voua et iura de non iamais couchier auecques elle se nestoit en son hostel, et lui ameneront son pere et sa mere et plusieurs de ses parens et amis. Il fit mettre son hostel a point pour les receuoir et y vint vng iour deuant eulx, et tantost quil fut descēdu il print les brayes du prestre quil auoit et les pendit en sa sale au pres du pain bis et de la peu de cheual. Tresgrandem. furent receuz et festoyez les parens et u. s de nostre bonne espousee, et furent bi. esbahyz

La .lii. nouvelle par Monseigneur de la roche

de veoir l'ostel d'ung si ieune gentil hōme si bien fourny de vaisselle de tapisserie et de tout autre meuble et se reputoyēt bien eureux d'auoir si bien aliee leur belle fille. Comme ilz regardoient par leans ilz vindrent en la grant sale qui estoit tendue de belle tapisserie et perceurent au milieu le pain bis/la peau de cheual/et vnes brayes qui pendoient dont ilz furent moult esbahys, et en demanderent la significance a leur hoste. Le sire des nopces leur dist que voulentiers il leur dira la cause et tout ce qui en est quant ilz auront mengie. Le disner fut prest et dieu scait qu'ilz furent bien seruiz. Ilz neurent pas si tost disne qu'ilz ne demāderent l'interpretacion et le mistere du pain bis/et de la peau du cheual. &c. Et le bon gentil homme leur compta bien au long et dist que son pere estant au lit de la mort cōme dessus est narre lui auoit baillie trois aduisemens. Le premier fut que ie ne me trouuasse iamais tant en lieu que on me seruist de pain bis. Je ne retins pas bien ceste doctrine, car puis sa mort ie hantay tant vng mien voisin qu'il se bouta en ialousie pour sa femme, et en lieu de pain blāc de quoy ie fuz serui long tēps on ne seruit de bis/ et en memoire & approbacion de la verite de cest enseignement iay fa fait mettre ce pain bis. Le deusiesme enseignement que mon pere me bailla... iamais ie ne courus se mon... en la valee/ie ne se retis pas bi... ng iour qui passa si men prit

mal/car en courant en vne valee apres le lieure et mes chiēs mon cheual cheut et se rompit le col/et a peu que ie ne fuz tresbien blecié/si eschappe de belle mort et en memoire de ce est la pēdue la peau du cheual qu'a fois ie perdy. Le troisiesme enseignement q̄ mon pere dont dieu ait l'ame me bailla si fut que iamais ie nespousasse femme destrange region. Dray ie failly et vous diray commēt il men est prins. Il est vray que la premiere nuyt que vous me refusastes se couchier auecques vostre fille qui cy est ie fuz logie en vne chābre au plus pres de la sienne/et pource que la paroy qui estoit entre elle et moy nestoit pas trop forte ie la pertuisay de mō espee & y venir couchier auecques elle se chapellai de vostre hostel qui soubz le cheuet du lit oublya ses brayes le matin quant il se leua/lesquelles ie recouuray et sont celles que veez la pēdues qui tesmoignēt et appreuuēt la cronique verité du troisiesme enseignement que mon feu pere iadis me bailla lequel ie nay pas bien retenu ne mis en ma memoire/ mais affin que plus en la faulte des trois aduis precedens ne rencheoie ces trois bagues que voyez me feront doresenauant saige. Et pource que sa dieu mercy ie ne suis pas tant oblige a vre fille q̄lle ne me puisse bien q̄tter. Je vous prie que la ramenez et retournez en vostre marche, car iour que ie viue ne me sera de plus pres/mais pource que ie vous ay fait venir de loing et vous ay bien

m.iiii

La .liii. nou. par Monseigneur lamāt de bruxelles

vous monstrer que ie ne suis pas hōe pour auoir le remanant dung prestre/ ie suis content de paier voz despēs. Les autres ne sceurent que dire qui se voyēt concluz en leur tort/voyant aussi quilz sont loing de leur marche & que la force nest pas leur en ce lieu/si furent contēs de prendre de largent pour leurs despēs et eulz en retourner dont ilz vindrent/& qui plus y a mis pl9 y a pdu. Par ce cōpte auez ouy que les trois aduis que le bon pere bailla a son filz ne sont pas de oublier/si les retiene chascun pour autant quil sent quilz lui peuuēt touchier

¶ La .liii. nouuelle par monseigneur lamant de bruxelles

Na gueres que en leglise de sain- cte goule a bruxelles estoient en vng matin plusieurs hommes et femmes qui deuoiēt espouser a la premiere messe qui se dit entre quatre et cinq heures/et entre les autres choses ilz deuoient entreprendre ce doulx & seur estat de mariaige/et promettre en la main du prestre ce que pour riē ne vouldroyent trespasser. Il y auoit vng ieune hōme et vne ieune fille qui nestoient pas des plus riches/mais bonne voulente auoient qui estoiēt au pres lung de lautre et nattendoient fors que le cure les appellast pour espouser. Au pres deulz aussi y auoit vng homme ancien et vne femme vieille qui grant cheuance et foison de richesses auoient/et par couuoitise & grant desir de plus auoir auoient promis foy et loyaute lung vers lautre/et pareillement attendoient a espouser a ceste premiere messe. Le cure vint et chāta ceste messe tres desiree/et en la fin cōme il est de coustume deuant lui se misdrēt ceulx qui espouser deuoient dont il y auoit plusieurs autres sans les quatre dont ie vous ay compte. Or deuez vous sauoir que ce bon cure q tout prest estoit deuant lautel pour faire et acomplir le mistere despousailles estoit borgne/ et auoit ne scay p qīl meschief puis peu de temps en ca perdu vng oeil/et ny auoit aussi gueres grāt luminaire en la chapelle ne sur lautel/cestoit en yuer et faisoit brun et noir/si faillit a choisir/ car quant vint a besongnier et a espouser il print le viel hōme riche & ieune fille poure et les ioignit p lann.. du moustier ēsemble. Dautre coste il ..t aussi

La .liiii. nou. par Monseigneur lamant de brucelles

le ieune homme poure et lespousa a la vieille femme et ne sen donnerent oncques garde en leglise ne les hommes ne les femmes dont ce fut grant merueille/par especial des hommes/car ilz osent mieulx leuer loeil et la teste quant ilz sont deuant le cure a genoulx que les femmes qui sont a ce coup simples et coyes et nont le regart fichie quen terre. Il est de coustume q̃ au saillir des espousailles les amys de lespouse prenent lespousee et semmainent. Si fut la poure ieune fille a lostel du riche homme menee/ et pareillement la vieille riche fut amenee en la poure maisonnette du ieune gentil compaignon. Quant la ieune espousee se trouua en la court et en la grãt salle de lomme quelle auoit par meprise espouse elle fut bien esbahye & cõgneut bien tantost quelle nestoit pas partie de leans ce iour Quant elle fut arriere en la chambre a parer qui estoit bien tendue de belle tapisserie elle vit le beau grant feu la table couuerte ou le beau desiuner estoit tout prest. elle vit le beau buffet bien fourny de vaisselle si fut plus esbahye que par auant/ et de ce se donne plus grãt merueille quelle ne cõgnoist ame de ceulx quelle ouyoit parler. Si fut tantost desarmee de ses aournemens ou elle estoit bien enfermee et bien embrunchee/ et comme son espouse la vit au descouuert et les autres qui la estoient croyez quilz ~~ nt autant surpris que se cornes ~~ ussent venues. Cõment dist? ~~ se est ce cy ma femme/~~

nostre dame ie suis bien euteux elle est bien changee depuis hier ie croy quelle a este a la fontaine de iouuence. Nous ne sauons dirent ceulx qui lauoient amenee dont elle vient ne que on lui a fait/ mais nous sauons certainement que cest celle que vous auez huy espousee et que nous prismes a lautel/ car onques puis ne nous partit des bras. La compaignie fut bien esbahye et longuemẽt sans mot dire/ mais qui fut simple et esbahy la poure espousee estoit toute desconfortee et pleuroit des yeulx tendrement et ne sauoit sa contenance/ elle aymast trop mieulx se trouuer auec son amy quelle cuidoit bien auoir espouse a ce iour. Lespouse la voyant se desconforter en eut pitie & lui dist. Mamie ne vous desconfortez la vous estez arriuee en bõ hostel se dieu plaist/ et nayez doubte on ne vous y fera ia desplaisir/ mais dictes moy sil vous plaist qui vous estes et a vostre aduis dont vous venez icy. Quãt elle louyt si courtoisement parler elle sasseura ung peu et lui nomma son pere & sa mere et lui dist quelle estoit de bruceles et auoit fiance vng tel quelle lui nomma et se cuidoit bien auoir espouse. Lespouse et tous ceulx qui la estoiẽt commencerẽt a rire & dirẽt que le cure leur a fait ce tour. Mioue soit dieu dist lespouse de ce change/ ie nen voulsisse pas tenir bien grant chose/ dieu vous a enuoyee a moy/ et ie vous pometz par ma foy de vous tenir bonne et loyale compaignie. Nenny ce dist elle en pleurant/

La .liiii. nou. par Monseigneur lamāt debrucelles

Vous nestes pas mon mary/ie vueil retourner devers celui a qui mō pere mauoit donnee. Et ainsi ne se fera pas dit il ie vous ay espousee en saincte eglise vous ny pouez contredire/vous estes & demourerez ma femme et soyez contente/vous estes bien eureuse/ iay la dieu mercy des biens assez dont vous serez dame et maistresse et vous feray bien ioye. Il la prescha tant et ceulx qui la estoient quelle fut contente dobeir. Si desieunerent legierement et puis se coucherent & fist le vieil homme du mieulx quil sceust. Or retournons a nostre vieille et au ieune compaignon. Pour abbregier elle fut menee en lostel du pere a la fille qui a ceste heure est couchee auec le vieil homme. Quant elle se trouua seans elle cuida bien enragier et dist tout hault. Et que fais ie ceans que ne me maine len a ma maison ou a lostel de mon mary. Lespouse qui vit ceste vieille et soupt pler fut bien esbahy ne doubtez/si furent son pere et sa mere et tous ceulx de lassemblee. Si saillit auant le pere a la fille de ceans qui congneut la vieille et sauoit tresbien parler de son mariaige et dit. Mon filz on vous a baillie la femme dung tel & croyez quil a la vostre/& ceste faulte vient par nostre cure q̄ voit si mal/et ainsi maist dieu ia soit ce que ie fusse loing de vous quant vous espousastes si me cuiday ie peuoir de ce change. Et quen dolz ie faire dist lespouse. Par ma foy dist son pere ie ne my cōgnois pas bien/mais ie fais grāt doubte q̄ vo⁹ ne puissiez auoir autre femme. Sait iehā dit la vieille ie nay cure dung tel chetif/ie seroye bien eureuse dauoir vng tel ieune galant qui nauroit cure demoy & me despēdroit tout le mien et se ien sonnoye mot encores au roye ie la torche/ostez ostez mandez vostre femme et me laissez aler ou ie doy estre. Nostre dame dist lespouse se ie la puis recouurer ie layme trop mieulx que vous quelque poure quelle soit/mais vous ne vo⁹ en irez pas se ie ne la puis finer. Son pere et aucuns de ses parens vindrent a lostel ou la vieille voulsist bien estre & vindrent trouuer la compaignie qui desiunoit au plus fort et faisoient le chaudeau pour porter a lespouse et a lespousee. ilz compterent leur cas/et on leur respondit. Vous venez trop tart chascun se tienne a ce quil a/le seigneur de ceans est content de la femme que dieu lui a donnee/il la espousee & nen veult point daultre/et ne vo⁹ en doubtez ia vo⁹ ne fustes iamais si eureux q̄ dauoir fille aliee en si hault lieu vo⁹ en serez vne fois tous riches. Le bō pere retourne a sō hostel & vient faire sō rapport. La vieille cuida bien enragier & dist. Par dieu la chose ne demourera pas ainsi ou la iustice me fauldra. Se la vieille estoit bien malcōtēte encores lestoit biē autāt ou plus le ieune espouse q̄ se veoit frustre de ses amours/& encores seust il se aierement passe sil eust peu ner de la vieille a tout sō argēt mais il it la saisir aler en sa maison. Si tu. conseillee

La .liiii. nouuelle par mahiot dauquesnes

de la faire citer par deuant mõseigneur de cambray/et elle pareillement fist citer le vieil homme qui sa ieune femme auoit/ et ont commence vng gros proces dont le iugement nest pas encores rendu. Si ne vous en scay que dire plus auant

¶ La .liiii. nouuelle par mahiot dauquesnes

Ng gentil cheualier de la conte de flandres ieune bruiant lousteur danceur et bien chãtant se trouua ou pais de haynault en la compaignie dung autre cheualier de sa sorte et demourant oudit pais qui se hãtoit trop plus que la marche de flandres ou il auoit sa residence belle et bonne/ mais cõme souuẽt il aduient amours estoiẽt cause de sa reten̄nce/ car il estoit feru tresbien ⟨...⟩ ne tresbelle damoiselle de m⟨...⟩e/ et a ceste accasion dieu sca⟨...⟩.. faisoit tressouuent iou-

stes mõmeries et baucquetz/et generalemẽt tout ce quil sauoit qui peust plaire a sa dame a lui possible il le faisoit/ il fut asses en grace pour vng temps/ mais non pas si auant quil eust bien voulu. Son compaignon le cheualier de haynault qui sauoit tout son cas se seruoit au mieulx quil pouoit/ et ne noit pas a sa diligẽce q̃ ses besognes ne fussent bien bõnes et meilleures q̃elles ne furent. Quen vauldroit le long cõpte/le bõ cheualier de flandres ne sceut oncques tant faire ne son compaignon aussi q̃l peust obtenir de sa dame le gracieux dõ de mercy/aincois la trouua en tous temps rigoreuse puis q̃l lui tenoit langaige sus ces termes/a force lui fut toutesfois ses besongnes estantes cõme vous ouez de retourner en flãdres Si print vng gracieux congie de sa dame et lui laissa son compaignõ/lui promist aussi sil ne retournoit de brief de lui souuent escripre et mãder de sõ estat Et elle lui promist de sa part lui faire sauoir de ses nouuelles. Aduint certain iour aps̃ q̃ nr̃e cheualier fut retourne en flãdres q̃ sa dame eut voulẽte daler en pelerinaige a disposa ses besõgnes a ce. Et cõe le chariot estoit deuãt son hostel a le charretõ dedẽs q̃ estoit vng beau cõpaignõ a fort a q̃ viste sadoubsoit/ elle lui getta vng coussin sur la teste a le fist cheoir a pates et puis cõmẽca a rire tres fort et bien hault. Le charreton se sourdit a la regarda rire a puis dist Par dieu ma damoiselle vous mauez fait cheoir

La .liiii. nouuelle par machiot dauquesnes

mais croyez que ie men vengeray bien car auant quil soit nuyt ie vous feray tumber. Vous nestes pas si mal graci‍eux dit elle. Et en ce disant elle prent vng autre coissin que le charreton ne se donnoit garde et le fait arriere cheoir come deuant/ et selle rioit fort par auant elle ne sē faignoit pas a ceste heure. Et quesse cy dist le charreton/ ma damoiselle voꝰ en voulez a moy faictes/ par ma foy se ie fusse épres vous ie nattēdroye pas de moy vengier aux champs. Et ꝙ feriez vous dit elle. Si iestoye en hault ie le vous diroye dit il. Vous feriez merueilles dist elle a voꝰ ouyr parler/ mais vous ne vous y oseriez trouuer. Nō dist il et vous le verrez. Adonc il saillit ius du chariot et entra dedens lostel et monta en hault ou ma damoiselle estoit en cotte simple tant ioyeuse quon ne pourroit plus/ il la commenca dassaillir/ et pour abbregier le conte elle fut conten‍te quil lui tollist ce que par honneur dōner ne lui pouoit. Cela se passa et au terme acoustume elle fist vng tresbeau petit charreton/ ou pour mieulx dire vng tresbeau petit filz. La chose ne fut pas si secrete que le cheualier de haynault ne le sceust tantost dont il fut bien esba‍hy/ il escripuit bien en haste par vng propre messagier a son compaignon en flā‍drez comment sa dame auoit fait vng enfant a layde dung charreton. Pensez que lautre fut bien esbahy douyr ces nouelles. Si ne demoura gueres quil vint en haynault deuers son cōpaignō et lui pria quilz alassent veoir sa dame et ꝙ la veust trop bien tenser et lui dire la lascheté et neātete de son cueur/ comsiē que pour son meschief aduenu elle ne se monstrast encores gueres a ce temps si trouuerent facon ces deux gentilz cheualiers par moyens subtilz quilz vin‍drent ou lieu ou elle estoit. Elle fut biē honteuse et desplaisante de leur venue comme celle qui biē scait quelle naura deulz chose qui lui plaise/ au fort elle se asseura et les receut comme sa contenā‍ce lui apporta. Ilz commencerent a de‍uiser dunes et dautres matieres/ et no‍stre bon cheualier de flandres va commencer son seruice et lui dist tant de villennie quon ne pourroit plus. Or estes vous bien dit il du monde la fēme plus reprouchee et mains honnouree/ et auez monstre la grāt lachete de vostre cueur qui vous estes abandonnee a vng grāt villain charreton/ tant de gens de bien vous ont ouffert leur seruice et vous les auez tous reboutez. Et pour ma part vous sauez que iay fait pour vostre grace acquerir/ et nestoye ie pas hōme pour auoir ce butin aussi bien ou myeulx ꝙ vng paillart charretō qui ne fist oncꝗ riens pour vous. Je vous requiers dist elle monseigneur ne men parlez plus/ ce qui est fait ne peut autrement estre/ mais ie vous dy biē que se vous fussiez venu a leure du charreton que autant eusse ie fait pour vou‍ ie fiz pour lui Esse cela dist il/ sait ie il vint a bō‍ne heure. Le dyable y ait p. quantie

La.lv.nou.par Mõseigneur de villiers

ie ne fus si eu reulp que de sauoir vostre heure. Vraiement dit elle il vint a leure quil failloit venir. Au deable dit il de leure de vous aussi et de vostre charretõ Et a tant se part et son compaignon le suit et oncques puis nen tint compte et a bonne cause

¶ La.lv.nouuelle par monseigneur de Villiers

L'Annee du pardon de romme der-rain passe estoit ou daulphine la pestillence si grãde et si horrible que la plus part des gens de bien abandon-nerent se pays Durant ceste persecuciõ Une belle gente et ieune fille se sentit fe-rue de sa maladie, et incontinent se vit rendre a une si.... e voisine femme de bien et de gr.... on a fesia sur saaqe et lui cor.... on piteulp cas. La voisi-

fine qui estoit femme saige et asseuree ne seffropa de riẽ que lautre lui cõptast mesmes eut bien tãt de couraige et das-seurance et de hardiesse en elle quelle la conforta de parole et de tant peu de me-decine quelle sauoit. Helas ce dit la ieu-ne fille malade ma belle voisine iay grant regret que force mest au iour duy dabandonner ce monde et ses beaus et bons passetemps que iay euz assez son guemẽt/mais encores par mon sermẽt a dire entre vous et moy mõ plus grãt regret est quil fault que ie meure sans coup frapper et sans sauoir a sentir des biens de ce monde/telz a telz mont mai-tesfois prie a si les ay refusez tout plai-nement dequoy il me desplaist/et croy-ez se icy peusse finer dung a ceste heure il ne meschapperoit iamais deuant ql meust mõstre commẽt ie fuz gaingnee/ lon me fait entendant que la facon du faire est tant plaisante et tant bonne q ie plains et complains mon gent a ieu-ne corps quil fault pourrir sans auoir eu ce desire plaisir/et a la verite dire ma bonne voisine il me semble se ie peusse quelque peu sentir auant ma mort ma fin en seroit plus aisee et plus legiere a passer et a mains de regret/et qui plus est ie croy que ce me pourroit estre medi-cine et cause de guerison. Pleust a dieu dist la vieille ql ne tenist a autre chose vous series tost querie se me semble/car dieu mercy nrẽ ville nest pas encores si desgarnie de gẽs q on ny trouuast ung gentil cõpaignõ pour vous seruir a ce

La .lv. nou. par Monseigneur de villiers

besoing. Ma bonne voisine dist la ieune fille ie vous requiers que vous aillez devers ung tel quelle lui nomma q̃ estoit ung tresbeau gentil homme et q̃ autresfois auoit este amoureux delle & faictes tant q̃l vienne icy parler a moy La vieille ce mist au chemin et fist tant quelle trouua ce gentil homme et senuoya en sa maison. Tantost quil fut leans la ieune fille malade a cause de la maladie plus et mieulx coulouree lui saillit au col et le baisa plus de vingt fois. Le ieune filz plus ioyeux quonc̃ mais de veoir celle qui tãt auoit aymee ainsi vers lui abandonnee la saisit sãs demeure et lui monstra ce que tant desiroit. Assauoir selle fut honteuse de lui requerre et prier de continuer ce quil auoit commence Et pour abbreger tant lui fist elle recommencer quil nen peut plus. Quant elle dit ce c̃õe celle q̃ pas nen auoit son saoul elle lui osa bien dire. Mon amy vous mauez maintesfois priee de ce dõt ie vous requiers au iour duy/vous auez fait ce quen vous est ie le scay bien/toutesfois ie ne scay que iay ne quil me fault/mais ie congnois que ie ne puis viure se quelcun ne me fait compaignie en la facõ que mauez fait/ et pourtant ie vous prie que vueillez aler vers ung tel et lamenez icy si chier q̃ vous auez ma vie. Il est bien vray ma mie ie le scay bien quil fera ce que vous vouldrez. Le gentil homme fut bien esbahy de ceste requeste/toutesfois pource q̃l auoit tãt laboure que plus nẽ pouoit il fut content daler querir son compaignon & lamena deuers celle qui tantost se mist en besongne & le laissa ainsi que lautre. Quant elle leut mate comme sõ compaignon elle ne fut pas mains priuee de lui dire son couraige/mais lui pria comme elle auoit fait lautre damener vers elle ung autre gentil homme/ il le fist. Or sõt ia troys quelle a laissez et descõfiz par force darmes/ mais voꝰ deuez sauoir que le premier gentil homme se sẽtit malade et feru de lespidimie tantost quil eut mys son compaignon en son lieu/et sen ala hastiuement vers le cure et tout le mieulx quil sceut se cõfessa/et puis mourut entre les bras du cure. Son compaignon le deusiesme venu tantost aussi que au tiers il eut baillie sa place il se sentit tresmalade et demanda par tout apres celui qui estoit ia mort/et vint rencontrer le cure pleurant et demenant grant deul qui lui cõpta la mort de son bon compaignõ. Ha monseigneur le cure dist il ie suis feru tout comme lui confessez moy. Le cure en grant crainte se despescha de le confesser. Et quant ce fut fait ce gentil hõe malade a deux heures pres de sa fin sen vint a celle qui lui auoit baille le coup de la mort et a son compaignon aussi/& la trouua celui quil y auoit mene et lui dist. Mauldicte femme vous mauez baille la mort et aussi pareillement a mon compaignon/ vous estez digne de estre brulee & mise en ...re/toutesfois ie le vous pardonne/pri... a dieu quil

La .lvi. nou. par Monseigneur de Villiers

se vous vueille pardonner/ vous auez lespidimie et lauez bailliee a mon compaignon qui en est mort entre les bras du prestre/ et ie nen ay pas mains. Il se partit a tãt et sen ala mourir une heure apres en sa maison. Le troisiesme gẽtil homme qui se voit en lespreuue ou ses deux compaignons estoient mors nestoit pas des pl9 asseurez/ toutesfois il print couraige en soymesmes et mist paour et crainte arriere et sasseura comme celui qui en beaucoup de perilz et de mortelz assaulx sestoit trouue/ et vint au pere et a sa mere de celle qui auoit de ceux et fait mourir ses deux cõpaignõs et leur compta la maladie de leur fille et quon y print garde. Cela fait il se cõduisit tellement quil eschappa du peril ou ses deux compaignons estoiẽt mors Or deuez vous sauoir que quant ceste ouuriere de tuer gens fut ramenee en lostel de son pere tandiz quon lui faisoit vng lit pour reposer et la faire suer elle manda secretement le filz dung cordouannier son voisin et le fist venir en lestable des cheuaulx de son pere et se mist en ceuure comme les autres mais il ne vesquit pas quatre heures apres. Elle fut couchee en vng lit et la fit on beaucoup suer et tantost lui vindrent quatre boces dont elle fut tresbien guerie/ et tien qui en auroit affaire quõ la trouueroit au iour duy ou renc de noz cousines en auignon/ a be... ...re/ou autre part/et dient les m... ... quelle eschappa de mort a car... ...oir sentu des biens de

ce monde q̃ est notable et veritable exẽple a plusieurs ieunes filles de point refuser vng bien quant il leur vient

¶ La .lvi. nouuelle par monseigneur de Villiers

Nagueres quen vng bourcg de ce royaume en la duchié dauuergne demouroit vng gentil hõme/ et de son mal eur auoit vne tresbelle ieune femme/ et de sa bonte deuisera mon compte Ceste bõne damoiselle saccointa dung cure qui estoit son voisin de demie lieue et furent tant voisins a tant priuez lũg de lautre q̃ le bon cure tenoit le lieu du gentil homme toutes les fois q̃l estoit dehors/ a auoit ceste damoiselle vne chãberiere q̃ estoit secretaire de leur fait/ laquelle portoit souuent nouuelles au cure/a ladvisoit du lieu et de leure pour cõparoir seurement deuers sa maistresse.

La .lvi. nou. par Monseigneur de villiers

La chose ne fut pas en la parfin si bien celee que mestier eust este a la compaignie, car ung gentil hõe parent de celui a qui ce deshonneur ce faisoit fut aduerti du cas et en aduertit celui a qui plus il touchoit en la meilleure facon et maniere quil sceust et peut Pensez que ce bõ gentil homme quant il entendit que sa femme faisoit en son absence de ce cure quil nen fut pas content, et se neust este son cousin il en eust prins vengence criminelle et de main mise si tost quil en fut aduerti, toutesfois il fut content de differer sa voulente iusques a tant quil seut prins au fait et lung et lautre Si conclurent lui et son cousin daler en pelerinaige a quatre ou six lieues de sõ hostel et de y mener ce cure pour mieulx soy donner garde des manieres quilz tiendropent lung vers lautre Au retourner quilz firent de ce voyaige ou monseigneur le cure seruit amours de ce qsl peut, cest assauoir de oeillades et dautre telles menues entretenances Le mary se fist mãder querir par ung messagier affaictie pour aler vers ung seigneur du pays, il fist semblant den estre mal content et de soy partir a regret, neātmains puis que ce bon seigneur le mande il noseroit desobeir, Si part et sen va, et son cousin lautre gentil homme dit quil lui feroit compaignie, car cest assez son chemin pour retourner en son hostel Monseigneur le cure et ma damoiselle ne furent iamais plus ioyeux q douyr ceste nouuelle, si prindrent conseil et conclusion ensemble que le cure se partira de leans et prendra son congie affin que nul de leans nait suspiction sur lui, et enuirõ la mynupt il retournera et entrera vers sa dame par le lieu acoustume, et ne demoura gueres puis ceste conclusion prinse que nostre cure se partit de leãs et dist a dieu Or deuez vous sauoir que le mary et le gentil homme son parent estoient en embusche en ung destroit par ou nostre cure deuoit passer, et ne pouoit aler ne venir par autre lieu sans soy trop destourner de son droit chemin Ilz virent passer nostre cure et leur iugeoit le cueur quil retourneroit la nuyt dont il estoit party, et aussi cestoit son intencion Ilz le laisserent passer sans arrester ne dire mot et saduiserent de faire en ce destroit ung tresbeau piege a layde daucūs paisans qui les seruirent a ce besoing Le piege fut en haste bel et bien fait, et ne demoura gueres q ung loup passant pais ne sattrappast leãs Tantost apres vecy maistre cure qui vient la robe courte vestue et portant le bel espieu a son col, et quant vint a lendroit du piege il tumba la dedans auec le loup dõt il fut biē esbahy, et le loup qui auoit fait lessap nauoit pas mains de paour du cure q le cure auoit de lui. Quāt noz deux gētilz hommes virent que maistre cure estoit auec le loup logie ilz en firēt ioye merueilleuse et dist bien celui a q̄ se fait plus touchoit que iamais ne partira en vie et quil loccira leans Lautre le blasma de ceste voulēte et ne se veult accorder

La .lvii. nouuelle par Monseigneur de Villiers

quil meure/ mais trop bien est il contēt quon lui trenche ses genitoires. Le mary toutesfois se veult auoir mort. En cest estrif demourerent longuement attendans le iour a quil fist cler. Tandiz que cest estrif se faisoit ma damoiselle qui attendoit son cure ne sauoit que penser de quoy il tardoit tant/ si se pēsa dy enuoier sa chamberiere affin de se faire aduancier. La chamberiere tirant son chemin vers lostel du cure trouua le piege et tumba dedens auec le loup et le cure. Ha dit le cure ie suis perdu mon fait est descouuert/ quelqung nous a pourchacie ce passaige. Le mary et le gentil hōme son cousin qui tout entendoyent et veoient estoiēt tant aises quon ne pourroit plus/ et se penserent cōme se le sait esperit leur eust reuele que la maistresse pourroit bien suyr sa chamberiere a ce quilz entendirent delle que sa maistresse senuoyoit deuers le cure pour sauoir qui se tardoit tant de venir oultre leure prinse entre eulx deux. La maistresse voyant que le cure et la chamberiere ne retournoient poit/ et de paour que la chāberiere et le cure ne fissent quelque chose a son preiudice/ et quilz se pourroiēt rencontrer ou petit bois qui estoit a sēdroit ou le piege estoit fait/ si conclut quelle ira veoir selle en ourra nulles nouuelles et tira pais vers lostel du cure/ et elle venue a len... du piege tumba dedens la foss... ques les autres. Il ne fault ia d... oer quant ceste compaignie se ...nsemble qui fut le plus es

bahy q̄ se chascun faisoit sa puisance de soy tirer de la fosse/ mais cest pour neant chascun deulz se repute mort et deshonnoure. Et les deux ouuriers cest asauoir le mary de sa damoiselle et le gentil homme son cousin vindrent au dessus de la fosse saluer la compaignie en leur disant quilz fissent bonne chiere et quilz apresteroiēt leur desiuner. Le mary q̄ mouroit et enraigeoit de faire vng coup de sa main trouua facon par vng subtil moyen denuoier son cousin veoir que faisoient leurs cheuaulx qui estoient en vng hostel assez pres/ et tandiz q̄l se trouua descombre de lui il fist tant a quelque meschief que ce fust quil eut de lestrain largement quil auala dedens la fosse et y bouta le feu/ q̄ la dedēs brusla la compaignie cest assauoir la femme/ le cure/ la chamberiere et le loup. Apres ce il se partit du pais et manda vers le roy querir sa remission laquelle il optint de legier. Et disoient aucuns que le roy seust dire quil ny auoit dommaige que du poure loup qui fut brule qui ne pouoit mais du meffait des autres

¶ La .lviii. nouuelle par monseigneur de Villiers.

n.i

La .lvii. nouuelle. par Mõseigneur de villiers.

Andiz que lon me preſte audience et que ame ne ſauance quant a preſent de parfournir ceſte glorieuſe et edifiãte euure de Cent nouuelles ie bo9 compteray vng cas qui puis na gueres eſt aduenu ou daulphine pour eſtre mis au renc et ou nõbre deſdictes Cent nouuelles. Il eſt vray que vng gentil hõme dudit daulphine auoit en ſon hoſtel vne ſienne ſeur enuiron de leage de .xviii.a vingt ans / et faiſoit compaignie a ſa fẽme qui beaucoup ſaymoit et tenoit chiere / et comme deux ſeurs ſe doiuent contenir et maintenir enſemble elleſſe conduiſoient. Aduint que ce gentil homme fut ſemons dung ſien voiſin lequel demouroit a deux petites lieux de lui de le venir veoir lui et ſa femme et ſa ſeur. Ilz y alerent et dieu ſcait la chere quilz firent / et comme la femme de celui qui feſtoioit la compaignie menoit a leſbat la ſeur et la femme de noſtre gentil hõme apres ſoupper deuiſãt de pluſieurs choſes elles ſe vindrent rendre a la maiſõnette dung bergier de leãs qui eſtoit aupres dung large et grant parc a mettre les brebis / et trouuerẽt la ſe maiſtre bergier qui beſongnoit entour de ce parc / et comme femes ſceuent enquerir de maintes et diuerſes choſes lui demanderent ſil auoit point froit leans. Il reſpondit que nõ et quil eſtoit plus aiſe que ceulx qui ont leurs belles chambres ferrees / nattees / et pauees / et tãt vidrẽt dunes parolles a autres par motz couuers q̃ leurs deuiſes vindrẽt a touchier du trait de derriere / et le bon bergier qui neſtoit ne fol ne eſperdu leur diſt q̃ par ſa mort bieu il oſeroit bien entreprendre de faire la beſõgne huit ou neuf fois p̃ nuyt / et la ſeur de noſtre gẽtil homme q̃ ouyt ce propos gettoit loeil ſouuent a menu ſur ce bergier / et de fait iamais ne ceſſa tant quelle vit ſon coup de lui dire quil ne laiſſaſt pour riẽ quil ne ſa vint veoir a loſtel de ſon frere et quelle lui feroit bõne chiere. Le bergier qui la vit belle fille ne fut pas moyennemẽt ioyeux de ces nouuelles et promiſt de la venir veoir / et brief il fiſt ce quil auoit promis / et a leure prinſe entre ſa dame et lui ſe vint rendre a lendroit dune feneſtre haulte et dangereuſe a monter / toutesfois a layde dune corde quelle lui deuala et dune ſigne qui la eſtoit il fiſt tãt quil fut en la chambre / et ne fault pas dire ſil y fut voulentiers veu. Il monſtra de fait ce

La .lvii. nouuelle. par Monseigneur de Villiers

dont il cestoit vante de bouche/car auāt que le iour vint il fist tāt que le cerf eut huit cornes acomplies laquelle chose sa dame print bien en gre. Mais vous de uez sauoir que le bergier auāt q̄l peust paruenir a sa dame lui failloit cheminer deux lieux de terre et puis passer a nagier la grosse riuiere du rosne qui ba toit a lostel ou sa dame demouroit. Et quant le iour venoit lui failloit arriere repasser le rosne et ainsi sen retournoit a sa bergerie/et continua ceste maniere de faire vne grande espace de temps sans quil fust descouuert. Pendant ce temps plusieurs gentilz hommes du pais demādoient ceste damoiselle deuenue ber giere a mariaige/mais nul ne venoit a son gre dont son frere nestoit pas trop content et lui dist plusieurs fois/mais elle estoit tousiours garnie de excusacions et de responces largement dont elle aduertissoit son amy le bergier/auql vng soir elle promist que sil vouloit elle nauroit iamais autre mary que lui Et il dist quil ne demandoit autre bien mais la chose ne se pourroit dist il conduire pour vostre frere et autres voz a mis. Ne vous chaille dit elle laissez mē faire ien cheuiray bien. Ainsi promirēt lung a lautre/neantmains toutesfois il vint vng gentil homme qui fist arrie re requerir nostre damoiselle bergiere/et la vouloit o.... eulement vestue et ha billee cor.... son estat appartenoit sans a.... ....se/a laquelle chose le fre re de.... ....t voulentiers entendu et be

songnie et cuida mener sa seur a ce quel se y consentist lui remonstrant ce que on scait faire en tel cas/mais il ne peut venir a chief dont il fut bien mal contēt Quant elle vit son frere indigne sur el le elle se tire dune part et lui dist. Mon frere vo⁹ mauez beaucoup parle de moy marier a telz et a telz/et ie ne me y suis voulu consentir dont ie vous requiers q̄ ne men sachiez nul mal gre/et me veuil lez pardonner le mautalent q̄ auez sus moy et ie vous diray autrement la rai son qui a ce me meut et contraint en ce cas/mais que me vueillez asseurez que ne men ferez ne vouldrez pis. Son frere lui promist voulentiers. Quant elle se vit asseuree elle lui dist q̄lle estoit ma riee autant vault/et que iour de sa vie autre homme nauroit a mary que cesui quelle lui monstrera annupt sil veult. Ie le veuil bien veoir dit il/mais qui est il. Vous le verrez y tēps dist elle. Quāt vint a leure acoustumee vecy von bergier qui se vient rendre en la chambre de sa dame dieu scait comment mouillie dauoir passe la riuiere/et le frere del le se regarde et voit que cest le bergier de son voisin si ne fut pas peu esbahy et le bergier encore plus qui sen cuida fuyr quant il le vit. Demeure demeure dist il tu nas garde. Esse dist il a sa seur ce lui dont vous mauez parle. Ouy vraie ment mon frere dit elle. Or lui faictes dist il bon feu pour soy seichier/car il en a bon mestier/et en pensez comme du vo stre/et vraiement vous nauez pas tort

n.ii.

La .lviii. nouuelle par Monseigneur

se vous sui voulez du bien/car il se met en grant dangier pour lamour de vous et puis que voz besongnes sont en telz termes et que vostre couraige est a cela q̃ den faire voustre mary a moy ne tiendra/et mauldit soit il qui ne sen despeschera. Amen dit elle/a demain qui voudra. Et ie le vueil dit il. Et voꝰ bergier dist il quen dictes vous. Tout ce quon veult/il ny a remede dist il vous estes et seres mon frere/aussi suis ie pieca de la houlette si doy bien auoir ung bergier a frere. Pour abbregier le compte du bergier le gentil homme consentit se mariaige de sa seur et du bergier et fut fait/ et les tint tous deux en son hostel/combien quon en parlast assez par le pais. Et quant il estoit en lieu que on lui disoit que cestoit merueille q̃l nauoit fait batre ou tuer le bergier il respondoit q̃ iamais il ne pourroit vouloir mal a tres que sa seur aymast/et q̃ trop mieulx vouloit auoir le bergier a beau frere au gre de sa seur que ung autre bien grant maistre au desplaisir delle/et tout ce disoit par farce et esbatement/car il estoit & est tousiours tresgracieux et nouueau et bien plaisant gentil homme/et se faisoit bon ouyr deuiser de sa seur voire entre ses amys et priuez compaignons.

¶ La .lviii. nouuelle racontee par Monseigneur

IE cõgneuz au temps de ma verde et plꝰ vertueuse ieunesse deux gentilz hommes beaux compaignons bien assouuis et adreciez de tout ce qui doit louer ung gentil homme vertueux Ces deux estoient tant amys aliez et bonnez lung a lautre que dabillemens tant pour leurs corps que leurs gens et cheuaulx tousiours estoiẽt parcilz. Aduint quilz deuindrent amoureux de deux belles ieunes filles gentes et gracieuses/et se mains mal quilz sceurent firẽt tant quelles furent aduerties de leur nouuelle entreprinse du bien du seruice de cent mille choses que pour elles faire vouldroiẽt. Ilz furẽt escoutez mais autre chose ne sen ẽsuyuit. Iespere pour ce q̃lles estoiẽt de seruiteurs pourueues ou que damours ne se vouloient entremettre/car a la verite dire ilz estoient beaulx compaignons tous deulz et va

La. lviii. nouuelle par Monseigneur

soient bien destre retenuz seruiteurs dausi femmes de bien quelles estoient. Quoy quil fust touteffois ilz ne sceurent oncques tât faire quilz fussent en grace dont ilz passerēt maintes nuytz dieu scait a quelle peine/ mauldisans puis fortune/ maintenant amours/ et tressouuent leurs dames quilz trouuoient tant rigoreuses. Eulx estans en ceste raige et desmesuree langueur lung dist a son compaignon. Nous voyons a soeil que noz dames ne tiennent compte de nous et touteffois nous éraigeôs apres/ et tant plus nous monstrent de fierte et de rigueur tât plus les desirôs complaire seruir et obeir laquelle chose est vne haulte folie. Je vous requiers q̄ nous ne tenons compte delles emplus quelles font de nous/ et vous verrez selles peuent congnoistre que nous soyôs a cela quelles enraigeront apres nous comme nous faisons maintenant apres elles. Helas dist lautre cest bon conseil q̄ en pourroit venir a chief. Jay trouue la maniere dist le p̄mier. iay tousiours ouy dire a ouide se met en son liure du remede damours que beaucoup et souuēt faire la chose que sauez fait oublier et peu tenir compte de celle quon ayme et dont on est fort feru. Si vous diray que nous ferons/ faisons venir a nostre logis deux ieunes filles de noz cousines et couchôs a[vec] elles et leur faisôs tant la fo[...] [...]us ne puissons les rains t[...] et puis vendôs deuāt noz dames au deable de somme qui en tien

dra compte. Lautre si accorda/ et comme il fut propose et delibere il fut fait et acōpsly/ car ilz eurent chascun vne belle fille. Apres ce ilz sen vindrent trouuer deuant leurs dames en vne feste ou elles estoient/ et faisoient bōs cōpaignôs la roe et du fier et se pourmenoient par deuant elles et deuisoient dung cousté et dautre/ et faisoient cent mille manieres pour dire nous ne tenôs compte de vous/ cuidans côme ilz auoient propose que leurs dames en deussent estre mal contêtes et quelles les deusset rappeller maintenāt ou autrefois/ mais autrement en ala/ car silz monstroient semblant de tenir peu cōpte delles elles monstroient tout appertement de viena y encōpter dont ilz se perceurent tresbien et ne sen sauoient assez esbahyr. Si dist lung a son cōpaignon/ sces tu cōment il est/ par la mort bieu noz dames ont fait sa folie cōe nous/ et ne voys tu comment elles sont fieres/ elle tiennent toutes telles manieres que nous faisons/ si ne me croy iamais selles nont fait cō me nous. Elles ont prins chascun vng compaignô et ont fait iusq̄s a oultrance la folie/ au dyable les crapaudailles laissons les sa. Par ma foy dist lautre ie le croy cōe vous/ ie nay pas apris de les veoir telles. Ainsi penserent les cōpaignons que leurs dames eussēt fait côe eulx pource quil leur sembla a leure quelles nen tenissent compte cōe ilz ne tenoient compte delles /mais il nē fut riēs/ et est assez legier a croire.

n.iii

La .lix. nouuelle par Poncelet

Le .lix. nouuelle par Poncelet

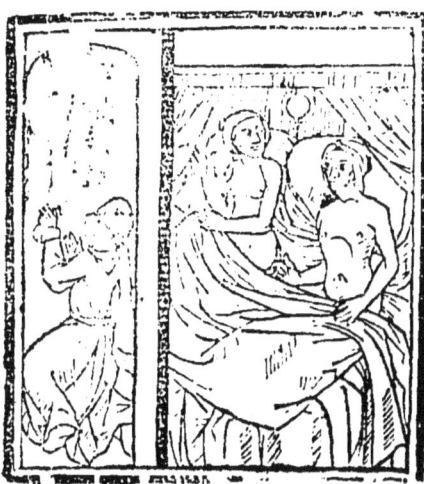

EN la ville de saint omer auoit na gueres vng gentil compaignō sergent de roy/lequel estoit marie a vne bonne et loyale femme qui autrefois auoit este marice et lui estoit demoure vng filz quelle auoit adroicie en mariaige. Le bon compaignō ia soit ce quil eust bonne et prude feme neantmais il sembloit de iour et de nupt a seruir amours par tout ou il pouoit et tant que a lui estoit possible. Et pource q̄ en tēps dyuer sourdent plusieurs fois les incōueniens plus de legier q̄ en autre tēps a poursuir la queste soing il saduisa et delibera quil ne partiroit point de son hostel pour seruir amours/car il auoit vne tresbelle gente et ieune fille chamberiere de sa feme auec laquelle il troueroit maniere destre son seruiteur. Pour abbregier tant fist par dons et par promesses q̄l eut octroy de faire tout ce q̄ lui plairoit/ia soit q̄ a grant peine pour ce que sa feme estoit tousiours sus eulz qui congnoissoit la condicion de son mary. Ce nōobstant amours q̄ veult tousiours secourir ses vrays seruiteurs inspira tellement lentendement du bon et loyal seruant quil trouua moyen dacōplir son veu/car il faignit estre tresfort malade de refroidement et dist a sa feme. Tresdoulce cōpaigne venez ie suis si tres malade que plus ne puis il me fault aler couchier et vous prie que vous faciez tous noz gens couchier affin que nul ne face noise ne bruit et puis venez en nostre chambre. La bonne damoiselle qui estoit tresdesplaisante du mal de son mary fist ce quil commanda et puis prist beaucop draps et les chauffa et mist sus son mary apres quil fut couchie. Et quant il fut bien eschauffe par longue espace il dist. Mamie il suffist ie suis assez bien dieu mercy et la vostre qui en auez prins tant de peine/si vous prie q̄ vous en venez couchier empres moy. Elle qui desiroit la sante de son mary fist ce quil commandoit et sendormit le plus tost quelle peut/et assez tost apres que nostre bon mary perceut quelle dormoit se coula tout doulcement ius de son lit et sen ala cōbattre ou lit de sa dame la chamberiere tout prest pour son veu acomplir/ou il fut bien receu et rencontre/et tant rompirent de lances q̄lz furent si las et si recreans quil conuint que en beaulx braz demeurassent endor-

La .lix. nouvelle. par Poncelet

mis/et comme aucunefois aduient que quant on sendoit en aucũ desplaisir ou merencolie au reueillier cest ce qui vient premier a la persõne/et est aucunefois mesmes cause du reueil comme a la damoiselle aduit. et ia soit ce q̃ grãt soing eust de sõ mary toutesfois elle ne le gar da pas bien/car elle trouua quil sestoit de son lit party/et au taster quelle fist sus son orillier et en sa place trouua q̃ y faisoit tout froit et quil y auoit long temps quil ny auoit este. Adõc comme toute desesperee saillit sus et en vestant sa chemise et sa cotte simple disoit apar elle. Lasse meschante or es tu vne fẽme perdue et q̃ fait bien a reprouchier quãt par ta negligence as laissie cest homme perdre. Helas pourquoy me suis ie a nyt couchee pour ainsi mabandonner au dormir. Vierge marie vueillez mõ cueur resioyr/et que par ma cause il nait nul mal/car ie me tiendroye coul pable de sa mort. Et apres ces regretz et lamentacions elle se partit hastiue ment et ala querir de la lumiere/et affin que sa chamberiere lui tit compaignie a querir son mary elle sen ala en sa chã bre pour la faire leuer/et la endroit trou ua sa doulce paire dormãt bras a bras et lui sembla bien quilz auoient ceste nupt trauaillie/car ilz dormoiẽt si fort quilz ne sesueillerent point pour persõ ne qui y entre pour lumiere que on y portast. it pour la ioye quelle eut de c on mary nestoit point si

mal ne si desuoye quelle esperoit ne que son cueur lui auoit iugie/elle sen ala q̃ rit ses enfans et les varletz de lostel et les mena veoir la belle compaignie/ et leur enioignit expressement quilz nen feissent quelque semblant/et puis leur demanda en basset qui cestoit ou lit de sa chambriere qui la dormoit auecq̃s elle. Et ses enfans respondirent que ce stoit leur pere/et les varletz dirent que cestoit leur maistre. Adoncques elle les remena dehors et les fist aler couchier/ car il estoit trop matin pour eulx leuer et aussi elle sen ala en son lit/mais de puis ne dormit gueres tãt quil fut heu re de leuer. Toutesfois assez tost apres la compaignie des vraiz amans se susci la et se departirẽt lung de lautre amou reusement. Si sen retourna nostre mai stre a son lit empres sa femme sans di re mot/et aussi ne fist elle/et faignit de dormir dont il fut moult ioyeulx/pen sant quelle ne sceust riens de sa bonne fortune/car il la craignoit et doubtoit a merueilles tãt pour sa paix que pour lonneur de la fille/et de fait se reprint nostre maistre a dormir bien et fort. Et la bonne damoiselle qui point ne dor moit si tost quil fut heure de descouchier se leua pour festoier son mary et lui dõ na aucune chose confortatiue apres la medecine la patiue quil auoit prinse cel le nuptee. Puis apres la bonne dame fist leuer ses gens et appella sa chambe riere et lui dist q̃lle print les deux plus

n.iiii

La .lix. nouuelle. par Poncelet

gras chappons de la chapponniere et q̄ les appointast tresbien, et puis quelle alast a la boucherie querir la meilleure piece de beuf q̄lle pourroit trouuer et si cuist tout a vne bone eaue pour humer ainsi quelle se sauroit bien faire, car elle estoit maistresse et ouuriere de faire bō brouet. Et la bonne fille qui de tout sō cueur desiroit complaire a sa damoiselle et encores plus a son maistre, a lung par amours et a lautre par crainte dist que tresuoulentiers le feroit. Le pēdāt la damoiselle ala ouyr la messe, et au retour passa par lostel de son filz dont cy dessus a este parle et lui dist q̄ Benist disner auecques son mary et si amenast auecques lui trois ou quatre compaignons quelle lui nomma, et que sō mary et elle les prioient quilz venissent disner auecques eulx. Quāt elle eut ce dit elle sen retourna a lostel pour entendre a la cuisine de peur que le humeau ne fust espandu comme par male garde il auoit este la nuytee precedente, mais nenny, car nostre bō mary sen estoit ale a leglise ouyr la messe. Et tandiz que le disner sapprestoit le filz a la damoiselle ala prier ceulx quelle lui auoit nommez qui estoiēt les plus grās farceurs de toute la ville de saint omer. Or reuint nostre maistre de la messe et fist vne grā de brassie a sa femme et lui donna le bō iour, et aussi fist elle a lui, mais toutesfois elle ney passoit pas mains, et lui commenca a dire quelle estoit bien ioyeuse de sa sante dont il la remercia et lui dist. Vraiement ie suis assez en bon poit dieu mercy mamie veu que iestoye hyer a la vespree si mal dispose, et me sēble que iay tresbō appetit, si vouldroie bien aler disner si vous vouliez. Lors elle lui dist. Jen suis bien cōtēte, mais il fault vng peu attendre que le disner soit prest et que telz et telz qui se sont priez de disner auecques vous soyent venuz. Priez dit il et a quel propos ie nen ay cure et aymasse mieulx quilz demourassent, car ilz sont si grans farceurs q̄ silz sauiuent que iaye este malade ilz ne men feront que farcer, au mains belle dame ie vous prie quon ne leur en die riens, et encores autre chose y a que me geront ilz. Et elle dist quil ne sen souciast et quilz auroient assez a mengier, car elle auoit fait appoiter et abiller les deux meilleurs chappons de seans et vne tresbonne piece de beuf pour lamour de lui de laquelle chose il fut bien ioyeux et dist que cestoit bien fait. Et tantost apres alerent venir ceulx que sen auoit priez auecques le filz a la damoiselle. Et quant tout fut prest ilz sē alerent seoir a table et firent tresbonne chiere et par espicial loste, et buuoient souuent et tdautant lung a lautre. Et lors loste commenca a dire a son beau filz. Jehan mon amy ie vueil que vous buuez a vostre mere, et faictes bōne chiere. Adonc le filz respond͞ que tresuoulentiers le feroit. Et ainsi q... ut beu

La .lx. nouuelle. par Poncelet

a sa mere la chamberiere qui seruoit suruint a sa table pour seruir les assistens ainsi quil appartenoit comme bien (et honnestement se sauoit faire. Et quant la damoiselle la dit elle lapella et lui dist Venez ca ma doulce compaigne buuez a moy et ie vous plegeray. Compaigne dea dist nostre amoureux/et dont vient maintenant celle grant amour que male paix y puist mettre dieu/ vecy grant nouuelleté. Voire vraiement cest ma compaigne certaine et loyale/en auez vous si grant merueille. He dea dist loste Iehan gardez que vous dictes/on pourroit ia penser quelque chose entre elle (et moy Et pourquoy ne feroit on dist elle/ne vous ay ie poit annuyt trouue couchie auecques elle en son lit (et dormant bras a bras. Couchie dist il. Voire vraiement couchie dist elle. Et par ma foy beaux seigneurs dit il il ney est riens et ne le fait q pour me faire despit/(et aussi pour donner a sa poure fille blasme/car ie vous promectz que oncques ne my trouuay. Non dea dist elle vous lorrez tantost et le vous feray tout a ceste heure dire deuant vous par to° ceulx de ceans. Adonc appella ses enfans et les varlez qui estoient deuant sa table et leur demanda silz auoient point veu leur pere couchie auecques la chamberiere. Et ilz dirent q ouy. Adonc leur pere respondit Vo° mētez mauuais ... Se Voste mere se vo° fait dire. ... Voste grace pere no° vous ... es couchie/aussi firet noz varlez. ... uey dictes vous dist la damoi

selle. Vraiement il est vray dirent ilz. Et lors y eut grande risee de ceulx qui la estoient/et le mary fut terriblement abayé/car la damoiselle leur cõpta comment il sestoit fait malade (et toute sa maniere de faire ainsi quelle auoit este/et coment pour les festoier elle auoit fait appareiller le disner et prier ses amis/ lesquelz de plus en plus renforcoient sa ciose dont il estoit si honteux qua peine sauoit il tenir maniere/et ne se sceut autrement sauuer que de dire. Or auant puis que chascun est contre moy il fault bien que ie me taise et que ie accorde tout ce quon veult/car ie ne puis tout seul cotre vous tous. Apres commanda que la table fust ostee/ et incontinēt graces rendues appella son beau filz et lui dist Iehan mon amy ie vous prie que se les autres me accusent de cecy que me excusez en gardant mon honneur/et asses sauoir a ceste poure fille que on lui doit et la paiez si largement quelle nait cause de soy plaindre/puis la faictes partir/ car ie scay bien q vostre mere ne la souffreroit plus demourer ceans. Le beau filz ala tout incōtinent faire ce qui lui estoit commande et puis retourna aux compaignons quil auoit amenez les quelz il trouua parlans a sa mere et la remercioient moult grandement de ses biens et de la bonne chiere quelle leur auoit faicte/puis prindrēt congie et se alerent et les autres demourerent a lostel (et fait a supposer q depuis en eurēt maintes deuises ensēble/(et se gētil amoureux

La .lx. nouuelle. par Poncelet

ne beut poit tout samer de son vaisseau a ce disner. A ce propoz peut on dire de chies dopseaulx darmes damours pour vng plaisir mille douleurs. Et pourtāt nul ne si doit bouter sil nen veult aucunefois gouster. Et ainsi lui en aduint et acheua ledit mary sa queste en ceste partie par la maniere que dit est.

¶ La .lx. nouuelle par Poncelet.

A pas sõg temps que en la ville de troye auoit troys damoiselles lesquelles estoient femes a troys bourgois de la ville riches puissans et bien aisiez lesquelles furent amoureuses de troys freres mineurs/et pour plº seurement et couuertemēt leur fait couurir soubz vmbre de deuocion chascun iour se leuoient vne heure ou deux deuant le iour. Et quant il leur sembloit heure daler vers leurs amoureux elles disoient a leurs mariz qlles aloient a matines et a la premiere messe/et pour le grant plaisir quelles y prenoiēt et les religieux aussi souuent aduenoit que le iour les surprenoit si largement quelles ne sauoient comment saillir de lostel que les autres religieux ne sē apperceussēt/pourquoy doubtās les grās perilz et inconueniens qui en pouoyēt sourdre/fut prinse conclusion par eulz toutes ensēble q̃ chascune delles auroit habit de religieux et feroient faire grāt couronne sur leur teste cōe selles estoiēt du couuent de leans iusques finablement a vng autre certain iour quelles y retourneroient apres. Tādiz q̃ leurs mariz gueres ny pensoyent elles venues es chambres de leurs amis vng barbier secret fut mande/cest assauoir des freres de leās qui fist aux damoiselles chascune la courõne sur la teste. a quāt vint au departir elles vestirēt leurs habiz quon leur auoit appareilliez/ et en cest estat sen retournerent deuers leurs hostelz/et sen alerent desuestir et mettre ius leur habiz de deuocion ches vne certaine matrone affaitie et puis retournerent empres leurs mariz/et en ce poit continuerent grant temps sans que personne sen apperceust. Et pource que dõmaige eust este q̃ telle deuotiõ a trauail neust este congneue/fortune voulut q̃ a certain iour que lune de ses bourgoises

La .lx. nouuelle. par Poucelet

seftoit mise au chemī pour aler au lieu acoustume/sembusche fut descouuerte et de fait fut prinse a tout labit dissimule par son mary qui sauoit pour supc/si lui dist. Beau frere vous soyez le tresbien trouue/ie vous prie que retournez a lostel/car iay a parler a vous de cōseil et en cest estat la ramena dōt elle ne fist ia feste. Or aduint que quant ilz furent a lostel le mary commēca a dire en maniere de farse. Dictes vous par voftre foy que la vraie deuociō dont ce temps dpuer auez este esprise vous fait endosser labit de saint francois et porter couronne semblable aux bōs freres/dictes moy ie vous requiers qui a este voftre recteur/ou par saint francois vous la amenderez/et fist semblant de tirer sa dague. Adōcques la pourete se getta a genoulx et sescria a haulte voix. Ha mon mary ie vous crie mercy ayez pitie de moy/car iay este seduitte par mauuaise compaignie/ie scay bien que ie suis morte si vous voulez et que ie nay pas fait cōme ie deusse/mais ie ne suis pas seule deceue en celle maniere/et se vous me voulez promettre que ne me ferez riens ie vous diray tout. Adonc son mary si accorda. Lors elle lui dist commēt plusieurs fois elle auoit este oudit monastere auec deux de ses cōpaignes desquelles deux des religieux sestoient en amourez/et en so_ compaignant aucunefois a faire _lacion en leurs chambres se ti__ _t espris damours de moy en me faisant tant de humbles et doulces requeftes q̃ nullement ne men suis peu excuser/et mesmemēt par linstigacion et enhort de mesdictes compaignes. ie lay fait/disans que nous auriōs bō temps ensemble et si nen sauroit on riē Lors demanda se mary q̃ estoiēt ses cōpaignes/a elle ses lui nōma/adōc sceut il qui estoiēt leurs marys. et dit le cōpte quilz buuoient souuent ensēble. Puis demanda qui estoit leur barbier et les noms des trops religieux. Le bon mary considerant ces choses auecques ses doloreuses admiraciōs a piteux regretz de sa fēmelette dist. Or garde bien que tu ne dies a personne que ie saiche parler de ceste matiere et ie te promets q̃ ie ne te feray ia mal. La bonne damoiselle lui promist que tout a son plaisir elle feroit. Adonc incontinent se part et ala prier au disner les deux maris/et les deux damoiselles/les trops cordeliers et le barbier/et promirent de venir/lesquelz venuz le lendemain et eulx assis a table firent bonne chiere sans penser a leur male aduenture. Et aptres que la table fut ostee pour cōclure de lescot firent plusieurs manieres de faire misen auant ioyeusement sus quoy lescot seroit prins et souftenu/ce toutessois q̃lz ne sceurent trouuer ne estre dacort tant que loste dist. Puis que nous ne sauōs trouuer moyē de gaingnier nostre escot par ce qui est mis en termes ie vous diray que nous ferons. il fault que nous le faciōs paier a ceulx de la cōpaignie q̃ la plus grāt couronne portēt reserue ces

La .lxi. nouuelle. par Poncelet

bons religieux, car ilz ne paieront riēs a present/a quoy ilz saccorderent tous et furent contens quainsi en fust/et le bar bier en fut ſe iuge. Et quāt tous les hō mes eurent monstre leurs courōnes lo ste dist quil failloit veoir se les femmes en auoient nulles. Si ne fault pas de māder sil en y cut en la compaignie q eurent leurs cueurs estrains. Et sans plus attendre loste print sa femme par la teste et sa descouurit. Et quant il vit ceste couronne il fist vne grande admi racion faignant que riens nen sceust et dist. Il fault veoir les autres selles sōt couronnees auſſi. Adonc leurs maris les firent deffuſſer/et pareillement fu rent trouuees comme la premiere de la quelle chose ilz ne firent pas trop grant feste/nonobstant quilz en feiſſent gran des risees/et tout en maniere de ioyeu sete dirent que vraiement lescot estoit gaignie et que leurs femmes se deuoient, mais il failloit sauoir a quel pro pos ces couronnes auoient este enchar gees/et loste qui estoit aſſez ioyeux leur cōpta tout le demene de la chose soubz telle protestacion quilz le pardonneroi ent a leurs femmes pour ceste fois par my la penitence que les bons religieux en porteroient en leur presence/laquelle chose les deux maris accorderent. Et in continent loste fist saillir quatre ou six roides galans hors dune chambre tous aduertiz de leur fait et prindrent bons mopnes et leur donnerēt tant des biēs de leans quilz en peurent entasser sus leur doz/puis les bouterent hors et eu rent les mariz plusieurs deuises qui lō gues seroient a racompter.

¶ La .lxi. nouuelle par Poncelet.

Ung iour aduint que en vne bon ne ville de Hapnault auoit vng bon marchant marie a vne vaillant fē me lequel tressouuent aloit en marchā dise qui estoit par aduenture occaſion a sa femme daymer autre que lui en saḡt le chose elle cōtinua et perseuera moult longuemēt. Neantmains en la parfin lembuſche fut descouuerte par vng sien voisin qui parent estoit audit marchāt et demouroit a lopposite de lostel dudit marchant/et de sa maison il vit et ap perceut souuentesfois vng   galāt heurter et entrer de nupt et saillir hors de lostel dudit marchant, laquelle chose venue a la congnoissance de celui a qui le dommaige se faisoit par ladueurtissement du vin fut moult desplaisant, et en remerciant son parent et voisin dist que briefuement il y pourucoiroit et quil se bouteroit du soir en sa maison affin qͤl seist mieulx qui iroit et viendroit en son hostel. Et semblablement faignit daler dehors, et dist a sa femme et a ses gens quil ne sauoit quant il retourneroit, et lui party au plus matin ne demoura q iusques a la vesprée quil bouta son cheual quelque part et vint couuertement ches son cousin, et la regarda par vne petite treille attendant se il verroit ce q gueres ne lui plairoit. Et tant attendit que enuiron neuf heures en la nupt le galant a qui la damoiselle auoit fait sauoir que son mary estoit dehors passa vng tour ou deux par deuant lostel de la belle et regarda a luys pour veoir sil y pourroit entrer, mais écores le trouua il ferme. Si pensa bien quil nestoit pas heure pour les doubtes. Et ainsi qͤl varioit la entour se bon marchant qui pensa bien que cestoit son homme descdit et vint a lui et lui dist. Mon amy nostre damoiselle vous a bien perceu, et pource quil est encores temps assez et qͤl se a doubte que nostre maistre ne retourne elle ma requis que ie vous mette dedens sil vous plaist. Le compaignõ cuidant que ce fut le varlet sauentura dentrer leans auec lui, et tout doulcement luys fut ouuert et se mena tout derriere en vne chambre en laquelle auoit vne moult grãt huche laquelle il defferma et le fist entrer dedẽs affin que se le marchant reuenoit quil ne se trouuast pas, et que sa maistresse le viendroit asseʒ tost mettre hors a parler a lui, a tout ce souffrit le gẽtil galãt pour se mieulx et aussi pource quil pensoit que lautre dist verite. Et incontinent se partit le marchãt et le plus celeement quil peut a sen ala a son cousin et a sa femme et leur dist. Je vous promets que le rat est pris mais il nous fault auiser quil en est de faire. Et lors son cousin et par espicial la femme qui naymoit point lautre furent bien ioyeulx de la venue, et dirent quil seroit bon que len le monstrast au parens de la femme affin quilʒ veissent son gouuernement. Et a ceste conclusion prinse le marchant ala a lostel du pere et de la mere de sa femme et leur dist quilʒ veniʒʒent hastiuement a son logis. Tantost saillirent sus, et tãdis quilʒ sappointoient pour seur en aler ches leur fille il ala pareillement querir deux des freres et deux des seurs delle et leur dist comme il auoit fait au pere et a la mere. Et puis quant il les eut tous assembleʒ il les mena en la maison de son cousin et illecques leur compta tout au long la chose ainsi quelle estoit et leur cõpta pareillement la prinse du rat. Or couiẽt il sauoir cõmẽt le gentil

La.lxi.nouuelle.par poncelet

galant pendant ce temps se gouuerna en ceste huche de laquelle il fut gaillardement deliure attendu lauēture/ car la damoiselle qui se donnoit garde souuent se son amy Biendroit point aloit deuant et derriere pour Bcoir selle en auroit poit quelque nouuelle/et ne tarda mie grant piece que le gētil compaignon qui ouyoit bien que len passoit assez pres du lieu ou il estoit et si le laissoit on la/il print a heurter du poing a ceste huche tant que la damoiselle soupt qui en fut moult espantee et neātmais elle demanda qui cestoit/ et le compaignon lui respondit. Helas tresdoulce amye ce suis ie qui me meurs de chault et de doubte de ce que my auez fait. Bouter et si ny alez ne Benez. Qui fut a lors bien esmerueillee ce fut elle. Ha Bierge marie et pensez Bous mon amy que ie Bous y aye fait mettre Par ma foy dist il ie ne scay/ au mains est Benu Bostre Barlet a moy et ma dit que lui auiez requis quil me mist en lostel et que ie entrasse en ceste huche affin que Bostre mary ne my trouuast se dauēture il retournoit pour ceste nupt. Ha dist elle sur ma Bie que ce a este mon mary. A ce coup suis ie Bne femme perdue et est tout nostre fait descouuert. Sauez Bous dist il cōment il Ba il conuient que me mettez dehors/ou ie rompray tout/ car ie nen puis plus endurer. Par ma foy dist la damoiselle ie nen ay point la clef/ et se Bous le rompez ie seray deffaicte/ et di-

ra mō mary que ie sauray fait pour Bo9 sauluer finablemēt la damoiselle cercha tant quelle trouua de Bieilles clefz être lesquelles y en eut Bne qui deliura le poure prisonnier. Et quāt il fut hors il troussa sa dame et lui mōstra le couroup quil auoit sus elle/laquelle se prit paciamment/ et a tant sen Boulut partir le gentil amoureup/mais la damoiselle le print et acola et lui dist que sil sē aloit ainsi elle estoit aussi bien deshonnouree que sil eust rompu la huche. Et questil doncques de faire dist le galant Si nous ne mettons dist elle quelque chose dedens et que mon mary se treuue ie ne me pourroye epcuser que ie ne Bo9 aye mis dehors. Et quelle chose y mettrons nous dist le galāt affin que ie me parte/ car il est heure. Nous auons dist elle en ccst estable Bng asne que nous y mettrons si Bo9me Boulez aidict. Ouy par ma foy dist il. Adonc fut ceste asne gettee dedens la huche et puis la refermerent. Lors le galant prit congie dūg doulp baisier et se partit en ce point par Bne issue de derriere/ et la damoiselle sē ala prestement couchier. Et apres ne demoura pas longuement que le mary qui tandiz que ces choses se faisoient assembla ses gens et les amena tous ches son cousin comme dit est ou il leur compta tout lestat de ce quon lui auoit dit/ et aussi comment il auoit prins le galant a ses barres. Et doncques a celle fin dist il que Bous ne dissiez poit que ie

La .lxi. nouuelle. par poncelet

ueille a uoſtre fille ipoſer blaſme ſãs cauſe, ie uous monſtreray a locil et au doy le ribault qui ceſt deſhonneur nous a fait, et prie que auant quil ſaiſſe hors quil ſoit tue. Adõc chaſcun diſt que auſſi ſeroit il, et auſſi diſt le marchãt ie uo⁹ rendray uoſtre fille pour telle quelle eſt Et de la ſe partirent les autres auecq̃s lui qui eſtoyent moult dolans des nou uelles, et auoient torches et flambeaux pour mieulx cherchier par tout et q̃ riẽs ne leur peuſt eſchapper, ilz heurterent a luys ſi rudement que la damoiſelle y uint premier que nulz de leans et leur ouurit luys. Et quant ilz furent entrez elle ſalua ſon mary, ſon pere, et ſa mere, et les autres, mõſtrant quelle eſtoit bien eſmerueillee quelle choſe les amenoit la et a telle heure, et a ces motz ſõ mary hauſſe et lui donne une belle buf fe et diſt, tu le ſauras tantoſt faulſe tel le et quelle que tu es. Ha regardez que uous dictes amenez uous pource mon pere et ma mere icy. Quy diſt la mere faulſe garce que tues, on te monſtrera ton ſoudier preſtemẽt. Et lors ſes ſeurs uont dire. Et par dieu uous neſtes pas uenue du lieu pour uous gouuerner ai ſi. Mes ſeurs diſt elle par tous les ſaitz de romme ie nay riens fait que une femme de bien ne doyue et puiſſe faire, ne ie ne doubte point quon doiue le contraire monſtrer ſus moy. Tu as mẽty diſt ſon mary ie le te mõſtreray incontinẽt et ſera le ~~~~ rt tue en ta preſence. ſus

toſt ouurez ceſte huche. Moy dit elle, et en uerite ie croy que uous reuez ou que uous eſtes hors du ſens, car uous ſauez bien que ie nen portay onques ſa clef, mais pend auec les uoſtres dez le tẽps que uous y mettiez uoz beſongnes. Et pourtant ſe uous la uoulez ouurir ouurez la, mais ie prie a dieu q̃ auſſi uraiemẽt que onques ie neuz compaignie auec celui qui eſt la dedens enclos quil men deliure a ioye et a honneur, et que la mauuaiſe enuie q̃ lẽ a ſur moy puiſ ſe icy eſtre aueree et demonſtree et auſſi ſera elle comme bien ay bon eſpoir. Ie croy diſt le mary qui la uoit a genoulz pleurant et gemiſſant quelle ſcait bien faire la chate mouilliee, et qui la uoul droit croire elle ſauroit bien abuſer les gens, et ne doubtez ie me ſuis pieca per ceu de la trapnnce. Or ſus ie uoys ouurir la huche ſi uo⁹ prie mes ſeigneurs que chaſcun mette la main a ce ribault quil ne nous eſchappe, car il eſt fort et roide. Nayez paour dirent ilz tous enſẽ ble nous en ſaurons bien faire. Adonc tirerent leurs eſpees et prindrent leurs mailletz pour aſſõmer le poure amoureux, et lui dirent. Or te confeſſe car ia mais nauras preſtre de plus pres. La mere et ſes ſeurs qui ne uouloient poit ueoir ceſte occiſion ſe tiretẽt dune part Et auſſi toſt quil eut ouuert la huche et que ceſte aſne uit la lumiere ſi treſgran de elle commenca a hyngner ſi hydeuſement quil ny eut ſi hardi leans quil

La lxii. nouuelle. par Mõseigneur de cõmesura

ne perdist sens et maniere Et quant ilz virent que cestoit vng asne et quil les a-uoit ainsi abusez ilz se voulurent prendre au marchant/et lui dirent autant de honte comme saint pierre eut oncqs donneur/et mesmes les femmes lui vouloient courir sus/et de fait sil ne sen fust fuy les freres de la damoiselle leussent la tue pour le grant blasme et deshonneur quil leur auoit fait et vouloit faire. Et finablement en eut tant a faire quil conut que la paix a traictie en fussent refaiz par les notables de la ville. et en furent les accuseurs touiours en indignacion du marchant. Et dit se compte que a la paix faire il y eut grant difficulte et plusieurs protestacions des amis a la damoiselle/et dautre part de bien estroictes promesses du marchant qui depuis bien et gracieusemẽt se gouerna/et ne fut oncques homme milleur a femme quil fut toute sa vie/ et ainsi vserent leur vie ensemble

¶ La.lxiii.nouuelle par monseigneur de commesuram

Enuiron le mois de iuillet a lors que certaine conuencion et assemblee se tenoit entre la ville de calaiz et granelinghes assez pres du chastel doye a laquelle assemblee estoient plusieurs princes et grans seigneurs tant de la partie de france comme dagleterre pour aduiser et traictier de la rencon de monseigneur dorleans estant lors prisonnier du roy dangleterre/entre lesquelz de la dicte partie dangleterre estoit le cardinal de viceftre qui a la dicte conuencion estoit venu en grant et noble estat tant de cheualiers escuiers que dautres gẽs deglise/et entre les autres nobles hões auoit vng qui se nommoit iehan stotõ escuier trenchant et thomas brampton eschancon dudit cardinal/lesquelz iehã et thomas se entraymoient autant que pourroiẽt faire freres germains ensemble/car de vestures habillemens et har

La .lxii. nouuelle par Monseigneur de comesurā

nois estoient tousiours dune facon au plus pres quilz pouoiēt/et la plus part du temps ne faisoiēt que vng lit et vne chābre/et oncques nauoit on veu que ētre eulx deux y eust quelque courroux noise ou mal talent. Et quant ledit cardinal fut arriue audit lieu de calaiz on baissa pour le logis desditz nobles hōmes lostel de richart sury qui est le plus grant hostel de ladicte ville de calaiz/et ont de coustume les grans seigneurs quant ilz arriuent audit lieu passans et repassans dy logier. Ledit richart estoit marie et estoit sa femme de la naciō du pais de hollande qui estoit belle et gracieuse a bien lui aduenoit a receuoit gēs. Et durant ladicte conuencion a laquelle on fut bien lespace de deux mois iceulx iehan stotton et thomas brampton qui estoient si comme en laage de xxvi.a xxviii.ans ayans leur couleur de cramoisi vifue et en point de faire armes par nuyt et par iour/durant lequel temps nonobstant les priuasitez et amitiez q estoient entre ces deux secondz et compaignons darmes ledit iehan stotton au desceu dudit thomas trouua maniere dauoir entree et faire se gracieux enuers leurdicte hostesse et y continuoit souuēt en deuises et semblables graciusetez q on a acoustume de faire en la queste damours/et en la fin senhardit de demander a sadicte hostesse la courtoisie/cest assauoir quil peust estre son amy et elle sa dame paramours/a quoy cōme faignāt destre esbahye de telle requeste lui repondit tout froidement que lui ne autre elle ne hayoit ne ne vouldroit hayr a quelle aymoit chascun par bien et par honneur/mais il pouoit sembler a la maniere de sadicte requeste qlle ne pourroit icelle acomplir que ce ne fust grandement a son deshonneur et scandale et mesmement de sa vie/et que pour chose du monde a ce ne vouldroit consentir. Adonc ledit iehan replica disant quelle lui pouoit tresbien accorder/car il estoit celui qui lui vouloit garder son honneur iusques a la mort/et aymeroit mieulx estre pery et en lautre siecle tourmente que par sa coulpe elle eust honte/et quelle ne doubtast en riens que de sa part son honneur ne fust garde lui suppliant de rechief que sa requeste lui voulsist accorder et a tousiours mais se reputeroit son seruiteur et loyal amy. Et a ce elle respondit faisant maniere de trembler disant que de bonne foy il lui faisoit mouuoir le sang du corps de craite et de peur quelle auoit de lui accorder sa requeste. Lors il sapproucha delle et lui requist vng baisier dont les dames et damoiselles dudit pais dangleterre sont assez liberales de laccorder/et en baisant lui pria doulcement qlle ne fust paoureuse/et que de ce qui seroit entre eulx deux iamais nouuelle nen seroit a personne viuant. Lors elle lui dist. Je voy bien q ie ne puis de vous eschapper que ne face ce que vous voulez/et puis quil fault

o.i

La .lxit. nouuelle par Mõseigneur de cômesuran

que ie face quelque chose pour bo⁹/sauf
toutesuoies tousiours mon honneur.
Vous saues lordonnance qui est faicte
de par les seigneurs estans en ceste ville
de calais comment il conuient que chas
cun chief dostel face vne fois la sepmai
ne en personne le guet par nupt sus la
muraille de ladicte ville. Et pource que
les seigneurs et nobles hommes de los
tel de monseigneur le cardinal vostre
maistre sont ceans logiez mõ mary a
tant fait p le moyẽ daucũs ses amis
enuers mondit seigneur le cardinal
quil ne fera que demy guet/et entens ql
se doit faire ieudi prouchain depuis la
cloche du guet au soir iusqs a mynupt/
et pource tandis que mondit mary sera
au guet se vous me voulez dire aucunes
choses ie les ourray tresuoulentiers/et
me trouuerez en ma chambre auecqs
ma chambreriere/laquelle estoit en grãt
vouloir de conduire et acomplir les vou
lentes et plaisirs de sa maistresse. Ledit
iehan stotton fut de ceste respõse moult
ioyeulx/et en remerciant sadicte hostesse
lui dist que point ny auroit de faulte q
audit iour il ne venist comme elle lui a
uoit dit. Or se faisoiẽt ces deuises le lun
di precedẽt apres disner/mais il ne fait
pas a oublier de dire comment ledit tho
mas brampton auoit ou desceu de son
dit compaignon iehan stotton fait pa
reille diligẽce et requeste a leur hostesse
laquelle ne lui auoit oncques voulu ql
conques chose accorder/fors lui bailliet

vne fois espoir et lautre doubte en lui
disant et remonstrant que il pesoit trop
peu a lonneur delle/car se elle faisoit ce
quil requeroit elle sauoit de vray q son
mary richart sinep et ses parẽs et amis
lui osteroient la vie du corps. Et a ce re
spondit ledit thomas. Ma tresdoulce
damoiselle amie et hostesse pensez que
ie suis noble homme ne pour chose qui
me peust aduenir ne vouldroie faire cho
se qui tournast a vostre desshonneur ne
blasme/car ce ne seroit point vse de no
blesse/mais croyez fermement que vo
stre honneur vouldroie garder comme
le mien/et si aymeroye mieulx a mou
rir quil en fust nouuelle/et nay amy ne
personne en ce monde tant soit mon pri
ue a qui ie voulsisse en nulle maniere
descouurir nostre fait. La bonne dame
voyant sa singuliere affection et desir
dudit thomas lui dist le mecredi ensui
uant que ledit iehan auoit eu la graci
euse responce cy dessus de leurdicte ho
stesse que puis quelle le veoit en si grãt
voulente de lui faire seruice en tout bie
et en tout honneur quelle nestoit point
si ingrate quelle ne le voulsist bien reco
gnoistre. Et lors lui ala dire comment
il conuenoit que son mary lendemain
au soir alast au guet comme les autres
chefz dostel de la ville en entretenãt lor
donnance qui sur ce estoit faicte de par
la seigneurie estant en la ville/mais la
dieu mercy son mary auoit eu de bons
amis autour de monseigneur le cardi

La .lxii. nouuelle par Monseigneur de cōmesuran

nal/car ilz auoient tant fait enuers lui qui ne seroit que demy guet/cest assauoir depuis mynuyt iusques au matin seulement/et que en ce pendant sil vouloit venir parler a elle elle ouurroit voulentiers ses doulces deuises/mais pour dieu quil y venist si secretement quelle nē peust auoir blasme. Et ledit thomas lui sceut bien respondre que ainsi destroit il de faire. Et a tant se partit en prenant congie. Et le landemain qui fut ledit iour de ieudi au vespre apres ce q̄ sa cloche du guet fut sōnee se deuāt dit iehan stotton noublia pas a aler a leure que sadicte hostesse lui auoit mise/et aīsi il vint vers la chambre dicelle et y entra et la trouua toute seule/laquelle le receut et lui fist tresbonne chiere/car la table y estoit mise. Adonc ledit iehan requist que auecques elle il peust couchier pour eulz ensemble mieulx deuiser/ce quelle ne lui voulut de primeface accoder disant quelle pourroit auoir charge se on le trouoit auecques elle/mais il requist tant et par si bonne maniere q̄ se si accorda/et le souper fait qui semble estre audit iehan moult long se coucha auec sadicte hostesse/et apres se bātirent ensemble nu a nu. Et auāt quil entrast en ladicte chambre il auoit bouté en l'ūg de ses doiz vng aneau dor garny dung beau gros dyamant qui bien pouoit valoir la somme de .xxx. nobles et comme ilz se delectoient ensemble ledit aneau cheut de son doy dedens le

lit sans ce quil sen apperceust. Et quāt ilz entrent illec ainsi este ensemble iusqs apres la .xi. heure de la nuyt ladicte damoiselle lui pria moult doulcement q̄ en grē voulsist prendre le plaisir quelle lui auoit peu faire/et que a tant il fust content de soy habillier et partir de ladicte chambre affin quil ny fust trouué de son mary quelle attendoit si tost que la mynuyt seroit venue/a qui lui voulsist garder son honneur cōe il lui auoit promis. Lors ledit stotton ayant doubte que ledit mary ne retournast incontinent se leua et se habilla et partit de celle chambre ainsi que douze heures estoient sonnees sans auoir souuenance de sondit dyamant quil auoit laisse oudit lit. Et en yssant hors de ladicte chambre et au plus pres dicelle ledit iehā stotton encontra son compaignon thomas brampton cuidant que ce fust son hoste richart. Et pareillement ledit thomas qui venoit a leure que sadicte hostesse lui auoit mise/cuida semblablement q̄ ledit iehan stotton fust ledit richart/et attendit vng peu pour veoir quel chemī il tiendroit/et puis senala entrer en la chambre de ladicte hostesse quil trouua comme entreouuerte/laquelle tint maniere comme toute esperdue et effroyee en demandant audit thomas en maniere de grant doubte et paour se il auoit point encontre son mary qui se partoit dillec pour aler au guet. Adōc ledit thomas lui dist que trop bien auoit il encō

o.ii.

La .lxii. nouuelle par Monseigneur de comesurā

tre vng homme/mais il ne scauoit qui il estoit ou son mary ou autre/et quil auoit vng peu attendu pour veoir quel chemin il tiendroit. Et quant elle eut ce oup elle print hardiesse de le baiser en lui disant quil fut le bien venu. Et assez tost apres sans demander qui la perdu ne gaignie ledit thomas trousse la damoiselle sur le lit en faisant cela. Et puis apres quant elle vit que cestoit a certes se despouillierent et entreret tous deux ou lit/car ilz furent armez en sacrifiant au dieu damours et rompirent plusieurs lances/mais en faisant lesdictes armes il aduint audit thomas vne aduenture/car il sentit destoubz sa cuisse le dyamant que ledit iehan y auoit laissie/et comme non sot et non esbahy se print et se mist en lung de ses doiz/et quant ilz eurent este ensemble iusques a sendemain du matin que la cloche du guet estoit prochaine de soner a la requeste de ladicte damoiselle il se leua/et en partant sentre accolerent ensemble dung baisier amoureux. Ne demoura gueres apres que ledit richart retourna du guet ou il auoit este toute la nupt en son hostel fort refroidy et chargie du fardeau de sommeil qui trouua sa femme qui se leuoit/laquelle lui fist faire du feu. Et quant il se fut chauffe il sen ala couchier et reposer/car il estoit trauaillie de la nupt. Et fait a croire q̃ aussi estoit sa femme/car pour la doubte quelle auoit eu du trauail de son ma

ry elle auoit bien peu dormy toute sa nupt. Enuiron deux iours apres toutes ces choses faictes comme les anglois ont de coustume apres ce quilz ont ouy la messe de aler desiuner en la tauerne au millieur din/sedit iehan et thomas se trouuerent en vne compaignie dautres gentilz hommes et marchans/si a seerent desiuner ensemble/et se assirent ledit iehan stotton et thomas bramptõ lung deuant lautre/et en mengeant ledit iehan regarda sus les mains dudit thomas qui auoit en lung de ses dois ledit dyamant. Et quant il seut longuement aduise et regarde ledit dyamant il lui sembloit vraiement que cestoit celui quil auoit perdu ne sauoit en quel lieu ne quant. Et adonc ledit iehan stotton pria audit thomas quil luy voulsist monstrer ledit dyamãt/le quel lui bailla voulentiers. Et quant il seut en sa main il recongneut bien que cestoit le sien/et demanda audit thomas dont il lui venoit et que vraiement il estoit sien. A quoy ledit thomas respondit au contraire que non estoit/mais que a lui appartenoit. et ledit stotton maintenoit que depuis peu de temps sauoit perdu et que sil sauoit trouue en leur chãbre ou ilz couchoient quil ne faisoit point bien de se retenir attendu lamour et fraternite qui tousiours auoit este entre eulz deux/tellement que plusieurs autres paroles sen esmeurent et fort se courroucerent ensemble lung contre lautre/tou

La .lxii. nouuelle par Monseigneur de comesura

tesuoies ledit thomas brampton bouloit tousiours auoir led dyamāt/mais il nen peut oncques finer. Et quāt les autres gentilz hommes et marchans virent ladicte noise chascun semploya a lappaisement dicelle pour trouuer quelque maniere de les accorder/mais riēs ny vault/car celui qui pdu auoit ledit dyamant ne se voulut laisser partir de ses mains/et celui qui lauoit trouue le vouloit rauoir/et le tenoit a belle aduēture de lauoir trouue et auoir iouy de lamour de sa dame/et ainsi estoit la chose difficile a appointer. Finablement lung desditz marchans voyant que au demene de la matiere on ny profitoit en riens si dist quil lui sembloit quil auoit aduise vng autre expedient appointement dont lesditz iehan et thomas deuroient estre contēs/mais il nen diroit mot se sesdictes parties ne se soubmettoient en peine de dix nobles de tenir ce quil en diroit/dōt chascun de ceulx qui estoient en ladicte compaignie respondirent que tresbiē auoit dit ledit marchāt et inciterent ledit iehan et thomas de faire ladicte submission/et tant en furent requis et par telle maniere quilz se y accorderent. Adonc ledit marchant ordonna que ledit dyamant seroit mis en ses mains puis que tous ceulx q̄ de ladicte difference auoient parle et requis de lappaiser nen auoient peu estre cieuz il ordonna que apres ce quilz seroient partiz de lostel ou ilz estoiēt au premier hō-

me de quelque estat ou condicion quil fust quilz trouuerolēt a lyssue dudit hostel compteroiēt toute la maniere de la dicte difference et noise estant entre lesditz iehan stotton et thomas brampton et tout ce quil en diroit ou ordonneroit en seroit tenu ferme et estable par lesdictes deux parties. Ne demoura gueres que dudit hostel se partit toute la belle compaignie/et le premier homme quilz encontrerent au dehors dudit hostel se fut ledit richart hoste desdictes deux p̄ties, auquel par ledit marchant fut narre et racompte toute la maniere de ladicte difference. Adonc ledit richart apres ce quil eut tout ouy et quil eut demande a ceulx qui illecques estoient presēs se ainsi en estoit ale/et q̄ lesdictes parties ne sestoiēt en nulle maniere voulu laisser appointer ne appaiser par tant de notables personnes dist par sentence diffinitiue que ledit dyamant lui demoureroit comme sien/et que lune ne lautre partie ne lauroit. Et quāt ledit thomas brampton vit quil auoit perdu lauenture de la treuue dudit dyamāt fut biē desplaisant. Et fait a croire que autāt sestoit ledit iehan stotton qui lauoit perdu. Et lors requist ledit thomas a tous ceulx qui estoient en la compaignie reserue leurdit hoste quilz voulsissent retourner en lostel ou ilz auoiēt desiune & quil leur donneroit a disner affin quilz fussent aduertiz de la maniere et comment ledit dyamant estoit venu en ses

o.iii

La .lxiii. nouuelle

mains, lesquelz dung accort lui accorderent voulentiers. Et en attendant le disner qui sappareilloit il leur compta lentree a la maniere des deuises quil auoit eues auec sadicte hostesse, et comment et a quelle heure elle lui auoit mis heure pour soy trouuer auecques elle tandis que son mary seroit au guet et le lieu ou le dyamant auoit este trouue. Lors ledit iehan stotton oupâtce en fut moult esbahy soy donnant de ce grât merueilles, et en soy seignant dist que tout le sêblable lui estoit auenu en celle propre nuyt ainsi que cy deuant est declaire, et quil tenoit et croit fermement auoir laisse cheoir son dyamant ou ledit thomas sauoit trouue, et quil lui deueroit faire plus mal de sauoir perdu quil ne faisoit audit thomas lequel ny perdoit aucune chose, car il lui auoit chier couste. Ledit thomas respondit en ceste maniere et dist que vrayement il ne se deuoit point plaindre se leur dit hoste la sauoit iugie estre sien attendu que leur dicte hostesse en auoit eu beaucoup a souffrir et aussi pource quil auoit eu le pucellaige de la nuptee, et ledit thomas auoit este son paige en alant apres lui. Et ces dictes choses contenterent assez bien ledit iehan stotton de la perte de son dit dyamant pource que autre chose ne pouuoit auoir, et se porta plus patiemment et plus legierement que sil neust point sceu la verite de la matiere. Et de ceste aduenture tous ceulx qui estoient

presens commencerent a rire et a mener grant ioye. Adoncqs se mistêt a table et disnerêt, mais vo⁹ pouez pêser q ce ne fut pas sans boire dautant, et aps quilz eurent disne ilz se departirent et chascun sen ala ou bon lui sembla. Et ainsi fut tout le mal talent pardonne et la paix faicte entre les parties cest assauoir entre ledit iehan stotton et ledit thomas brampton, et furent bons amis ensemble

La .lxiiii. nouuelle

Ontbleru se trouua vng iour qui passa a la foire denuers en la compaignie de monseigneur destampes lequel le deffraioit et pa... les des

La .lxiii. nouuelle

despens qui est vne chose quil print assez bien en gre. Vng iour entre ses aultres dauenture il rencontra maistre Hinbert de plaine/maistre roulant pipe/et iehan le tourneur/ qui luy firent grant chiere Et pour ce quil est plaisant et gracieulx come chascun scait ilz desirerent sa compaignie et luy prierent de venir logier auec eulx et quilz feroient la meilleure chiere de iamais. Montbleru de prime face sexcusa sur mon seigneur destampes qui sauoit la amene et dist quil ne loseroit abandonner/ et sa raison y est bonne dist il/ car il me deffroye de tous poins/ neantmoins touteffoiz il fut cōtent dabandonner mon seigneur destāpes en cas que ētreulx se boussissent deffroyer/ et eulx qui ne desiroient que sa compaignie accorderent legierement se marche. Or escoutes cōment il les papa Les troys bons seigneurs demourerēt a enuers plus quilz ne pensoient quant ilz partirent de sa court/ et soubz esperāce de brief retourner nauoient apporte q̄ chascun vne chemise/ si deuindrent les leurs sales/ ensemble leurs couurechiefz et petis draps/ et a grant regret leur venoit de eulx trouuer en ceste malaise car il faisoit bien chault come en la saison de pē̄hecouste/ si les baillerēt a blāchir a la chamberiere de leur logis vng samedi au soir quant ilz se coucherent/et les deuoiēt auoir blanches a lendemain a leur leuer/ mais montbleru ses garda bien/et ——ut venir au point/sa chamberiere quāt vint au matin quelle eut blāchi ces chemises a couurechiefz a les eut sechiez et bien et gentement p̄opes/ elle fut de sa maistresse appellee pour aler a la boucherie querir la prouision pour le disner/ elle fist ce que sa maistresse commanda et laissa en sa cuisine sur vne sabelle tout ce bagaige esperāt a son retour tout retrouuer a quoy elle faillit bié/car montbleru quant il peut veoir du iour il se leua de son lit et print vne longue robe sur sa chemise et descēdit en bas pour faire cesser ses cheuaulx qui se cōbatoient ou pour aler au retraict/ et suy sa venu il vint veoir en sa cuisine quon y disoit ou il ne trouua ame fors seulement ces chemises et ces couurechiefs qui ne demandoient que marchant/ montbleru congneut tantost que cestoit sa charge si y mist la main et fut en grant esmoy ou il les pourroit sauluer/ vne foiz pensoit de les bouter dedens ses chauldieres et grans potz de cuiure qui estoient en la cuisine/ aultrefoiz de les bouter dedens sa manche/ briefuement il les bouta en lestable des cheuaulx bien enfardelees dedens du foing en vng gros mouceau de fiens/ et cela fait il sen vint couchier empres iehā le tourneur dont il estoit p̄ty. Or vecy sa chamberiere retournee de la boucherie sa quelle ne treuue pas ces chemises qui ne fut pas bien contente de ce/ et commenca a demander par tout q̄ en scait nouuelle. Chascun a qui elle en demandoit disoit quil nen scauoit rien

o.iiii

La .lxiii. nouuelle

et dieu scait la vie quelle menoit/et vecy les seruiteurs de ces bõs seigneurs qui attendoient apres leurs chemises quilz nosoient monter vers leurs maistres et craingnoient moult/aussi faisoit loste et lostesse et la chamberiere. Quãt vint en uiron neuf heures ces bõs seigneurs appellent leurs gens/ mais nul ne vient tant craingnent a dire les nouuelles de ceste perte a leurs maistres/ toutesfoiz en la fin q̃ estoit entre xi. et xii. loste vint a ses seruiteurs et fut dit a ces seigneurs comment leurs chemises estoient desrobees/dont les aucuns perdirent paciẽce/cõme maistre himbert et maistre rolant/mais iehan le tourneur tint assez bonne maniere et nen faisoit que rire et appella montbleru qui faisoit la dormeueille qui scauoit et oyoit tout/ et lui dist/montbleru vecy gens bien en point on no9 a desrobees nos chemises. Saicte marie que dictes vo9 dist montb.eru/ cõ trefaisãt sendormip/vecy biẽ mal venu Quant on eut grãt piece tenu parlement de ces chemises qui estoient perdues dont montbleru congnoissoit bien le larron ces bons seigneurs commencerent a dire. Il est ia bien tart et nous nauons encores point ouy de messe/et si est dimenche/et toutesfoiz nous ne pouons bõnement aler dehors de ceans sans chemises/quest il de faire. Par ma foy dist loste/ie ny scauroye point trouuer dautre remede/si non que ie vous preste a hascun vne chemise des myennes telles que

elles sont/combien que elles ne sõt pas pareilles aux vostres/ mais elles sont blanches et si ne pouez mieulx faire ce me semble. Ilz furent contẽs de ces chemises de loste q̃ estoient courtes et estroictes/et de bien dure et aspre toille/et dieu scait quil les faisoit bon veoir. Ilz furẽt prestz dieu mercy/mais il estoit si tart que ilz ne scauoient ou ilz pourroient ouyr la messe/Alors dist montbleru q̃ tenoit trop bien maniere. Quant est de la messe il est desmeshuy trop tart pour louyr/mais ie scay bien v̄ne eglise en ceste ville ou nous ne fauldrons point a tout le mains de veoir dieu. Encores il vault mieulx de le veoir que rien dirent ces bons seigneurs. Alons alons q̃ no9 auacnons vistement cest trop tarde/car perdre noz chemises et ne ouyr point au tout duy de messe/ce seroit mal sur mal et pour tãt il est temps daler a leglise si meshuy nous voulons ouyr la messe Mõtbleru incontinent les mena en la grant eglise deuers ou il ya vng dieu sur vng asne/et quant ilz eurent chascũ dit leurs patenostres et leurs deuocions ilz dirent a montbleru. Ou esse que no9 verrous dieu. Ie le vo9 monstreray dist il tout maintenant. Alors il leur monstra ce dieu sur lasne et puis il leur dist Hela dieu/vous ne fauldrez iamais de veoir dieu ceãs a quelq̃ heure que ce soit Adõcques ilz cõmẽcerẽt a rire/ia soit ce que la douleur de leurs chemises ne fust point encores appaisee/et suruenoit ilz

La lxiii. nouuelle

sen vindrent disner et furent depuis ne sçay quans iours a enuers/et apres sen partirent sans rauoir leurs chemises/car montbleru les mist en lieu seur et les vendit depuis cinq escuz dor. Or aduint comme dieu le voulut que en la bonne sepmaine du caresme ensuyuant le mecredi montbleru se trouua au disner auec ces troys bons seigneurs dessus nommez/et entre autres paroles il leur ramenteust les chemises quilz auoient perdues a enuers et dist. Helas le poure larron qui vous desroba il sera bien dāpne se son meffait ne lui est pardōne de par vous/et par dieu vous ne le voul driez pas. Ha dist maistre hymbert/par dieu beau sire il ne men souuenoit plus ie say pieca oublie. Et au mais dist montbleru vous lui pardōnez ne faictes pas Saint iehan ouy dist il ie ne voulsdroye pas quil fust dampne pour moy. Et par ma foy cest bien dit dist montbleru. Et vous maistre rolant ne lui pardonnez vous point aussi. A graut peine disoit il le mot/touteffois en la fin il dist quil lui pardonnoit/mais pource quil per doit a regret le mot plus lui coustoit a prononcer. Et vraiement dist montble ru vous lui pardonnerez aussi maistre rolant quauez vous gaingne de dam ner vng poure larron pour vne meschā te chemise et vng couurechief. Et ie lui pardonne vraiement dist il lors et sē cla me quitte puis que ainsi est que autre chose ne lui est auoir. Et par ma foy dist

montbleru vous estes bon homme. Or vint le tourneur/si lui dist montbleru. Or ca iehan vous ne ferez pas pis que les autres/tout est pardonne a ce poure larron des chemises se a vous ne tient. A moy ne tiendra pas dist il/ie lui ay pieca pardonne a lui en baille de rechief tout maintenāt deuāt vous labsolucion On ne pourroit mieulx dire dist mont bleru. Et par ma foy ie vous scay bon gre de la quittāce que vous aues faicte au larron de voz chemises/et en tant quil me touche ie vous en remercie tous/car ie suis le larron mesmes qui vous des roba a enuers/ie prens ceste quittance a mon prouffit et de rechief vous en re mercye touteffois, car ie le voy faire. Quant montbleru eut confesse ce larre cin/et quil eut trouue sa quittance par le party que auez ouy il ne fault pas de mander se maistre rolāt a iehan le tour neur furent bien esbahyz/car ilz ne se fussent iamais doubtez quil leur eust fait ceste courtoisie, a lui fut bien reprou che ce poure larrecin voire en esbatant/mais lui qui sçait son entregens se des armoit grecieusement de tout ce dont chargier le vouloient/et leur disoit bien que cestoit sa coustume que de gaignier et de prēdre ce quil trouuoit sans garde especialemēt a telz gēs comme ilz estoi ent. Les troys bōs seigneurs nen sirēt que rire/mais trop bien ilz lui deman derent comment il les auoit prinses et aussi en quelle facon et maniere il les

La .lxiiii. nouuelle p̄ Messire michault de chāgy

desroba et il leur declaira tout au long et dist aussi quil auoit eu de tout ce butì cinq escuz dor dont ilz neurent ne demāderent oncques autre chose

❦ La .lxiiii. nouuelle par Messire michault de changy

Il est vray que na gueres en ūg lieu de ce pais que ie ne puis nō mer et pour cause/mais au fort qui le scait si sen taise comme ie fais. En ce lieu la auoit ūg maistre cure qui faisoit raige de bien cōfesser ses paroichiēnes/et de fait il nen eschappoit nulles qui ne passasset par la voire des ieunes au regart des vieilles il nen tenoit compte. Quant il eut longuement maintenu ceste saincte vie et ce vertueux exercice ⁊ que la renommee en fut espandue par toute la marche ⁊ ces terres voisines il fut puny ainsi que vous ourrez par lindustrie dung sien prouchain a qui toutesfois il nauoit encores riens mesfait touchant sa femme. Il estoit ūg iour au disner et faisoit bonne chiere en lostel dung sien paroichien que ie vous ay dit/et comme ilz estoiēt ou meilleur endroit de leur disner et quilz faisoient la plus grant chiere vecy venir seans ūg ho.mme qui sappelle trenchecouille lequel se mesle de taillier gens/darrachier dens/et dung grant tas dautres brouisseries/⁊ auoit ne scay quoy a besōgnier a loste de leās Loste le recuillit tresbiē et le fist seoir/et sās se faire beaucoup prier il se fourre auec nostre cure ⁊ les autres. Et sil estoit venu tart il met peine daconsuir les autres q̄ se mieulx auoient viāde. Le maistre cure q̄ estoit ūg grant farceur et ūg fin homme cōmence a prendre la parole a ce trenchecouille/⁊ le trēchecouille luy respondoit au propoz de ce quil sauoit. Certaine piece apres maistre cure se vire vers loste et en soreille luy dist. Voulons nous bien tromper ce trenchecouille. Ouy ie voꝰ en prie dist loste/mais en quelle maniere le pourrons nous faire. Par ma foy dist le cure nous le tromperōs trop bien se me voulez aucunement aider. Et par ma foy ie ne demāde autre chose dist loste. Je vous diray que nous ferons dist le maistre cure/ie faindray auoir grāt mal en ūg couillon ⁊ puis ie

La .lxiiii. nouuelle par Mesire michault de chāgy

marchāderay a lui de le me oster et me mettray sus la table et tout en point comme pour le tranchier. Et quant il viendra pres et il vouldra veoir que cest et ouurer de son mestier ie lui mōstreray le derriere. Et que cest bien dit respondit loste/lequel a coup se pensa ce quil vouloit faire. Vous ne fistes iamais mieulx laissez nous faire entre nous autres/nous vous aiderons bien a par faire la farce. Je le vueil dist le cure.

Apres ces parolles monseigneur le cure de plus belle rassaillit nostre taille couille dunes et dautres/et en la parfin lui commēca a dire par dieu quil auoit bien mestier dung tel homme quil estoit et que veritablement il auoit vng couillon pourry et gaste/et vouldroit quil lui eust couste bonne chose et quil eust trouue homme qui bien lui sceust oster. Et vous deuez sauoir quil le disoit si froidement que le trenchecouille cuidoit veritablement quil dist tout vray. Adonc il lui respondit. Monseigneur le cure ie vueil bien que vous sachiez sans nul despriser ne moy vanter de rien quil ny a homme en ce pais qui mieulx de moy vous sceust aider. Et pour lamour de loste de ceans ie vous feray telle courtoisie de ma peine se vous voulez mettre en mes mains que par droit vous en serez et deuerez estre cōtent. Et vraiement dist maistre cure cest tresbien dit a vous. Conclusion pour abbregier ilz furent daccort. Et incontinent apres

fut la table ostee et commenca nostre maistre trāchecouille a faire ses preparatoires pour besongnier/et dautre part le bon cure se mettoit a point pour faire la farce qui ne lui tourna pas a ieu/et deuisoit a loste et aux autres qui estoient presens comment il deuoit faire. Et ce pendant que ces apprestes se faisoient dung cousté et dautre loste de leans vint au trenchecouille et lui dist. Garde bien quelque chose que ce prestre te dye quant tu le tiendras en tes mais pour ouurer a ses couillons que tu lui tranches tous deux rasibus/et garde bien que tu ny failles point si chier que tu aymes ton corps. Et par saint martin si feray ie dist le trenchecouille puis quil vous plaist. Jay vng instrument qui est si prest et si bien tranchant que ie vous feray present de ses genitoires auant quil ait loisir de riēs me dire. Dioy verra que tu feras dist loste/mais se tu faulx par ma foy ie ne te faudray pas. Tout fut prest et la table appointee et monseigneur se cure en pourpoint qui bien contrefaisoit sybole et promettoit bon vin a ce trēchecouille. Loste aussi et pareillement ses seruiteurs de seans deuoient tenir damp cure qui nauoient garde de le laisser eschapper ne remuer en quelque maniere que ce fust Et affin destre plus seur se lierent trop bien et estroit/et lui disoient que cestoit pour mieulx et plus couuertement fai... farce/et quant il vouldroit ilz

La .lxv. nou. p Monseigneur le puost de vvastenes

laisseroient aler. Il les creut comme sol. Or vint ce vaillant tranchecouille garny en sa cornette de son petit rasoir, et icontinent commenca a vouloir mettre les mains aux couilles de monseigneur le cure. A dist monseigneur le cure faictes a trait et tout beau/tastez les le p9 doulcement que vous pourres et puis apres ie vous diray lequel ie vueil avoir oste. Et bien dist le tranchecouille. Et lors tout souef sieue la chemise de maistre cure et prent ces maistresses couilles grosses et quarrees/et sans plus en querir subitement comme leclipse les luy trencha tous deux dung seul coup. Et bon cure de crier et de faire la plus masle vie que iamais fist homme. Hola hola dist loste pille pacience/ce qui est fait est fait/laissez vous adouber si vo9 voulez. Alors le tranchecouille se mist a poit du surplus que en tel cas appartient et puis part et sen va attendant de loste il sauoit bien quoy. Or ne fault il pas demander se monseigneur le cure fut bien camus de se veoir ainsi desgarny de ses istrumens/et mettoit sus a loste quil estoit cause de son meschief et de sō mal/mais dieu scait sil sen excusoit bien/et disoit que se le tranchecouille ne se fust si tost saulue quil leust mis en tel point que iamais neust fait bien apres. Pensez dist il quil me desplaist bien de vostre ennuy et plus beaucoup encores de ce quil est aduenu en mon hostel. Les nouuelles furent tost vollees et semees par toute la ville/et ne fault pas dire que aucunes damoiselles nen fussent bien marries dauoir perdu les instrumens de monseigneur le cure/mais aussi dautre part les dolens mariz en furent tant ioyeux quon ne vous sauroit dire ne escripre la disieme partie de leur liesse. Ainsi que vous auez ouy fut pugny maistre cure qui tant en auoit dautres trompez et deceuz/et oncques depuis ne se osa veoir ne trouuer entre gens/mais comme reclus et plain de melencolie fina bien tost apres ses dolens iours.

¶ La .lxvj. nouuelle par monseigneur le preuost de vuastennes

Comme souuent len met en terme plusieurs choses dont en la fin on se repent/aduint na g———es que

La .lxv. nou. p Monseigneur le puost de vvastenes

Ung gentil compaignon demourant en ung village assez pres du mont saint michiel se devisoit a vng souppet present sa feme aucuns estragiers et plusieurs de ses voisins dug hostellier dudit sait michiel/et disoit affermoit et iuroit sur son honneur quil portoit le plus beau membre le plus gros et le plus quarre qui fust en toute la marche denuiron. et auec ce et qui nempiroit pas le ieu il sen aidoit tellement et si bien q̃ les quatre les cinq ses six fois ne lui coustoient non plus que son les prenoit en la cornette de son chapperon. Tous ceulx de la table ouyrēt voulentiers le bō bruit quon donnoit a cest hostellier du mont saint michiel/ et en parlerent chascun comme il sentendoit/mais qui y print garde ce fut la femme du racompteur de lystoire laquelle y presta tresbien lo reille/et lui sembla bien que la femme estoit eureuse et bien fortunee qui de tel mary estoit douee/et pensa des lors en son cueur que selle peut trouuer honneste voye et subtille elle se trouuera quelque iour audit lieu de saint michiel/et a lostel de lomme au gros membre se logera/et ne tiēdra que a lui quelle nespreu ue se le bruit quon lui donne est vray. Pour executer ce quelle auoit propose et mettre a fin ce que en son couraige a uoit delibere enuiron cinq ou six ou huit iours elle print congie de son mary pour aler en pelerinaige au mont saint michiel. Et pour mieulx couloures locca sion de son voyage elle comme femmes scauent bien faire trouua vne bourde toute affaitie. Et son mary ne lui refu sa pas le congie/combien quil se doub ta tantost de ce qui estoit. Auant quel le partist son mary lui dist quelle fist so offrande a saint michiel/ et quelle se lo gast a lostel dudit hostellier/et quelle le recommandast a lui beaucoup de fois. Elle promist de tout acomplir et de fai re son messaige ainsi quil lui auoit cō mande. Et sur ce prent congie et sen va dieu scait beaucoup desirant soy trou uer au lieu de saint michiel. Tantost quelle fut partie et son mary de mon ter a cheual/et par autre chemin que ce lui que sa femme tenoit picque tant q̃l peut au mont saint michiel et vint de scendre tout secretement auant que sa femme a lostel de lostellier dessusdit /le quel tresliement le receut et lui fist grāt chiere. Quāt il fut en sa chambre il dist a lostellier. Or ca mon hoste ie scay bien que vous estes mon amy de piecca/et ie suis le vostre sil vous plaist. et pource ie vous vueil biē dire qui me amaine maintenant en ceste ville. Il est vray q̃ enuiron a six ou huit iours nous est ons au souppet en mō hostel vng grāt tas de bons compaignons et vrais gau disseurs et freres de lordre .et come vo sauez que on parle de plusieurs choses en deuisant les vngs aux autres ie cō mecay a pler q̃ a compter comment on disoit en ce pais quil ny auoit homme

La.lxv.nou.p Mõseigneur le puost de vvastenes

mieulx hostille de Vous/ et au surplus lui dist au plus pres ce quil sceust. Brief toutes parolles qui touchoient ce propos furent mencees en lieu ainsi comme dessus est touchie. Or est il ainsi dist il que ma femme entre ses autres receust tresbien mes parolles/et n'a iamais arreste tant quelle ait trouue maniere de impetrer son congie pour venir en ceste ville/et par ma foy ie me doubte fort et croy veritablement que sa principale intencion est desprouuer selle peut se mes parolles sont vrayes que iay dictez touchant vostre gros membre/elle sera tantost ceans ie nen doubte point/car il lui tarde de soy y trouuer/si vo⁹ prie quãt elle viendra que sa receuez liement & lui faictes bonne chiere et lui demandez sa courtoisie/et faictes tant quelle se vo⁹ accorde/mais toutefois ne me trompez poit/gardez bien que vous ny touchiez prenez terme daser vers elle quant elle sera couchee/et ie me mettray en vostre lieu/et vous ourrez apres bonne chose. Laissez moy faire dist lostellier ie vous promettz que ie feray bien mon parsonnaige. Ha dea toutesfois dist lautre ne me faictes point de dessoupaute/ie scay bien quil ne tiendra point en elle que ne le faciez. Par ma foy dist lostellier ie vous asseure que ie ny toucheray ia/et no fist il. Il ne demoura gueres que vecy venir nostre gouge et sa chamberiere bien lassees dieu le scet. Et bon hoste de saillir auant et de receuoir la compaignie ccomme il lui estoit enioinct & q̃l auoit promis. Il fist mener ma damoiselle en vng tresbeau lit/et lui fist de bõ feu/et fist apporter tout du meilleur vi de leans/et ala querir des belles cerises toutes fresches et vint bancqueter auecques elle en attendant le souper. Il comenca de faire ses approuches quant il vit son point/mais dieu scait cõmẽt on le getta loing de primeface. En la p fin toutesfois pour abbregier marchie fut fait quil viendroit couchier auecq̃ elle enuiron la mynupt tout secretemẽt Et se couchier accorde il sen vit deuers le mary de sa gouge & lui compta le cas lequel a seure prise entre elle et lostellier il sen vint bouter en son lieu et besogna la nuyt le mieulx quil peut/et se leua sans mot dire auant le iour et se vint remettre en son lit. Quant le iour fut venu nostre gouge toute melencolieuse pẽsiue et despiteuse pource que point nauoit trouue ce quelle cuidoit/appella sa chamberiere et se leuerẽt/et au plus hastiuement quelles peurent sabillerent & voulurent paier leur escot/mais loste dist que vraiement pour lamour de son mary quil ne prendroit riens delle. Et sur ce elle dist a dieu et print congie de lui. Or sẽ va ma damoiselle toute courroucee sans ouyr messe ne veoir saint michiel ne desiuner aussi/et sans vng seul mot dire se mist a chemin et sen vit en sa maison/mais il fault dire que sõ mary y estoit ia arriue qui lui demãda quon disoit de bon a saint michiel. Elle tant marrie quon ne pourroit plus a peu sesse daignoit respondre. Et quelle chiere dist le mary vous a fait vostre hoste par dieu il est bon compaignon. Mon compaignon dist elle il ny a riens doultrage/ie ne men sauroye louer que tout a point. Non dame dist il/a par saint iehan ie pensoye que pour lamour de moy il vous deust festoier et faire bonne chiere il ne me chault dist elle de sa chiere/ ie ne voys pas en pelerinaige pour lamour de lui ne dautre/ie ne pense que a ma deuocion. Dea dist il par nostre dame vous y auez failly ie scay trop bien pour quoy vous estes tant rechignee et pourquoy vous auez le cueur tant enfle vous nauez pas trouue ce que vous cuidiez/il y a bien a dire vne once. dea dea ma dame iay bien sceu la cause de vostre pelerinaige/vous cuidiez taster et esprouuer le grant briefouart de nre hoste de saint michiel/ mais par saint iehan ie vous en ay bien gardee et garderay si ie puis. Et affin que vous ne pensez pas que ie vous mentisse quant ie vous disoie quil sauoit si grant pat dieu ie nay dit chose qui ne soit vraie/il nest ia mestier que vous en saichiez pl9 auant que par ouyr dire/combien que sil vous eust voulu croire et ie ny eusse contredit vous auiez bonne deuocion dessaier sa puissance/regardez commēt ie scay les chose. Et pour vo9 estez hors de suspection saichiez de vray que ie vis a mynupt a leure q̄ lui auiez assignee/ et ay tenu son lieu/si prenez en gre ce q̄ iay peu faire et vo9 passez doresenauāt de ce que vous auez. Pour ceste fois il vous est pardōne/mais de recheoir gardez vous en pour autant quil vous touche. La damoiselle toute confuse et esbahye voyant son tort euident quant elle peut parler crya mercy et promist de plus en faire. Et ie tiens que non fist elle de sa teste

¶ La.lxvi. nouuelle par Phelippe selaon

¶ La .lxvi. nouuelle par Phelippe de laon

Naguieres q̃ iestoye a sait omer auecques ung grant tas de gẽtilz compaignons tant de ceans comme de boulsoingne et dailleurs. Et aps le ieu de paulme nous alasmes soupper en lostel dung tauernier qui est homme de bien et beaucoup ioyeux/(a vne tresbelle femme et en bon point dont il a eu ung tresbeau filz de laage denuiron six ans. Comme nous estions tous assis au souper le tauernier sa femme et leur filz dempres elle auec nous les aucuns cõmencerent a deuiser les autres a chanter et faisoient la plus grant chiere de iamais/et nostre hoste pour lamour de nous ne si faignoit pas. Or auoit este sa femme ce iour aux estuues et son petit filz auecques elle/ si saduisa nostre hoste pour faire rire la cõpaignie de demander a son filz de lestat et gouuernement de celles qui estoient aux estuues auecques sa mere. Si va dire. Dy ca nostre filz dy moy par ta foy laquelle de toutes celles qui estoiẽt aux estuues auoit le plus beau con et le plus gros. Lenfant qui se ouyoit questionner deuant sa mere quil craignoit comme enfans sont de coustume regardoit vers elle et ne disoit mot. Et le pere qui ne sauoit pas aprins de le veoir si muet luy dist de rechief. Or me dy mõ filz qui auoit le plus gros con/dy hardiment. Je ne scay mon pere dist lenfãt tousiours tirant le regart vers sa mere. Et par dieu tu as mẽty ce dist son pere/or le me

dy ie le vueil sauoir. Je nosseroye dist lenfant pour ma mere/car elle me batroit. Non fera non dist le pere tu nas garde ie tasseure. Et nostre hostesse sa mere non pensant que son filz deust tout dire ce quil fist luy dist. Dy hardiment ce que ton pere te demãde. Vous me batriez dist il. Non feray non dist elle. Et le pere qui vit son filz auoir congie de souldre sa question lui demanda de rechief. Or ca mon filz par ta foy as tu regarde les cons des femmes qui estoient aux estuues. Saint iehan ouy mon pere. Et y en auoit il largement dy ne mens point. Je nen ay oncques tant ce sembloit vne droite garene de cons. Or ca dy nous maintenãt qui auoit le pl9 beau et le plus gros. Vraiement ce dist lẽfãt ma mere auoit tout le plus beau et le plus gros/mais il auoit si grant nez. Si grant nez dist le pere/va va tu es bon enfant. Et nous cõmencasmes tous a rire et a boire dautant (a parler de cest enfãt q̃ quaquetoit si bien/ mais la mere ne sauoit sa cõtenãce tãt estoit honteuse pource que son filz auoit parle du nez/et trop bien quil en fut depuis trop bien touche/car il auoit encuse le secret de lescole. Nostre hoste fist du bõ cõpaignõ/mais il se repẽtit assez depuis dauoir fait la question/dont la solucion se fist rougir/et puis ceft tout.

¶ La .lxvii. nouuelle par Phelippe de laon

La .lxvii. nouvelle par Philippe de laon

Maintenant a troys ans ou enviuron que une assez bonne aduenture aduit a ung chapperon fourré du parlement de paris. Et affin qu'il en soit memoire/ ien fourniray ceste nouuelle/ non pas toutesfoiz que ie vueille dire que tous les chapperons fourrez ne soient bons et veritables/ mais pour ce qu'il y eust non pas ung peu de desloyaute au fait de cestuy cy mais largement/ qui est chose estrange et non acoustumee comme chascun sçait. Or pour venir au fait. Le chaperon fourré en lieu de dire ce signeur de parlement/ deuint amoureux a paris de la femme d'ung cordouennier/ qui estoit belle et bien ensangaigee a l'auenant et selon le terrouer. Le maistre chapperon fourré fist tant par moyens d'argent et aultrement qu'il parla a la belle cordouenniere dessoubz sa robe a part/ et s'il en auoit esté bien amoureux auant la iouissance/ encores se fut il trop plus depuis dont elle se peuoit et donnoit trop bien garde/ dont elle s'en tenoit plus fiere et si se faisoit acheter. Luy estant en ceste rage pour mandement/ priere/ promesse/ bonne requeste qu'il sceust faire/ elle se pensa de plus comparoit/ affin de luy encores rengreger et plus acroistre sa maladie. Et vecy nostre chaperon fourré qui enuoye ses embassades deuers sa dame la cordouenniere/ mais c'est pour neant elle ny vient droit pour mourir. Finablement pour abregier affin qu'elle voulsist venir vers luy comme aultresfoiz/ il luy promist en la presence de troys ou de quatre qui estoient de son conseil quant a telles besoignes/ qu'il la prendroit a femme se son mary le cordouennier terminoit vie par mort. Quant elle eut ouy ceste promesse elle se laissa ferrer et vint comme elle souloit au coucher/ au leuer/ et aux aultres heures qu'elle pouoit eschaper deuers le chaperon fourré qui n'estoit pas mains feru que l'autre iadis d'amours et elle sentant son mary desia viel et ancien et ayant la promesse dessusdicte/ se reputoit desia comme sa femme. Peu de temps apres/ la mort de ce cordouennier tresdesiree fut sceue et publice/ et bonne cordouenniere se vient bouter de plain sault en la maison du chaperon fourré qui ioyeusement la receut. Promist aussi de rechief qu'il la prendroit a femme. Et sont maintenant ensemble sans contredit ces deux bonnes gens/ le chaperon fourré et ma dame la cordouenniere/ mais

p.i

La .lxvii. nouuelle par Philippe de laon

comme souuent aduient/chose eue a dāger est plus chiere tenue que celle dont on a se bandon/ainsi aduint il cy/car nostre chapperon fourré commenca a soy ennuyer et lasser la cordouēniere et de lamour delle refroider/et elle se pressoit tousiours de paracōplir le mariage dōt il auoit fait la promesse/mais il lui dist Mamie par ma foy ie ne me puis iamais marier/car ie suis hōme deglise & tiens benefices comme bous sauez/la promesse que ie vous fis iadis nest nulle et ce que ien fiz lors cestoit pour la grāt amour que ie vous portoye/esperāt aussi par ce moyen plus legierement vous retraire. Elle cuidant quil fust sy a seglise et soy voyant aussi bien maistresse de leans que celle fust sa femme espousée/ne parla plus de ce mariage et ala son chemin acoustume/mais nostre chaperō fourré fist tant par belles parolles et plusieurs remonstrāces quelle fut cōtente de soy partir de luy & espouser vng barbier/auquel il donna trops cens escus dor cōptāt/adieu scait celle partit bien baguee. Or deuez vous sauoir que nostre chapperon fourré ne fist pas legierement ceste departie ne ce mariage/et nē fust point venu au bout se neust este qil disoit a sa dame quil vouloit doresenauant seruir dieu & viure de ses benefices et soy du tout rendre a leglise. Or fist il tout le contraire quant il se vit desarme delle et elle aliee au barbier/il fist secretement traicter enuiron vng an apres pour auoir par mariage la fille de vng

notable bourgois de paris/et fut la chose faicte et passee & iour assigne pour ses nopces/disposa aussi de ces benefices qui nestoient que a simple tonsure. Ces choses sceues pmy paris/et venuez a la congnoissance de la cordouēniere/creez quelle fut bien esbaye. Voire dist elle le vray traitre ma il ainsi deceue/il ma laisse soubz ombre daller seruir dieu et ma baillee a vng aultre/et par nostre dame la chose ne demourera pas ainsi/non fist elle/car elle fist comparoir nostre chapperon fourré deuant seuesque/et illec son procureur remōstra bien et gentement sa cause/disant cōment le chapperon fourré auoit promis a la cordouēniere en la presēce de plusieurs q̄ se son mary mouroit quil sa prendroit a fēme. Son mari mort il sa tousiours tenue iusques en uiron a vng an quil sa baillee a vng barbier. Et pour abreger les tesmoings et la chose bien debatue/seuesque adnichila le mariage de la cordouenniere au barbier/et enioingnit au chapperō fourré qil sa print cōe sa fēme/car elle estoit sienne a cause de la cōpaignie charnelle quil auoit eue a elle. Et sil estoit mal cōtent de rauoir sa cordouenniere/le barbier estoit bien autant ioyeux den estre depesché. En la facō q auez ouy cest puis na gueres gouuerne sung des chapperons fourrés du plemēt de paris.

¶ La .lxviii. nouuelle par messire ypien de bygoine.

La .lxviii. nou. par Messire xpien de dygoine

Ce nest pas chose peu acoustumee ne de nouueau mise sus que fēmes ont fait leurs maris iaseup̄ voire par dieu coup. Si aduint na gueres a ce propos en la ville denuers / que vne femme mariee qui nestoit pas des plus seures du monde / fut requise dung gentil compaignon de faire la chose que scauez / et elle cōme courtoise et telle quelle estoit ne refusa pas le seruice que on luy presētoit / mais debōnairement se laissa ferrer / et maintint ceste vie assez longuemēt En la parfin cōme fortune voulut qui ennemye et despaisāte estoit de leur bōne cheuance / fist tant que le mary trouua sa brigade en pl̄sēt meffait dont en y eut de bien esbays / ne say toutesfois se ql̄ lestoit le plus / de lamant / de lamie / ou du mary / neantmains lamant a layde dune bonne espee quil auoit se sauua sans mal auoir. Or demourerent le

mary et la femme / de quoy leurs propos furent il se peut assez peser. Apres toutesfois aulcunes parolles dictes dung coste et daultre / le mary pensant en soy mesmes puis quelle auoit commence a faire sa folye que fort seroit de sen retirer / et quant plus elle nen feroit / si estoit tel le cas quil estoit ia venu a la cōgnoissance du monde / de quoy il sen estoit note et quasi deshōnore. Cōsidera aussi de la batre ou iniurier de parolles que cestoit peine perdue / si sadiusa apres a chief ql̄ la chasseroit paistre hors dauecques luy et ne sera iamais desse ordonee sa maison / si dist a sa femme. Or ca ie voy bien que vous ne mestes pas telle que vous deussies estre par raison / toutesfois esperant que iamais ne vous adiuendra de ce qui est fait nen soit plus parle / mais deuisons dung aultre. Je voy vng affaire qui me touche beaucoup et a vous aussi si nous fault engaiger tous noz ioyaulx et se vous auez quelque mynot dargēt a part il le vous fault mettre auant / car le cas se reqert. Par ma foy dist la gouge ie le feray de bon cueur mais que vōme pardonnez vostre maltalent. Nen p̄sez dist il non plus q̄ moy. Elle cupdant estre absolue et auoir remission de ces pechiez pour complere a son mary apres sa noise dessusdicte / laissa se quelle auoit dargent / ses verges / ses tissuz / certaines bourses estoffees bien richemēt / vng grant tas de couurechiefz bien fins / plusiers pennes entieres et de bonne valeur. Brief tout ce quelle auoit a que son mā

La .lxix. nouuelle par Monseigneur

ry voulut demander elle luy bailla pour en faire son bon plaisir. En dea dist il encores ne ay ie pas assez. Quant il eut tout iusques a sa robe et la cote simple quelle auoit sur elle Il me fault auoir ceste robe dist il/voire dist elle et ie nay aultre chose a vestir/voulez vous que ie voise toute nue/force est dist il que la me baillez et la cote simple aussi et vous aduacez/car soit pamours ou pour force il la me fault auoir. Elle voyant que sa force nestoit pas sienne se desarma de sa robe et de sa coste simple et demoura en sa chemise. Tenez dist elle fay ie bien ce quil vous plaist/vous ne sauez pas touiours fait dist il/se a ceste heure vous me obeyssez dieu scait se cest de bon cueur/mais laissons cela parlons dung aultre. Quant ie vous prins a mariage a la malle heure/vous naportastes gueres auecques vous et encores se tant peu que se fut si lauez vous forfait et confisque/il nest ia mestier quon vous dye voftre gouuernement/vous scauez mieulx quelle vous estes que nul aultre/et pource telle que vous estes a ceste heure ie vous baille le grant congie et vous dy le grant a dieu bela luys/prenez chemin et se vous faites que sage ne vous trouuez iamais deuant moy. La poure gouge plus esbahye que iamais/nosa plus demourer aps ceste horrible lecon/ains se partit et sen vint rendre ce croy ie a lostel de son amy par amours pour ceste premiere nuyt et fist mettre sus beaucoup dambassadeurs pour rauoir ces bagues et ces habillemens de corps/mais se fut pour neant car son mary obstine et endurcy en son propos nen voulut oncques ouyr parler et encores mains de la reprédre si en fut beaucoup presse tant des amys de son coste comme de ceulx de la femme/toutesfoiz elle fut contrainte de gaingner des aultres habillemens/et en lieu de mary vser de amy attendant le rapaisement de sondit mary qui a scure de ce compte estoit encores mal content et ne la vouloit veoir pour rien qui fut.

La .lxix. nouuelle racomptee par monseigneur.

Il nest pas seulement congneu de ceulx de la ville de gand ou le cas que ie vous ay a descripre est na pas long teps aduenu/mais de la plus part de ceulx du pays de flandres et plus

La .lxix. nouuelle par Monseigneur

sieurs aultres/que a la bataille qui fut entre le roy de hongrie et le duc iehã lesquelz dieu absolue dune part/et le grãt turc en son pays de turquie daultre/ou plusieurs notables cheualiers a escuiers francoys/flamans/alemans/et picars furent prisoniers es mains du turc/les aulcuns furent mors et persecutez present ledit turc/les aultres furẽt enchartres a perpetuite/les aultres cõdãpnez a faire office de clerc desclaue/ du nõbre des quelz fut vng gentil cheualier du dit pays de flãdres nõme messire clays Stenchonen a par plusieurs foiz eperca ledit office desclaue qui ne luy estoit pas petit labeur/mais martire intollerable attendu les delices ou il auoit este nourri et selicu dont il estoit party. Or deuez vous scauoir quil estoit marie par deca a gand et auoit espouse vne tresbelle et bonne dãe qui de tout son cueur lamoit et le tenoit chier/la quelle pria dieu iournellement que brief le peust reueoir par deca se encores il estoit vif/sil estoit mort q̃ par sa grace il luy voulsist ces pechez pardonner et le mettre au nombre des glorieux martirs/qui pour le reboutement des infideles/et lexultacion de la sainte foy catholique se sont voluntairement offerts et abandonnez a mort corporelle. Ceste bonne dame qui riche belle et bien ieune estoit et bonne/estoit de grans amis cõtinuellement presee et assaillie de ces amis quelle se voulsist remarier. Lesquelz disoient et affermoiẽt que   nary estoit mort/et que sil fust

vif quil fust retourne cõme les aultres sil fust aussi prisonnier on eust eu nouuelle de faire sa finance. Quelque chose quon dist a ceste bonne dame ne raison quon luy sceust amener daparence en cestuy fait/elle ne vouloit condescendre en testuy mariage/et au mieulx quelle scauoit sen excusoit/mais que supualut ceste excusance/certes pou ou riẽ/car elle fut a ce mence de ses parens et amys q̃ elle fut contente dobeyr/mais dieu scait q̃ se ne fut pas a peu de regret/et estoient enuiron neuf ans passez quelle estoit priuee de la presence de son bon et leal seigneur/le quel elle reputoit pieca mort aussi faisoient la plus part et pres que tous ceulx qui le congnoissoient. Mais dieu qui ces seruiteurs et champiõs pie serue et garde/sauoit aultrement dispose/car encores viuoit et faisoit sõ ennuyeux office desclaue. Pour rentrer en matiere. Ceste bonne dãe fut mariee a vng aultre cheuallier/et fut enuirõ demi an en sa compaignie/sãs ouyr aultres nouuelles de son bon mary que les precedentes/cest assauoir quil estoit mort. Dauẽture comme dieu le voulut ce bon et leal cheuallier messire clays estant encores en turquie a leute que ma dame sa femme cest ailleurs aliee faisant le beau mestier desclaue fist tant par le moyen daucuns ãpiens gentilz hõmes et aultres qui arriuerent ou pays quil fut deliure et se mist en leur galee et retourna par deca. Et comme il estoit sur son retour il rencontra et trouua en passant pays

p.iii.

La .lxx. nouuelle par Monseigneur

plusieurs de sa congnoissāce qui tresioy
eux furent de sa deliurance, car a la ve-
rite il estoit vaillant hōme bien renōme
et bien vertueux, et tant se espādit se tres
ioyeux bruit de sa desiree deliurāce quil
paruint en france au pays dartops et en
picardie ou ces vertuz nestoiēt pas mais
congneues quen flandres dont il estoit
natif. Et apres ce ne tarda gueres q̃ ces
nouuelles vindrent en flandres iusques
aux oreilles de sa tresbelle et bonne dā-
me qui fut bien esbahye et de tous ses sens
tant alteree et surprinse quelle ne sauoit
sa contenāce. Ha dist elle apres certaine
piece quant elle peut parler, mon cueur
ne fut oncques dacord de faire ce q̃ mes
parens et amis mont a force contrainte
de faire, helas et quen dira mon tresoy-
al seigneur et mary au quel ie nay pas
garde loyaulte comme ie deusse, mais
comme femme legiere fresle et muable
de couraige, ay baillie part et porcion a
aultruy de ce dont il estoit et deuoit estre
seigneur et maistre, ie ne suis pas celle
qui doye ne ose attendre sa presence, ie
ne suis pas aussi digne quil me vueille
ou doye regarder ne iamais veoir en sa
compaignie. Et ces paroles dictes acō-
paignees de grosses larmes son treshō-
neste tresuertueux cueur seuanouyt et
cheut a terre paulmee, elle fut prinse et
portee sur vng lit et luy reuint le cueur
mais depuis ne fut en puissance de hōme
ne de femme de la faire menger ne dor-
mir, aincoys fut troys iours continuelz
tousiours plorant en sa plus grant tri-

stesse de cueur de iamais. Pendant le q̃l
temps elle se confessa et ordonna cōme
bonne christienne, criant mercy a tout
le monde especialemēt a monseigneur
son mary. Et apres elle mourut dont se
fut grant dommaige, a nest point a dire
le grāt desplaisir quen print mō dit sei-
gneur son mary quant il sceut la nou-
uelle, et a cause de son deul fut en grant
danger de supr par semblable accident
sa tresloyale espouse, mais dieu qui la-
uoit sauue daultres grans perilz le pre-
serua de ce danger.

La .lxxi. nouuelle par mōseigneur

Ung gētil cheualier dalemaigne
grant voyagier, et aux armes
preux et cortoys et de toutes bonnes ver-
tuz largement doue. Au retourner dūg
lointaing voyage estant a vng ju., ha

La .lxx. nouuelle par Monseigneur

ste.u fut requis dung bourgoys son subiect demourāt en sa ville mesmes destre parrain et tenir sus fons son enfant de quoy la mere sestoit deliuree droit a la venue du retour du dit cheualier/la quelle requeste fut au dit bourgoys liberalemēt accordee/et ia soit ce que le dit cheualier eust en sa vie tenuz plusieurs enfans sur fons si nauoit il iamaiz donne son entēte aux sainctes paroles par le prestre proferees au mistere de ce sainct et digne sacrement cōme il fist a ceste heure/ et luy sembloit cōme elles sont a la verite plaines de hault et diuins misteres. Le baptesme acheue cōe il estoit liberal et courtoys affin destre veu de ces hōmes/il demoura au disner en la ville sans mōter au chasteau/et luy tindrent compaignie le cure/son compere et aulcuns aultres des plus gens de biē Deuises montcrēt en ieu dunes et dautres matieres tant que monseigneur cōmēca a louer beaucoup le digne sacrement de baptesme/et dist hault et cler oyans to⁹/se ie scauoye veritablement q̄ a mon baptesme eussēt este pronūceees les dignes q̄ sainctes paroles q̄ iay ouyes a ceste heure au baptesme de mon nouueau filleul/ie ne craindroye en rien le dyable quil eust sur moy puissāce ne auctorite si non seule mēt de moy tempter/et me passeroye de faire le signe de la croix/non pas affin que bien vous mentendez que ie ne saiche tresbien que ce signe est suffisant a rebouter le dyable/mais ma foy est telle que les paroles   s au baptesme dun chascū christien selles sōt telles cōe au iourduy iay ouyes sont vaillables a rebouter to⁹ les dyables denfer sil en y auoit encores autant. En verite respōdit lors le cure monseigneur ie vous asseure in verbo sacerdotis q̄ les mesmes poles qui ont este au iourduy dictes au baptesme de vostre filleul furent dictes et celebrees a vostre baptisemēt/ie le scay bien car moy mesmes vous baptise/et en ay aussi fresche memoire cōme se ce eust este hier/dieu face mercy a monseigneur vostre pere/il me demanda le lendemain de vostre baptesme q̄l me sēbloit de son nouueau filz telz et telz furent voz parrains/et telz q̄ telz y estoient/et raconta toute la maniere de se baptisement/et luy fist bien certain que mot auāt ne mot arriere ny eut pl⁹ en son baptisement que a celuy de son filleul. Et puis q̄ ainsi est dist a lors le cheualier ie prometz a dieu mō createur tant honorer de ferme foy le saint sacrement de baptesme que iamais pour q̄lque peril assault ou ennuy que le diable me face ie ne feray le signe de la croix/mais par la seule memoire du mistere du sacrement de baptesme ie len chasseray arriere de moy tant ay ferme esperance en ce diuin mistere/et ne me semblera iamais que le dyable puisse nupre a hōe arme de tel escu car il est tel et si ferme q̄ seul p̄vault sans aultre ayde/voire acōpaigne de vraye foy. Le disner passa et ne scay quans ans apres ce bon cheualier ce trouua en vne ville en alemaigne pour aulcuns affaires qui luy tirerent

p.iiii.

La .lxx. nouuelle par Monseigneur

et fut logié en lostelerie. Côme il estoit vng soir auec ses gens apres souper deuisāt et esbatant auec eulx fain se print daler au retraict/et pour ce que ses gēs sesbatoient/il nen voulut nulz oster de lesbat. Si print vne chandelle et tout seul senva au retraict comme il entra dedēs il vit deuant luy vng grant monstre horrible et terrible ayant grandes et lōgues cornes/les yeulx plus alumés que flābe de fournaise/ses bras gros et longs les grifz agus et trenchans/brief cestoit vng tresespouantable mōstre et vng dyable comme ie croy/ et pour tel le tenoit le bon cheualier lequel de prime face fut assez esbahy dauoir ce rēcōtré/ncātmais touteffoiz print cueur hardiment et vouloir de soy deffēdre sil estoit assailli. et luy souuint du veu quil auoit fait et du saint et diuin mistere du sacrement de baptesme et en ceste foy marche vers ce monstre que ie appelle le dyable et lui demāda qui il estoit et quil demādoit. Le dyable le commenca a coupler/et le bon cheualier de soy deffēdre qui nauoit toutesfoiz pour toutes armures q ses mais car il estoit en pourpoint comme pour aler coucher et son escu de ferme foy/ou mistere de baptesme La suite dura longuement et fut ce bon cheualier tant las q merucilles de soustenir ce dur assault mais il estoit tant fort arme de son escu de foy que peu luy nuysoient ses faiz de son ennemi. En la parfi apres q ceste bataille eut bien dure vne heure ce bon cheualier se print aux cornes de ce dyable et

luy en escachabne dont il se vacusa trop bien/et malgre luy comme victorieux se departit du lieu et se laissa cōme recreu et vint trouuer ses gens qui se esbatoiēt cōme ilz faisoient auant son partemēt qui furent bien effrées de veoir leur maistre en ce point eschauffe qui auoit tout le visaige esgratine/se pourpoint chemise et chausses tout derompu et dechire et comme tout hors dalaine. Ha monseigneur dirent ilz dont venez vous et qui vous a ainsi habille. Qui dist il/ce a este le dyable a qui ie me suis tant combatu que ien suis tout hors dalaine et en tel point que me veez/et vo^9 asseure par ma foy que ie tien veritablemēt quil meust estrangle et deuoré se a ceste heure ne me fust souuenu du baptesme et du grāt mistere de ce vertueux sacremēt et de mō veu que ie fis adoncques/et crees que ie ne lay pas faulce/car quelque danger q iaye eu ōcques ny fis le signe de la croix mais cōe souuenāt du saint sacremēt dessusdit me suis hardiment deffendu et franchemēt eschape dōt ie loue et mercye nostre seigneur ihesucrist qui par ce bon escu de saincte foy ma si haultemēt preserue. Viennent tous ses autres qui en enfer sont/tant que ceste enseigne demeure ie ne les crains. Vine vine nostre benoist dieu qui ses cheualiers de telz armes scait adouber. Les gens de ce bō seigneur oyans leur maistre ce cas racompter furent bien ioyeux de le veoir en bō point/mais esbahis de la corne q̄l leur monstroit quil auoit esrachee de lu.. Ie

La lxxi. nou. par mõseigneur le duc

du dyable et ne scauoient iuger non fist oncques personne qui depuis la dit de quoy elle estoit se cestoit os ou corne cõe autres cornes sont ou que cestoit. Alors ung des gẽs de ce cheualier dist quil vouloit aler veoir se ce dyable estoit encores ou son maistre sauoit laissie/ et si le trouuoit il se combatroit a luy et luy estacheroit de la teste laultre corne. Son maistre luy dist quil ny alast point/ il dist que si feroit. Nen say rien dist son maistre car le peril y est trop grant. Ne men chault dist laultre ie vueil aler/ se tu me croys dist son maistre tu nyras pas/ quoy quil fust il y voulut aler et desobeir a son seigneur. Il print en sa main vne torche et vne grant hache et vint au lieu ou son maistre sestoit combatu/ quelle chose il y fist on nen scait rien/ mais son maistre qui de luy se doubtoit ne le sceut si tost suir quil ne se trouua pas ne le dyable aussi et noupt oncques puis nouuelles de son homme. En la facon q auez ouye se combatit ce bon cheualier au dyable et le surmonta par la vertu du saint sacrement de bapteſme.

La lxxxi. nouuelle racõptee par mõseigneur le duc.

A Saint omer na pas long temps aduint vne assez bonne hystoire qui nest pas mains vraye que seuãgile comme il a este et est congneu de plusieurs notables gens dignes de foy et de croire/ et fut le cas tel pour le brief faire. Ung gentil cheualier des marches de picardie pour lors bruyant et frique de grant auctorite et de grant lieu se vint loger en vne hostelerie qui par le fourrier de mõseigneur le duc phelippe de bourgoigne sõ maistre luy auoit este deliuree Tantost quil eust mis le pie a terre et q il fut descendu de son cheual ainsi cõme il est de coustume aux dictes marches. Sõ hostesse luy vint au deuant et tresgracieusement comme elle estoit coustumiere/ et bien aprinse de ce faire aussi le receut moult honorablement/ et luy qui estoit des courtoys le plus honorable et le plus gracieux lacola et la baisa doulcement

La .lxxi. nou. par mōseigneur le Duc

car elle estoit belle & gente et en bon point et mise sur le bon bout/appellant sans mot dire trop bien son marchāt a ce baisier et acolement et de prinsault ny eut cesuy des deux qui ne pleust bien a son compaignon/si pēsa le chevalier par ql train et moyen il paruiendroit a la iouissance de son hostesse et sen descouurit a vng sien seruiteur/lequel en peu deure batit tellement les besoignes quilz se trouuerent ensemble. Quant ce gentil cheualier dit son hostesse preste soupt et dentendre/ce quil vouldroit dire pensez quil fut ioyeux oultre mesure/et de grāt haste et ardant desir quil eut dentamer la matiere quil vouloit ouurir/il oublia de serrer luys de sa chambre et son seruiteur au partir quil fist de leur assemblement laissa luys entrouuert. Alors le dit cheualier commenca sa harēgue bone alleure sans regarder a aultre chose/et lostesse qui ne lescoutoit pas a regret si luy respōdit au propos tant quilz estoiēt si bien dacord que oncques musique ne fut pour eulx plus doulce/ne instrumēs ne pourroient mieulx estre acordez que eulx deux la mercy dieu estoient. Or aduint ne scay par quelle auenture/ou se loste de leans mary de lostesse queroit sa femme pour aulcune chose luy dire/ou passant dauenture par deuant la chambre ou sa femme auec le cheualier iouoient des cymbales/il en ouyt le son si se tira vers le lieu ou le beau deduyt se faisoit/& au heurter a luys ql fist il trouua latelee du cheualier et de sa fēme dōt

il fut de eulx troys le pl⁹ esbahy de trop et en reculant subitement doubtant les empescher et destourber de ladite oeuure quilz faisoient leur dist pour toutes menaces et tēcōs. Et par la mort dieu vo⁹ estes bien meschans gēs et a vostre fait mal regardans q naues eu en vo⁹ tāt de sens quant vousvoulez faire telz choses que de serrer et tirer luys apres vo⁹ Or pensez que ce eust este vng aultre q moy vous y eust trouuez/& par dieu vo⁹ estiez gastes et perdus et eust este vostre fait descele et tātost sceu par toute la ville/faictes aultrement vne aultre fois de par lediable/& sās plus dire tire luys et sen va/et bonnes gens de racorder leurs musettes et parfaire la note encōmēce Et quant ce fut fait chascun sen ala en sa chascune sans faire semblant de riēs et neust este comme iespoire leur cas iamais descouuert ou au mains si publiq deuenir a voz oreillez ne de tāt daultres gens/ce neust este le mary qui ne se douloit pas tāt de ce quon sauoit fait coup que de luys quil trouua desserre.

¶ La .lxxii. nouuelle racontee par mōseigneur de cōmessuram.

La .lxvii. nou. par mõseigneur de cõmessurã

A propos de la nouuelle preceden
te es marchez de picardie auoit
na guerres vng gentil hõe le quel estoit
tant amoureux de sa femme dung che-
ualier son prochain voisin quil nauoit
ne iour ne bonne heure de repos se il ne
estoit au pres delle / et elle pareillement
laymoit tant quõ ne pourroit dire ne
penser qui nestoit pas peu de chose / mais
la douleur estoit quilz ne scauoient trou-
uer facon ne maniere destre a part et en
lieu secret pour a loisir dire et declairer ce
quilz auoient sur le cueur / au fort apres
tãt de males nuitz et iours douloureux
amours qui a ses loyaulx seruiteurs ai-
de et secourt quant bien luy plaist leur
apresta vng iour tresdesire au ql le dou-
loureux mary plus ialoux que nul hõ-
me viuant fut contrainct dabandõner
le mesnaige et aller aux affaires qui tãt
luy t..hoient que sans y estre en persõ

ne il perdoit vne grosse somme de deniers
et par sa presence il la pouoit conquerir
ce quil fist en laquelle gaignant il con-
quist bien meilleur butin / comme destre
nõme coup auec le nom de ialeux quil
auoit au parauant / car il ne fut pas si
tost sailli de lostel que le gentil homme
qui ne glatissoit apres aultre beste / sans
faire long seiour incontinent executa
ce pour quoy il venoit / et print de sa da-
me tout ce que vng seruiteur en ose ou
peut demander si plaisamment et a si
bon loisir quon ne pourroit mieulx sou
haitter / et ne se donnerent garde que la
nupt les surprint dont ne se donnerent
nul mal temps / esperans la nupt pache-
uer ce q se iour tresioyeulx et pour eulx
trop court auoient ecommence / pensãt
a la verite q ce dyable de mary ne deust
point retourner a sa maison iusques a
lendemain au disner voire au plus tard
mais autrement en ala / car les dyables
le rapporterent a lostel ne scay en quelle
maniere / aussi nen chault de scauoir cõ
ment il sceut tant abregier de ses besoi-
gnes / assez souffit de dire quil reuint le
soir / dont la belle compaignie cest assa-
uoir de noz deux amoureux fut bien es
bahye / pource qlz furent si hastiuemẽt sur
pris / car en nulle maniere ne se doutoiẽt
de ce dolãt retourner / aussi iamais neuf
set cuide q si soudainemẽt et si legieremẽt
il eust fait et acomply son voyage. Tou
tesfoiz nostre poure gentil hõe ne sceut
aultre chose que faire ne ou se musser si
non que de soy bouter dedens le retraict

La .lxxii. nou. par mõseigneur de cõmessurã

de la chambre esperant den saissir parqͧ
que voye que sa dame couureroit auant
que le cheuallier y mist se pie dont il dit
tout aultrement/car nostre cheuallier q̃
ce iour auoit cheuauchie. xvi. ou. xviii.
grosses lieues estoit tãt las quil ne pou-
oit ses rains tourner/ et voulsut souper
en sa chambre ou il sestoit deshousé et si
voulut tenir sans aler en la sale. Pensez
que le poure gentilhomme rendoit biẽ
gaige du bõ temps quil auoit eu ce iour
car il mouroit de fain de froit et de paour
et encores pour plus engregier son mal
vne toux le va prendre si grande et si hor
rible que merueille/et ne failloit gueres
que chascun coup quil toussoit quil ne
fust ouy de la chambre ou estoit lassem-
blee du cheuallier de la dame et des aul
tres cheualliers de leans. La dame qui
auoit locil et loreille tousiours a son ami
lentre ouyt dauenture dõt elle eut grãt
freeur au cueur doubtant que son mary
ne souspt aussi. Si treuue maniere tan
tost apres souper de soy bouter seulette
en ce retraict et dist a son amy pour dieu
quil se gardast ainsi de toussir. Helas dist
il ma dame ie nen puis mais/dieu scait
cõment ie suis pugny et pour dieu pen-
sez de moy tirer dicy/si feraye dist elle et
a tant sen part/et bon escuier de recõmẽ
cer sa chanson voire si treshault quon le
eust bien peu ouyr de la chambre se neus
sent esté les deuises que la dame faisoit
mettre en terme. Quant ce bon escuier
se vit en se point assailly de la toux il ne
sceut aultre remede affin de nõ estre ouy

que de bouter sa teste au trou du retrait
ou il fut bien en sense dieu le scait de la
confiture de leans/mais encores amoit
il ce mieulx que estre ouy. Pour abreger
il fut long temps la teste en ce retraict
crachant/mouchant/et toussant tant qͧ
sembloit que iamais ne deust faire aul
tre chose/neantmains apres ce bon coup
la toux se laissa et se cuidoit tirer hors
mais il nestoit pas en sa puissance de se
retirer tant estoit auant et fort bouté se-
ans/pensez quil estoit bien a son aise.
Bref il ne scauoit trouuer facõ den sais-
sir quelque peine qͧ y mist/il auoit tout
le col escorche et les oreilles estachees/en
la parfin cõme dieu le voulut il se força tãt
quil esracha lais perce du retrait et se ra
porta a son col/mais en sa puissance ne
eust esté de len oster/et quoy qui luy fust
ennuyeux si amoit il mieulx estre ainsi
que comme il estoit par deuant. Sa dãe
se vint trouuer en ce point dont elle fut
bien esbahye a ne luy sceut secourir/mais
luy dist pour toꝰ potaiges quelle ne sau
roit trouuer facon du monde de le traire
de leans. Est ce cela dist il/par sa mort
dieu ie suis assez armé pour combatre
vng aultre mais que ie aye vne espee en
ma main dont il fut tantost saisi dune
bonne. La dame le voyant en tel point
quoy quelle eust grant doubte ne se sca-
uoit tenir de rire ne lescuier aussi. Or ça
a dieu me cõmãt dist il lors ie men voys
essayer comment ie passeray par ceans
mais premier brouilles moy le visaige
bien noir/si fist elle et le comn.   Sa a

La .lxxiii. nouuelle par Maistre iehan lambin

dieu a son compaignõ a tout laiz,du re
traict a son col/lespee nue en sa main/la
face plus noire que charbon commẽca a
saillir de sa chambre/et de bonne encon
tre le premier quil trouua se fut le dolẽt
mary q eut de le Veoir si grant paour
cuidant que ce fust le dyable quil se laif
sa tumber du hault de luy a terre que a
peu quil ne se rõpit le col a fut lõguemẽt
pasme. Sa femme le Voyant en ce point
saillit auant/monstrant plus de sẽblãt
deffrey quelle ne sentoit beaucoup/et le
print au bras en luy demandant quil a
uoit/puis apres quil fut reuenu il dist a
Voix casse et bien piteuse/et nauez Vous
point Veu le dyable que iay encontré/cer
tes si ay dist elle/a peu que ie nen suis
morte de la frayeur q iay eue de le Veoir
et dont peult il Venir ceans dist il ne qui
le nous a enuoye/ie ne scay de cest an
ne de lautre rasseure tant ay este espoue
te/ne moy par dieu dist la deuote dame
creez que cest signifiance daulcune cho
se. Dieu nous Veuille garder et deffendre
de toute male aduenture/le cueur ne me
gist pas bien de ceste Vision. Alors tous
ceulx de lostel dirent chascun sa ratelee
de ce deable a lespee cuidant que la cho
se fust Vraye/mais la bonne dame sca
uoit bien la trainnee q fut bien ioyeuse
de les Veoir tous en ceste oppiniõ/a depuis
cõtinua arriere le dyable dessusdit le me
stier que chascun fait si Volentiers au de
sceu du mary et de tous aultres fors de
Vne chamberiere secrete.
La   iii. nouuelle p maistre iehã lãbĩ

ON la conte de sait pol nagueres
en Vng Villaige assez prouchain
de ladicte Ville de sait pol auoit Vng bõ
hõe laboureur marie auec Vne fẽme tiel
le a en bõ poit/de laqlle le cure dudit Vil
laige estoit amoureux. Et pource ql se
sẽtit si espris du feu damours, a que dif
ficille lui estoit seruir sa dame sãs estre
suspicionne/se pensa quil ne pouoit bõ
nement puenir a la iouissance delle sãs
pmier auoir celle du mary. Cest aduis
descouurit a sa dame pour en auoir son
opinion laqlle lui dist que tresbonne et
propre estoit pour mettre a fin leurs a-
moureuses intentions. Nostre cure dõc
p gracieux et subtilz moyens saccointa
de celui dõt il Vouloit estre le cõpaignõ
et tant bien se cõduisit, auec le bon hõe
quil ne mengeoit sans lui/et quelque be
songne quil feist tousiours parloit de
son cure/mesmement chascun iour se
Vouloit auoit au disner ou au souper.

La .lxxiii. nouuelle par Maistre iehan lambin

brief riens nestoit bien fait a lostel du bon hōe se le cure nestoit psēt. Quāt les voisins de ce poure simple laboureur virēt ce quil ne pouoit veoir/lup dirent quil ne lup estoit honneste auoir ainsi continuellemēt le repaire du cure/et quil ne se pouoit ainsi continuer sans grant deshonneur de sa fēme/mesmemēt que les aultres voisins et ses amis sen notoiēt et parloient en son absence. Quant le bon hōme se sentit ainsi aigrement reprins de ces voisins et qlz lup blasmoiēt le repaire du cure en sa maisō/force lup fut de dire au cure quil se deportast de hanter en sa maison/et de fait lup deffēdit p motz expres et menasses que iamais ne si trouuast sil ne lup mandoit/affermāt par grant serment que sil lup trouuoit il cōteroit auec lup et le feroit retourner oultre son plaisir et sans lup en sauoir gre. La deffense despleut au cure plus q ie ne vous sauroie dire/mais nō obstāt quelle fust aigre/pourtant ne furent les amourettes rompues/car elles estoient si parfōd eracinees es cueurs des deux parties/que impossible estoit les tōpre ne desioindre. Or opes comme nostre cure se gouuerna apres que sa deffense lup fut faicte par lordōnāce de sa dae/il prit tigle et coustume de la venir visiter toutes les foiz ql sentoit le mary estre absēt mais sourdemēt si cōduisit/ car il neust sceu faire sa visitaciō sās le sceu des voisins qui auoient este cause de la deffēse auſqlz se fait desplaisoit autāt q sil leur eust touche. Le bon hoē fut de rechief aduerti que le cure aloit estaindre le feu a sō hostel cōe au pauāt de la deffēse/ nrē simple mary opāt ce fut biē esbahi q ēcores plus courrouce la moitie/ seql pour y remedier pensa tel moyen q ie vous diray Il dist a sa fēme quil vouloit aler vng iour tel ql nomma mener a saint omer vne charrettee de ble/ et q pour mieulx besongnier il p vouloit lui mesmes aler Quāt le iour nōme quil deuoit ptir fut venu il fist ainsi quon a de coustume en picardie espicialement es marches dau tour saint omer/chargea son chariot de ble a mynupt/ et a celle mesmes heure voulut ptir et print cōgie de sa fēme et vuida auec son chariot. q si tost quil fut hors sa fēme ferma tous ses hups de sa maisō. Or vos deuez entendre q nostre marchant fist son saint omer ches lung de ses amys q demouroit au bout de la ville ou il ala arriuer/et mist son chariot en la court dudit amp q sauoit toute la trapnee lequel il cuopa pour faire le guet q escouter tout entour de sa maisō pour veoir se quelque sarrō y viendroit Quāt il fut la arriue il se tapit au coig dune forte haye duql lieu il veoit toutes les entrees de la maison dudit marchāt dont il estoit seruiteur et grant amy en ceste ptie. Gueres neust escoute q vecy maistre cure qui vient pour alumer sa chandelle ou pour mieulx dire lestaindre/ et tout coyement et doulcemēt heurte a lups de la court seql fut tātost ouy de celle q nauoit talent de dormir a celle heure/ laquelle sortit habillemēt en

La .lxxiii. nouuelle par Maistre iehan lambin

chemise et vint mettre dedens son côfesseur ⁊ puis ferme huis le menāt au lieu ou son mary deust auoir este. Or reuenōs a nostre guet lequel quant il peeut tout ce qui fut fait se leua de son guet et sen ala sonner sa trompette et declaira tout au bon mary/sur quoy incontinēt conseil fut prins ⁊ ordōne en ceste maniere. Le marchant de ble faignit retourner de son voyaige auec son chariot de ble pour certaines auētures quil doubtoit lui aduenir. Si vit heurter a sa porte et huchier sa femme qui se trouua bien esbahye quant elle ouyt sa voix/mais tant ne se fut qlle ne print bien le loisir de musser son amoureux le cure en vng casier qui estoit en sa chambre. Et pour vous donner a entēdre quelle chose cest que vng casier cest vng gardemēgier en la facon dune huche long et estroit par raison et assez parfont. Et apres que le cure fut musse ou len musse les oeufz et le beurre le formaige et aultres telles vitaillēs la vaillāt mesnagiere comme moitie dormāt moitie veillant se presēta deuāt son mary a suys et lui dist. Helas mon bon mary qlle aduenture pouez vous auoir que si hastiuemēt retournez/certainement il ya aucun ꝗ ne vous laisse faire vrē voyaige helas pourdieu dictez le moy. Le bō hōme voulut aler en sa chambre et illec dire les causes de sō hastif retour. Quant il fut ou il cuidoit trouuer son cure/cest assauoir en sa chābre commenca a cōpter les raisōs du retour de sō voyaige. premier dist pour

sa suspiction quil auoit de la desloyaute delle craignoit tresfort estre du renc des bieuz vestuz quon appelle cōmunement noz amis/et ꝗ au moyen de ceste suspiciō estoit il ainsi tost retourne. Itē ꝗ quant il sestoit trouue hors de sa maison autre chose ne lui venoit au deuant si nō ꝗ se cure estoit son lieutenant tandis quil aloit marchander. Itē pour experimenter son pmaginacion dist quil estoit ainsi retourne et a celle heure voulut auoir sa chandelle et regarder se sa feme osoit bien couchier sans cōpaignie en son absence. Quant il eut acheue ses causes de sō retour la bonne dame sescrya disāt. Ha mō bō mary dōt vōs vient maintenāt ceste vaine iasousie/auez vōs perceu en moy autre chose quon ne doit veoir ne iugier dune bōne loyale ⁊ preu de fēme/helas ꝗ maudicte soit leure ꝗ oncqs ie vous cōgneuz pour estre suspeconnee de ce ꝗ mō cueur oncqs ne sceust penser/vōs me cōgnoissez mal/et ne sauez vous cōbien net et entier mō cueur veult estre et demourer. Le bō marchāt eust peu estre cōtraint de ces bourdes sil neust rōpu la parolle/si dist ql voulsit auerir sō pmaginacion. Et incōtinent vint cherchier et visiter les coinetz de sa chābre au mieulx quil luy fut possible mais il ne trouua point ce quil queroit Adonc se dōna garde du casier et iugea que son cōpaignon y estoit/et sans en monstrer semblant hucha sa femme et lui dist. Mamie a grāt tort ie vous ay suspicionnee de mestre desloyale et que

La .lxxiii. nouuelle par Maistre iehan lambin

telle ne soyez que ma faulse ymagination m'apporte/ toutesfois ie suis si a heurte et enclin a croire et m'arrester a mon opinion que impossible m'est de ia mais estre plaisamment auec vous/ et pource ie vous prie que soyez contente que la separaciō soit faicte de noꝰ deux et que amoureusement partissions noz biens comus par egale porcion. La gouge qui desiroit assez ce marchie affin q̄ plus aisement se trouuast auec son cure accorda sans gueres faire de difficulte a la requeste de son mary/ par telle cō dicion toutesfois quelle faisant la particion des meubles elle commenceroit & feroit le premier choix. Et pour quelle raison dist le mary voules vous choisir sa premiere/ cest contre tout droit et iustice. Ilz furent long temps en differen ce pour choisir/ mais a la fin le mary vainquit/ car il print le casier ou il ny auoit que flans tartres et formaiges et autres menues vitailles/ entre lesqlz nostre cure estoit ēseuely lequel ouyoit ces bons deuis qui a ceste cause se faisoient. Quant le mary eut choisi le casier la dame choisit la chaudiere/ puis le mari vng autre meuble/ puis elle consequemment iusques a ce que tout fut party et porcionne. apres laquelle porciō faicte le bon mary dist. Ie suis content que vous demourez a ma maison iusques a ce q̄ aurez trouue logis pour vous/ mais de ceste heure ie vueil emporter ma part et la mettre a lostel dūg de mes voisins. faictes en dist elle a vostre bon plaisir. Il print vne bonne corde et en lya et adouba sō casier/ & fist venir son charretō a qui il fist hasteller son casier dung cheual et lui chargea q̄l le menast a lostel dung tel son voisin. La bonne dame ouyant ceste deliberaciō laissoit tout faire/ car de donner conseil au contraire ne se ousoit aduancier doubtant que le casier ne fust ouuert/ si abanndonna tout a telle auenture que souuenir pouoit. Le casier fut ainsi q̄ dit est hastelle au cheual et mene par la rue pour aler a lostel ou le bon homme lauoit ordonne/ mais gueres nala loing que le maistre cure a qui les oeufz et le beurre creuoiēt les peulx cria pourdieu mercy. Le charreton ouyant ceste piteuse voix resonāte du casier descēdit tout esbahy/ et hucha les gens et son maistre q̄ ouurirent le casier ou ilz trouuerēt le poure prisonnier doré et ēpapine deufz de formaige et de lait et autres choses plus de cent. Le poure amoureux estoit tant piteusement appointe quon ne sauoit du quel il auoit le plus. Et quant le bon mary le vit en ce poit il ne se peut contenir de rire combien que courrouce deust estre. Si le laissa courrir & vit a sa fēme mōstrer cōmet il auoit eu tort destre souspeconneux de sa faulse dessoyaute. Elle qui se vit par exemple vaincue crya mercy/ et il lui fut pardonne p̄ telle condicion que se iamais le cas lui aduenoit q̄ elle fust mieulx aduisee de mettre son homme autre part que ou casier/ car le cure en auoit este en peril de

La .lxxiiii. nouuelle par philippe de laon

estre a tousiours gaste. Et apres ce ilz demourerent ensemble long temps et raporta comme son casier/ et ne scay point que se cure si trouuast depuis/ lequel par le moyen de ceste aduenture fut comme encores est appelle/ sire Badin casier.

¶ La .lxxiiii. nouuelle par phē de laon

Ainsi q̄ na gueres monseigneur le seneschal de Boulenois cheuauchoit parmi le pays dune Bille a lautre en passant par vng hamelet ou len sonnoit au sacrement/ et pour ce quil auoit doubte de non pouoir Benir a la Bille ou il contendoit en temps pour ouir messe car leure estoit pres de midi/ il saduisa q̄l descēdroit au dit hamel pour Beoir dieu en passant. Il descendit a luys de leglise et puis sen ala rendre assez pres de lautel ou len chantoit la grant messe/ et si prouchain se mist du prestre quil se pouoit en celebrāt de costiere pceuoir. Quāt il eut seue dieu et calice et fait ainsi cōme il appartenoit/ pensant a par luy apres quil eust peeu monseigneur le seneschal estre derriere luy et non sachant sen bonne heure estoit Benu pour Beoir dieu leuer ayant touteffoiz oppinion q̄l estoit Benu tard/ il appella son clerc et luy fist alumer arriere sa torche puis en gardāt les cerimonies q̄l fault garder leua encores vne foiz dieu disant q̄ cestoit pour monseigneur le seneschal/ et puis ce fait proceda oultre iusques a ce quil fut paruenu a son agnus dei/ lequel quant il leut dit trops foiz et que son clerc luy bailla sa paix pour baisier il la refusa et en tabiouant tresbien son clerc il dist quil ne scauoit ne bien ne honneur/ et sa fist bailler a monseigneur le seneschal qui sa refusa de tout poit deux ou trois foiz. Et quant le prestre Bit que monseigneur le seneschal ne Bouloit prendre la paix de uant luy il laissa dieu quil tenoit en ses mains et print la paix q̄l apporta a mōdit seigneur le seneschal et luy dist que sil ne la prenoit deuant luy il ne la prendroit ia luy mesmes/ et ce nest pas dist le prestre raison que iaye la paix deuāt Bous. Adonc monseigneur le seneschal Boyāt que sagesse nauoit illec lieu saccorda au cure et print la paix premier/ puis le cure apres. Et ce fait sen retourna parfaire sa messe de ce qui restoit/ et puis cest tout ce que on men a compte.

La .lxxv. nou. par mōseigneur de thalemas

¶ La .lxxv. nouuelle racomptee par monseigneur de thalemas.

Au temps de la guerre des deux partiez/ les vngs nommes bourguignons/ et les autres arminacz aduint a troyes en champaigne vne asses gracieuse aduenture qui tresbien vault se reciter a mettre en compte qui fut telle Ce ux̄p de troys pour lors que onceques par auant ilz eussent este bourguignōs cestoient tournes arminacz/ et entreulx auoit conuerse vng compaignon a demi fol/ non pas quil eust perdu sentiere congnoissance de raisō/ mais a la verite il tenoit plus du coste de dame folie quil ne tenoit de raison/ combien que aucunesfoiz il epcecutast et de samain et de la bouche plusieurs besoingnes que pluṣ saige de luy neust sceu acheuer. Pour ve-

nir donc au propos encommence/ se galant dessusdit estoit en garnisō auec les bourguignons a saincte meneho/ mist vne iournee en termes a ces cōpaignōs et leur commenca a dire que silz vouloient croire quil leur bailleroit bonne doctrine pour attrapper vng hoc des souldiers de troyes/ lesquelz a la verite ilz hayoient mortellement a ilz ne samoiet gueres/ mais se menassoient tousiours de pendre silz se pouoient tenir/ vecy ql dist/ ie men iray deuers troyes et mapro cherap des faulxbours et feray semblāt despier la ville et de taster de ma lance les fosses et si pres de la ville me tirerap que ie seray prins/ ie suis seur que si tost que le bon bailly me tiendra quil me cōdemnera a pendre et nul de la ville ne si opposera pour moy, car ilz me hayent trestous/ ainsi seray ie bien matin au gibet et vous seres embuchez au bocquet q̄ est au plus pres dudit gibet/ et tantost q̄ vous orrez venir moy a ma compaignie vous sauldres sur lassemblee et en pien dres et tiendres a vostre volente et me deliureres de leurs mains. Tous les compaignons de la garnison lui accorderent treuolentiers et lui commencerent a dire que puis quil osoit bien entreprendre ceste aduenture que ilz aydroient a la fournir au mieulx quilz scauroient. Et pour abreger le gentil folastre saprouchna de troyes comme il auoit deuant dit et aussi comme il deliroit/ et fut prins dont le bruit se vādit tost parmy la ville

La .lxxv. nou. par mõseigneur de thalemas

et ny eut celuy qui ne le condemnast a pendre/mesmement le bailli si tost quil le vit dist et iura par ses bons dieux quil sera pendu par sa gorge. Helas monseigneur disoit il ie vous requier mercy/ ie ne vous ay rien meffait. Vous mentez ribault dist le bailly/vo⁹ auez guide les Bourguignons en ceste marche et auez acuse les bourgoys et bons marchans de ceste ville vous en aures vostre paiemēt car vous en serez au gibet pēdu. Ha pour dieu monseigneur dist nostre bon compaignon/puis quil fault q̃ ie meure/au mains quil vous plaise que ce soit bien matin/et quen la ville ou iay eu tant de congnoissance et dacointance ie ne recoyue trop publique pugnicion. Bien dist le bailly on y pensera. Le lendemain des le point du iour le bourreau auec sa charette fut deuāt sa prison ou il neust gueres este que vecy venir le bailly a cheual q̃ ses sergens et grant nombre de gens pour lacompaignier/ et fut nostre hōme mis trousse et lye sur la charette et tenant sa musette dont il iouoyt coustumieremēt on le maine deuers la iustice ou il fut plus acōpaigne que beaucoup daultres neussent este tant estoit hay en la ville. Or deuez vous scauoir que les compaignons de la garnison de saincte meneho noublierēt poit eulx embuchier au boys au pres de la iustice des la minupt/tāt pour sauluer homme quoy quil ne fust pas des plus saiges comme pour gaingner prisonniers et aultre chose silz pouoient. Eulx la doncques arriuez disposerent de leurs besoignes cōme de guerre/et ordonnerent vng guet sur vng arbre qui leur deuoit dire quant ceulx de troies seroient a la iustice/ceste guette ainsi mise et logee dist quelle feroit bon deuoir. Or sont descenduz ceulx de la iustice deuant le gibet/et le plus abregeemēt que faire se peult le bailli commanda q̃ on despeschast nostre poure coquart q̃ estoit bien esbahy ou ses compaignons estoient quilz ne venoient ferir dedes ces ribaulx armanacz, il nestoit pas bien a son aise/mais regardoit deuant q̃ derriere et le plus vers le boys/mais il nopoit riens/il se confessa le plus longuement quil peust/toutesfoiz il fut oste du prestre/et pour abreger monta sur lescheelle q̃ luy la venu bien esbahy dieu le scait regarde tousiours vers ce boys/mais cestoit pour neāt/car sa guette ordōnee pour faire saillir ceulx q̃ rescourre le deuoiēt estoit endormie sur cest arbre/si ne scauoit que dire ne que faire ce poure hōme si non quil pensoit estre a sō dernier iour. Le bourreau a certaine piece apres fist ses prepatoires pour luy bouter la hart au col pour se despescher/et quant il veit ce il sadusa dung tour qui luy fut bien proufitable et dist/monseigneur le bailly ie vous prie pour dieu que auant quō mette plus la main a moy que ie puisse iouer vne chancon de ma musette et ie ne vous demande plus/ie suis apres cōtēt de mourir et vous pardonne ma mort q̃
q.ii.

La. lxxvi. nouuelle. par philippe de laon

a tout le monde. Ceste requeste luy fut passee et sa musette luy fut en hault porter/ et quant il la tint le plus a loisir qʼil peut il la commence a soner et iouer une chanson que ceulx de la garnison dessus dicte congnoissoient tresbien et y auoit tu demeures trop robi tu demeures trop et au son de sa musette la guette se sueilla/ et de paour quelle eut se laissa cheoir du hault en bas de larbre ou elle estoit et dist/ on pend nostre homme/ auant auant hastes vous tost/ et les compaignons estoient tous prestz et au son dune trompette saillirent tous hors du boys et se vindrent fourrer sur le bailli et sur tout le mesnaige qui deuant le gibet estoit. Et a cest effroy le bourreau fut tant esperdu esbahy qʼil ne scauoit ne neust onces aduis de luy bouter lahart au col ne le bouter ius/ mais luy pria quil luy sauuast la vie/ ce quil eust fait tresuolentiers mais il ne fut en sa puissance/ trop bien il fist aultre chose et meilleure/ car luy q estoit sur leschelle crioit a ces compaignons/ prenez cestui ca/ prenez cestuy la vng tel est riche/ vng tel est mauuais. Brief les bourguignons en tuerent vng grant tas en la venue de ceulx de troyes et prindrent des prisonniers vng grant nombre et sauluerent leur homme en la facon que vous oyes qui leur dist quen iour de sa vie neut si belles affres quil auoit a ceste heure euez.

¶ La. lxxvi. nouuelle racomptee par philippe de laon.

En ma plusieurs foiz dit et racompte par gens dignes de foy vng bien gracieux cas dont ie fourniray vne petite nouuelle sans y descroistre ne adiouster autre chose que ce qui sert au propos. Entre les autres cheualiers de Bourgoigne vng en y auoit na gueres lequel contre sa coustume et vsaige du pays tenoit a pain et a pot vne damoiselle belle et gente en son chasteau que point ne vueil nommer/ son chappelain qui estoit ieune et tres voyant ceste belle fille nestoit pas si constãt que souuent ne fust par elle tente et en deuint amoureux/ et quant il vit mieulx son point compta sa ratelee a la damoiselle qui estoit plꝰ fine que moustarde/ car la mer

La .lxvi. nouuelle. par philippe de laon

cy dieu esse auoit rauy a couru le pays tant que du monde ne scauoit que trop elle pensa bien en soy mesmes que selle accordoit au prestre sa requeste que son maistre qui sroit eser quelque moyen q elle scairoit trouuer il sen donneroit bie garde et ainsi persroit le plus pour le moins/si deslibera de descouurir sembu-che a son maistre/le quel quāt il se sceut ne fist que rire/car assez sen doubtoit attendu le regart deuis et esbatement ql auoit seu entre eulx deux/ ordonna neantmoins a sa gouge quelle entretenist le prestre voire sans faire la courtoisie/ et si fist elle si bien que nostre sire en auoit tout au long du bras/ et nostre bon che-ualier souuēt luy disoit/par dieu nostre sire vous estes trop priue de ma chambe riere/ ie ne scay quil y a entre vous deux mais se ie scauoye que vous y pourchas-sassiez riens a mon desauantaige/ par nostre dame ie vous puniroye bien. En verite monseigneur respondit maistre domine ie ny casenge ne demande riens ie me seuise a elle a passe temps comme font les aultres de ceans/ mais oncques iour de ma vie ne la requis damours ne daultre chose. Pour tant le vous dy ie ce dist le seigneur/ se autrement en estoit ie nen seroye pas content. Se nostre domi-ne auoit bien pourcuy au parauant ses paroles plus aigres et a toute force con-tinua la poursuite/ car ou quil rēcōtrast la gouge de tant pres la tenoit que con-trainte estoit voulsist ou non donner lo-

reille a sa doulce requeste/ et elle dupte a faicte a lesperon et a sa lance endormoit nostre prestre et en son amour tan fort se boutoit quil eust pour elle vng ogier cō-batu. Si tost que de luy sestoit saufsue tout se plesoye dentre eulx deux estoit au maistre p elle racōpte pour pl9 grāt plaisir en auoir/ et pour faire la farce au vif et bien tromper son chapelain il com-manda a sa gouge quelle luy assignast iournee destre en la ruelle du lit la ou ilz couchoient/ et luy dist. si tost que monsei-gneur sera endormy ie feray ce que vous vouldres/ rendez vous dōcques en sa ru-elle du lit tout doulcemēt. Et fault dist il que tu luy laissez faire et moy aussi ie suis seur que quant il cuidera que ie dor-me ql nedemoura gueres quil ne tēsesve et iauray apreste a senuiron de toy deuāt se sas iosis ou il sera atrappe. La gouge en fut ioyeuse et bien contēte et fist son rapot a nostre domine qui iour de sa vie ne fut plus ioyeux/ et sans penser ne ymaginer peril ne dangier ou il se bou-toit comme en sa chābre de son maistre ou lit/ et a la gouge de son maistre/ toute raison estoit de luy a ce arriere mise/ seu-lement luy chailloit dacomplir sa folle voulente cōbien que naturelle et de plu-sieurs accoustumee. Pour faire fin a long proces/ maistre prestre vint a leure assignee bien doulcemēt en la ruelle dieu le scait/ et sa maistresse luy dist tout bas ne sonnez mot/ quant monseigneur for-mira bien fort ie vous toucheray de

q.iii.

La .lxxvii. nouuelle. par alardin

main et bié dres empres moy/en la bõne heure se dist il/le bõ cheualier q̃ a ceste heure ne dormoit mie se tenoit a grant prine de rire/toutesfoiz pour parfaire la farce il sen garda/et comme il auoit proposé et dit il tendit son fils ou son sac lequel quon ueult tout a lendroit de la partie ou maistre prestre auoit plus grant desir de heurter/or est tout prest et nostre domine appelle et au plus doulcement quil peut entra dedens se sist et sans plus barguiner il monte sur le sac pour ueoir de plus loing/si tost q̃l fut logié le bon cheualier tire son sac bien fort et dist bien hault/ha ribault prestre est ce uous tel/ū bon prestre a soy retirer/mais il ne ala gueres loing/car linstrument quil uouloit accorder au bedon de la gouge estoit si bien enuelope du sac quil nauoit garde des oignier/dont si tres esbahy se trouua quil ne scauoit sa contenance ne que il luy estoit a aduenir/de plus fort tiroit son maistre le sac qui grant douleur si luy eust esté se paour et esbaïssemẽt ne luy eussent tollu tout sentement. A petit de piece il reuint a luy et sentit tres bien ces douleurs/et bien piteusement cria mercy a son maistre qui tant grant fain auoit de tire qua peine scauoit il parler si luy dist il neantmoins apres q̃l leust auant en sa chambre parbõdy. A les bõ en nostre sire et ne uous aduienne plus ceste foiz uous sera pardonne/mais la seconde seroit irremissible. Helas monseigneur si respond il/iamais ne mauiẽ

dra/elle est cause de ce que iay fait. A ce coup il sẽ ala q̃ mõseigneur se recoucha q̃ acheua ce q̃ lautre auoit cõmẽce/mais saichez q̃ oncques puis ne si trouua le bõ prestre au sceu du maistre. Il peut bien estre que en recompense de ses maulx la gouge en eut depuis pitie/et pour sa cõscience acquitter luy presta son bedon et tellemẽt saccorderent que le maistre en ualut pis tant en biens comme en honneurs/du surplus ie me tais et a tant ie fays fin.

¶ La .lxxviii. nouuelle racomptee par alardin.

Ung gentil homme des marches de flandres ayant sa mere bien ancienne et tresfort debilitee de maladie plus languissant et uiuant amalaise q̃

La .lxxvii. nouuelle. par alardin

nulle autre femme de son aage esperant delle micul[x] valoir et amender/et combien que es marches de flandres il fist sa residence si la visitoit il souuēt/et a chascune foiz que vers elle venoit tousiours estoit de mal oppressee tāt q̄ sen cuidast que lame en deust partir/et vne foiz entre ses aultres cōme il lestoit venu veoir elle au partir luy dist/adieu mon filz ie suis seure q̄ iamais ne me verrez/car ie men vois mourir/a dea ma damoiselle ma mere vous mauez tant de foiz ceste secō recordee q̄ ien suis saoul/et a trop[s] ans passes que tousiours ainsi mauez dit/mais vo[us] nen auez rien fait/prenes bon iour ie vo[us] en prie si ne failles poit La bonne damoiselle oyant de son filz sa response quoy que malade et vieille fust en soubriant luy dist a dieu. Or se passerent puis vng an puis deux ans tousiours languissant. Ceste fēme fut arriere de son dit filz visitee/ et vng soir comme en son lit en lostel delle estoit couchee tant opressee de mal quon cuidast bien quelle alast a mortaigne/si fut ce bon filz appelle de ceulx qui sa mere gardoient et luy dirent que vien en haste a sa mere venist/car seuremēt elle sen aloit/dictes vous donc dist il quelle sen va p[ar] ma foy ie ne lose croire tousiours dit elle ainsi mais riens nen fait/nennil nennil dirent ses gardes cest a bon escieut venez vous en car on voit biē quelle sen va/ie vous diray dist il/alez vo[us] en deuant et ie vous suyuray et dictes biē

a ma mere puis quelle sen veult aler q̄ par douay point ne sen aille que le chemin est trop mauuais/a peu que deuāt hier moy et mes cheuaulx ny demouraſmes. Il se leua neantmoins a housse de sa robe longue se mist en train pour aler veoir se sa mere feroit la derniere a finable grimace/luy la venu sa trouua fort malade a q̄ passe auoit vne subite faulte qui la cuidoit bien emporter, mais dieu mercy elle auoit vng peu mieulx/nesse pas ce que ie vous dy commence a dire ce bon filz sen dit tousiours ceans et si fait elle mesmes quelle se meurt et riēs nen fait/prenge bon terme de par dieu cōme tant de foiz luy ay dit a si ne faille point ie men retourne dont ie bien et si vous aduise que plus ne mapellez selle deuoit sen aler toute seule si ne luy feray ie pas a ceste heure compaignie. Or conuient il que ie vous compte la fin de mō entreprinse, ceste damoiselle ainsi mala de que dit est reuint de ceste extreme maladie/et cōme au parauant depuis veſquit en languissāt lespace de troys ans pēdant lesquelz ce bon filz la vint veoir dauenture vnefoiz et au point quelle rēdit lesperit/mais le bon fut quant on le vint querir pour estre au trespas delle il vestoit vne robe neufue a ny voulut aler messages sur aultres venoient vers luy car sa bonne mere q̄ tiroit a sa fin le vouloit veoir a recommander aussi son ame mais tousiours aux messaiges respondoit/ie scay biē quelle na point de haste

q.iiii.

La .lxvii. nouuelle. par iehan martin

te quesse attendra bien que ma robe soit mise a point. En la parfin tant luy fut remostre quil sen ala deuers sa mere sa robe vestue sans ses manches/lesquel quant en ce point fut delle regarde luy demanda ou estoient les manches de sa robe/et il dist/elles sont la dedēs qui natēdent a estre parfaictes si non que vous descōbriez la place/elles seront donc tātost acheuees ce dist la damoiselle ie men voys a dieu au cueur humblement mon ame recomande et a toy aussi mō filz/lors rēdit same a dieu sans plus mot dire sa croix entre ses bras. La quelle chose voyant son bon filz cōmenca tant fort a plourer que iamais ne fut veu sa pareille/et ne se pouoit nul conforter/et tant en fist que au bout de .vii. iours il mourut de deul.

¶ La .lxviii. nouuelle racomptee par ichan martin.

U bon pays de bretaign qui est bōne marche et plaisante fournie a droit et bien garnie de belles filles et bien saiges coustumierement et le plus et des hōmes on veult dire et se treuue assez veritable que tant plus viuent que tant plus sont sotz. Na gueres aduint q̄ vng gentil homme en ce point ne (a destine il luy print volunte daler oustre mer voyager en diuers lieux/ cōme en cipre en rodes et es marches denuiron/et au dernier fut en iherusalem ou il receut sordre de cheualerie. Pendāt lequel temps de son voyaige sa bōne femme ne fut pas si oyseuse quelle ne prestast son quoniā a trops cōpaignōs/lesquelz cōe a court plusieurs seruent par temps et termes eurent audience/et tout premier vng gētil escuier fres et friqui et en son point qui tant remboura son bas a son chier coust et substance tant de son corps cōe en despense de pecune/car a la verite elle tant bien se pluma qlny faisoit point renuoyer quil sennuya et retira et de to⁹ poins labandonna. Lautre apres vint q̄ cheualier estoit et homme de grant bruit qui bien ioyeux fut dauoir gaigne la place et besoigna au mieux quil peut cōme dessus moyennant de quibus que la gouge tant bien scauoit auoir q̄ nul aultre ne la passoit/et brief se lescuier qui au parauant auoit la place auoit este rōgie damp cheualier nen eut pas moins. Si tourna bride et print congie & aux autres abandonna la queste. Pour faire bōne

La .lxxviii. nouuelle par iehan martin

bouche/sa bonne damoiselle dung maistre prestre sacointa a quoy quil fust subtil et sur argent bien fort supurieux si fut il rançonne de robes de vaisselle a de aultres bagues largement. Or aduint dieu mercy que le vaillant mary de ceste gouge fist scauoir sa venue et côme en ie rusalem auoit este fait cheualier/ si fist sa bône femme sostel a prester tendre paret et netoyer au mieulx quil fust possible. Brief tout estoit bien net a plaisant fors elle seulement/car du plus et sutin q̃ sie auoit a force de rains q̃ uane auoit acquis vaisselle tapisserie et daultres meubles assez. A larriuer q̃ fist le bon̄ mary dieu scait la ioye et la feste quon luy fist/celle en especial q̃ le moins en tenoit côpte cestassauoir sa vaillant fême ie passe tous ses biêsvucissans et bien a ce q̃ mōseigneur son mary quoy couuert q̃ fust si se dôna garde de foison de meubles qui auant son ptemêt restoiêt pas leās. Vint aux coffres aux bufetz et en assez daultres lieux et treuue tout multiplie dont le hutin luy môta en la teste et de prinsault son cueur en voulut descharger/si en vint bien eschauffe et malmeu deuers sa bonne femme et luy demanda tātost dôt sourdoient tant de biens côme ceulx que iay dessus nômes Saint iehan monseigneur ce dist ma dame ce nest pas mal demande. Vous auez bien cause den tenir telle maniere et de vous eschauffer ainsi/il semble que vous soyez courouce a vous veoir/ie ne suis pas bien a mon aise dist il/car ie ne vous laisse pas tant dargent a mon partir et si nen pouez pas tant auoir espargne que pour auoir tant de vaisselle de tapisserie et le surplus de bagues que iay trouue par ceās/il fault q̃ ie nen doubte point car iay cause que quelquun se soit de vous accointe qui nostre mesnage a ainsi renforce. Et par dieu mōseigneur respond la simple fême/vous auez tort qui pour bien faire me mettez sur telle vilennie/ie veuil bien que vous saiches que ie ne suis pas telle/mais meilleure en tous endrois que a vous nappartiêt et nesse pas raison que auec tout le mal que iay eu damasser et espargner pour accroistre a embellir vostre hostel a se mien ien soye reprouchee et tencee/cest bien loing de congnoistre ma peine comme bon mary doibt faire a sa bonne preude femme/telle sauez vous meschant malcurieux dont cest grant dommaige par mon ame se ce nestoit pour mon hōneur et pour mon ame. Le proces quoy quil fust plus long pour vng temps cessa et sauisa maistre mary pour estre acertene de lestat de sa femme quil seroit tant auec son cure qui son tresgrāt ami estoit que delle ourroit la deuote confession/ce quil fist au moyen du cure qui tout conduist/car vng bien matin en la bonne sepmaine que de son cure pour confesser approucha en vne chapelle deuant il se suppa/et a son mary vint lequel il acoula de son habit a lenuopa deuers sa fême

La .lxxviii. nouuelle. par iehan martin

Se noſtre mary fut ioyeux il ne le fault ia demander quant en ce point il se trouua/ il vint en sa chappelle et au siege du prestre sans mot dire entra/ et sa femme dapprouchier qui a genoulx se mist deuant ses piez cuidant pour vray estre son cure et sans tarder commenca a dire/ benedicite/ et noſtre sire son mary respondit dominus au mieulx quil sceut cōme le cure sauoit aprins acheua de dire ce q̄ affiert/ apres que sa bonne femme eut dit sa generale confession/ elle descēdit au particulier et vint parler comment durāt le temps que son mary auoit este dehors vng escuier auoit este son lieutenant dont elle auoit tant en or en argēt que en bagues beaucoup amēde/ et dieu scait quen oyant ceste confessiō se le mary estoit bien a son aise/ sil eust ose voulentiers leust tuee a ceste heure/ toutesfoiz affin de ouyr le surpl9 il eut pacience. Quant elle eut dit tout au long de ce bon escuier du cheualier seſt acuſee qui comme lautre lauoit bien baguee/ et bon mary qui de deul se crieue ne scait q̄ faire de soy descouurir et bailler labsolucion sans pl9 attendre si nen fiſt il riens/ neantmoins print le loisir descouter ce q̄ l ourra. Apres le tour du cheualier le prestre vint en ieu/ mais a ceſt coup bon mary perdit pacience et nen peut plus ouir si getta ius chapperon et ſurplis en soy monſtrant luy diſt/ faulce et desloyale o'bop ie et congnois voſtre grant traiſon et ne vous souffiſoit il de leſcuier et puis du cheualier ſans a vng preſtre vo9 donner q̄ plus me deſplaiſt q̄ tout ce que fait vous auez. Vous deuez ſcauoir que de prinſault ceſte vaillant femme fut eſbahye/ mais le loiſir quelle eut de reſpōdre tres bien laſſeura et ſa contenance ſi bien ordonna de maniere qua ſoupt a ſa reſponſe plus aſſeuree eſtoit que ſa plus iuſte de ce monde diſant a dieu ſon oroiſon/ ſi reſpondit tantoſt apres comme le ſaint eſperit ſinſpira et diſt bien froidement/ poure coquart qui ainſi vous tourmentes ſcauez vous bien pour quoy/ or ouez moy ſi vous plaiſt/ et penſez vous que ie ne ſceuſſe bien que ceſties vous a q̄ me confeſſoye ſi vous ay ſeruy cōe ſe cas le requeroit et ſans mentir de mot vous ay confeſſe tout mon cas/ vecy comment de leſcuier me ſuis accuſee a ceſtes vous/ quāt vo9 meuſtes a mariage vo9 eſtiez eſcuier a lors fiſtes de moy ce quil vo9 pleut/ le cheualier auſſi dōt iay touche ceſtes vous/ car a voſtre retour vous mauez fait dame/ et vous eſtes le preſtre auſſi car nul ſe preſtre neſt ne peut ouyr confeſſion. Par ma foy mamie diſt il or mauez vous vaincu et bien monſtres q̄ ſaige vous eſtes et a tort vous ay chargee dont ie me repens et vous en cry mercy promettant de ſamender a voſtre dit Legieremēt il vous eſt pardonne ce diſt ſa femue puis que le cas vo9 cōgnoiſſez Ainſi q̄ auez ouy fut le bon cheualier de ceu par le ſubtil engin de ſa femme.

La lxxix. nou. par messire michault de chãgy

¶ La .lxxix. nouuelle racomptee par messire michault de changy.

LE bon pays de bourbonnoys ou de coustume ses bonnes besoignes se fõt auoit lautre hier ung medeci dieu scait quel/onques ypocras ne galien ne pratiquerent ainsi sa science comme il faisoit/car en lieu de ciros de breuaiges et delectuaires et de cent mille autres besoignes que medecins scaiuent ordonner tant a conseruer sa sante de somme que pour la recouurer se elle est perdue. Le bon medecin de quoy ie vous parle ne vsoit seulement que dune maniere de faire/cest assauoir de bailler clisteres Quelque matiere quon luy aportast il faisoit tousiours bailler clisteres/et toutesfoiz si bien venoit en ses besoignes et affaires que chascun estoit bien contẽt

de luy et garissoit chascun dõt son bruit creut et augmenta tant et en telle maniere quõ lappelloit maistre icy ã p tout tant es maisons des princes a seigneurs comme es grosses abayes et bonnes villes/et ne fut oncques aristote ne galien ainsi auctorise par especial du commun peuple que ce bõ maistre dessusdit/et tãt monta sa bonne renõmee que pour toutes choses on luy demandoit conseil/et estoit tant ẽbesoigne incessaument quil ne scauoit au quel entendre/se dne femme auoit mauuais mary rude et diuers elle venoit au remede vers ce bon maistre. Brief de tout ce dõt on peut demãder bon conseil de hõme/nostre bon medecin en auoit la huee et venoit on a luy de toutes pars pour enseigner ses choses perdues. Aduint ung iour que ung bon simple homme champestre auoit perdu son asne/et apres la longue queste dicelluy si sadvisa ung iour de tirer vers celluy maistre qui si tressaige estoit/et a leure de sa venue il estoit tant enuironne de peuple quil ne scauoit au quel entendre Le bon homme neantmoins rompit la presse et en sa presence de plusieurs luy compta son cas/cestassauoir de son asne quil auoit perdu/priant pour dieu quil luy voulsist radresser. Le maistre qui plus aux autres entendoit qua luy ẽ pẽsant le bruit et son de son langaige se vira deuers luy cuidant quil eust aucune enfermete/a affi den estre despesche dist a ses gẽs/baillez luy ung clistere/a le bõ siple

La .lxxx. nouuelle par messire michault

homme qui lasne auoit perdu non sachant que se maistre auoit dit, fut prins des gens du maistre qui tantost comme il seur estoit charge suy baillerent ung cliftere dont il fut bien esbahy, car il ne scauoit que cestoit. Quant il eut ce cliftere tel quil fust dedens son bêtre il picque et sen ba sans plus demander de son asne cuidant certainemêt par ce se retrouuer. Il neut gueres ale auant que se bêtre suy brouissa tellement quil fut contraint de soy bouter en vne vieille masure inhabitee pour faire ouuerture au cliftere qui demandoit la clef des champs & au partir quil fist il mena si grât bruit que lasne du poure homme qui passoit assez pres comme esgaree commeuce a reclamer et crier, et bon homme de saulcier et leuer sus et chanter. Te deû laudamus et benir a son asne quil cuidoit auoir retrouue par le cliftere que suy auoit fait bailler le maistre qui eut encores plus de renommee sans comparoison que au parauât, car ses choses perdues on le tenoit bray enseigneur et de toute science aussi le parfait docteur combien que dung seul cliftere toute ceste renommee bint. Ainsi aues ouy cômẽt lasne fut trouue par vng cliftere qui est chose apparente et qui souuêt aduient.

¶ La .lxxx. nouuelle racomptee par messire michault.

ES marches dalemaigne comme pour bray oup na gueres racompter a deux gentilz seigneurs dignes de foy & de croire, qunc ieune fille de saage denuiron .xv. a .xvi. ans fut donnee en mariage a ung loyal gentil compaignô bien gracieux qui tout deuoir faisoit de paier le deuoir que voulentiers demandent les femmes sans mot dire quât en cest aage et estat sont, mais quoy que le poure homme fist bien la besoigne et se efforcast espoire plussouuent qil ne deust touteffoiz nestoit socuure quil faisoit en aucune maniere agreable a sa femme car incessaumêt ne faisoit que rechigner et souuent plouroit tât têdremêt côe se tous ces amis fussent mors. Son bon

La .lxxx. nouuelle par messire michault

mary sa voyant ainsi lamenter ne se scauoit assez esbahir quelle chose luy pouoyt fallir/ et luy demandoit doulcement helas mamye et quauez vous/et nestes vous pas bien vestue bien logee et bien seruie et de tout ce q̃ gens de nostre estat peuent par raison desirer bien couuenablement partie. Ce nest pas ce q̃l me tiẽt dist elle/et quesse donc/dictes le moy dist il et se ie y puis mettre remede pensez q̃ ie le feray pour y mettre corps et biens Le plus des foiz elle ne respondoit mot mais tousiours rechignoit et de plus en plus triste chiere matte et mourne elle faisoit/la quelle chose se mary ne portoit pas bien paciemment quant scauoir il ne pouoit la cause de ceste dolance/il en enquist tãt quil en sceut une partie: car elle luy dist quelle estoit desplaisante q̃l estoit si petitement fourny de cela que vous scauez: cest assauoir. du baston de quoy on plante les hommes comme dit bocace/voire dist il et esse cela sont tant vous doulez/et par saint martin vous auez bien cause/toutesfoiz il ne peult estre autre et fault que vous en passez tel quil est voire se vous ne voules aler au change. Ceste vie se continua ung grant temps tant que le mary voyant ceste obstinaciõ desse assembla ung iour a ung disner ung grant tas des amis delle et leur remonstra le cas comment il est cy dessus touché et disoit quil luy sembloit quelle nauoit cause de soy douloir de lui en ce cas/car il cuidoit aussi bien estre party d'istrument naturel que voisin q̃l eust/et affin dist il que ien soye mieulx creu et que vous soyes son toit euidẽt ie vous monstreray tout. Adonc il mist sa dentree auant sur la table deuant to9 et toutes et dist/veci de quoy. Et sa femme de plorer de plus belle Et par saint iehã dirent sa mere sa seur sa tante sa cousine sa voisine/mamye vo9 auez tort et que demandez vo9/voulez vous plus demander/q̃ esse qui ne deuroit estre cõtente dung mary ainsi oustillé/ainsi mais dieu ie me tiendroye bien eureuse den auoir autant voire beaucoup mais/apaisiez vous et faictes bonne chiere doresenauant/par dieu vous estes la mieulx partie de nous toutes ce croy ie. Et la ieune espousee oyant le colliege des femmes ainsi parler leur dist bien fort plourant vecy le petit asnon de ceans qui na guares auec demi an de aage et si a sinstrumẽt grant et gros de la lõgueur dung bras/et en ce disant tenoit son bras par le coute et le bransloit trop bien/et mon mary qui a bien xxviii. ans nen a que ce tant petit quil a monstre/et vous sẽble il que ien soye estre cõtente. Chascun cõmenca a rire/ et elle de plus plourer tant que lassemblee fut longuemẽt sãs mot dire. Alors sa mere print la parole et a part dist a sa fille tãt dunes et daultres que aucunement se contẽta/mais ce fut a grant paine/vecy la guise des filles dalemaigne se dieu plaist bien tost serõt ainsi en france.

La .lxxvi. nou. par Mōseigneur de v̄vaurin

⁋ La .lxxvi. nouuelle racomptee par monseigneur de v̄vaurin.

Puis que les comptes et histoires des asnes sont acheuez ie vous feray en brief et a la verite vng gracieux compte dung cheualier que la pluspart de vous mes bons seigneurs congnoissez de piecza. ⁋ Il fut bien vray que ledit cheualier sen amoura tresfort comme il est assez bien de coustume aux ieunes gēs dune tresbelle gente et ieune dame et du cartier du pays ou elle se tenoit la plus suiuante la plus mygnongne et la plus renommee / mais touteffoys quelque semblant quelque deuoir quil sceust faire pour obtenir la grace de celle dame / iamais ne peust paruenir destre seruiteur retenu dont il estoit tresdesplaisant et bien marry / attēdu que tant ardaument / tāt

loyalement / et tant entierement lamoit que iamais femme ne se fut mieulx. Et nest point a oublier que ce bon cheualier faisoit autāt pour elle q̄ oncques fist seruiteur pour sa dame / comme de ioustes dabillemens et plusieurs esbatemens et neantmoins comme dit est tousiours trouuoit sa dame rude et mal traictable et luy monstroit mains de semblant damours que par raison ne deust / car elle scauoit bien et de vray que loyalement et chierement estoit de luy aymee / a dire la verite elle luy estoit trop dure / et est assez a penser quil procedoit de fierte dont elle estoit plus chargee que bon ne luy feust cōme on pourroit dire remplye. Les choses estans comme dit est / vne aultre dame voisine et ampe de la dessusdicte / voyant la queste dudit cheualier fut tant esprise de son amour que pl⁹ on ne pourroit et par trop bōne facon et maniere q̄ trop lōgue seroit a descripre / fist tant p̄ subtilz moyens que en petit de temps le bon cheualier sen apperceut dont il ne se meut que bien apoint tant sestoit fort donne au parauant a sa rebelle et rigoureuse maistresse / trop bien comme gracieux quil estoit et bien saichant / tant sagement entretenoit celle de luy esprinse que se a la congnoissance de laultre fust paruenu / cause neust eu de blasmer son seruiteur. Or escoutez q̄lle chose aduint de ses amours et q̄lle en fut la cōclusiō Le cheualier amoureux pour sa distāce du lieu nestoit si souuēt au p̄s de sa dāe

La .lxxxi. nou. par Monseigneur de vvaurin

que son seul cueur et trop amoureux desiroit/ si s'aduisa vng iour de prier aulcuns cheualiers et escuiers ses bons amis qui toutesfois de son cas rien ne scauoient d'aler esbatre hoser et querir ses lieures en la marche du pays ou sa dame se tenoit/ sachant de vray par ses espices que le mary d'elle ny estoit point/ mais estoit venu a la court ou souuent se tenoit comme celuy de qui ce fait se compte. Comme il fut propose de ce gentil cheualier amoureux et de ses compaignons/ ilz partirent le lendemain bien matin de la bonne ville ou sa court se tenoit/ et tout querant ses lieures passeret le temps ioyeusement iusques a basse nonne sans boire et sans menger/ et en grant haste vindrent repaistre en vng petit village/ et apres le disner le q̃l fut court et sec monterent a cheual/ et de ples belle s'en vont querant ses lieures. Et le bon cheualier qui ne tiro̅t qu'a vne menoit tousiours la brigade le plus q̃l pouoit arriere de la bonne ville ou ses compaignons auoient grant enu'e de retirer/ et souuent luy disoient/ monseigneur le vespre approuche/ il est heure de retirer a la ville/ se nous ny aduisons nous serons enfermes dehors et nous fauldra gesir en vng meschant village et tous mourir de faim. Vous nauez garde se si soit nostre amoureux/ il est encores assez haulte heure/ et au fort ie scay bien vng lieu en ce quartier ou s'en nous sera tresbonne chiere/ et pour vous dire se a vos nctient/ ses dames nous festieront le plus honnestemet du mode. Et come gens de court se treuuet volentiers entre les dames ilz furent contens d'eulx gouuerner a l'appetit de celuy q̃ les auoit mis en train et passerent le temps queras ses lieures et volans ses perdris tant que le iour si leur dura. Il vit heure de tirer au logis si dist le cheualier a ces compaignons Tirons tirons pays ie vous meneray bien. Enuiron vne heure ou deux de nupt ce bon cheualier et sa brigade arriuerent a la place ou se tenoit la dame dessusdicte de qui tant estoit feru la guide de sa compaignie qui mainte nupt en auoit laisse le dormir/ on heurta a sa porte du chasteau/ et ses varles assez tost vindrent auant/ lesquelz leur demanderent quilz vouloient/ et celuy a qui se fait touchoit le plus print la parolle et leur commeca a dire. Messeigneurs monseigneur et ma dame sont ilz ceans/ en petite respo̅dit l'ung pour tous/ monseigneur ny est pas/ mais ma dame y est. Vous luy dires sil vous plaist que telz et telz cheualiers et escuiers de la court et moy vng tel se nons d'esbatre et querir les lieures en ceste marche et nous sommes esgaires iusques a ceste heure qui est trop tard de retourner a la ville/ si luy prions quil luy plaise nous receuoir pour ses hostes pour meshuy. Voulentiers dist lautre ie luy diray. Il vint faire ce messaige a sa maistresse/ la qlle fist faire la respo̅se sans venir deuers eulx q̃ fut telle/ mon seigneur

La .lxxxi. nou. par Monseigneur de vvaurin

dist le varlet, ma dame vous fait scavoir que monseigneur son mary nest pas icy dont il luy desplaist, car sil y fust il vous feist bonne chiere, et en son absence elle ne seroit recevoir personne. si vous prie que luy pardonnez. Le chevalier meneur de lassemblee pensez quil fut bien esbahi et treshonteulx douyr ceste responce, car il cuidoit bien venir et a loisir sa maistresse et deviser tout a son cueur saoul dont il se treuve arriere et bien loing, et encores beaucoup luy grevoit davoir amené ces compaignons en lieu ou il se stoit vanté de les bien faire festoyer. Comme saichant et gentil chevalier il ne mō stra pas ce que son povre cueur portoit si dist de plain visaige a ces cōpaignōs Messeigneurs pardonnez moy que ie vo9 ay fait paier labaxee, ie ne cuidoye pas que les dames de ce pays fussent si peu courtoises que de reffuser ung giste aulx chevaliers errans, prenez en paciēce, ie vous promets par ma foy de vous mener ailleurs ung peu au dessus de ceans ou sen nous fera toute aultre chiere. Or avant dōt dirēt les aultres, picquez avant, bonne aduenture nous doit dieu. Ilz se mettent au chemin. Et estoit lintencion de leur guide de les mener a lostel de la dame dont il estoit le chier tenu et dont mains de conte il tenoit que par raison il ne deust, et concluid a ceste heure de soy oster de tous poins de lamour de celle qui si sourdement avoit refusé la compaignie et dōt si peu de biē luy estoit venu estant en son service, et se delibera

dapmer servir et obeyr tant que possible luy seroit a celle qui tant de bien luy vouloit, et ou se dieu plaist se trouvera tantost. Pour abregier apres la grosse pluye que la compaignie eut plus dune grosse heure et demie sur le dos on arrive a lostel de la dame dont na gueres parloye et heurta len de bon hait a la porte, car il estoit bien tard et entre neuf et dix heures de nuyt et doubtoient fort quon ne fust couché. Varles et meschines saillirent avant qui sen vouloient aler coucher et demanderent quesse la, et on leur dist Ilz vindrent a leur maistresse qui estoit ia en cotte simple et avoit mis son cousrechief de nuyt et luy dirent. Ha dame monseigneur de tel lieu est a la porte qui veult entrer & avecques luy aulcuns aultres chevalieres et escuiers de la court iusques au nombre de troys. Ilz soient les tresbien venuz dist elle, avant avant vo9 telz et telz acoup, ales tuer chappons et poulailles et ce que nous avons de bon en haste. Brief elle disposa comme femme de grant facon comme elle estoit, et encores est tout subit ses besoingnes cōme vous orrez tantost. Elle print bien en haste sa robe de nuyt, et ainsi atournée quelle estoit le plus gentement qlle peut vint au devant des seigneurs dessusdis deux torches devant elle et une seule femme avec sa tresbelle fille, et les autres mettoient les chambres apoint. Elle vit rencontrer ses hostes sur le pont du chasteau, et le gentil chevalier qui tāt estoit en sa grace comme des autres, la guide

La .lxxxi. nou. par Monseigneur de vvaurin

et meneur se mist en front deuant/ et en faisant les recōgnoissāces il sa baisa et puis apres tous ses aultres pareillemēt la baiserent. Lors cōme fēme bien enseignee dist aux seigneurs dessusditz. Messeigneurs vous soyes les tresbien venus/ monseigneur tel cest leur guide ie le congnois de pieca/ il est de sa grace tout de ceans/ sil luy plaist il fera mes accointances vers vous. Pour abregier accointāces furent faictes/ le souper assez tost apres bien apreste et chascun deux logie en belle et bonne chambre bien appointee et bien fournie de tapisserie et de toute chose necessaire. Si vous fault dire que tandiz que se souper sapreftoit la dame et le bon cheualier se deuiserēt tāt et si longuement et se porta conclusion entre eulx q̄ pour la nuyt ilz ne seroiēt que vng sit/ car de bonne aduenture le mary nestoit point leans mais plus de quarante licuez loing de la. Or est heure tādis que le soupper est prest & que ces deuises se font q̄ sen souppe se plus ioyeusemēt quon pourra. Apres ces aduētures du iour que ie vous dye de sa dāe qui son hostel reffusa a la brigade dessus dicte/ mesmes a celuy qui bien scauoit q̄ plus laymoit que tout le mōde/ et fut si mal courtoise que onques vers eulx ne se monstra. Elle demāda a ses gēs quāt ilz furent vers elle retournes de faire son messaige quelle chose auoit respōdu le cheualier/ lun luy dist. Madame il le fist bien court/ trop bien dist il quil menoit ses gens en vng lieu pl⁹ en sus dicy ou len leur feroit bon recueil & meilleure chiere. Elle pensa tantost ce qui estoit & dist/ ha il sen est ale a lostel dune telle/ q̄ cōe bien scay ne se voit pas enuis/ seans se traictera ie nē doubte point quelque chose a mon preiudice. Et elle estant en ceste ymaginacion et pensee tātost tout subitement le dur couraige que tant auoit rigoureux enuers son seruiteur porte tout change et altere et en trescordial et bon vouloir transmue/ dont enuie fut pour ceste heure cause et motif/ conclusion onques ne fut tant rigoureuse qua ceste heure trop plus ne soit doulce & desireuse daccorder a son seruiteur tout ce quil vouldroit requerir et demander. Et doubtant que sa dāe ou sa brigade estoit ne ioupst de celuy que tant auoit traicte durement/ escripuit vne lettre de sa main a son seruiteur dont la plus part des signes estoint de son precieux sang qui contenoit en effect/ que tantost ces lettres veues toute aultre chose mise arriere il venist vers elle tout seul auec le porteur et il seroit si aggreablement receu que onques seruiteur ne fut plus content de sa dame quil seroit/ et en signe de pl⁹ grāde verite mist dedēs la lettre vng diamant que bien congnoissoit. Le porteur qui seur estoit print la lettre et vint au lieu dessusdit et trouua le cheualier aupres de son hostesse au soupper et toute lassemblee. Tantost apres graces se tira dung coste et en luy baillant la lettre

r.i.

La .lxxxi. nou. par Monseigneur de vvaurin

dist qui ne fist semblant de rien/mais qui acomplist le contenu. Ces lettres veues se bon cheualier fut bien esbahy et encores plus ioyeux/car combien quil eust conclud et delibere d' soy retirer de lamour de celle qui ainsi luy escripuoit/si nestoit il pas si conuerty que sa chose que plus desiroit ne luy fust par ceste lettre promise/il tira son hostesse a part et luy dist coment son maistre le mandoit hastiuement et que force luy estoit de partir tout a ceste heure/et monstroit bien semblant q̄ fort luy en desplaisoit. Celle q̄ au parauant estoit sa plus ioyeuse/attēdant ce que tant auoit desire/deuint triste et ennuyeuse. Et sans faire monstre ledit cheualier monte a cheual et laisse ces compaignons leans/et auec le porteur de ces lettres vient tantost arriuer apres mynupt a lostel de sa dame de laquelle le mary estoit na gueres retourne de court et sapprestoit pour sen aler coucher dōt dieu scait en quel point en estoit celle qui son seruiteur auoit mande qrir par ces lettres. Le bon cheualier q̄ tout le iour auoit cuillete sa selle tāt en sa tste des sieures cōe pour querir logis sceut a sa porte que le mary de sa dame estoit venu/dōt fut aussi ioyeux q̄ vous pouez penser/si demanda a sa guide quil estoit de faire. Ilz saduiserent ensemble quil feroit semblant destre esgare de ses compaignons et que de bonne aduenture il auoit trouue ceste guide qui leās lauoit adrecie. Comme il fut dit il fut fait en sa malle heure/et vint trouuer monseigneur et ma dame a fist son parsonnaige ainsi quil sceut. Apres boire vne foiz qui peu de bien luy fist on le mena en sa chāb̄e ou gueres ne dormit sa nuyt/et lendemain auec son hoste a sa court retourna sans riens acomplir du contenu de sa lettre dessusdicte. Et vous dy bien que sa na lautre de puis il ne retourna car tost apres sa court se deptit du pays et il suiuit le train et tout fut mis a nō chaloir et oubly et ne sen donna plus de mauuais temps car assez en auoit il eu comme asses souuent aduient en telles besoignes.

¶ La .lxxxii. nouuelle racomptee par iehan martin.

La .lxxxii. nouuelle. par iehan martin

Or escoutes sil vous plaist quil aduint en la chastelerie de lisle dung bergier des champs et dune ieune pastourelle qui ensēble ou asiz piez lung de lautre gardoiēt leurs brebis/marchiese porta entre eulx deux. Vne foiz entre les aultres a la semonce de nature qui les auoit desia esleues en aage de cōgnoistre que cest de ce monde/que le bergier monteroit sur la bergiere pour veoir de plus loing/pourueu touteffoiz quil ne lēmbrocheroit non plus auant quelle mesmes fist le signe de sa main sur linstrument naturel du bergier/qui fut enuiron deux dops la teste frāche/et estoit le signe fait dune meure noire qui croist sur les hayes. Cela fait ilz se mettent a souuraige de par dieu/et bon bergier se fourre dedens cōme sil ne coutast riens sās regarder merche ne signe ne promesse quil eust faicte a sa bergiere/car tout ce quil auoit enseuelyt iusqs au māche et se plus en eust eu il trouua lieu asses pour le loger. Et la belle bergiere qui iamais nauoit este a telz nopces/tant aise se trouuoit que iamais ne voulsist faire aultre chose/ses armes furent asseurees et se tira tantost chascun vers ces brebis qui desia sestoient fort deulx eslongees a cause de leur absence/tout fut rassemble et mis en bon train/et bon bergier q̄ on appeloit hacquin pour passer temps cōme il auoit de coustume se mist en contrepoix entre deux hayes sur vne baloichere et la sesbatoit et estoit plus aise q̄ vng roy. La bergiere se mist a faire vng chapelet de florettes sur la riue dung fosse et regardoit tousiours disant la chansonnette iolye se le bergier reuiendroit poit a sa meure. mais sestoit la maindre de ces pensees/et quant elle vit ql ne venoit point elle se cōmēce a hucher/et hacquin hacquin/ſt il respōd. Que veulx tu bien ca bien ca dist elle si feras cela. Et hacquin q̄ en auoit son saoul lui respondit/en non de dieu iay aussi chier de nen faire rien ie mesbas bien ainsi/et la bergiere luy dist/bien ca hacquin ie te lairay gouter plus auāt sās faire merche Saint iehā dist hacquin iay passe le signe de la meure/aussi nen aures vo⁹ pl⁹ maintenāt. Il laissa la bergiere a q̄ bien desplaisoit de demourer ainsi oyseuse

¶ La .lxxxiii. nouuelle.

La .lxxxiii. nouuelle.

Comme il est de coustume par tous pays es villes et villaiges souuent se spandent les bons religieux mendians tāt de lordre des iacopins cordeliers carmes et augustīs pour prescher au peuple la foy catholique/blasmer et reprouchier les vices/les biens et vertus epaulcer et louer. Aduint que en vne bōne petite ville en la conte dartoys arriua vng carme du couuēt darras p vng dimēche matin ayant intencion dy prescher cōme il fist bien deuotement et haultement/car il estoit bon clerc et bon langaigier. Tādis q le cure disoit la grande messe ce maistre carme se pourmenoit attendant q quelqun le fist chanter pour gaigner deux patars/mais nul ne sen aduancoit. Et ce voyant vne vielle damoiselle veefue a qui il print pitié du poure religieux se fist dire messe/et par son varlet bailler deux patars/τ encores se fist prier de disner/et maistre moyne happa cest argent promettant de venir au disner cōe il fist apres le preschement et que la grant messe de sa paroisse fut finee. La bonne damoiselle qui sauoit fait chanter et semōdre au disner le ptit de leglise elle et sa chāberiere et vindrēt a lostel faire tout prest pour receuoir le prescheur qui en la cōduite dūg seruiteur de la dicte damoiselle vint arriuer a lostel ou il fut receu. Apres les mains lauees la damoiselle lui assigna sa place τ elle se mist au pres de luy/et le varlet et la chāberiere se misdrent a seruir/et de

prinsault apporterent la belle poree auec le beau lard et belles trippes de porc/et vne langue de beuf rostie/dieu scait comment tantost q damp moyne dit la viande il tire vng beau long τ large cousteau bien trenchant quil auoit a sa saincture tout en disant benedicite/et puis se met en besoigne a sa poree/tout premier quil seut despeschee et le lard aussi/cy prise cy mis de la il se tire a ces trippes belles et graces et fiert dedens cōme le loup fait dedens les brebis/et auant que la bōne damoiselle son hostesse eust a moitie mēge sa poree/il ny auoit ne trippe ne trippette dedens le plat. Si se prent a ceste lāgue de beuf et de son cousteau bien trenchant en fist tant de pieces quil nen demoura oncques loppin. La damoiselle q tout ce sans mot dire regardoit/gettoit souuent loeil sur son varlet et sa chamberiere/et eulx tout doulcemēt en soubriant pareillement la regardoient. Elle fist apporter vne piece de bon beuf salee et vne belle piece de bon mouton/et de bō endroit et mettre sur sa table. Et ce bon moyne qui nauoit dappetit ne qun chiē venant de la chasse se print a la piece de beuf/et sil auoit eu peu de pitie des trippes et de la lāgue de beuf/encores en eut il moins de ce beau beuf et trelarde. Son hostesse q grāt plaisir prenoit a le veoir menger trop plus q se varlet et la meschine qui entre leurs dēs le maudissoiēt lui faisoit tousiours emplir la tasse si tost q elle estoit vuide. Et pensés ql descou

La .lxxxiii. nouuelle.

nroit bien viande et nespargnoit point le boire. Il auoit si grant haste de fournir son pourpoint quil ne disoit mot/au moins si peu que rien. Quant la piece de beuf fut cōe toute depeschee et la plus part de celle de mouston de la q̄lle lostesse auoit vng tantinet mengé/elle voyāt q̄ son hoste nestoit point encores saoul fist signe a sa chāberiere q̄lle apportast vng gros iambon cuit du iour de deuāt la chamberiere tout mauldisant le prestre qui tant gourmandoit fist le comādement de sa maistresse et mist le iābon a sa table/et bon moyne sans demander qui viue frappa sus et le naura/car de prinsault il luy trencha le iaret et de tous points se desmembra et ny laissa q̄ les os. Qui adonc eust beu rire le varlet a la meschine il neust iamais eu les fieures car il auoit desgarny tout lostel/et āuoient grant paour quil ne les mengast aussi. Pour abbregier la dāe fist mettre a sa table vng tresbon fourmaige gras et vng plat bien fourny de tartes et pommes et de fourmaige auec la belle piece de beurre fres dont on nen reporta si petit que rien. Le disner fut fait ainsi quauez ouy et vint a dire graces q̄ maistre moyne abbregea/plus tost que vng tinouet se leua sus et dist a son hostesse/damoiselle ie vous remercie de vos biens vous mauez tenu bien aise la vostre mercy. Ie prie a celuy q̄ repeut cinq mille hoēs de trops pains et de deux poissons dont apres q̄l furent soulez de mēger demou

ra de relief douze corbeilles quil se vous veille rendre. Saint iehan dist sa chāberiere qui sauanca de parler/sire vous en pouez bien tant dire/ie croy ce vous eussiez este lung de ceulx qui furent repeuz qnon nen eust point tāt reporte de relief/car vous eussiez bien tout menge et moy aussi se ie y eusse este. Vrayment mampye dist le moyne ie ne vous eusse pas mengee/mais ie vous eusse bien embrochee et mise en rost ainsi q̄ vous pouez penser quon fait. La dāe comenca a rire aussi firent le varlet et la chamberiete maulgre q̄lz en eussent/et nostre moyne qui sauoit pense farcer mercia de rechief son hostesse qui si bien sauoit repeu et sen ala en quelque aultre villaige gaigner son soupper ne scay si fut tel q̄ le disner.

La .lxxxiiii. nouuelle.

r.iii.

La .lxxxiiii. nouuelle.

Tandis que quelqun sauancera de dire qlque bon compte ien feray vng petit qui ne vous tiendra gueres, mais il est veritable et de nouuel laduenu Jauoye vng mareschal qui bien et longuement mauoit serui de son mestier, il lui print voulente de soy marier, aussi le fut il a la plus merueilleuse femme q fust en tout le pays. Et quant il vit que par beau ne par lait il ne la pouoyt oster de sa mauluaistie il labbandonna et ne se tint plus auec elle, mais la fuyoit cōe la tempeste. Quant elle vit ql la fuyoit ainsi, et quelle nauoit a q toucher ne monstrer sa derniere maniere, elle se mist en la queste de lui et par tout le suiuoit dieu scait disant quelz motz, et lautre se taisoit et picquoit son chemin, et elle le suyuoit tousiours et disoit plus de maulx que vng deable ne scauroit faire a vne ame dāner. Vng iour entre les aultres voyant que son mary ne respōdoit mot a chose quelle luy proposast, en se suiuāt par la rue crioit tāt quelle pouoit. Dien ca traitre parle a moy ie suis a toy. Et mon mareschal q estoit deuant disoit a chascun mot quelle disoit, ien donne ma part au deable, et ainsi la mena tout du long de la ville tousiours criant ie suis a toy et lautre disoit, ien donne ma part au deable. Tantost apres cōme dieu le permist ceste bonne femme mourut, et chascun demādoit a mon mareschal sil estoit courroucie de la mort de sa femme et il leur disoit q iamais si grant eur ne lui vint, et que se dieu lui eust dōne vng souhait a son desir il eust demāde la mort de sa femme, laquelle il disoit estre si tres mauuaise que se ie la scauoye en paradis ie ny vouldrois iamais aler tant quelle y fust, car impossible seroit que pays fust en nulle assemblee ou elle fust mais ie suis seur quelle est en enfer, car oncques chose cree napproucha plus a faire la maniere des deables qlle faisoit et puis on luy disoit, vrayement il vous fault remarier et enquerre vne bonne et paisible. Me marier disoit il, iaymeroye mieulx me aler pendre au gibet q iamais me rebouter au danger de trouuer lenfer que iay la dieu mercy a ceste heure passe. Ainsi demoura et est encores ne scay quil fera ce temps aduenir

La .lxxxv. nouuelle.

La lxxxv. nouuelle.

DE puis cent ans en ca ou enuiron en ce pays de france est aduenu en vne bône et grosse cite vne ioyeuse aduenture q̃ ie mettray icy pour accroistre mon nõbre, et aussi pource quelle est digne destre ou renc des autres. En ladcte bõne ville auoit vng orfeure marie de q̃ la fême estoit belle et gracieuse et auec tout ce tresamoureuse dũg seigneur de glise son propre cure qui ne sapmoit rien moins que elle luy, mais de trouuer la maniere cõmẽt ilz se pourroiẽt ioindre amoureusemẽt ensẽble fut tresdifficille cõbien quen la fin fut trouuee, et par lẽgin de la dame en sa facon que ie vo⁹ diray. Le bon mary orfeure estoit tant asume et ardant en couuoitise dargent q̃l ne dormoit vne seule heure de bon sõme pour labourer, chascũ iour se leuoit vne heure ou deux deuãt le iour et laissoit sa fême prendre sa longue crastine iusques a huit ou neuf heures ou si longuemẽt quil luy plaisoit. Ceste bonne amoureu se voyant son mary cõtinuer chascũ iour la diligence & entente de soy leuer pour ouurer et marteler saduisa quelle emploeroit son tẽps auec son cure ou elle estoit abandonnee de son mary, et que a telle heure sondit amoureux la pourroit visiter sans le sceu de son mary, car la maison du cure tenoit a la sienne sans moyen. La bonne maniere fut descouuerte et mise en termes a nostre cure q̃ la prisa tresbien et luy sembla bien que aiseemẽt la feroit. Ainsi doncques q̃ la facõ fut trouuee et mise en termes, ainsi fut elle executee et se plus tost que les amans peurent, et sa cõtinuerent aucũ temps qui dura assez longuemẽt, mais cõe fortune enuieuse peut estre de leur bien et de leur doulx passe temps, leur voulut leur cas descouurir en la maniere que vo⁹ orrez. Cest bon orfeure auoit vng seruiteur qui estoit amoureux et ia long tresamcremẽt de sa dame, et pour ce que tressouuent auoit perceu nostre maistre cure parler a sa dame il se doubtoit tresfort de ce quil estoit, mais la maniere cõment se pouoit faire il ne se sauoit pmaginer se nestoit que nostre cure benist a leure quil forgeoit au pfussoit auec son maistre. Ceste pmaginacion lui heurta tant la teste quil fist se guet & se mist aux escoutez pour scauoir la verite de ce quil queroit, il fist si bon guet quil parceut et eut braye experience du fait, car vne matince il vit le cure benir tantost apres que lorfeure fut vuide de sa chambre et y entrer puis fermer lups. Quant il fut biẽ asseure que sa suspiciõ estoit vraye il se descouurit a son maistre et luy dist en ceste maniere. Mon maistre ie vous sers de vostre grace non pas seulement pour gaigner vostre argent, menger vostre pain, et faire bien et leaument vostre besoingne, mais aussi pour garder vostre honneur, et se aultrement faisoye digne ne seroye destre vostre seruiteur. Jay eu des pieca suspicion que nostre cure ne vous fist desplaisir et si se

r.iiii.

La .lxxxvi. nouuelle.

Vous ay celle iusques a ceste heure/et affin que ne cuidez que ie vous vueille troubler en vain ie vous pry que nous aillons en vostre chambre et ie scay de vray que nous luy trouuerons. Quant le bon homme ouyt ces nouuelles il se tint tresbien de rire et fut bien content de visiter sa chambre en la compaignie de son varlet qui luy fist promettre quil ne tueroit point le cure car aultrement il ny vouloit aler. Ilz monterent en la chambre qui fut tantost ouuerte/et le mary entre le premier et vit q̃ monseigneur le cure tenoit sa femme entre ses bras et vit quil forgeoit ainsi q' poupopt si se scria disant. A mort ribault/qui vous a icy bouté. Le poure cure fut bien esbahy et demanda mercy. Ne sonnes mot ribault prestre ou ie vous tueray a ceste heure dist forfeure. faictes de moy ce q̃ vous plaira dist le poure cure. Par lame de mon pere auant que meschappes ie vous mettray en tel estat que iamais naures voulente de marteler sur enclume feminine. Le poure malureux fut lie par ses deux ennemis si bien quil ne pouoit rien mouuoir que sa teste/puis il fut porte en vne petite maisonette derriere la maison de forfeure/et estoit la place ou il fondoit son argent. Quant il fut au lieu forfeure enuoya querir deux gras clous a large teste desquelz il attacha au long du banc les deux marteaulx qui auoient forge en son absence sur lenclume de sa femme et puis se beslia de tous poi, si prist apres vne poignee destrai et

bouta le feu en sa maisonnette puis il sen fupt en la rue crier au feu. Quant le prestre se vit enuironne du feu et que remede ny auoit quil ne luy faillist perdre ses genitoires ou estre bruse si sen courut et laissa sa bourse clouee. Leffroy du feu fut tantost essleue par toute la rue si venoient ses voisins pour lestaindre/mais le cure les faisoit retourner disant quil en venoit/et que tout le dommaige qui en pouoit aduenir estoit la aduenu/mais il ne disoit pas que le dommaige luy compétoit. Ainsi fut le poure amoureux cure sassarie du seruice quil fist a amours par le moyen de sa faulce et traitre ialousie comme vous auez ouy.

¶ La .lxxxvii. nouuelle.

EN la bonneville de rouen puis peu de temps en ca/vng ieune ho

La lxxxvi. nouuelle.

me print a mariage vne tendre ieune fille aagee de .xb. ans ou enuiron. Le iour de leur grant feste cest assauoir des nopces la mere de ceste fille pour garder et entretenir les cerimonies acoustumees en tel iour escosa a introduit sa fille des nopces et lui aprint coment elle se deuoit gouuerner pour la premiere nupt auec son mary. La belle fille a qui tardoit latente de sa nupt dont elle receuoit la doctrine mist grosse peine et grande diligence de retenir sa lecon de sa bonne mere, et lui sembloit bien que quant leure seroit venue ou elle deuroit mettre a execucion celle lecon qlle en feroit si bon deuoir q son mary se loueroit delle et en seroit tres content. Les nopces furent honorablement faictes en grant solennite, et vint la desiree nupt, et tantost apres la feste faillie que les ieunes gens furent retraiz et quilz eurent prins le congie du sire des nopces et de sa dame la bonne mere les cousines, voisines et autres priueez femes prindrent nostre dame de nopces et la menerent en sa chambre ou elle deuoit coucher pour la nupt auec son espouse ou elles la desarmerent de ses atours ioyeux et la firent coucher ainsi quil est de raison, puis lui donnerent bonne nuit lune disant mamye dieu vous doint ioye et plaisir de vostre mary et tellemet vous gouuerner auec lui que ce soit au salut de voz deux ames, lautre disant mamie dieu vous doint telle paix et cocorde auec vostre mary que puissies faire euure dont les sains cieulx soient remplis, et ainsi chascune faisat sa priere se partit. La mere qui demoura la derniere reduit a memoire son escolliere sur la doctrine et lecon que aprins lui auoit, lui priant que penser y voulsist. Et la bonne fille q nauoit pas son cueur ainsi que len dit comunement en sa chausse respondit que tresbonne souuenance auoit de tout et que bien sauoit retenu dieu mercy. Cest bien fait dist la mere, or ie vous laisse et recommande a la garde de dieu, suy priant quil vous donne bonne aduenture, a dieu belle fille, a dieu ma bonne et saige mere. Si tost que la maistresse de lescolle fut vuidee nostre mary qui nattendoit a nuys aultre chose entra dedens et la mere senferma et tira sus et sus dist quil se gouuernast doulcement auec sa fille, il promist q aussi feroit il, et si tost que luys fut ferme lui qui nauoit plus son pourpoint en son dos se rue ius et monte sur le lit et se ioint au plus pres de sa dame des nopces la face au poing et luy presente la bataille, a lapproucher de la barriere ou lescarmouche se deuoit faire sa dame print et empoingna ceste lance droicte et roide comme vng cornet de vachier, et tantost quelle la sentit alsi dure et de grosseur tresbonne elle fut bien esbahye et commenca a sescrier tresfort en disant que son escu nestoit pas assez puissant pour receuoir ne soustenir les horions de si gros fust, quelque deuoir q nostre mary peust faire ne peut trouuer

La .lxxxvi. nouuelle.

la maniere de estre receu a ceste iouste/ et en cest estrif sa nupt se passa sans riens besoigner q̃ despleut moult a nostre sire de nopces/mais au fort il print en paciẽce esperant tout recouurer la nupt prucchaine ou il fut autant ouÿ qua la premiere/et ainsi a sa troiziesme et iusques a la quinziesme ou les armes furẽt accõplies cõe ie vous diray. Quant les .vb. iours furent passez que noz deux ieunes gens furent mariez cõbien q̃lz neussent encores tenu ensẽble mesnage sa mere vint visiter son escolliere/et apres entre mille deuises quelles eurent ensemble elle parla de son mary et luy demanda quel homme il estoit et sil faisoit biẽ son deuoir/et la fille disoit quil estoit tresbõ homme doulx et paisible. Voire mais disoit sa mere fait il bien ce que len doyt faire. Ouy disoit la fille/mais. Quelz mais/ il y a a dire en son fait dist la mere ie sentens bien/ dictes le moy et ne se me celez point/car ie veulx tout scauoir a ceste heure. Est il homme pour accomplir le deu ou il est oblige par mariage et dont ie vous ay baillee la lecon. La bonne fille fut tant pressee quil luy couuint dire que len nauoit encores riens besoigne en son ouuroir/mais elle taisoit quelle fust cause de la dilacion et q̃ tousiours eust refuse sa iousterie. Quãt la mere entendit ces douloureuses nouuelles dieu scait quelle vie elle mena/ disant que par ses bons dieux elle y mettroit remede et brief/et aussi que tant a-

uoit elle bonne accointance a monseigneur lofficial de rouen quil luy seroit amy et fauorisant a son bon droit. Or ça ma fille dist elle il vous conuient desmarier/ie ne fays nulle doubte que ie nen treuue bien la facon/et soyez seure que auãt quil soit deux iours vo9 le laisserez et de ceste heure vous feray auoir vng autre homme qui si paisible ne vous laissera pas/laissiez moy faire. Ceste bonne femme a demi hors du sens vint compter ce grant meschief a son mary pere de la fille dont ie fays mon cõpte/et luy dist bien comment ilz auoient bien perdu leur belle et bonne fille/amenant les raisons pour quoy et cõment et cõcluãt aux fins de la desmarier. Tant biẽ conta sa cause que son mary se tira de son coste et fut content que len fist citer nostre nouueau marie qui ne scauoit rien de ce quainsi len se plaingnoit de lui sãs cause/toutesfoiz il fut cite personnellement a comparoir a lencontre de monseigneur le promoteur a la requeste de sa femme et par deuãt monseigneur lofficial pour quitter sa femme et luy dõner licẽce daultre part se marier/ou aleguer les causes pour quoy en tant de iours q̃l auoit este auec elle nauoit monstre quil estoit hõme comme les aultres et fait ce quil appartient aux mariez. Quant le iour fut venu les parties se presenterent en temps et en lieu. Ilz furent huchiez a dire leurs causes. La mere a la nouuelle mariee commenca a compter la cause

La .lxxvi. nouuelle.

de sa fille/et dieu scait cõme elle alegue les loyz que len doibt maintenir en mariaige/lesquelles son gendre nauoit acõplies ne delles vse par quoy requeroit qͥl fust desioint de sa fille a des ceste heure mesmes sans faire long proces. Le bon ieune homme fut bien esbahy quãt ainsi ouyt blasonner ses armes/mais gueres nattẽdit a respondre aux alegacions de sõ aduersaire/ et froidement de maniere rassise comoter son cas et cõment sa fẽme luy auoit fait refus quãt il auoit voulu faire se᷑uoir. La mere oyant ses responces plus marrie que deuant cõbien que a peine le voulsit croire demanda a sa fille sil estoit vray ce que son mary auoit respõdu et elle dist vraymẽt mere ouy. Ha maleureuse dist la mere comment auez vous reffuse/ ne voꝰ auoys ie pas dit par plusieurs foiz vostre lecon. La poure fille ne scauoit q̃ dire tãt estoit honteuse. Toutesfoiz dist la mere ie vueil scauoir la cause pour quoy vous auez fait le reffuz ou se ne se me dictes vous me ferez courroucer mortellemẽt. La fille dist tout couuerte᷑ et en iugement que pour ce q̃ elle auoit trouue la lance de son champion si grosse ne luy auoit ose baisser lescu doubtant qͥl ne la tuast cõt encores elle en doubtoit et ne se vouloit desmouuoir de ceste doubte cõbien que sa mere lui disoit que douter nen deuoit. Et apres ce adresse sa parolle au iuge en disant mõseigneur lofficial vous auez ouy la cõfession de ma fille et les deffectes de mon gendre/ie voꝰ requier rendes en vostre sentence diffinitiue. Monseigneur lofficial pour appointement fist faire vng lit en sa maison et ordonna par arest que les deux mariez proiẽt coucher ensemble en enioingnãt a la mariee qͥlle empognast hardement le bourdon ou oustil et qlle se mist au lieu ou il luy estoit ordõne. Et quant ceste sentence fut reue sa mere dist grãt mercy mõseigneur lofficial/vous auez tresbien iuge. Or auant dist la mere ma fille faictes ce que deuez faire et gardez de venir a lencontre de lappointement de monseigneur lofficial/ mettez la lance ou lieu ou elle doyt estre. Et ie iure cu᷑ soit contente dist sa fille de la mettre ou il fault/ mais selle y deuoit pourrir ie ne len retireray ne sacq̃r y a. Ainsi se partirent de iugement et alerent mettre a execution la sentence sans sergent ou aultre car eulx mesmes firent lexecution/ ꝑ ce moyen nostre gendre vint a chief de ceste iousterie tant il sut pluctost saoul q̃ celle qui ny vouloit entendre.

¶ La .lxxxvii. nouuelle.

La .lxxvii. nouuelle.

En vne ville du pays de hollande auoit na pas cent ans vng cheualier logie en vne belle et bonne hostelerie ou il y auoit vne tresbelle ieune fille chāberiere seruante de laquelle il estoit tresamoureux/ et pour lamour delle il auoit tant fait au fourrier du duc de bourgoigne que cest hostel lui auoit deliure affin de my culx pourchasser sa queste et venir aux fins ou il contendoit et ou amours se faisoient encliner/ quant il eut este enuiron cinq ou six iours en ceste hostelerie luy suruint par accident ne scay commēt vne maleureuse aduenture/ car vne maladie se print en loeil si grieuse quil ne le pouoit tenir ouuert ne vser tant estoit aspre sa douleur/ et pour ce que tresfort doubtoit de le perdre mesmement que cestoit le mēbre ou il deuoit plus de guet manda le cirurgien de monseigneur le duc de bourgoigne q̄ pour ce tēps estoit a la ville. Et deuez scauoir q̄ sedit cirurgien estoit vng gētil compaignō escuier tout fait et bien duyt de son mestier/ car si tost que ce maistre cirurgiē vit cest oeil il le iuga cōme perdu/ ainsi que par auēture ilz sont coustumiers de iuger des maladies affin que quant ilz les ont sanneez et gueries ilz en reportent plus de prouffit/ tout premier et secondemēt pl͞ꝰ de louenge. Le bon cheualier a q̄ desplaisoit douyr telles nouuelles demāda sil ny auoit point de remede a le guerir. Et lautre respondit q̄ tresdifficille seroit neantmoins il loseroit bien entrepēdre a guerir auec layde de dieu mais quē le voulsist croire. Se vous me voulez deliurer de ce mal sans perte de mon oeil ie vous dōneray bon vin dist le cheualier. Le marchie fut fait et entreprint le cirurgien a guerir cest oeil dieu deuant/ et ordōna les heures quil viendroit chascun iour pour le mettre a point. A chascune foiz q̄ nostre cirurgien visitoit ce malade la belle chamberiere le compaignoit et aidoit a remuer le poure pacient. Se ce bon cheualier estoit bien feru auāt de ceste chamberiere si fut se cirurgiē qui toutes les foiz quil venoit faire sa visitaciō fichoit ses doulx regars sur le beau et polyvaire de celle chamberiere/ et tāt fort si aheurta q̄l luy declaira son cas et en eut tresbonne audience/ car de prinsault on luy accorda sa reqūste/ mais la maniere cōmēt sen pouoit mettre a execution

La .lxxxvii. nouuelle.

ses ardans desirs on ne se sauroit cõmẽt treuuer. Or toutesfoiz a quelque peine q ce fust la facon fut trouuee par la pru dence du cirurgien qui fut telle. Je dõne rap dist il a entendre a monseigneur le pacient que son oeil ne se peult guerir ce nest que son aultre oeil soit caiche, car sũ saige quil a au regarder empesche la ga rison de laultre malade. Sil est content dist il quil soit cache cõe laultre, ce nous sera la plus conuenable voye du mõde pour prendre noz desirs et plaisances, et mesmement en sa chambre affin que len y prenge moins de suspicion. La fille q auoit aussi grant desir q le cirurgien prĩ sa tresbien ce conseil ou cas que ainsi se pourroit faire. Nous lessaierons dist le cirurgien. Il vint a leure accoustumee voir cest oeil malade, et quant il leut descouuert il fist bien de sesbahy. Comẽt dist il ie nevis oncques tel mal, cest oeil cy est plus lait quil nestoit il ya .v.b. iours, certainement mõseigneur il sera mestier que vous apes pacience. Cõmẽt dist le cheualier. Il fault que vostre bon oeil soit couuert et caiche tellemẽt quil nayt point de lumiere vne heure ou en uiron incontinent q iauray assis sem plastre et ordõne laultre, car en verite il sempesche a guerir sans doubte, deman des a ceste belle fille qui la veu chascun iour que ie lay remue cõmet il amende. Et la fille disoit quil estoit plus lait q parauant. Or ca dist le cheualier ie vous abandonne tout, faictes de moy ce quil

vous plaist, ie suis content de esligner loeil tant que sen vourra mais que gari son sensuiue. Les deux amans furent adonc bien ioyeux quant ilz virent que le cheualier estoit content dauoir loeil ca che. Quãt il fut appointe et quil eut les yeulx bandes maistre cirurgien faint se partir et dist a dieu cõe il auoit de coustu me, promettant tantost de reuenir pour descouurir cest oeil. Il nalla gueres loig car assez pres de son pacient sur vne cou che ietta sa dame et daultre planette qĩ nauoit regne sur loeil du cheualier visi ta les cloistres secrets de la chamberiere, troys ou quatre foiz maintint ceste ma niere de faire enuers ceste belle fille sãs ce que le cheualier sen donnast garde, cõ bien quil en ouyst la tempeste, mais il ne scauoit que ce pouoit estre iusques a la sixiesme foiz quil se doubta pour la continuacion, a la quelle foiz quant il ouyt le taboutement et noise des cõba tans esracha bende et emplastre et vit ses deux amoureux qui se demenoient tellement sung contre laultre quil sem bloit quilz deussent mẽger sung laultre tant ioingnoiẽt leurs iambes ensemble Et quesse la maistre cirurgien dist le che ualier, mauez vous fait iouer a cligne mussette pour me faire ce desplaisir, mõ oeil doibt il estre gary par ce moyen, que dictes vous. Et maistre cirurgien part et sen va et oncqs puis le cheualier ne le mãda, aussi il ne retourna poit querir son payement de ce quil auoit fait a loeil

La .lxxviii. nouuelle.

de noſtre paciēt/car bien ſalarie ſe tenoit par ſa dame qui fort gracieuſe et aban-donnee eſtoit/et a tant fays fin de ce pre-ſent cõpte.

¶ La. lxxxviii. nouuelle.

En vne gēte petite ville cy entour que ie ne vueil pas nommer eſt na gueres aduenu aduenture dõt ie vo⁹ fourniray ceſte nouuelle. Il y auoit vng ſimple et rude paiſant marie a vne plaiſante et aſſez gente femme la quelle laiſſoit le boire et le menger pour aymer par amours. Le bõ mary auoit duſaige de demourer treſſouuent es champs en vne maiſõ q̃l y auoit/aucuneſſoiz troys iours/aucuneſſoiz quatre/aucuneſſoiz plus ainſi q̃l luy venoit a plaiſir/et laiſ-ſoit ſa femme prendre du bon temps a la bonne ville/car affin quelle ne ſeſpouen-taſt elle auoit touſiours vng homme qui gardoit la place du bon hõe/ et entrete-noit ſon deuant de paour que le roul ny print. La rigle de ceſte bonne bourgoyſe eſtoit de attendre touteſfoiz ſon mary iuſques a ce que len ne veoit gueres, et iuſques a ce quelle ſe tenoit ſeure de ſon mary q̃l ne retournoit point ne laiſſoit venir le lieutenant de paour que trõpee ne feuſt. Elle ne ſceut mettre ſi bonne or donnance en ſa rigle accouſtumee que trompee ne fuſt/car vne foiz ainſi que ſon mary auoit demoure deux ou troys iours/et pour le quatrieſme auoit atten du auſſi tard quil eſtoit poſſible auant la porte cloſe cuidant que pour ce iour il ne deuſt point retourner/ſi ferma luys et les feneſtres cõme les auſtres iours et miſt ſon amoureux au logis et cõmen ce a boire dautant et faire chiere tout ou tre. Gueres aſſiz nauoient eſte a la ta-ble que noſtre mary vint hucher a luys tout esbahy q̃l ſe trouuoit ferme/et quãt la bõne dame loupt fiſt ſaulter ſon a-moureux ſoubz le lit pour le plus abbre ge/puis vint demander a luys q̃ auoit heurte. Ouurez diſt le mary. Ha mon mary diſt elle eſtes vo⁹ la/ie vo⁹ deuoys demain enuoyer vng meſſaige cõmēt ne retourniſſies point. Quelle choſe y a il diſt il/quelle choſe diſt elle. Helas les ſer gens ont eſte ceans plus de deux heures et demie vous attendant pour vo⁹ mener en priſon/en priſon diſt il, et comment

La .lxxxviii. nouuelle.

en prison quelque chose ay je meffait a qui doy je/qui se plaint de moy/certes je nen scay rien ce dist la rusee/ mais ilz auoient grant vouloir et desir de mal faire/ il sembloit quilz voulsissent tuer vng caresme si fiers estoient ilz. Voire ce disoit noz amis ne vous ont il point dit quelque chose quilz me vouloient. Nennil dist elle fors que silz vous tenoient vous ne schapperiez de la prison deuant long temps Ilz ne me tiennet pas encores dieu mercy/ a dieu je men retourne. Du pres vous dist celle qui ne demandoit aultre chose/ dont je bien dist il/ je pray doncques auec vous dist elle/ non ferez gardes bien et gracieusement la maison/ et ne dictes point que jaye icy este. Puis que vous voules retourner aux champs dist elle hastes vous auant que len ferme la porte il est ja bien tard/ quant elle seroit fermee si fera tant le portier dist il pour moy quil sa me ouurira tresvoulentiers. A ces motz il se partit/ et quant il vint a la porte il la trouua fermee et pour priere quil sceust faire le portier ne la voulut ouurir/ si fut bien mal content de ce quil conuenoit quil retournast a sa maison doubtant les sergens/ toutesfoiz failloit il quil y retournast sil ne vouloit coucher sur les rues. Il vint arriere heurter a son huys et la dame qui faisoit sa ratesse auec son amoureux fut plus esbahye que deuant/ elle sault sus et vint a luys toute esperdue disant mon mary nest point reuenu/ vous perdes temps. Ouures ou-

ures dist il mamie ce suis je/ helas helas vous nauez point trouué la porte ouuerte je men doubtoye bien dist elle/ Veritablement je ne voy remede en vostre fait que ne soyes prins/ car les sergens me dirent il men souuient maintenant qilz retourneroient sur la nuyt. Or ca dist il il nest mestier de long sermon auisons quil est de faire/ il vous fault mucier qlq part ceans dist elle et si ne scay lieu ne retraict ou vous puisses estre bien asseure Seroys je point bien dist lautre en nostre coulombier qui me sercheroit la. Et elle qui fut moult joyeuse de ceste inuencion et eppedient traictie faindant toutesfoiz dist le lieu nest grain honneste il y fait trop puant/ il ne me chault dist il jayme mieulx me bouter la pour vne heure ou deux et estre saulue quen autre honneste lieu ou je seroye par auenture trouue. Or ca dist elle puis que vous aues ce ferme couraige je suis de vostre oppinion. Le vaillant homme monta en ce coulombier qui se fermoit par dehors a clef et ce fist illec enfermer/ et pria sa femme que se les sergens ne venoient tantost quelle le mist dehors. Nostre bonne bourgoyse abandonna son mary et se laissa toute la nuyt rancouser auec les coulons a qui ne plaisoit gueres/ et tousiours doubtoit ses sergens. Au point du jour quil estoit heure que lamoureux se departist/ ceste bonne preude femme vint hucher son mary et luy ouurit luys qui demanda comment on lauoit laissé

La. lxxxix. nouuelle.

En vng certain petit hamelet ou
village de ce monde assiz loing
de la bonne ville est aduenu vne petite
hystoire qui est digne de venir en l'audien
ce de voz mes bons seigneurs. Le village
ou hamelet estoit habite dung moncelet
de rudes et simples paisans qui ne sca-
uoient comment il deuoient viure. Et se
bien rudes et non saichans estoiēt, leur
cure ne sestoit pas vne once moins, car
luy mesmes failloit a cōgnoistre ce qui
estoit de necessaire a tous generalemēt
comme ie vous en donneray l'experiēce
par vng cas qui luy aduint. Vous deuez
scauoir que ce prestre cure comme iay dit
auoit sa teste affulee de simplesse si par-
faicte, quil ne scauoit point anūcer ses
festes des saincts qui viennent chascun
an & en iour determine cōe chascun scait
et quant ses paroissiens demandoient
quant la feste seroit, il failloit bien coup
a coup a le dire vrayemēt. Entre autres
telles faultes qui souuent aduenoiēt en
fist vne qui ne fut pas petite, car il laissa
passer cinq sepmaines du caresme sans
l'anūcer a ses paroissiens, mais enten-
dez comment il se apperceut quil auoit
failli. Le samedi qui estoit la nupt de sa
blanche pasque que l'en dit pasques fleu-
ries, luy vint voulente daler a la bonne
ville pour aulcune chose ql y besoignoit
Quāt il entra en la ville en cheuauchāt
parmy les rues, il pceut que les prestres
faisoient prouision de palmes & aultres
verdures, et veoit quau marchie on les

si longuement tenir compaignie aux
cousons, et elle qui estoit faicte et pour-
ueue de bourdes luy dist que les sergens
auoient toute sa nupt veille au tour de
leur maison, et q plusieurs foiz auoit a
eulx deuise et quilz ne faisoient que par-
tir, mais ilz auoient dit qilz viendroiēt a
telle heure qilz se trouueroiēt. Le bon hōe
bien esbahy quelle chose sergens lui pou
oient vouloir, se partit incontinent et re
tourna aux champs promettant quen
song temps ne reuendroit, et dieu scait
que sa gouge se print bien en gre, cōbien
que sen monstroit douloureuse. Et par
tel moyen elle se donna meilleur temps
que deuāt, car elle nauoit quelque soing
sur le retour de son mary.

¶ La. lxxxix. nouuelle.

La lxxxix nouuelle.

vendoit pour seruir a la procession pour lendemain. Qui fut bien esbahy ce fut ce cure cõbien que semblãt nen fist. Il vint aux femes qui vendoiẽt ces palmes ou bouyz & en acheta faisant semblant que pour aultre chose ne fust il venu a la bõneville/et puis monte hastiuemẽt a cheual charge de sa marchandise & picque a son visaige & le pluftost q̃ possible lui fut il si trouua/auant quil fust descendu de dessus son cheual il rencontra aulcũs de ses paroissiẽs aux quelz il commanda q̃ len alast sonner les cloches et que chascũ vint a leglise de ceste heure/car il leur vouloit dire aulcunes choses necessaires pour le salut de leurs ames. Lassemblee fut tantost faicte/et se trouua chascũ en leglise ou mõseigneur le cure tout houfe & esperonne vint bien en besoigne dieu le scait/il mõta en son prosne & dist ses motz qui sensuiuent. Mes bons seigneurs ie vo9 signifie & vous fays assauoir q̃ au iour duy a este la veille & solẽnite de la feste de pasques fleuries/& de ce iour en huit prouchain vous aures la veille de la grant pasque q̃ sen dit la resurrection nostre seigneur. Quant ses bonnes gens ouyrent ces nouuelles cõmencerent a murmurer et eulx esbahir tresfort commẽt ce se pouoit faire. Mot dist le cure ie vous apaiseray bien tãtost et vous diray vrayes raisons pour quoy vous nauez que huit iours de caresme a faire voz penitences pour ceste annee et ne vous esmayez ia de ce que ie vous disfois et que le caresme est ainsi venu tard

Ie tien quil ny a cesuy de vous quil ne sache bien et soit recors cõmẽt les froidures ont este longues et aspres ceste anne merueilleusemẽt plus que oncques mais/et long temps a quil ne fist aussi perilleux et dangereux cheuaucher cõe il a fait tout fiuer pour les verglaz & naiges qui ont longuement dure/chascun de vous scait cecy estre vray cõme seuangille/pour quoy ne vous donnez merueilles de la longue demouree de caresme/ mais esmerueillez vous aincoys cõmẽt il a peu venir/mesmemẽt que le chemin est treslong iusques a sa maison/si vous p̃y que le vueilles tenir pour excuse/ et mesmes il vous en prie/car au iourduy iay disne auec luy/et leur nõma le lieu cest assauoir la ville ou il auoit este. Et pour tant dist il disposez vous ceste semaine de venir a confesse & de cõparoir demain a la procession cõe il est de coustume et apez patience ceste foiz/lannee qui viẽdra se dieu plaist sera pl9 doulce p̃ quoy il viẽdra plustost ainsi quil a du saige. chascun an. Ainsi monseigneur le cure trouua le moyen dexcuser sa simplesse & ignorance/et leur donna sa benediction disant priez dieu pour moy et ie prieray dieu pour vous. Ainsi descendit de son prosne et sen ala a sa maison appointer son boyz et ses palmes pour les faire le lendemain seruir a la procession & puis ce fut tout.

La. lxxx. nouuelle.

La. lxxxx. nouuelle.

Dour acroistre et emploier mon nõbre des nouuelles que iay promises compter et descripre ien mettray icy vne dõt la venue est fresche. Au pays de breban qui est cellup du monde ou les bonnes aduentures aduiennent le plus souuent auoit vng bon et leal marchãt de qui la femme estoit tresfort malade et gisante pour la griefuete de son mal cõtinuellement sans abandõner le lit. Le bon hõme voyant sa bonne fẽme ainsi attainte et languissante menoit la plus douloureuse vie du monde tant marry et desplaisant estoit quil ne pouoit plus et auoit grant doubte que la mort ne sen fist quitte. En ceste doleance perseuerãt et doubtant la perdre se vint tendre au pres delle et lui donnoit esperance de garison et la reconfortoit au mieulx quil sauoit/la monnestant de penser au sauuement de son ame. Et apres quil eut aucun petit de temps deuise auec elle et fine ses amonnestemens et exortacions luy cria mercy en lui requerant que aucune chose lui auoit meffait qʼ lui fust par elle pardonne/entre les cas ou il sen toit sauoir courroucee lui declaira comment il estoit bien recors quil sauoit troublee plusieurs foiz et tressouuent de ce quil nauoit besoigne sur son harnoys q̃ len peust bien appeller cuprocher toutes les foiz quelle eust bie vousu/et mesmes que bien le sauoit dont treshumblemēt requeroit pardon et mercy. Et la poure malade ainsi quelle pouoit parler lup p donnoit les petis cas et legiers/mais ce destrain ne pardonnoit elle point voulentiers sans sauoir ses raisons qui auoiēt meu et induit son mary a non lui fournir son harnoys quãt mesmes il sauoit bien que cestoit le plaisir delle et quelle ne appetoit autre chose ne demandoit. Comment dist il vouses vous mourir sans p donner a ceulx qui vous ont meffait. Je suis bien contente de le pardõner/mais ie vueil sauoir qui voꝰ a meu autremēt ie ne le pardonneray point. Le bon mary pour trouuer moyen dauoir pardon cuidant bien faire la besoigne lui commenca a dire. Dampe vous sauez bien que par plusieurs foiz auez este malade et deshaitee combien que non pas tant q̃ maintenant ie vous voy/et durant la maladie ie nay iamais tant oze presumer que de vous requerre de bataille. Je

La. lxxxxi. nouuelle.

doubtope quil ne vous en fust de pire/et soyes toute seure que ce que ien ay fait amour le ma fait faire. Taisies vous meteur dist ceste poure paciente/ oncques ne fus si malade ne si deshaittee pour quoy ieusse fait reffus de combatre a vous queres moy aultre moyen se voulez auoir pardon/ car cestuy ne vous aidera ia/ et puis quil vous couient tout dire meschant et laiche homme que vo9 estes et aultre ne fustes oncques/ penses vous quen ce monde soit medecine qui plus puisse aider ne susciter sa maladie dentre nous femmes que la doulce et amoureuse compaignie des hommes/ me voyes vous bien deffaicte et seiche par griefuete de mal/ aultre chose ne mest necessaire si non compaignie de vo9. Ho dist lautre ie vous gueriray prestement Il saust sur ce lit et besoigna le mieulx quil peut/ et tantost quil eut rompu deux lances elle se lieue et se mist sur ses piez puis demie heure apres a sa par les rues et ses voisins qui la cuidoient come morte furent tresesmerueilles iusques a ce qlle leur dist par quelle voye et coment elle estoit rauice quilz dirent tantost quil ny auoit q ce seul remede. Ainsi nostre bon marchant aprint a guerir sa femme qui luy tourna a grant preiudice car souuet faignoit estre malade pour recepuoir la medecine.

La. lxxxxi. nouuelle.

Ainsi que iestoye na gueres en la conte de flandres en lune des plusgrosses villes du pays. Vng gentil compaignon me fist vng ioyeux compte dung homme marie de qui la femme estoit tant furieuse et chaude sur le potaige et tant publique qua peine estoit elle contente quon la coignast en plaines rues auant quelle ne se fust. Son mary scauoit bien que de celle condicion estoit mais de subtilite pour querir remede a luy donner empeschement il ne scauoit trouuer tant estoit a ce ieus mestier rusee. Il la menassoit de la battre et de la laisser seulle ou de la tuer/ mais queres qui le face/ autant eust il prousfite a menasser vng chien enrage ou quelque autre beste. Elle se pourchassoit a tous sotz et ne demandoit que hutin/ il y auoit bie

f.ii.

La .xci. nouuelle.

pou dommes en toute la contree ou elle
se pairoit pour estaindre vne seule estin-
celle de son grant feu/et quicquonques
sa barguignoit il sauoit aussi bien a cre
ance que a argent sec/fust homme bossu
eu bieup/contrefait ou autre quelque
diffigurance/brief nul ne sen aloit sans
destrees reporter. La poure mary voyant
ceste vie continuer et que toutes ses me
nasses ny prouffitoient riens il sauisa
quil lespouenteroit par vne maniere qil
trouua. Quant il sa peut auoir seule en
sa maison il lui dist. Or ca iehanne ou
beatris ainsi quil lappelloit ie voy bien
que vous estes obstinee en vostre mechā
ce et que quelque menasse que ie vous fa
ce ou punicion vous nen tenes nō plus
de conte que se ie me taisoye. Helas mō
mary dit elle en bonne foy ien suis la pl9
marrie et trop me deplaist/mais ie ny
puis mettre remede/car ie suis nee en
telle planette pour estre preste et seruan-
te aux hommes. Voire dea dist le mary
y estes vous ainsi destinee/sur ma foy ie
ay bon remede et hastif/vous me tueres
donc dist elle aultre remede ny a/laisses
moy faire dist il ie scay bien mieulx/et
quoy dist elle q ie le saiche. Par la mort
bieu dist il ie vo9 hochere vng iour tant
que ie vous bouteray vng quarteron dē
fans dedens le ventre et puis ie vous a-
bandonneray et les vous lesseray toute
seule nourrir. voire dist elle/voire mais
ou prins/ vous nauez pas pour com-
mencer/telles menasses mespouēte biē
pou/ ie ne vo9 craings de cela pas vng

niquet se ien desmarche ie vueil que son
me tonde en croix/et sil vous semble q
apez puissance de ce faire aduanciez vo9
et commenciez des ceste heure/ie suis
preste pour liurer le moule. Au deable de
telle femme dist le mary quon ne peult
par quelque voye corriger. Il fut con-
traint de la laisser passer sa destinee/il se
fust plustost escruele et fendu la teste
pour la reprendre que luy faire tenir coy
se derriere par quoy la laissa courre com
me vne lisse entre deux douzainnes de
chiens et accomplir tous ses vouloirs et
desordonnes desirs.

¶ La .xcii. nouuelle racomptee par
monseigneur de launoy.

En la noble cite de mez en loraine
auoit puis certain temps en ca
vne bōne bourgoyse mariee q estoit tout

La .xcii. nouuelle. par monseigneur de launoy

oultre de la cõfrarie de la houlette riens ne faisoit plus voulentiers que ce ioly esbatement que chascun scait et ou elle pouoit desployer ses armes elle se monstroit vaillante et pou redoubtant les horions. Or entendes quelle chose luy aduint en exersant son mestier/elle estoit amoureuse dung gros chanoine qui auoit plus dargent q̃ vng vieulx chien na de puces/mais pour ce quil demouroit en lieu ou ses gens estoiẽt a toute heure cõme on diroit a vne gueule bee ou place publique/elle ne sauoit comment se trouuer auecques son chanoine/tant pẽsa et subtilla a sa besoigne q̃lle saduisa q̃ se descouuriroit a vne sienne voisine q̃ estoit sa seur darmes touchãt le mestier et vsance de la houlette et lui sembla q̃ elle pourroit aler veoir son chanoine acompaignee de sa voisine sans que lẽ y pensast nul mal ou suspiciõ. Ainsi que elle aduisa ainsi fut fait, et cõe se pour vne grosse matiere fust alee vers monseigneur le chanoine ainsi honnorablement y ala elle acompaignee cõme dit est. Pour le faire brief incontinent que noz bourgoyses furent arriuees apres toutes les salutaciõs ce fut la pricipale memoire q̃ seclorre, auec sõ amoureux le chanoine/et fist tant que le chanoine lui bailla vne mouture ainsi cõe il sauoit La voisine voyant lautre auoir eu ditce q̃ le gouuernement du maistre de leãs nen eut pas peu denuie et lui desplaisoit moult que non ne lui faisoit ainsi cõme a lautre. Au vuider de la chambre celle q̃ auoit sa pitance dist a sa voisine/nous en prons nous. Voire dist lautre/se ha len ainsi/se len ne me fait la courtoisie cõe a vous par dieu iacuseray le mesnaige ie ne suis pas ycy venue pour eschauffer la cire. Quant len apperceut sa bonne voulente on lui offrit le clerc de ce chanoine qui estoit vng fort et roide galant et homme pour la tresbien fournir de quoy elle ne tint compte/ mais se refusa de tous poins disant que aussi bien vouloit auoir le maistre que lautre/autrement ne seroit elle point contente. Le chanoine fut contraint pour sauluer sõ honneur de saccorder/et quãt ce fut fait elle voulut bien adoncques dire a dieu et se ptir/mais lautre ne se vouloit pas ains dist toute couroucee que celle qui lauoit amenee et estoit celle pour qui lassẽblee estoit faicte deuoit estre mieux partie que lautre et quelle ne se de partiroit point selle nauoit encores vng picotin dauoine. Le chanoine fut bien esbahy quant il entendit ses nouuelles et combien quil priast celle, qui vouloit auoir le sourcroiz toutesfoiz ne se vouloit elle rẽdre contente. Or ca dist il de par dieu ie suis content puis quil fault q̃ ainsi soit mais ny reuenez plus pour tel pris/ie seroye hors de la ville. Quãt les armes furent acõplies ceste damoiselle au sour croiz au dire a dieu dist a son chanoine quil faisoit donner aucune gracieuse chose pour souuenãce sans se faire trop importuner ne trauailler de requestes et auli pour estre deliure. Le bon chanoine

f.iii.

La xciii nouuelle par monseigneur de launoy

auoit vne piece dung demourant de cou-
urechief quil leur donna et la principale
receut le don ainsi dirent a dieu. Cest dist
il ce que ie vous puis maintenant donner
prenez chascune en gre. Elles ne furent
gueres loing asses que en plaine rue la
voisine qui nauoit eu sans plus q̃ vng
picotin dist a sa compaigne quelle vou-
loit auoir sa porcion de leur don, et bien
dist lautre ie suis contente combien en
voulez vo⁹ auoir / fault il demãder cela
dist elle icy doy auoir la moytie et vous
autant. Comment ozes vous demãder
dist lautre plus que vous nauez desserui
auez vo⁹ point de hõte, vous sçauez bien
que vous nauez este quevne foiz eu cha
noine et moy deux foiz / et par dieu ce nest
pas raison que vous soyes partie aussi
auant que moy. Par dieu icy auray au
tant que vous dist lautre, ay ie pas fait
mon deuoir aussi auant que vous com-
ment sentendes vous / nesse pas autant
dune foiz comme de dix / et affin que vo⁹
cõgnoisses ma voulente sans tenir icy
halle de neant ie vous conseille que me
bailles ma part iustement la moitie ou
vous aurez incontinẽt hutin me voules
vous ainsi gouuerner / voire dea dist sa
compaigne y voules vous proceder dar
mure de fait / et par la puissãce dieu vo⁹
nen aures fois ce quil sera de raison cest
assauoir des trops pars lune et iauray
tout le demourant / nay ie pas eu deux
fois plus de paine que vous. Adõc lau-
tre haulce et de bon poing charge sur le
visaige de sa compaigne pour qui lasse-
blee auoit este faicte qui ne se tint pas lõ
guement sans rendre / brief elles sentre
batirent tant et de si bonne maniere qua
bien petit quelles ne sentre tuerent / et
lune appelloit lautre ribaulde. Quant
les gens de la rue virent la bataille des
deux compaignes qui peu de temps de-
uant auoient passe par la rue ensemble
amoureusement furent tous esbahys /
et les vindrent tenir et deffaire lune de
lautre. Puis apres les gẽs qui la estoiẽt
hucherent leurs maris qui vindrent ten
tost / et chascun deulx demandoit a sa fẽ-
me la matiere de leur difference. Chas-
cune cõptoit a son plus beau / et tant par
leur faulx donner a entẽdre sãs toucher
de ce pour quoy la questiõ estoit meue les
esmurent lun contre lautre tellement q̃lz
se vouloient entre tuer / mais les sergens
les menerent refroidir en prison. La iu-
stice voulut sauoir dont estoit procede le
fondement de la question entre les deux
femes. Elles furent mãdees et cõtrain-
tes de confesser q̃ ce auoit este pour vne
piece de couurechief et cetera. Les gens
de cõseil voyans a la cõgnoissãce de ceste
cause nappartenoit a culx la renuoperẽt
deuant le roy de bourbelois tant pour les
merites de la cause cõme pource que les
femes estoient de ses subiectes / et pẽdãt
le proces les bons maritz demourerent
en la prison attendans la sentẽce diffini
tiue qui pour le nombre infini deulx en
est taillee de demourer pendue au clou.

▽ La xciii nouuelle

La .xciii. nouvelle.

Tandis que iay bône audiêce ie vueil compter ung gracieux côpte aduenu au pays de Haynault. En ung vilaige du pays q iay nômé auoit une gête fême mariee qui aymoit plus chier le clerc de la paroisse dont elle estoit parroissiêne q son mary/ et pour trouuer moyen destre auec son clerc faingnit a son mary qlle deuoit ung pelerinaige a ung saint qui nestoit gueres loing de la et q promis lui auoit quât elle estoit en trauail lui priant ql fust content qlle y alast ung iour quelle nomma. Le bon simple mary qui ne se doubtoit de rien accorda ce pelerinage et pour ce q se mary demouroit seul il lui dist quelle apoin tast son disner et soupper tout ensemble auant quelle se partist/ autremêt il roit menger a la tauerne/ elle fist son comandement et appointa ung bon pouffit et piece de mouston/ et quant toutes ces preparatiues furent faictes elle dist a son mary q tout estoit prest et quelle a soit querre de seaue beniste pour soy partir apres. Elle entra en leglise et le premier homme quelle trouua ce fut celuy quelle queroit cestassauoir son clerc a q elle compta ses nouuelles comment elle auoit côgie daler en pelerinaige et cetera pour toute la iournee/ mais il y a ung cas dist elle/ ie suis seure que si tost q me sentira hors de lostel quil sen yra a la tauerne et nen retournera iusques au ves pre bien tart ie se cognois tel/ et pour tant iayme mieulx demourer a lostel tandis quil ny sera point que aler hors/ et donc ques vous vous rendres dedens une de mie heure au tour de nostre hostel affin que ie vous mette dedens par derriere sil aduient que mon mary ny soit point/ et sil y est nous yrons faire nostre pelerinaige. Elle vint a lostel ou elle trouua encores son mary dont elle ne fut point contente qui lui dist/ comment estes vous encores icy/ ie men voys dist elle chausser mes souliers et puis ie ne songeray plus gueres que ie ne parte. Elle ala au cor douennier et tandis quelle faisoit chaus ser ses souliers son mary passa par de uât lostel du cordouennier auec ung au tre son voisin qui auoit de coustume vou lentiers a la tauerne/ et combien quelle supposast que pour ce quil estoit acôpai gne dudit voisin quil sen alast a la tauer ne toutesfois nen auoit il nulle voulête mais sen aloit sur le marchie pour trou uer encores ung bon côpaignô ou deux

f.iiii.

et les amener disner aucques lui au commencement quil auoit dauantaige cest assauoir le poussin et la piece de mousto Or no9 lairrons icy nostre mary cercher compaignie et retournerons a celle qui chaussoit ses souliers que si tost que ilz furent chaussez reuint a lostel le plus hastiuement q̃ elle peut ou elle trouua le gentil escolier qui faisoit sa procession tout au tour de la maison a qui elle dist/ mon amy nous sommes les pl9 heureux du monde/car iay beu mon mary aler a la tauerne ien suis seure/car il ya vng sien sortes qui se maine par ses bras le quel ne se laira pas retourner quant il voudra et pour tant donnons nous ioye se iour est nostre iusques a la nupt/ iay appointe vng poussin et vne belle piece de mouston dont nous ferons goguettes Et sans plus riens dire se mist dedẽs et laissa lups de deuant entrouuert affin que les voisins ne sen doubtassent. Or retournons maintenant a nostre mary qui a trouue beup bons compaignons auec le premier dont iay parle/ lesquelz il amaine tous pour desconfire et deuorer ce poussin en la compaignie de beau vin de beaune ou de meilleur sil est possible den finer. A larriuer a sa maison il entra le premier dedens et incontinent quil fut entre il parceut noz deux amãs qui sestoient mis a faire vng tronson de bonne ouuraige. Et quant il vit sa femme qui auoit ses iambes leuees il luy dist quelle nauoit garde de vser ses souliers et que sans raison auoit trauaille

le cordouenier puis quelle souloit faire son pelerinaige par telle maniere. Il hucha ses cõpaignõs et dist. Messieurs regardez q̃ ma fẽme ayme mon prouffit de paour quelle neuse ses beaux souliers neufz elle chemine sur son dos/ il ne la pas telle qui veult. Il prent vng petit de mourant de ce poussin et luy dist quelle parfist son pelerinaige/ puis ferma lups et la laissa auec son clerc sans lui aultre chose dire et sen ala a la tauerne de quoy il ne fut pas tence au retourner ne les aultres foiz aussi quãt il y aloit pour ce quil nauoit rien ou pou parle de ce pelerinaige que sa femme auoit fait a lostel auec son amoureux le clerc de sa paroisse

La .xciiii. nouuelle.

ÉS marches de picardie ou diocese de therouenne auoit puis an et demi en

La .xciiii. nouuelle.

ça ou enuiron vng gentil cure demourãt en la bonne ville qui faisoit du gorgias tout oustre/ il portoit robe courte chausses tirees a la faço de court/tãt gaillart estoit q sen ne pourroit plus qui nestoit pas pou desc'ãdre aup gens deglise. Le promoteur de therouenne qui telles manieres de gens appelloient le grãt dyable soy informa du gouuernement de nostre gentil cure et le fist citer pour se corriger et lui faire muer ses meurs. Il comparut es habis cours côme sil ne tenist compte du promoteur/cuidant par aduenture que pour ses beaulp peulp on se disurast/mais ainsi nauint pas/car quãt il fut deuant monseigneur lofficial sa partie le promoteur luy compta sa legende au long et demanda par sa conclusio que ses habillemens et autres menues manieres de faire lui fussêt deffendues et auec ce quil fust condemne a paier certaines amendes. Monseigneur lofficial voyant a ses peulp que tel estoit nostre cure quon luy baptisoit lui fist les deffenses sur les peines du canon que pl⁹ ne se deguisast en telles maniere quil auoit fait et quil portast longues robes et cheueup longs et auec ce se côdemna a paier vne bonne somme dargent/il promist que ainsi en feroit il et que plus ne seroit cite pour telle chose. Il print conge au promoteur et retourna a sa cure et si tost quil y fut venu il fist hucher le drapier et le parmentier si fist tailler vne robe qui lui trainoit plus de troys cartiers

nt au parmentier les nouuelles de therouenne/comment cestassauoir quil auoit este reprins de porter courte robe et quon lui auoit charge de la porter longue. Il vestit ceste robbe longue et laissa croistre ses cheueup de la teste et de la barbe et en cest estat seruoit sa paroisse/chãtoit messe et faisoit ses aultres choses appartenant a cure. Le promoteur fut arriere auerty comment son cure se gouuernoit oustre sa rigle et bonne et hôneste conuersaciõ des prestres le quel se fist citer côe deuãt et il si côparut es lôgs habis. Quesse cy dist monseigneur lofficial quant il fut deuant luy/il semble q vous trompes des estatus et ordonnances de leglise/ voyes vous point côe les aultres prestres sabillent/ se ce ne fust pour lamour de vos bons amis ie vous feroye asseuer la prison de ceãs. Côment monseigneur dist nostre cure ne mauez vous pas charge de porter longue robbe et longs cheueup fays ie point ainsi que vous mauez commande/nest pas ceste robe assez longue/ mes cheueup sont ils pas longs que vousles q ie face. Ie vous dist monseigneur lofficial et si vo⁹ commande que vous portes robe et cheueu a demi longs/ ne trop ne pou/ et pour ceste grande faulte ie vous condemne a paier dip liures damende au promoteur/vingt liures a la fabrique de ceans et autant a monseigneur de therouene a couertir a sõ aumosne. Nostre cure fut bien esbahy/mais touteffoiz il faillit quil passast par la/il prent conge et sen reuient en sa maison bien pensant

La .xcv. nouuelle. par monseigneur de villiers

comment il sabilleroit pour garder la sētence de monseigneur lofficial. Il manda se parmentier a qui il fist tailler une robbe longue dung costé comme celle dont nous auons parlé et courte cōme la premiere de lautre costé/puis il se fist barbier du costé ou sa robbe estoit courte en ce point aloit par les rues et faisoit son diuin office/et cōbien quon lui dist que cestoit mal fait toutesfoiz si nen tenoit il compte. Le promoteur en fut encores auerty et se fist citer cōe deuant. Quāt il comparut dieu scait comment monseigneur lofficial fut malcontent/a peine quil ne sailloit de son siege hors du sens quant il regardoit son curé estre habillé en guise de mōmeur/se les autres deux foiz auoit esté bien rachassé il fut encores mieulx ceste cy et cōdēne a belles et grosses amēdes. Lors nostre curé se voyant ainsi desplumé de amēdes et de cōdemnacions dist a monseigneur lofficial/il me sembles sauluē vostre reuerence que iay fait vostre commandement/et entēdes moy ie vous diray la raison. Adonc il couurit sa barbe longue de sa main quil estandit sus et puis dist. Se vous voulez ie nay poit de barbe/puis mist sa main de lautre les couurant la ptie tondue ou raise en disant se vous voules iay longue barbe esse pas ce que maurz cōmande. Monseigneur lofficial voyant que cestoit ung vray trompeur et quil se trompoit de luy fist venir le barbier et le parmentier et deuant tous les assistens lui fist faire sa barbe et cheueux et puis couper sa robbe de sa longueur qui estoit de mestier et de raison puis se renuoya a sa curé ou il se conduit haultement en maintenant ceste derniere maniere quil auoit aptinse a la sueur de sa bourse.

¶ La .xcvi. nouuelle racomptee par mōseigneur de villiers.

COmme il est assez de coustume dieu mercy quen plusieurs communautes de religions ya de bons compaignons au moins quant au ieu des bas instrumens. Au propos na queres auoit en ung conuent de paris ung tresbon frere prescheur qui auoit de coustume de visiter ses voisines. Ung iour entre les autres il choisit une tresbelle femme q̄ estoit sa prouchaine voisine ieune et en bon point et sentre aymoient de bon couraige et la ieune femme estoit mariee

La .xcv. nouuelle.

nouuellement a vng bon compaignon et deuint maistre moyne tresbien amoureux delle et ne cessoit de pēser et subtilier voyes et moyens pour paruenir a ses ataintes q̃ a dire en gros et en brief estoiēt pour faire cela que vous sçauez. Or disoit ie feray ainsi/or conclut autremēt Tant de propos suruenoient en sa teste quil ne sauoit sur quoy sarrester/ trop bien disoit il que de sa gaige nestoit point de abatre/ car elle est trop bonne et trop seure/force mest que se ie vueil paruenir a mes fins que par cautelle et decepciō ie la gaigne. Or escoutez de quoy le larron saduisa et commēt frauduleusemēt la poure beste il atrappa et son desir tresdeshonneste comme il proposa acomplit Il faingnit vng iour auoir mal en vng doy celui demprés le poulce qui est le premier des quatre en sa main dextre et de fait seueloppa de draps linges et se bota daulcuns oignemēs tresfort sētans et en ce point se tint vng iour ou deux tousiours se monstrāt aual son eglise deuant la dessusdicte/ et dieu scait sil faisoit bien la douleur. La simplette le regardoit en pitie et voyāt bien a sa cōtenance que il auoit grāt douleur/ et pour sa grāt pitie q̃lle en eut lui demāda son cas/ et le subtil regnart lui compta si trespiteusemēt quil sembloit mieulx hors du sens que aultrement. Le iour se passa et a sendemain enuiron heure de vespres que la bonne femme estoit a lostel seulette/ ce pacient la vient trouuer ouurant de soye et aupres delle se met faisant si tresbien le

malade que nul ne leust veu a ceste heure qui ne sceust iuge en tresgrāt danger/ or se viroit vers sa fenestre maintenāt vers la fēme tant destrāges manieres il faisoit que vous fussiez esbahy et abuse a le veoir. Et la simplette qui toute pitie en auoit a paine que les larmes ne lui sailloiēt des yeulx le cōfortoit au mieulx q̃ elle pouoit. Helas frere henry auez vous parle aux medecins telz et telz. Ouy certes mamie disoit il/il ny a medecin ne cirurgien en paris qui nait veu mon cas Et quen disēt il souffrires vous lōguement ceste douleur/ helas ou voire encores plus la mort se dieu ne maide/ car en mon fait na que vng seul remede et iaymerope autāt a peine mourir q̃ se descler/ car il est moins q̃ biē hōneste et tout estrāge de ma profession. Commēt dea dist la pourette puis quil y a remede et nesse pas mal fait et peche a vous de vous laisser ainsi passioner si est en verite ce me semble/ vous vous mettes en dāger de perdre sens et entēdemēt a ce q̃ ie voy Vostre douleur si aspre et si terrible. Par dieu bien aspre et terrible est elle dist frere Hēry mais quoy dieu la ma enuoyee soue soit il ie prens bien sa maladie en gre et auray pacience et suis tout asseure fatēdre la mort/ car cest le vray remede de ce voire excepte vng dōt ie vous ay parle q̃ me guetiroit tantost/ m ais quoy cōme ie vous ay dit ie noserope dire quel il est et quant ainsi seroit q̃l me seroit force a desceler ce q̃ cest ie nauroye point le vouloir de lacomplir. Et par saint martin

La .xcv. nouuelle.

dist la bonne femme frere Hery il me sēble que vous auez tort de tenir telz termes/et pour dieu dictes moy quil fault pour vostre garison et ie vous asseure q̄ ie metray peine et diligence a trouuer ce qui y seruira/pour dieu ne soyes cause de vostre perdicion laissez vous aider a se courir/or dictes moy que cest et vous vertez se ie ne vo⁹ aideray/si feray par dieu et me deust il couster plus que vous ne pensez. Damp moyne voyant la bonne voulente de sa voisine apres ung grant tas depcusances et de refus q̄ pour estre brief ie trespasse dist a basse voix/puis quil vous plaist que ie se dye ie vo⁹ obeyray/les medecins mont tous dit dung accord quen mon fait na q̄ ung seul remede/cest de bouter mon doy malade dedens le lieu secret dune femme nette et honneste et la le tenir assez bonne piece et apres le oingdre dun oignement dont ilz mōt baille la recepte/ vous oyes que cest/ et pour tant que ie suis de ma nature et de propre coustume honteux iay mieulx ayme endurer a seuffrir iusques cy les maulx que iay portes quen riens dire a persōne viuant/vo⁹ seule sçaues mō cas et malgre moy. Helas helas dist la bonne femme ie ne vous ay dit chose q̄ ie ne face ie vous vueil aider a guerir ie suis contente et me plaist bien pour vostre garison et vous oster de la terrible angoisse qui vous tourmēte que vo⁹ preste lieu pour bouter vostre doy malade/et dieu le vous rende damoiselle dist damp moyne/ ie ne vous en eusse oze requerir nē aultre/mais puis quil vous plaist de me secourir ie ne seray ia cause de ma mort Or nous mettons donc q̄s sil vous plaist en quelque lieu secret que nul ne nous voye/il me plaist bien dist elle si le mena en vne belle garderobe et serra lhuys et sur le lit la mist/et maistre moyne lui lieue ses drapeaux et en lieu du doy de la main bouta sō perchāt dur et roide dedens. Et a lētrer quil fist elle qui le sentit si tresgros dist/et cōmēt vostre doy est il si gros ie nouy iamais parler du pareil. En verite dist il ce fait la maladie q̄ en ce point le ma mis/vo⁹ me contes merueille dist elle. Et durāt ses langaiges maistre moyne acōplit ce pour quoy si bien auoit fait le malade. Et elle qui sentit et cetera demanda que cestoit/et il respondit cest le clou de mō doy qui est enfondre/ie suis cōme guery se me semble dieu mercy et la vostre. Et par ma foy ce me plaist moult ce dist la dame qui lors se leua/se vous nestes bien gary si retournes touteffoiz quil vous plaira/car pour vous oster de douleur il nest riens que ie ne face et ne soyes plus si honteux que vo⁹ auez este pour vostre sante recouurer.

La .xcvi. nouuelle.

La .xcvi. nouuelle.

Rescoutez quil aduint lautrier a bng simple curé de village. Le bon curé auoit bng chien ql auoit nou ry et garde qui tous les aultres chiēs du pays passoit sur le fait daler en leaue que rir le bireton/ et a loccasion de ce son mai stre laymoit tant ql ne seroit pas liger a compter combien il en estoit assote. Aduint toutesfoiz ie ne scay pas quel cas/ ou sil eut trop chault ou trop froit toutesfoiz il fut malade et mourut. Que fist ce bō curé luy qui son presbitaire auoit tout contre le cymetiere/ quant il vit son chien trespasse il pensa q grāt dōmaige seroit q vne si saige et bonne beste demourast sās sepulture et pour tāt il fist vne fosse asses pres de luy de sa maison et la len sonpyt/ ie ne scay pas sil fist vne mar- .e et par dessus grauer bng epitaphe si

men taps. Ne demoura gueres que sa mort du bon chien du curé fut par le vi laige anūce et tant espandu q aux oreil les de lesuesque du lieu paruint et de sa sepulture faicte q son maistre luy bailla si le manda bers lui benir par vne belle citation par bng chicaneur. Helas dist le curé et quay ie fait qui suis cite doffice. Quant a moy dist le chicaneur ie ne scay ql y a se ce nest pour tant que vous aues ensouy vostre chien en terre saincte ou len met les corps des chrestiens. Ha se pense le curé cest cela/ or sui vint en teste quil auoit mal fait et que sil se laisse em prisonner quil sera escorche/ car mōsei gneur leuesque est le plus couuoiteux de ce royaulme et si a gēs au tour de lui qui scaiuent faire benir leaue au mou lyn dieu scait coment. Il vint a sa iour nee et de plain bout sen ala bers monsei gneur leuesque qui lui fist bng grāt pro logue pour la sepulture du bon chien/ et sembloit a louyr que le curé eust pis fait que dauoir regnie dieu et apres tout son dire il commanda quil fust mene en sa prison. Quant monseigneur le curé vit quon le vouloit bouter en sa boyte aux caillouy il fut plus esbahy q bng canet et requist a monseigneur leuesque quil fust ouy/ le quel lui accorda. Et deuez vouoir que a ceste calenge estoient grant foison de gens de bien et de grant facon comme lofficial/ les promoteurs/ le scri be/ notaires aduocas procureurs et plu sieurs aultres les quelz tous ensemble grant iope menoient du cas du bō curé

cure qui a son chien auoit donne la terre
saincte. Le cure en sa deffense et epcuse
parla en brief et dist. En verite monsei
gneur se vous eussies autant congneu
mon bon chien a qui dieu pardoint com
me iay fait vous ne series pas tant esba
hy de la sepulture que ie luy ay ordonee
comme vous estes/car son pareil come
iespoire ne fut iamais trouue ne sera/et
lors comenca a dire baulme de son chiē
aussi pareillement sil fut bien sage en sō
viuant encores se fut il autant ou plus
a sa mort/car il fist vng tresbeau testa
ment/et pour ce quil sauoit vostre neces
site et indigence il vous ordōna cinquā
te escuz dor que ie vous apporte. Si les
tira de son sain et les bailla a seuesque
se quez les receut vou'etiers et lors loua
et approuua les se ie is du vrillant chien
ensemble son testament et la sepulture
qui luy vrilla.

¶ La.lxxxviii.nouuelle.

La.lxxxvii.nouuelle.

N Agueres que estoit vne assem
blee de bōs compaignōs faisās
bōne chiere en la tauerne et beuuās dau
tant/et quant ilz eurent beu et mengie
et fait si bonne chiere iusqs a souer dieu
et aussi vsque ad hebreos la plus part et
quilz eurent compte et paye leur escot
les aucuns commencerent a dire cōmēt
nous serons festoies de noz femes quāt
nous retournerons a lostel/dieu scait q̄
nous ne serons pas ecōmunies on pel
ra bien a nos barbes. Nostre dame dist
lung ie crains bien a my trouuer/ainsi
maist dieu dist lautre aussi fays ie moy
ie suis tout seur dauoir la passion/pleust
a dieu que ma femme fust muette ie bv
ueroye trop plus hardiment q̄ ne says
Ainsi disoient tresto⁹ fors sung d'eulx q̄
estoit bon cōpaignon qui leur ala dire/
et coment beaux seigneurs vous estes
tous bien maleureux qui aues to⁹ cha
cun femme qui si fort vous reprent du
ser a la tauerne et est tant mal contente
que vous buues/par ma foy dieu mercy
la mienne nest pas telle/car se ie beuoye
dix voire cēt foys le iour si nesse pas as
ses a son gre/brief ie ne vis oncques q̄lle
neust voulu que ieusse plus beu la moy
tie/car quant ie reuiens de la tauerne
elle me souhaitte tousiours se demeurāt
du tonneau dedens le ventre et le ton
neau auecques si nesse pas signe que ie
boyue asses a son gre. Quant les com
paignōs ouyrent ceste cōclusion ilz se
prindrēt a rire et louerent beaucoup son
cōpte et sur ce sen alerent to⁹ chascū a sō

La .lxxxvii. nouuelle.

ef a ſcuë noſtre bon compaignon q̃ le cō-
pte auoit fait ſen vint a loſtel ou il trou-
ua peu paiſible ſa femme toute preſte a
tencer qui de ſi loing quelle le vit venir
commenca la ſouffrāce accouſtumee a
de fait cōme elle ſouloit luy ſouhaitta ſe
demourant du vin en tōneau dedens
ſe ventre/ſa voſtre mere y ma rye diſt il/
encores auez meilleure couſtume q̃ les
autres femmes de ceſte ville/elles enra-
gent de ce que leurs maris boyuent ne
tant ne quant/et vous dieu le vous rēde
vous dictes bien que ie beuſſe touſiours
ou vne bonne foiz qui touſiours duraſt.
Ie ne ſcay diſt elle que ie vouldroye ſi nō
que ie prie a dieu q̃ tant beuez vng iour
que creuer en puiſſies. Comme ilz ſe de-
uiſoient ainſi doulcement que vous oyez
le pot a la poree qui ſur le feu eſtoit com-
mence a ſen fuir par deſſus pource que
trop aſpre feu auoit/et le bon homme q̃
voyo t que ſa femme ny mettoit point
ſa main lui diſt/et ne voyez vous dame
ce pot qui ſen fupt. Et elle q̃ encores ra-
paiſee neſtoit reſpondit ſi fays ſire ie ſe
voy bien. Or le hauſſez dieu vous mette
en mal an. Si feray ie diſt elle ie ſe hauſ-
ſeray/ie ſe metz a .vii. deniers. voire diſt
il dame eſſe ſa reſpōſe/hauſſez ce pot de
par dieu. Et bié diſt elle ie ſe metz a .viii.
ſouez/eſſe aſſez hault/hen hen diſt il/et
par ſaint iehan ce ne ſera pas ſās trops
coups de baſton. Et il choiſit vng gros
baſton et en deſcharge de toute ſa force
ſur le dos de ma damoiſelle en diſant/
ce marchie vous demoura. Et elle commen-
ce a crier a larme tant que les voiſines ſi
aſſēblerent qui demanderent q̃ ceſtoit
et le bon homme racompta liſtoire cōe
elle aloit dōt ilz rirent treſtous fors elle
a qui le marchie demoura.

La .lxxxviii. nouuelle.

S marchies et mettes de france
entre les aultres nobles y auoit
vng cheualier riche a noble tant par ſan-
cienne nobleſſe de ſes prediceſſeurs cōe
par ſes propres nobles et vertueux faiz
lequel cheualier de ſa femme eſpouſee
il auoit eu ſeulement vne fille qui eſtoit
treſbelle et treſadreſſee pucelle comme a
ſon eſtat appartenoit/aagee de .xv. a.
xvi. ans ou enuiron. Le bon a noble che-
ualier voyant ſa fille eſtre aſſez aagee
habille et ydoine pour eſtre aliee et con-
iointe par le ſacrement de mariaig. il

La.lxxxviii.nouuelle.

cust tresgrant voulente de ioindre et donner a ung cheualier son voisin non toutesfoiz tant noble de parentaige come de grosses puissances et richesses temporelles/auec ce aussi aage de soixante a quatrevings ans ou enuiron/ce vouloit tongea tant enuiron de la teste du pere dõt iay parle que iamais ne cessa iusques a ce que les aliances et promesses furent faictes entre luy et sa femme mere de la fille et ledit ancien cheualier touchans le mariaige de luy auec la dicte fille qui des assemblees promesses et traictes ne scauoit rien ne ny pensoit aucunement Asses prochain de lostel diceluy cheualier pere de la pucelle auoit ung aultre ieune cheualier vaillant et preux/riche moyennement non pas tant de beaucoup q̃ lautre ancien dont iay parle qui estoit tresardant & fort embrase de lamour dicelle pucelle/et pareillement elle par sa vertueuse et noble renommee de lui en estoit tresfort entachee/combien que a danger parlassent lung a lautre/car se pere sen doubtoit et leur rompoit les moyens et voyes/q̃l pouoit toutesfoiz il ne les pouoit forclore de lestiere et trescasse amour dont leurs deux cueurs estoiẽt entrelies et enlacez. Et quant la fortune leur fauorisoit tant q̃ ensemble les faisoit deuiser/daultre chose ne tenoient leurs deuises/come de pourpenser le moyen par le quel leur seul & souuerain desir pourroit estre acomply par legitime mariaige.

Or sapproucha le temps que icelle pucelle deust estre donnee a ce seigneur ancien et le marshie lui fut par son pere descouert et assigne le iour quelle se deuoit espouser dont ne fut pas peu couroucee/mais elle pensa quelle y donneroit remede. Elle enuoya vers son treschier ample ieune cheualier et lui manda quil venist celcemẽt le plustost quil pourroit/& quant il fut venu elle lui compta ses aliances faictes delle et de lautre anciẽ cheualier/demandãt sur ce conseil affin de tout rompre/car daultre que de luy ne vouloit estre espousee. Le cheualier luy respondit. Mamye treschiere puis que vostre bonte se veult tant humilier que de moy offrir ce que ie noseroye requerir sans tresgrant vergoigne ie vous remercie/et se vous voules perseuerer en ceste bonne voulente ie scay que nous deuons faire. Nous prendrons et assignerons ung iour au quel ie viẽdray en ceste ville bien acompaigne de mes amis/et a certaine heure vo⁹ rendres en quelque lieu q̃ vous me dires maintenant ou ie vous trouueray seule/vous mõteres sur mon cheual et vo⁹ meneray en mon chasteau et puis se no⁹ pouons apaisier monseigneur vostre pere et ma dãe vostre mere nous procederons a la cõsommacion de noz promesses/laquelle dist que cestoyt bien aduise et quelle scauoit cõment on si pouoit cõuenablement conduire. Si lui dist que tel iour et telle heure venist en tel lieu ou il la trouueroit et puis feroit tout biẽ ainsi quil auoit aduise. Le iour de lassignacion vint et se cõparut le ieune cheualier au lieu ou len luy auoit dit

La xcviii. nouuelle.

et ou il trouua sa dame q̃ monta sur son cheual et picqua fort tãt quilz eurent esloigné la place/ce bõ cheualier craignãt q̃l ne trauaillast sa treschiere et pfaicte ãpe rompit son legier pas et fist espãdre tous ses gens par diuers chemins pour sçauoir se qu'elcun ne les suiuoit poit et cheuauchoit trauers champs sans tenir voyes ne sentiers le plus doulcemẽt quil pouoit et charga a ses gens quilz se trouuassent ensemble tous a ung gros vilaige quil leur nomma ou il auoit intencion de repaistre. Le vilaige estoit assez estrange et hors la commune voye des chemins, et tant cheuauchetẽt quilz vindrent au vilaige ou la dedicasse et generalle feste du lieu se faisoit/a laquelle y auoit gens de toutes sortes et de grande facon/ilz entrerent a la meilleure tauerne de tout le lieu et incontinẽt demãderent a boire et a menger/car il estoit tard apres disner et la pucelle estoit fort trauaillee. Ilz firent faire bon feu et tresbien appointer a menger pour les gens dudit cheualier q̃ nestoient pas encores venus. Gueres neurent esté en leur hostelerie que voycy venir quatre gros soudiers charretiers ou bouuiers par aduenture encores plus vilains et entrerent en ceste hostelerie baudement, demãdãs rigoureusement ou estoit la ribaulde q̃ ung ruffiẽ na gueres auoit amenee derriere lui sur son cheual/et quil failloit q̃ ilz bussent auec elle et a leur tour la gouuerner. Loste qui estoit homme bien congnoissant ledit cheualier sachant q̃ ain

si nestoit pas que ses ribaulx disoient il leur dist gracieusement que telle nestoit elle pas q̃lz cuidoiẽt. Par la mort dieu dirent ilz se vous ne la nous liures incontinent nous abattrons ses huys et semmenerons par force malgré vous deux. Quãt le bon hoste entẽdit leur rigueur et que sa doulce response ne luy prouffitoit point il leur nomma le nom du cheualier le quel estoit tresrenõme es marches/mais peu cõgneu des gẽs a l'ocasiõ que tousiours auoit esté hors du pays acquerant honneur et renõmee glorieuse es guerres et voyaiges loingtaines/leur dist aussi que la femme estoit vne ieune pucelle parente audit cheualier/la q̃lle estoit nee et yssue de grant maison et tresnoble parentaige. Helas messeigneurs vous pouez dist il sans dangier de vous ne d'aultruy estaindre et passer voz chaleurs desordõnees auecques plusieurs aultres qui a l'occasion de la feste de ce vilaige sont venues et nõ pour autre chose que pour vous et voz semblables pour dieu laisses en paix ceste noble fille et mettes deuant voz yeulx les grãs dãgiers ou vous voꝰ boutez/penses a voz houlers et le grant mal que voꝰ voulez cõmettre et a petite occasion. Lesses vostre sermon dirent les soudiers tous alumes de feu de concupiscence charnelle, donnes noꝰ voye que la puissons sãs violence auoir autrement vous ferons hõte car en publique icy nous lamenterons et chascun de nous quatre en fera son plaisir. Les paroles finees le bon hoste mõta

t.i.

La xcviii. nouuelle.

en la chambre ou se cheualier et sa bōne pucelle estoient/puis tira le cheualier a part a qui les nouuelles compta le ql quant il eut tout bien et constāment entēdu sans estre gueres trouble il descendit garny de son espee parler aux quatre ribaulx leur demandant tresdoulcement qlle chose il leur plaisoit/et ainsi rudes et maulsades quilz estoient respondirent qlz voulsoient auoir la ribaulde quil tenoit fermee en sa chambre/et que se doucement ne leur bailloit ilz lui tolliroiēt et rauiroient a son dommaige. Beaulx seigneurs dist le cheualier se vous me congnoissies bien vous ne me tiēdries pour tel qui maine par les champs les femes telles que vous appelles ceste/oncques ie ne fis telle folie sa mercy dieu/et quant la voulēte me seroit telle q dieu ne veuille iamais ie ne le feroie es marches dōt ie suis/et tous les miens ma noblesse et la nettete de mō couraige ne le pourroiēt souffrir que ainsi me gouuernasse/ceste femme est vne ieune pucelle ma cousine prouchaine issue de noble maison et ie loys pour esbattre et passer te nps doucement la menant auec moy compaignie de mes gens lesquelz ia soit ce quilz ne soient cy presens touteffoiz bien drōt ilz tantost et ie les attens/et ne soyes ia si abuses en vos couraiges que ie me repute si lasche que ie la laisse villenner ne souffrir lui faire iniure tant ne quant/ mais la garderay et deffendray aussi auant et lōguement que la vigueur de mon corps pourra durer et iusques a la mort. Auant que le cheualier eust finee sa parolle les villains platriers lui entrerompirent en nyant tout premier quil fust celuy quil auoit nomme pour ce ql estoit seul/et sedit cheualier iamais ne cheuauchoit que en grande compaignie de gens pour quoy lui conseilloient quil baillast la dicte femme sil estoit saige ou autrement lui rozeroient par force quelque chose quil en peust ensuiuir. Helas quant le vaillant et courageux cheualier pceut que doulceur nauoit lieu en ses responces et que rigueur et haulteur occupoient la place il se ferma en son couraige et resolut que les villains nauroiet point la iouissance de la pucelle ou il y mourroit en la deffendant. Pour faire fin lun de ceulx quatre sauāca de ferir de son baston a luys de la chambre et les aultres lensuiuent qui furent reboutes vaillamment dicelui cheualier et ainsi se commenca la bataille qui dura asses longuement combien que les deux parties fussent despareilles Le bon cheualier viquit et rebouta les quatre ribaulx et ainsi quil les poursuiuoit et chassoit pour en estre tout au dessus lun de ceulx qui auoit vng glaiue se vira subit et se darda en lestomac du cheualier et le pca de part en part et du coup incontinent cheut mort dont ilz furent tresioyeux. Le fait faicte fut par eulx contrainct de lenfouir ou iardin de lostel sans esclandre ne noise. Quant le bon cheualier fut mort ilz vindrent heurter a la chambre ou estoit la pucelle a qui desplaisoit que

La xcviii. nouuelle.

son amoureux tant demouroit/et bouterent sups oultre et si tost quelle dit les brigans entrer elle iugea q̃ le cheualier estoit mort disant/helas ou est ma garde ou est mon seul refuge/quest il deuenu dontvient quainsi me blesse le cueur et qui me laisse pcy seulette. Les ribaulx voyans quelle estoit moult troublee la cuiderent faulcement deceuoir par douces parolles en disant que le cheualier si estoit en vne austre maison et quil luy mandoit quelle y alast auec eulx et que plus seuremẽt si pourroit garder/mais rien nen voulut croire/car secueur touiours lui iugeoit quilz lauoient tue/si commenca a soy demẽter et de crier plus amerement que deuant. Quesse cy dirent ilz que tu noꝰ faiz estrange maniere cuides tu que nous ne te congnoissons/se tu as suspecon sur ton ruffien q̃l ne soit mort tu nes pas abusee/nous en auons deserte le pays pour quoy soyes toute asseuree que nous quatre aurons toꝰ chascun sung apres lautre ta compaignie. Et a ces motz sung deulx sauance q̃ la prent le plus rudement du monde disant quil aura sa compaignie auant quelle sui eschappe. Quant la poure pucelle se vit ainsi efforcee et que la doulceur de son langaige ne lui portoit point de prouffit si seur dist. Helas messeigneurs puis que vostre mauuaise volente est ainsi tournee et que humble priere ne la peult adoucir au moins apes en vous ceste bonne sorte de couraige que puis q̃l fault que a voꝰ ie soye abãdonnee ce soit priueemẽt

cest assauoir a luy sans la presence de lautre. Il lui accorderent la soit que tres enuis et puis lui firent choisir et pour eslire celui deulx quatre qui deuoit demouter auec elle sung deulx le quel cuidoit estre le plꝰ benigne doulx elle esseut/mais de tous estoit il le pire. La chambre fut fermee et tantost apres la bonne pucelle se getta aux piedz du ribault au q̃l elle fist plusieurs piteuses remõstrances en lui priant quil eust pitie delle/mais touiours perseuerant en malignite dist q̃l feroit sa voulẽte delle. Quant elle se vit si dure et que sa priere treshumble ne vou soit epaucer sui dist/or ca puis quil conuient quil soit ie suis contente/mais ie vous supplie q̃ cloez les fenestres affin que nous soyons plꝰ secretement. Il accorda bien enuis et tãdis q̃l les cloyoit la pucelle sacha vng petit cousteau q̃lle auoit pendu a sa saincture et en faisant vng trespiteux cry se trencha la gorge et rendit lame. Et quant le ribault sabit couchee a terre morte il sen fupt auec ses compaignons/et est a supposer que depuis ilz ont este pugnis selon lexigence du piteux cas. Ainsi finerẽt leurs iours les deux beaux amoureux tantost suy apres lautre sans pceuoir riens des ioy eux plaisirs ou ilz cuidoient ensemble biure et durer tout leur temps.

La xcix. nouuelle.

t.ii.

La .xcix. nouuelle.

La .xcix. nouuelle.

Sil vous plaist auant qͥ soit plus tard tout aceste heure ma petite ratelee et compte abrege dung vaillant euesq̃ de castillie despaindrap qui pour aucun affaire du roy de castille son maistre ou temps de ceste hystoire seȝ aloit en court de romme. Le vaillant prelat dont ientēs fournir ceste nouuelle vint ung soir en vne petite villette de lombardie, et lui estāt arriue par vng vendredi asses de bonne heure vers le soir ordonna a son maistre dostel le faire souper asses de bōne heure et le tenir le plus aise que faire se pour roit de ce dont on pourroit recouurer en la ville, car la dieu mercy quoy quil fust gros gras et en bon point et ne se dōnast de mauuais temps que bien apoint et sobrement si nen ieunoit il iournee, son maistre dostel pour luy obeyr sen ala au

marchie et par toutes les poissonneries de la ville chercha pour trouuer du poisson, mais pour faire le compte brief il nen peut oncques recouurer vng seul lopin quelque diligence que luy et son hoste en sceussent faire, dauenture eulx re retournans a lostel sans poisson trouue rent ung bon homme des champs qui auoit deux bōnes perdris et ne demādoit que marchant, si se pensa le maistre dostel que sil en pouoit auoir bon compte quelles ne luy eschapperoient pas, et q̃ ce seroit bon pour le dimenche et que son maistre en feroit grant feste, il les acheta et en eut bō pris. Il vint vers son maistre ses perdris en sa main toutes viues grasses et bien refaictes et lui cōpta lec clipse de poisson qui estoit en la ville dont il ne fut pas trop ioyeulx et lui dist. Et que pourrons nous souper. Monseigneur ce respondit il, ie vous feray faire des oeufz en plus de cēt mille manieres vous aures aussi des pommes et des poires, nostre hoste a aussi de bon fourmage et bien gras, nous vous tiendrōs bien aise, ayes paciēce pour meshuy vng souper est tantost passe vous seres demain plus aise se dieu plaist, nous yrons en ville qui est trop mieulx enpoissonnee que ceste cy, et dimenche vous ne pouez faillir destre bien disne, car veecy deux perdris que ie vous ay pourueuez qui sont a bon escient bonnes et bien nourries. Le maistre euesque se fist bailler ces perdriȝ et les trouua telles quelles estoient bōnes a bon escient si se pensa quelles ten

La .xcix. nouuelle.

droient a son soupper la place du poisson qu'il cuidoit auoir dont il n'auoit point, car il n'en peut oncques trouuer, si les fist tuer bien en haste plumer larder et mettre en broche quelque chose que son maistre d'ostel sceust dire ne remonstrer, trop bien disoit il. Monseigneur elles sont bones tuées, mais les rostir maintenant pour dimenche il ne me semble pas bon Quelque chose que le maistre d'ostel luy sceust remonstrer toutesfois ne se voulut il croire, car elles furent mises en broche a rosties. Le bon prelat estoit la pluspart du temps qu'elles mirent a cuire tousiours present dont son maistre d'ostel ne se scauoit assez esbahir, et ne sauoit pas l'appetit desordonné de son maistre qui eut a ceste heure de deuorer ces perdris aincois cuidoit qu'il se fist pour dimenche les auoir plus prestes au disner. Lors les fist ainsi habiller, et quant elles furent prestes et rosties sa table couuerte et le vin apporté oeufs en diuerses façons habillés et mis a point si s'assist le prelat et le Benedicite dit demanda les perdris auec la moustarde Son maistre d'ostel desirant sauoir que son maistre vouloit faire de ces perdris si les lui mist deuant luy toutes venantes de sa broche rendantes une fumee aromatique assez pour faire venir l'eaue a la bouche d'ung friant, et bon euesque d'assaillir ces perdris et desmembrer d'entree la meilleure qui y fust, et commence a trencher et menger, car tant auoit haste que oncques ne donna loisir a son escuier qui deuant lui trenchoit qui'l eust mis son pain ne ses cousteaux a point. Quant ce maistre d'ostel vit son maistre s'arracher a ces perdris il fut bien esbahy et ne se peut taire ne tenir de lui dire. Ha monseigneur et que faictes vous, estes vous iuif ou sarrasin qui ne gardes autrement le vendredi, par ma foy ie me donne grand merueille de vostre fait. Tes toy tes toy dist le bon prelat qui auoit toutes les mains grasses a la barbe aussi de ces perdris, tu es beste et ne scais que tu dis ie ne fays point de mal. Tu scais et congnois bien que par paroles moy a tous aultres prestres faisons d'une hostie qui n'est que de blé et d'eaue le precieux corps ihesucrist, et ne puis ie doncques par plus forte raison moy qui tant ay veu de choses en court de romme et en tant de diuers lieux sçauoir par paroles faire conuertir ces perdris qui est chair en poisson, ia soit ce qu'elles retiennent sa' forme de perdris si fays dea, maintes iournees sont passees qu'ien scay bien la pratique. Elles ne furent pas si tost mises en la broche que par les paroles que ie scay ie les charme tellement que en substance de poisson se conuertirent et en pourriez trestous qui cy estes menger comme moy sans peché mais pour lymaginacion que vous en pourriez prendre elles ne vous feroient ia bien si en feray tout seul le meschief. Le maistre d'ostel et tous ses aultres de ses gens commencerent a rire et firent semblant de adiouster foy a la bourde de leur

t.iii.

maistre trop subtillement fardee et cou-
lource et en tindrent de puis maniere du
bié de luy et aussi maintesfoiz en diuers
lieux ioieusement se racompterent·

¶ La.centiesme nouuelle

EN la puissante et bien peuplee cite
de gennes puis certain temps en
ca demouroit vng gros marchant com-
ble de bien et de richesses du quel linду-
strie et maniere de viure estoit de mener
et conduire grosses marchädises par la
mer es estranges pays especialement en
alixandrie. Tant vacca et entendit au
gouuernement des nauires et a entasser
et amasser tresors et amonceler grandes
richesses que durant tout le temps quil
si adonna qui fut de puis sa tendre ieu-
nesse iusques a laage de cinquante ans
ne luy vint voulete ne souuenance daul-
tre chose faire. Et comme il fust paruе-
nu a laage dessusdicte ainsi comme vne
fois pensoit sur son estat voyant quil a-
uoit despendu et employe tous ses iours
et ans a riens aultre chose faire que cui-
der accroistre ses richesses sans iamais
auoir en vng seul momet ou minute de
temps au quel sa nature lui eust donne
inclinacion pour se faire penser ou indui-
re de soy marier affin dauoir generació
qui aux grás biens quil auoit a diligë-
ce veille et a grant labeur amasse et ac-
quis lui succedast et apres luy les posse-
dast conceut en son couraige vne aigre et
trespoingnant douleur et desplaisant e-
stoit a merueilles quainsi auoit exposé
et despendu ses ieunes iours. En ceste ai-
gre doleáce et regret demoura aulcuns
iours lesquelz iours pendans aduint q
en la cite dessus nommee les ieunes et pe-
tis enfans apres quilz auoient solenni-
ze aulcue feste acoustumee entreux pour
chascun an habillez et desguises diuerse-
ment et asses estrangement/les vngs du
ne maniere et les aultres daultre se vin-
drent rendre en grant nöbre en vng lieu
ou les publiques et accoustumez esbate-
mens de la cite se faisoient cömunemét
pour iouer en la presence de leurs peres et
meres et aussi affin den reporter gloire re-
nommee et louenge. A ceste assemblee se
comparut et se trouua ce bon marchant
remply de fantasies et de soucy et voyát

La centiesme nouuelle.

ses peres et meres prendre grant plaisir a veoir leurs enfans iouer et faire souplesses et appertises aggraua sa douleur quil par auant auoit de soy mesmes conceue/et en ce point sans ses pouoir plus aduiser ne regarder triste et marry retourna en sa maison et seul et se rendit en sa chambre ou il fut aulcun temps faisant complaintes en ceste maniere. Ha poure maleureux vieillart tel q̃ ie suis et tousiours ay este de qui la fortune et destince sont dures ameres et mal goustables O chetif homme plus que tous recreant et las par les grifues peines labeurs/ et entestes q̃ tu as prinses et portees tãt p mer que p̃ le terre/ta grande richesse et tes comvles tresors sont bien vains les quelz soubz perileuses aduentures en peines dures et sueurs tu as amasse et amoncele et pour lesquelz tout ton tẽps a despendu et vse sans auoir onques vne petite espace ne souuenance de penser q̃ sera celui qui top mort et party de ce siecle tes possidera et a qui par loy humain ne les scauras laisser en memoire de toy et de ton nom. Ha meschant couraige cõment as tu mis en nõ chaloir cela a quoy tu deuoys donner entente singuliere/ ia mais ne ta pleu mariaige et tousiours sas soup craint et reffuse/ mesmement hay et mesprise les bons et iustes cõseulz de ceulx qui ty ont voulu induire affin q̃ tu eusses lignie qui perpetuast ton nom ta souenge et renõmee. O bien heureux sont les peres qui laissent a leurs successeurs bons et saiges enfans. Combien ay ie au iourduy regarde et parceu de peres estans aupres de leurs enfans qui se disoient tresheureux et ingeroient tres bien auoir employe leurs ans se apres leurs deces leurs pouoient laisser vne petite partie des grans biens que ie possede mais quel plaisir soulas puis ie iamais auoir/quel nom/quelle renommee auray ie apres sa mort/ou est maintenant le filz qui maintiendra et fera memoire de moy apres mon trespas. Benoist soit ce saint mariaige par quoy la memoire et souuenance des peres est entretenue et dont tenus pocessions et heritaiges ont pour leurs doulx enfans a eternelle permanence et duree. Quãt ce bon marchãt eust a soy mesmes longue espasse argue subit donna remede et solucion a ses argumens disãt ces motz. Or ca il ne mest desormaiz mestier nonobstant le nõbre de mes ans tourmenter ne troubler de douleurs/ dangoisses/ ne de pensement au fort ce que iay par cy deuant fait pre dre ie prẽce aux oyseaux qui font leurs nydz et ie preparent auant quilz y pondent leurs oeufz/iay sa mercy dieu richesses souffisantes pour moy pour vne femme et pour plusieurs enfans sil aduient que ien aye/et ne suis si ancien ne tãt de fourny de puissance naturelle que ie me doye souffier ne perdre esperance de non pouoir iamais auoir generation/si me conuient arester et donner toute entete veiller et trauaillier aduisant ou ie trou

t.iiii.

La centiesme nouvelle.

ueray fême propice et conuenable a moy Ainsi finant son proces buisa de sa chãbre et fist venir vers luy deux de ses compaignons mariniers côe luy aux quelz il descouurit son cas tout au plain les priant tresaffectueusemēt quilz luy voulsissent aider a trouuoir et querir femme pour luy qui estoit la chose de ce monde que plus desiroit. Les deux marchās entendirēt le bon propos de leur cōpaignon se priserent et louerent beaucoup et prindrent la charge de faire toute la diligence et inquisicion possible pour luy trouuer femme/ et ce temps pendant que la diligence et enqueste se faisoit nostre marchant tant eschauffe de marier que pl9 il ne pouoit/ faisoit de lamoureux serchāt p toute la cite entre les pl9 belles la pl9 ieune et dautres ne tenoit compte. Tāt sercha que en trouua vne telle quil la demandoit/ car de honnestes parens nee/ belle a merueilles/ ieune de quinze ans ou enuiron/ gente doulce et tresbien adressee estoit. Apres quil eust congneu les vertus et condicions doulces delle il eut telle affection et desir quelle fust dame de ses biens par iuste mariaige quil la demanda a ses parens et amis/ lesquelz apres aulcunes petites difficultes et ligieres qui gueres ne durerent luy dōnerēt et accorderent en/ sa mesme heure luy firent fiancer et donner caucion et seurte du douaire dont il la vouloit douer. Se ce bon marchant auoit prins grant plaisir en sa marchandise pendant le temps

quil la menoit encores feut il plus grāt quant il se vit asseure destre marie et mesmement auec femme telle q̄ il en pouoit auoir de beaulx enfans. La feste et solennite de ces nopces fut honorablement et en grant sumptuosite faicte et celebree la quelle feste faillye il mist en oubly et nonchaloit sa premiere maniere de viure cest assauoir sur la mer/ il faisoit tresbonne chiere et prenoit grande plaisāce auec sa belle et doulce femme/ mais ce tēps ne luy dura gueres que saoul et ennuye en fut, car la premiere annee auant q̄ʳe fust expiree print desplaisance de demourer a lostel en oysance et dy tenir mesnaige en la maniere quil conuient a ceulx q̄ y sont liez/ se hoda et ennuya aiant tresgrant regret a son aultre mestier de marinier qui luy sembloit plus aisie et legier a maintenir que cestuy quil auoit si voulentiers emtreprins a gouuerner nuyt et iour/ aultre chose ne faisoit que subtiller et penser cōment il se pourroit trouuer en alixandrie en la maniere quil auoit acoustume et luy sēbloit quil nestoit pas seulement difficile de soy abstenir de mariner et non hanter la mer et la bandōner de tous poins/ mais aussi chose la plus impossible de ce mōde/ et combien que sa voulente fust plainement deliberee et resolue de soy retraire et remettre a son premier mestier toutesfoiz le celoit il a sa femme doubtant que ne se print a desplaisāce/ auoit aussi vne crainte et doubte qui le destourboit et dōnoit empesche-

La centiesme nouuelle.

ment a executer son desir, car il cognoissoit la ieunesse du couraige de sa fêmme et lui estoit bien aduis que sil sabsentoit elle ne se pourroit contenir, consideroit aussi la muablete et variablete de couraige feminin, et mesmement que les ieunes galans lui present estoient coustumiers de passer souuent deuant son huys pour la veoir dont il supposoit quen son absence ilz sa pourroient de plus pres visiter et par auenture tenir son lieu et come il eust este par longue espace point et esguillonne de ses difficultez et diuerses ymaginacions sans en sonner mot et ql' congneust quil auoit ia acheue et passe la plus part de ses ans il mist a nonchaloir et femme et mariage tout le demourant qui affiert au mesnaige et aux argumens et disputacions qui lui auoient trouble sa teste donna briefue solucion disant en ceste maniere. Il mest trop plus conuenable viure que mourir, et se ie me laisse et abandonne mon mesnaige en briefz iours il est tout certain q ie ne puis longuement viure ne durer, lairap ie donc ceste belle et doulce fêmme, oy ie la lairap elle ait doresenauant la cure et soing delle mesmes sil lui plaist ie nen vueil plus auoir la charge. Helas que feray ie quel deshonneur, quel desplaisir sera ce pour moy selle ne se contiet et garde chastete, ho il vault mieulx viure que mourir pour prendre soing pour la garder, ia dieu ne vueille que pour se ventre dune femme ie pregne si estroicte cure ne soing sans auoir souper ne salaire et ne en rece

uoir q tourmet de corps et dame. Ostez moy ces rigueurs et angoisses que plusieurs seuffrêt pour demourer auec leurs fêmmes, il nest chose en ce monde plus cruelle ne plus greuante les personnes, ia dieu ne me laisse tât viure que pour quelque auêture quen mon mariage puisse sourdre ie men courrouce ne monstre triste, ie vueil auoir maintenant liberte et franchise de faire tout ce qui me vient a plaisir. Quant ce bon marchant eut donne fin a ses tresbonnes deuises il se trouua auec ses compaignôs mariniers et leur dist ql' vouloit encores vne fois visiter alexandrie et charger marchandises come aultresfoiz et souuent auoit fait en leur copaignie, mais il ne leur declara pas les troubles quil prenoit a l'occasion de son mariaige. Ilz furent tantost dacord et lui dirent quil se fist prest pour partir au premier bon vent q souruêroit. Les mariniers et bateaux furet chargez et preparez pour partir et mis ce lieu ou il failloit atendr vent propice et opportun pour naiger. Ce bon marchant doncques ferme et tout areste en son propos côme le iour precedent, celui doncques qui se deuoit partir se trouua seul apres soupper auec sa fêmme en sa chambre et lui descouurit son intention et maniere de son prouchain voyage, et a celle fin tresioyeuse en fust lui dist ces parolles. Ma treschiere espouse q iayme mieulx que ma vie, faictes ie vous requier bonne chiere et vous monstrez ioyeuse et ne prenez de desplaisance ne tristesse en ce que

t.v.

La centiesme nouuelle.

le vous declaireray. Jay propose deuisiter se cest le plaisir de dieu vne foys encores alexandrie en la facon q̃ iay de long temps acoustumee, et me semble bien q̃ nen deuez estre marrie attendu q̃ vous congnoisses que cest ma maniere de viure mon art et mon mestier aussy qu'ses moyens iay acquis richesses maisons et nom et renommee, et trouue grãt nombre damis et de familiarite, les beaulx et riches ornemens aneaulx vestemens et toutes les aultres precieuses bagues dont vous estes paree et uince plus que nulle aultre de ceste cite cõme bien sauez ie les ay achettes du gain et auãtaige q̃ iay fait en mes marchandises, ce voyage doncques ne vous doyt gueres ennuyer car le retour en sera brief. Et ie vo9 promets que a ceste foiz cõe iespoire se la fortune me dõne eur que iamais plus ny vueil retourner, ie puueil prendre congie a ceste foiz, il conuient doncques que prenez maintenant couraige bon et ferme car ie vous laisse la disposicion administracion et gouuernemẽt de to9 les biẽs que iay possede, mais auant q̃ ie me parte ie vous vueil faire aucunes requestes. Pour la premiere ie vous prie que soyes ioyeuse tandis que ie feray mon voyage et viuez plaisamment, et se iay quelque peu dymaginacion q̃ ainsi le facies ien cheminetay plus liement. Pour la seconde vous scauez quentre nous deux rien ne doyt estre tenu couuert ne celé, car hõneur prouffit et renõmee doibuent estre cõme ie tien quilz sont cõmuns a tous deux, et la louenge et honneur de lun ne peult estre sans la gloire de lautre non plus que le deshonneur de lun ne peult estre sans la honte de tous deux. Or ie vueil bien q̃ vous entendez q̃ ie ne suis si despourueu de sens que ie ne pense bien cõmẽt ie vous laisse ieune, belle, doulce fresche, et tendre sans soulas dõme et que de plusieurs en mon absẽce serez desiree cõbien que ie cuide fermement que auez maintenant nette pensee couraige hayttie, toutessoiz quãt ie cõgnoys q̃ sz sont vostre aage et linclinaciõ de la secrette chaleur en quoy vous abondes, il ne me seble pas possible q̃l ne vous faille par pure necessite et contrainte ou temps de mon absence auoir cõpaignie dõme dont cest bien mon plaisir q̃ vous vo9 accordez ou vostre nature vous forcera et contraindra. Decy doncques le point ou ie vous vueil prier cest que gardez nostre mariage le plus longuement que pourrez en sõ entierete, intencion nay ne voulente aucune de vous mettre en garde daultruy pour vo9 contenir, mais vueil q̃ de vous mesmes apes la cure et le soing et en soyes gardiẽne. Veritablemẽt il nest si estroite garde au monde qui puisse destourber la femme oultre sa voulente a faire son plaisir, quant doncques vostre chaleur vous esguillonnera et poindra ie vous prie ma chiere espouze quen lexecucion de vostre desir vo9 vous auises prudentement et tellement quil nen puisse estre publique renõmee que saultremẽt le faites vous moy et tous noz amis sommes

La centiesme nouuelle.

infames et deshonores/s'en fait et ocques et par effect Vous ne pouez garder chastete aumoins mettez peine de sa garder tãt q̃l touche fame comũe et renõmee/mais ie vous vueil apprendre et enseigner la maniere que vous deuerez tenir en celle matiere se elle suruient. Vous sauez qu'en ceste bonne cite a tresgrant nombre et foyson de beaulx ieunes hõmes dentre eulx tous vous en choisirez vng seul et vous en tenez contente pour faire ce ou vostre nature vous inclinera/ touteffoiz ie vueil que faisant leslection vous ayez singulier regart qu'il ne soit homme vague deshonneste et pou vertueulx/car de telz ne vous deuez acointer pour le grant peril q̃ vous en pourroit sourdre/car sans doubte il descouriroit et publiqueroit a la voles vostre secret doncques vous esslirez celui que cognoistres fermement estre saige et prudent affin que se le meschief vous aduient il mette aussi grant paine a le celer cõme vous de ceste article vous requier ie et que me promettez en bonne et ferme leaulte que garderez ceste leçon/si vous aduise que ne me respondez sur ceste matiere en la forme et façon q̃ ont de coustume les aultres femmes quãt on leur parle de telz propos côme ie vous dis maintenãt/ie scay leur responses et de quelz motz scaiuent vser qui sont telz. He he mon mary q̃ vous a meu a dire ou aues vous charge ceste oppinion cruelle plaine de tempeste. par q̃lle maniere ne quant me pourroit aduenir vng si abhominable delit/nenil nenil ia dieu ne vueille que ie vous face telles promesses a qui ie prie qu'il permette la terre ouurir q̃ m'engloutie et deuore toute viue au iour et heure que ie ne dis pas cõmetray mais auray vne seule pésee a le cõmettre. Ma chiere espouse ie vous ay ouuert ces manieres de respõdre affin q̃ vsez moy en vsez aucunemẽt. En bonne foy ie croy et tien fermement que vous auez pour ceste heure tresbõ et entier propos ou que si ie vous prie q̃ demourez autãt que vostre nature en poura souffrir/et n'entendes point que ie vueille q̃ me promettes faire et entretenir ce que ie vous ay monstre fors seulement ou cas q̃ ne pourres donner resistence ne bataillier contre l'appetit de vostre fraise et doulce ieunesse Quant ce bon marchant eut fine sa parolle sa belle doulce et debõnaire sa femme la face toute rosee se prinst a trẽbler quãt deust donner response aux requestes que son mary luy auoit faictes. Ne demoura gueres touteffoiz que sa rougeur s'esuanoit et print asseurãce en fermant son couraige de côstance/ et en ceste maniere causa sa gracieuse response. Mõ doulx et tres ame mary ie vous asseure qu'onques ne fus si espouantee ne troublee de mon entēdemẽt q̃ i'ay este presētemẽt par voz polles quãt elles m'ont dõne la cognoissance de ce q̃ oncques ie ouy ne aprins ne pense. Vous cognoisses ma simplesse ieunesse et innocence/certainemẽt il n'est poit possible a mõ aage de faire ou pour penser vng tel meschief ou deffaulte cõme vous mauez dit que vous estes seur

La centiesme nouuelle.

et sçauez vrayement que vous absent ie ne pourroye contenir ne garder l'entierete de nostre mariaige, ceste parole me tourmente fort, le courage & me fait trembler toute et ne sçay quelle chose ie doy maintenant dire respondre ne proposer a voz raisons, ainsi mauez priue & tollu lusaige de parler, ie vous diray toutesfois vng mot qui vuidera de la profondesse de mon cueur, et en telle maniere quil y gist en telle vuidera il de ma bouche. Ie requier treshumblement a dieu & a iointes mains luy prie quil face et commande vng abisme ouurir ou ie soye gettee, les membres tous estaches et tourmentee de mort cruelle se iamais le iour vient ou ie doie non seulement commettre deffeaute en nostre mariage mais sans plus en auoir vne brifue pensee de le commettre et comment ne p quelle maniere vng tel delit ne pourroit aduenir ie ne le sauroye entendre, et pource que mauez forclos et reclus de telles manieres de respondre disant que les femmes sont coustumieres den vser pour trouuer les eschappatoires et alibis forains affin de vous faire plaisir & donner repos a vostre ymaginacion et que voyez qua voz commandemens ie suis preste dobeyr garder et maintenir ie vous promets de ceste heure de courage ferme areste & establ opinion dattendre le iour de vostre reuenue en vraye pure et entiere chastete de mon corps et que dieu ne vueil le pas quil aduiène le contraire tenez vous en tout asseure & ie le vous promets, ie te iuray la rigle et doctrine que mauez donnee en tout ce que ie feray sans la trespasser aulcunement, sil y a aultre chose dont vostre couraige soit charge ie vous prie descouures tout et me commandes faire et accomplir vostre bon desir, aultre rien ne desire non pas le mien. Nostre marchant ouye la reponse de sa femme fut tant ioyeux quil ne se peut contenir de plourer disant. Ma chiere espouse puis que vostre doulce bonte ma voulu faire la promesse que iay requise ie vous prie que l'entretenes. Le lademain matin le bon marchant fut mande de ses compaignons pour entrer en la mer si print conge de sa femme et elle se commanda a la garde dieu puis monta en sa mer et se mirent a cheminer et nager vers alexandrie ou ilz paruindrent en briefz iours tant leur fut le vent conuenable et propice, ou quel lieu sarresterent longue espace de temps tant pour deliurer leurs marchandises comme pour en chargier de nouuelles. Pendant et durant lequel temps la tresgente et gracieuse damoiselle dont iay parle demoura garde de lostel et pour toute compaignie nauoit que vne petite ieune fillette q la seruoit et comme iay dit ceste belle damoiselle nauoit q quize ans pour quoy s'aulcune faulte fist on ne le doyt pas tant iputer a malice come a la fragilite de son ieune aage come doncques le marchant eust este plusieurs iours absent des yeulx delle pou a pou il fut mis en oubly si tost que les ieunes gés sceurét ce prtemét ilz la vidrét visiter

La centiesme nouuelle.

laquelle au premier ne bouloit buider de sa maison ne soy monstrer, mais toutesfois par force de continuacion et frequentacion cotidienne pour le grant plaisir quelle prinst aux doulx et melodieux chans et armonies de tous instrumens dont on iouoit a son huys elle saduança de benir beyer et regarder par les creuaces des fenestres et secretz traillis dicelles par lesquelles tresbien pouoit beoir ceulx qui feussent plus bouentiers beue En escoutant les chancons et dances prenoit a sa foiz si grant plaisir que amour esmouuoit son couraige tellement que chascun naturelle souuēt simuisoit a briser sa continence. Tant souuent fut bisitee en la maniere desusdite quen la parfin sa concupiscence et desir charnelz la renquirēt et fut touchee du dard amoureux bien auant, et comme elle pensast souuent comment elle auoit sa elle ne tenoit tresbōne habitude et oppoctunite de temps et de lieu, car nul ne la gardoit, nul ne lui donnoit empeschement pour mettre a execucion son desir, conclud et dist que son mary estoit tressaige quant si bien lui auoit acertene que garder ne pourroit sa continence et chastiete de qui toutesfoiz elle bouloit garder la dotrine et auec ce la promesse que faicte lui auoit Or me couient il dist elle bser du cōseil de mon mary en quoy faisāt ie ne puise courir a deshōneur puis qᷣl mē a baillie la licence mais q ie ne ysse les termes de la promesse que iay faicte, il mest aduis et il est bray quil me chargea et quant le cas aduiendroit que rompre meconuiēdroit ma chastetete que ie esleusse hōme qui fust saige bien renomme et de grāde bertu ⁊ non aultre, en bonne foy aussi feray ie, mais que ie puisse en non trespassant le bon conseil de mō mary il me souffit largement, et ie tien quil nentendoic point que comme deust estre ancien ains comme il me sēble quil fust ieune ayant autant de renommee en clergie et science cōe ung aultre biel, telle fut sa lecon comme il mest aduis. Ces mesmes iours que ses argumētaciōs se faisoiēt pour sa partie de nostre damoiselle et q elle queroit ung saige ieune hōme pour lup refroider les entrailles ung tressage ieune clerc arriua de son eur qui benoit freschement de luniuersite de Boulōgne la crasse la ou il auoit este plusieurs ans sans retourner tant auoit baque et bonne soȳ entēte en lestude quen tout le pais ny auoit clerc de pᷣ grāt renōmee ᵱ les magistrau ᵱ de la cite et auec eulx assistoit continuelement. Il auoit coustūe daler chascun iour sur le marchie a lostel de la bille et iamais ne pouoit passer q᷑ ᵱ deuāt la maison de ladicte damoiselle a la qlle pleut tresbien sa doulce maniere, et cōsiē quelle ne leust iamais beu en cercer loffice de clergie toutesfoiz elle iugea tantost quil estoit tresgrant clerc aulx quelx moyēs elle ficha toute son amour en lui disāt qᷣl garderoit sa lecon de sō mary, mais par qlle maniere elle lui

La .centiesme. nouvelle.

pourroit monstrer son grant et ardāt amour et ouurir se secret desir de son couraige elle ne sauoit dont elle estoit tres desplaisante. Elle saduisa neantmoins pour ce que chascun iour ne failloit point de passer deuant son huys alant au marchie elle se metroit au perrō parce le plꝰ gētement q̄ pourroit affin que au passer quant il getteroit son regart sur sa beaute il la couuoitast et requist de ce dont on ne lui feroit refus. Plusieurs foiz la damoiselle se mōstra cōbien que ce ne fust au parauant sa coustume/et ia soit ce q̄ tres plaisante fust et telle pour qui vng i̇une couraige deuoit tantost estre esprins et alume damours/toutesfoiz se saige clerc iamais ne sa apparceut/car il march̄oit si gracieusement quen marchant ne getoit sa Veue ne ca ne la/a par ce moyen la bonne damoiselle ne proufita rien en la façon quelle auoit pourpensee et aduise. Se elle fut dolēte il nest ia mestier den faire enqueste et plus pensoit a son clerc et plus asumoit et esprenoit son feu. A fin de piece apres vng tas dim̄aginaciōs que pour abregier ie passe les reciter conclud et se determina denuoyer sa petite meschinette deuers luy si la hucha et comm̄āda quelle sen alast demāder vng tel/cest assauoir de ce grāt clerc/et quant elle sauroit trouue ou q̄l fust lui dist q̄ le plꝰ en haste q̄l pourroit venist a lostel dune telle damoiselle femme et espouse dun tel/et que sil demandoit quelle chose il plaisoit a la damoy-

selle elle luy respondist que rien nen sauoit/mais tant seulement lui auoit dit quil estoit grāde necessite quil venist. La fillette mist en sa memoire les motz de sa charge et se partit pour querir celuy q̄̇le trouua ne demoura gueres/car sen luy enseigna la maison ou il mengeoit au disner en vne grande compaignie de ses amis et aultres gens de giant facon. Ceste fillette entra ens et en saluant toute la compaignie se vint adresser au clerc le quel elle demandoit/ et oyans tous ceulx dela table luy fist son message biē sagement ainsi que sa charge le portoit. Le bon seigneur qui congnoissoit de sa iēnesse le marchant dont sa fillette luy parloit et sa maison aussi bien comme la sienne/ mais ignorant quil fust marie ne qui fust sa femme pensa tantost q̄ pour labsence du dit marchant sa dicte femme le demādoit pour estre conseillee en aulcune grosse cause cōe elle vouloit car ledit clerc sçauoit bien q̄ le bō mary estoit dehors/ et nentendoit point sa cautelle ainsy comme elle/toutesfois il dist a la fillete/ma͞nye ales dire a vostre maistresse que incontinēt que nostre disner sera passe ie iray vers elle. La messagiere fist sa responce telle quil failloit et quon lui auoit encharge/et bien sceit cō me elle fut receue de sa maistresse quant elle entendit les nouuelles que se cler: son amy par amours deuoit venir/elle estoit la plus ioyeuse quoncques fut femme/et pour la grant ioye que elle auoit

La centiesme nouuelle.

de tenir son clerc en sa maison rembloit et ne sauoit tenir maniere. Elle fist balaiz courre par tout / espandre la belle verdure en sa chambre / couurir le lit et la couchette / desployer riches couuertures tapis et courtines et se para et atourna des meilleurs atours q plus precieux quelle eust. En ce point lattendit aulcun petit de temps qui lui sembla long a merueilles pour le grant desir quelle auoit. Tant fut desire et attendu quil vint / et ainsi q elle sapperceuoit venir de loing elle montoit et descendoit de sa chambre / aloit et venoit maintenant cy / maintenant la tant estoit esmeue quil sembloit quelle fust raupe de son sens. En la fin monta en sa chambre et illec prepara z ordonna ses bagues z ioyaulx qlie auoit attains et mis dehors pour festoier et receuoir son amoureux / si fist demourer en bas sa fillette chamberiere pour lintroduire et le mener ou estoit sa maistresse. Quant il fut arriue sa fillette se receut tresgracieusement et se mist ens et ferma sur luy laissant ses seruiteurs dehors aulxquelz il fut dit quilz attendissent illec leur maistre. La damoiselle oyant son amoureux estre arriue ne se peut tenir de venir en bas a lencontre de luy quelle salua doucement / quant elle se vit se print par la main et le mena en sa chambre qui luy estoit appareillee et ou il fut bien esbahi quant il si trouua tant pour la diuersite des paremens belles et precieuses ordonances qui y estoient comme aussi pour la tresgrant beaute de celle qui le menoit Si tost quil fut en la chambre entre elle se seist sur vne scabelle au pres de la couchette puis le fist seoir sur vne aultre ioygnant delle ou ilz furent aucune espace tous deux sans mot dire / car chascun attendoit tousiours la parolle de son compaignon / lun en vne maniere / lautre en lautre / car le cler cuidant que sa damoiselle luy deust ouurir aulcune grosse et difficille matiere la vouloit laisser commencer. Et elle daultre coste pensant ql fust si saige et si prudent que sans rien lui dire ne remonstrer plus auant il deust entendre pour quoy elle lauoit mande. Quant elle vit que semblant ne maniere ne faisoit pour parler elle comenca et dist. Mon treschier parfait amy et tressage homme ie vous vueil dire presetement la raison pour quoy et la cause qui ma meue a vous mander. Ie cuide que vous auez bonne congnoissance et familiarite auec mon mari / en lestat que vous me voyes icy ma il laissee et abandonnee pour aler sur la mer et mener ses marchandises en alexandrie comme il a de long temps acoustume. auant son partement me dist que quant il seroit absent il se tenoit tout seur q ma nature z fragilite me contraindroient a rompre et briser ma contenace ¶ que par necessite me couiendroit conuerser auec homme affi desteindre sa chaleur qui en moy deuoit venir apres son partement. En bonne foy ie le repute vng tressaige homme / car

La .centiesme. nouuelle.

de ce quil me sembloit adoncques impossible aduenir, ie soy lexperience veritable, car mon ieune aage, ma beaulte et mes tendres ans ne peuent souffrir ne endurer que le temps despende et consume ainsi mes iours en vain, ma nature aussi ne se pourroit contenter. Et affin que vous mentendes bien a plain, mon saige et bien aduise mary q auoit regart a mon cas quant il se partit en plus grãde diligence que moy mesmes voyant que comme les ieunes et tendres fleurettes se seichent et amatissent quant aulcun accident leur aduient et contre lordõnance et inclinacion de leur nature, par telle maniere consideroit il ce quil mestoit a aduenir, et voyant clerement que se ma complexion a condicion nestoient gouuernees selon lexigence de leurs naturelz principes gueres ne lui pourroye durer, si me fist iurer et promettre que quant il aduiendroit ainsi que ma nature me forceroit a rompre et briser mon entierete ie esseusse vng homme saige et de haulte auctorite qui couuert et subtil fust a garder nostre secret, si est il que en toute sa cite ie nay sceu penser pour hõme qui soit plus pdone que vous, car vous est z ieune et tressaige homme. Or mest il aduis que ne me reffuseres pas ne re bouteres vous voyes quelle ie suis et si pouez labsence de mon bon mary suppli er et son lieu tenir voire maintenant se cest vostre bon plaisir, car nul hõme nen scaura parler, le lieu, le temps, toute op

portunite nous fauorisẽt. Le bon seigneur preueau et anticipe fut tout esbahy en son couraige de ce que la bõne dame dist combien que semblant nẽ fist. Il print la main destre a la damoiselle et de ioyeuse biaire et plaisante chiere luy commẽca a dire ces parolles. Je voy bien rendre et donner graces infinies a ma dame fortune qui au iourduy me donne tant deur et me fait perceuoir le fruit du plus grant desir que ie pouoye au mõde auoir iamais ne me reputeray ne clameray fortune quãt en elle treuue si large bonte, ie puis seurement dire que ie suis au iourduy le plus eureux de tous les aultres, car quãt ie concoy en moy ma tres belle et doulce ampe cõment ensemble passerons ioyeusement noz ieunes iours sans ce que personne sen puisse apperceuoir ne donner garde ie senglantis de ioye. Ou est maintenant homme qui est plus ayme de fortune que moy, se ne fust vne seule chose qui me donne vng petit et legier empeschemẽt a mettre a execucion ce dont la dilacion aigrement me poise et desplaist ie seroie le plus et mieulx fortune de tout le monde, et me desplaist souuerainnement que ie ne le puis amender. Quant la bonne damoiselle qui a nul mal ny pensoit ou peut qui y auoit aulcun empeschemẽt qui ne luy laissoit desployer ses armes else tresdolente et bien marrie luy pria qͥl le declairast pour y remedier selle pouoit. Lempeschement dist il nest point si grand quen

La .centiesme. nouuelle.

petit temps nen soye desliure, et puis q'l plaist a vostre doulceur le scauoir ie le vous diray. Du temps que iestoye a lestude en luniuersite de Boulongne la grasse le peuple de la cite fut seduit et meu tellement que par muthemathe se sleua encontre le seigneur si fus accuse auec les aultres mes compaignons dauoir este cause et moyen de la seduction et de mutemathe rie pourquoy ie fus mis en prison estroicte ou quel lieu quant ie my trouuay craignāt perdre la vie pour ce q ie me sentoye innocent du cas ie me donnay et voue a dieu luy promettant que sil me desliuroit des prisons et rendoit icy entre mes parens et amis ie iusneroye pour lamour de suy vng an entier chascu iour au pain et a leaue et durant ceste abstinence ne feroye peche de mon corps. Or ay ie par son aide fait la plus part de lannee et ne men reste gueres, ie vous prie et requier toutesfoiz puis que vostre plaisir a este moy esslire pour vostre que vous ne me changies pour nul aultre qui soit et ne vous vueille ennuyer le petit delay que ie vous donneray pour paracomplir mon abstinence qui sera brief faicte et q pieca eust este parfaicte se ie me eusse oze confier en aultrui qui men eust peu ayder et donner secours, car ie suis quitte de chascune iusne que vng aultre feroit pour moy comme se ie la faisoye, et pour ce que iapperçoy vostre grande amour et confiance que vous auez fichee en moy ie mettray sil vous plaist la fiance en vous que iamais nay ose mettre sur freres ne amis ne parens que iaye doubtant que faulte ne me fissent touchant la iusne et vous prieray que maidies a iusner vne partie des iours qui restent a lacomplissement de mon an affin que pl° brief ie vous puisse secourir en la gracieuse requeste que mauez faicte. Ma doulce et entiere amye ie nay mais que soixante iours lesquelz se cest vostre plaisir et vous lente ie partiray en deux pties de quoy vous en aures lune, et moy laultre par telle condicion que sans fraude me promettres men acquitter iustemēt et quāt ilz seront accomplis nous passerōs plaisamment noz iours, doncques se vous auez sa voulente de moy aider en la maniere q iay dessus dictes le moy maintenant. Il est a supposer que sa grande et longue espace de temps ne luy pleut gueres, mais pour ce quelle estoit si doulcement requise de son amy et aussi quelle desiroit moult sa iusne estre parfaicte et accomplie affin quelle peust accōplir ses vouloirs et desirs auec son amoureux pensant aussi que trente iours narestoient gueres, elle promist de les faire et accomplir sans fraude ne sans deceptiō ou mal engin. Le bō et notable seigneur voyant quil auoit gaigne sa cause et ses besoignes se portoient bien print cōge a la bonne damoiselle qui ny pensoit nul mal luy disant que puis que sa voye et son chemin estoit en venant de sa maison au marchie de passer deuāt son huys que sans faulte il la viendroit bien souuent visiter, et a tant se departit, et la

La centiesme nouuelle.

belle dame commēca le lendemain a faire son abstinence en prenant cōdōnnance que durant le temps de sa ieusne elle ne mengeroit son pain et son eaue iusques apres soleil reconsce. Quāt elle eut ieus ne trops iours le sage clerc ainsi quil sen aloit au marchie a leure quil auoit acou situmee vint veoir sa dame a qui il se deuisa longuement/puis au dire a dieu il luy demanda se sa ieusne estoit encommencee et elle respondit que ouy/entrete nez vous ainsi dist il et gardez vostre pro messe ainsi que vo9 sauez faicte. Tout entierement dist elle ne vous en doubtez Il print congé et se partit/et elle perseuerant de iour en iour en sa ieusne et gar doit lobseruance en sa facon que elle auoit promis tant estoit de bonne nature Elle nauoit pas ieusne huit iours que sa chaleur naturelle commenca fort a re froider et tellement que force luy fut de changer abillemēs/car les mieulx four rez et enpennez qui ne seruoient quen ly uer vindrent seruir au lieu des singles et tendres quelle portoit auant la iastinē ce entreprinse. Au quinziesme iour fut arriere visitee de son amoureux le clerc qui la trouua si foible que a grand peine pouoit elle aler par la maison et la bōne simplette ne se sauoit donner garde de la tromperie tant sestoit abandonnee a amours et parfaictement mis son entēte a perseuerer a celle ieusne et pour les ioyeux et plaisans devis quelle attēdoit seurement a auoir auec son grāt clerc/le quel quāt a lentrer en la maisō la veoit

ainsi, foible luy dist/quel viaire esse la et comment marchez vous/maintenāt iapercoy q faictes lastinēce a regret/a cō mēt ma tresdoulce amie apes ferme et constant couraige/nous auons au iour duy acheue la moytie de nostre ieusne se vostre nature est foible vainques sa p toisseur et constance de cueur et ne rompes vostre seasse promesse. Il samonesta si doulcement quil luy fist prēdre courai ge par telle facon quil lui sembloit bien que les aultres quinze iours qui restoiēt ne luy duroient gueres. Le vingtiesme v.nt au quel la simplette auoit perdue toute couleur et sembloit a demi morte et ne lui estoit plus le desir si grand cōe il auoit este. Il lui conuint prendre le lit et y continuellement demourer ou elle se donna aucunemēt garde que son clerc lui faisoit faire abstinence pour chastier son desir charnel si iugea que la facon et maniere de faire estoiēt sagemēt aduisees et ne pouoiēt venir q dōme bien saige/ toutesfois ce ne la desmeut point ne descouurit quelle ne fust deliberee a arrestee de entretenir sa promesse. Au penustime iour elle enuoya querir son clerc q quāt il la vit couchee au lit demanda se pour vng seul iour qui restoit auoit perdu cou raige. Et elle entrerompant sa parolle lui respondit. Ha mon bon amy vous mauez parfaictemēt et de leasse amour aymee non pas deshonnestement cōme iauope presume vo9 aymer/pont quoy ie vous tien et tiendray tāt que dieu me donnera vie a vous aussi pareillemēt

mō treschier et tressingulier amy q̃ aues
garde et moy aprins mon entiere chaste
te et ma chaste entierete/ l'onneur et la
bonne renōmee de moy mon mary mes
parens et amis. Benoist soit mon chier
espoux de qui iay garde et entretenu la
leçon qui donne grant apaisemēt a mō
cueur. Di ca mō amy ie vo⁹ rendz telles
graces et remercye cōme ie puis du grāt
honneur et biens que maues faiz pour
lesquelz ie ne vo⁹ scauroye ne pourroye
iamais rendre ne donner suffisātes gra
ces non feroient tous mes amis. Le bon
et saige seigneur voyant son entreprinse
estre bien acheuee print congie de la bon
ne damoiselle et doucemēt lamonnesta
quil lui souuint de chastier desormaiz sa
nature par abstinence et toutes les foiz
quelle sen sentiroit esguillonnee/ par le
quel moyen elle demoura entiere iusqs
au retour de son mary qui ne sceut rien
de lauēture/ car elle lui cela si fist le clerc
pareillement.

Cy finissent les cent nouuelles nouuel
les composees et recitees par nouuelles
gens de puis na guerres/ et imprimees a
paris le .xxiiii. iour de decembre Mil
CCCC.lxxxx. et vi. p̄ ãthoine verard li
braire demourant a paris sur le pont
nostre dame a lymage saint iehan euā
geliste ou au palaiz au premier pillier
deuant la chappelle ou on chāte la messe
de messeigneurs les presidens.

www.ingramcontent.com/pod-product-compliance
Lightning Source LLC
Chambersburg PA
CBHW071127160426
43196CB00011B/1822